AMERIKA

Das Land und seine Küche

COLLECTION
ROLF HEYNE

AMERIKA

Das Land und seine Küche

WILHELM HEYNE VERLAG
MÜNCHEN

Titel der Originalausgabe:
AMERICA. A CULINARY JOURNEY
Ins Deutsche übertragen von Wolfgang Glaser

Copyright © 1993 der Originalausgabe
by Weldon Owen, Inc.
Copyright © 1993 der deutschen Ausgabe
by Wilhelm Heyne Verlag GmbH & Co. KG, München

Produced by Weldon Owen Inc., 814 Montgomery Street,
San Francisco, CA 94133, USA
Gestaltung/Entwurf:
John Bull, The Book Design Company
Ausführung, Karten und Illustrationen:
Stan Lamond, Lamond Art & Design Company
Food-Fotografie: Allan Rosenberg
Food-Styling: Sandra Griswold
Umschlaggestaltung: Christian Diener
Satz: Typo Dreitausend, München
Druck und Bindung: Mandarin Offset, Hong Kong
Printed in China
ISBN 3-453-06930-7

Kinder auf einer Veranda in New Orleans
JERRY STEBBINS

Seite 1: Südstaaten-Buttermilch-Biskuits,
Maismehlpfannküchlein (Rezepte Seiten 85, 87)
ALLAN ROSENBERG

Seiten 2/3: Bryce Canyon, National Park, Utah
GERARD CHAMPLONG/THE IMAGE BANK

Seiten 4/5: Kaktussprossensalat nach Art von Sonora,
Kürbissuppe mit Mais,
Bohnensuppe nach Art der Pueblo-Indianer,
Rotes New-Mexico-Chili-Püree,
Brot mit schwarzen Bohnen und Chilischoten,
Tamales mit Rinderbrust und Barbecue-Sauce
(Rezepte Seiten 182, 190)
ALLAN ROSENBERG

DIE AUTOREN

❧

James Badham und Kristine Kidd
James Badham ist Mitherausgeber der Zeitschrift *Bon Appétit*.
Kristine Kidd ist Redakteurin für Essen und Trinken bei
derselben Zeitschrift. Sie arbeitet zur Zeit an einem Buch
über Gebäck.

Carolyn Dille
schrieb *The Garlic Book* und *The Chesapeake Cookbook* und
verfaßt zur Zeit ein Werk über Gewürze.

John Folse
Eigentümer des »Lafitte's Landing Restaurant« in
Donaldsonville und der White Oak Plantation in Baton
Rouge, Louisiana; außerdem moderiert er eine eigene landes-
weite Fernsehsendung zum Thema Kochen und ist ein
international anerkannter Fachmann für die kreolische und
Cajun-Küche.

Cynthia Hizer Jubera
befaßt sich als Autorin mit den Themen Essen,
Trinken und Garten.
Sie lebt in Atlanta, Georgia.

Marty Meitus
Food-Redakteur bei den *Rocky Mountain News* in Denver,
Colorado, und Experte für die Western-Küche.

Mark Miller, John Harrisson und Mark Kiffin
Mark Millers Restaurants »Coyote Café« in Santa Fe, New
Mexico, und »Red Sage« in Washington, D.C., sind für ihre
moderne Südwest-Küche berühmt. John Harrisson schreibt
über Essen und Trinken, verfaßt Kochbücher und hat
zusammen mit Mark Miller die Kochbücher *Coyote Café*, *The
Great Chi'e Book* und *The Southwest Pantry* geschrieben. Mark
Kiffin ist Chefkoch im »Coyote Café« und Co-Autor von
The Southwest Pantry.

Lisa Saltzman
ist Kochlehrerin und arbeitet als Beraterin überall in den
Vereinigten Staaten. Momentan arbeitet sie an einem Buch
über Backtechniken.

Janice Schindeler
Food-Redakteurin bei der *Houston Post*; vorher in derselben
Funktion und als Restaurant-Kritikerin für verschiedene
andere Zeitungen tätig. Daneben ist sie Köchin, Kochlehrerin
und Inhaberin eines Feinkost-Services.

Art Siemering
arbeitet als Berater in der Lebensmittelindustrie, ist Heraus-
geber von *The Food Channel Newsletter* und leitender Direktor
der International Food Futurists, einer weltweiten
Vereinigung von Nahrungsmittelexperten.

Joanne Weir
Leiterin der Weir Cooking School in San Francisco. Hält auch
Kochkurse in Kanada, Australien und Neuseeland ab.
Zur Zeit schreibt sie ein Buch über die Mittelmeerküche.

❧

Cape Neddick Nubble Light an der Küste von Maine
TOM ALGIRE/TOM STACK & ASSOCIATES

I N H A L T

❧

I N H A L T

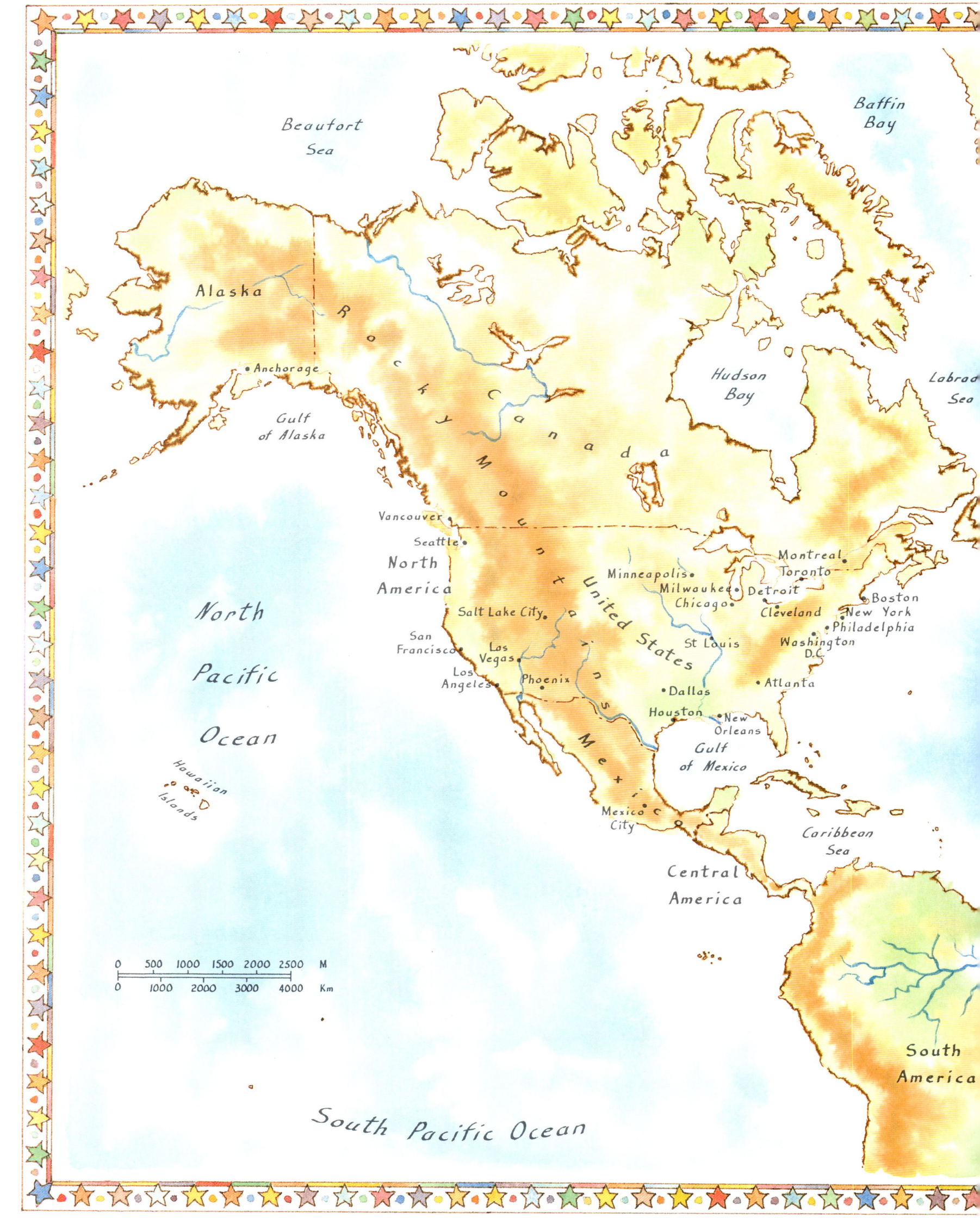

Beaufort
Sea

Baffin
Bay

Alaska

Rocky

Canada

Hudson
Bay

Labrad
Sea

Anchorage

Gulf
of Alaska

Vancouver

Seattle

North
America

North

Pacific

Ocean

Hawaiian
Islands

San
Francisco

Salt Lake City

Los
Vegas

Los
Angeles

Phoenix

Minneapolis

Milwaukee
Chicago

Detroit

Cleveland

Montreal
Toronto

Boston

New York

Philadelphia

United States

St Louis

Washington
D.C.

Atlanta

Dallas

Houston

New
Orleans

Gulf
of Mexico

Mexico

Mexico
City

Caribbean
Sea

Central

America

South
America

0   500 1000 1500 2000 2500   M
0   1000   2000   3000   4000   Km

South Pacific Ocean

Greenland

North Atlantic Ocean

EINLEITUNG

*D*ie Geschichte der nordamerikanischen Küche beginnt mit den Einwanderern, die ihre Traditionen aus der alten Heimat an die Verhältnisse in der Neuen Welt anpassen mußten. Diese Menschen kamen aus aller Herren Länder, besiedelten den nordamerikanischen Kontinent, wo immer es ging, bedienten sich der reichhaltigen Gaben der sie umgebenden Natur und verquickten die Kochtechniken der indianischen Ureinwohner mit den eigenen. So entstand eine eigenständige neue Kochkunst. Wer die amerikanische Küche jedoch als Schmelztiegel bezeichnen möchte, verkennt die starken Einflüsse der unterschiedlichen mitgebrachten Koch-traditionen, durch die sich viele Amerikaner mit ihrer Herkunft identifizieren. Diese verschie-denen, regional bestimmten Geschmacksrichtungen ergeben, in ihrer Ganzheit, das heutige facettenreiche und vielfältige Bild der amerikanischen Küche.

Die Regionen, in denen sich die Siedler niederließen, waren ebenso verschiedenartig wie die ethnische Herkunft der Neuankömmlinge. Im Osten wie im Westen des Kontinents fanden sie fischreiche Meere vor, im Mittleren Westen eine fruchtbare Scholle, dunkel wie Melasse, sie lernten die sengende Sonne von Florida und Kalifornien kennen und die Prärien in den Plains-Staaten, die so groß waren, daß sie den Viehbestand einer ganzen Nation aufnehmen konnten, sowie die üppigen Täler im pazifischen Nordwesten. Sie waren in das Land der unbegrenzten Möglichkeiten gekommen, voll von Überfluß, wo alles wuchs und jeder satt werden konnte.

Die Spanier waren die ersten, die Einfluß auf die kulinarische Szene Nordamerikas ausübten. Sie tauschten bei den Indianern Rinder, Schweine, Obst und Gemüse gegen Bohnen, Mais und Kürbisse ein. Auf ihrem Zug vom Südosten in den Westen des Kontinents brachten spanische Missionare und Siedler Oliven, Feigen, Zitrusfrüchte, Rinder, Schweine und Schafe ins Land, was die Küche in diesen Gegenden bleibend beeinflussen sollte.

Als sich im 17. Jahrhundert die Pilgerväter und die Siedler von Jamestown im Nordosten niederließen, brachte sie ihr Festhalten an alten Gewohnheiten fast an den Rand des Hungertodes. Nur widerwillig lernten sie, ihre heimischen Rezepte an die Nahrungsmittel, die ihnen ihre neue Umgebung zur Verfügung stellte, anzupassen. Einige Glückliche von ihnen lebten in Kontakt mit der indianischen Urbevölkerung, von der sie lernten, wie man Mais, Bohnen und Kürbis anbaut, Maismehl für Grütze und Brot zubereitet und wie man fischt. In der Anfangszeit waren die Gerichte einfach und umständehalber kaum gewürzt. Es gab wenig Kochgeschirr, manchmal nicht einmal eine Küche. Doch bald stand in Neuengland der heimische Herd im Mittelpunkt des häuslichen Lebens, und fortan wurde dieser Landesteil für Gerichte berühmt, die eine Mischung aus indianischer und englischer Kochtradition darstellen, wie zum Beispiel *Indian pudding*, *brown bread* und *pumpkin pie*.

Die Erfahrungen der Siedler von Neuengland wiederholten sich noch etliche Male während der weiteren Besiedlung Nordamerikas, als immer neue Einwanderer auf der Suche nach religiöser, politischer und wirtschaftlicher Freiheit und neuen, besseren Lebensumständen ins Land strömten. Viele alte Kochtraditionen in Amerika sind britischen Siedlern zu verdanken, die von Neuengland aus an der Atlantikküste südwärts zogen. Deutsche kamen nach Pennsylvania und mit ihnen die »Pennsylvania-Dutch-Küche«. Auch Italiener, Tschechoslowaken und Skandinavier kamen und brachten ihre unverwechselbare Küche mit. Französischstämmige

Cajuns, die von den Briten aus Kanada vertrieben wurden, ließen sich in den Bayous von Louisiana nieder, wo sie ihre herzhaften, gut gepfefferten Gerichte mit heimischen Erzeugnissen bereicherten. Hier, im Süden, gaben auch die Negersklaven der Regionalküche starke Impulse, indem sie afrikanische Lebensmittel wie Sesamkörner, Okraschoten und Schwarzaugenbohnen mitbrachten. Die neuen Rezepte und Kochstile, in denen sich Althergebrachtes mit Neuem vermischte, waren oft ein Triumph von Notwendigkeit und Einfallsreichtum über alte Ernährungsgewohnheiten.

Zu Beginn des 19. Jahrhunderts war die große Wanderung nach Westen in vollem Gange. Die Abenteurer der ersten Stunde lockte das kalifornische Gold und die fruchtbare Erde Oregons, und so war es Nachzüglern vorbehalten, die fruchtbare Scholle des Herzlandes und die riesigen Weiden der Great Plains, die die Pioniere achtlos durchquert hatten, für sich zu entdecken. Die Siedler ließen sich gern in Gegenden nieder, die sie an ihre ursprüngliche Heimat erinnerten: Die Basken fanden im zerklüfteten Terrain von Nevada ideale Weidegründe für ihre Schafe; nordeuropäisch wirkende Landschaften wie Wisconsin schienen den Skandinaviern wie geschaffen, um hier Milchwirtschaft zu betreiben.

Auch heute noch hält der Strom von Zuwanderern, vor allem aus Asien, Mittel- und Südamerika, an, und so nimmt die Zahl der ethnischen Gruppen ständig zu, und es werden weiter Rezepte experimentierfreudig abgewandelt und angepaßt. Wer durch einen winzigen Teil der New York City spaziert, kann dort mit der Kultur und der Küche von drei verschiedenen Ländern Bekanntschaft machen. In Little Italy findet man an jeder Ecke eine Café-Bar oder ein Restaurant, wo dampfende Pasta mit würzigen Saucen und zum Dessert *cannoli* serviert werden. Einen Häuserblock weiter, in Chinatown, kann man sich an Peking-Ente und gedämpften Teigtaschen delektieren oder in den zahllosen chinesischen Läden exotische Lebensmittel kaufen. Und noch drei Häuserblocks weiter, in der Lower East Side, kann man in russisch-jüdischer Atmosphäre *bagels with lox*, Schwarzbrotkanten und riesige Corned-beef-Sandwiches verzehren.

Die Küche der Vereinigten Staaten entwickelt sich nicht nur weiter, sondern zeigt auch einen wachsenden Trend zur Rückkehr zum Natürlichen, zu frischesten Erzeugnissen, wobei nicht zu übersehen ist, daß einige Puristen weit übers Ziel hinausschießen. Dennoch zeugt die Zunahme der Naturkostläden und der biologischen Bauernhöfe, auf denen Rinder und Hühner freien Auslauf haben, und der Bauernmärkte, die heute in den USA ein gewohntes Bild darstellen, von gewachsenem Umweltbewußtsein und Interesse an der regionalen Vielfalt der bäuerlichen Erzeugnisse. Die Weinerzeugung der USA hat sich einen Platz in der Weltklasse erobert, und die Käseherstellung baut ihre bisherigen Erfolge zukunftsbewußt aus.

Auf der Grundlage der mannigfaltigen kulinarischen Traditionen der Einwanderer, neuer Kochtechniken und der gestiegenen Qualität regionaler Erzeugnisse bildet sich eine neue amerikanische Küche heraus, wie sich überall im Lande zeigt, von den ländlichen Cafés, wo man Hausmacherkost serviert, bis zu den eleganten Stadtrestaurants mit ihrer verfeinerten Küche. Wer mit ihr Bekanntschaft machen will, kann dies in New Orleans mit seinen unzähligen Varianten von *jambalaya* und *gumbo* tun oder in Neuengland mit seinen sahnigen *lobster chowders*, *baked beans* und *Boston cream pie*, in Santa Fe mit seinen chiligewürzten Gerichten oder in San Francisco, wo es *cioppino*, Sauerteigbrot und Pizza mit Waldpilzen gibt. Amerika lädt den kulinarischen Wanderer auf eine außergewöhnliche Reise ein.

JOANNE WEIR

Die Bay Bridge und die Skyline von San Francisco heben sich gegen den Abendhimmel ab.

Canada

Quebec

New

St John

Presque Isle

Penobscot

St John

Montreal

Maine

Kennebec

Bangor

Burlington

White
Mts

Augusta

Green Mountains

Vermont

Montpelier

Lewiston

New Hampshire

Connecticut

Portland

Newfane

Concord

Portsmouth

Gulf

Albany

Manchester

of

Lawrence

Maine

Berkshire Hills

Massachusetts

Boston

Springfield

Worcester

Whitman

Cape Cod

Hudson

Hartford

Providence

Connecticut

Rhode

Fall River

Waterbury

Is.

New Bedford

Newburgh

Newport

New London

Bridgeport

New Haven

NEUENGLAND

❄

Joanne Weir

Die Neuankömmlinge aus England, denen der im Nordosten der USA gelegene Landstrich seinen Namen Neuengland, englisch New England, verdankt, waren beileibe nicht die ersten Europäer, die an diesen Küsten der Neuen Welt landeten. Schon im 16. Jahrhundert hatten englische Seeleute ihren Fuß auf diese unwirtlichen Ufer des Atlantiks gesetzt und das Terrain erforscht, doch sie ließen sich durch die Untiefen an der Küste, die zerklüfteten Felsen, die undurchdringlichen Wälder, die Schneestürme und die amerikanischen Ureinwohner abschrecken. Im Herbst 1620 landete dann ein englisches Schiff namens *Mayflower*, zum Bersten voll mit rund vierzig Mann Besatzung und einhundert Puritanern – Männer, Frauen und Kinder, die in England aufgrund ihrer Andersgläubigkeit von ihren Mitmenschen und der anglikanischen Kirche unterdrückt und verfolgt wurden –, an der Spitze von Cape Cod im heutigen Bundesstaat Massachusetts. Diese Neuansiedler, gemeinhin Pilgerväter genannt, ließen sich in einem verlassenen Indianerdorf nieder, dem sie den Namen Plymouth gaben, und bauten Holzhütten, um sich notdürftig vor dem grimmigen Winterwetter zu schützen. Da sie nur über geringe Vorräte verfügten, setzten ihnen Skorbut und Unterernährung böse zu. Als der Winter vorbei war, bestellten sie das umliegende Land, so wie sie es gewohnt waren, doch ihre Bemühungen waren von wenig Erfolg gekrönt, und viele Siedler starben. Lediglich diejenigen unter ihnen, die fischen und jagen konnten, überlebten. Nach und nach brachte der hier heimische Indianerstamm der Algonkin den Neusiedlern die Kunst des Jagens und Fischens bei, ebenso wie man aus dem Boden des Landes das Beste herausholt – fortan bildeten Mais, Bohnen und Kürbis die fürs Überleben notwendige Ernährungsgrundlage der Siedler. Die Küche der Eingeborenen war schlicht, man bediente sich einfacher Küchentechniken wie Kochen und Braten. Mais wurde bald zum Grundnahrungsmittel der Neuengländer. Von den Indianern lernten sie, Maiskolben zu grillen, Maismehl zu mahlen und getrocknete Maiskörner zu Popcorn zu rösten. Für das Maismehl mahlten sie die getrockneten Maiskörner in Steinmühlen. Mit dem Maismehl wurden dann Kuchen und Pfannkuchen gebacken und Breie sowie Puddinge gekocht. Mit der Zeit fanden auch Fische und Schaltiere Eingang in den Speisezettel der Neuankömmlinge, allerdings erst nachdem sie die Rezepte der Indianer ihrem Geschmack entsprechend verändert hatten.

Brunswick

Bay of Fundy

Nova Scotia

Atlantic Ocean

| 0 | 25 | 50 | 75 | 100 | M |
| 0 | 50 | 100 | 150 | | Km |

GERALD BRIMACOMBE/THE IMAGE BANK

Fischerboote in der Morgendämmerung im Hafen
der Kleinstadt Rockport, Massachusetts

Den Siedlern ging es zusehends besser, und mit Stolz berichteten sie ihren in England zurückgebliebenen Familien und Freunden von ihren neuen Lebensumständen. Das führte dazu, daß 1630 eine Flotte von vier englischen Schiffen weitere puritanische Siedler in die Kolonie brachte. Unter ihrem Führer, John Winthrop, kamen die Bürger von Massachusetts bald zu Wohlstand. Sie züchteten Vieh, bauten Mais und Gemüse für ihren Eigenbedarf an und verkauften Stockfisch in die südlicher gelegenen Kolonien, nach Westindien und über den Atlantik. Daneben bauten sie einen einträglichen Pelzhandel auf. Die Gesetze der Kolonie waren streng. Schon wer etwa durch Trunkenheit oder das Singen unsittlicher Lieder auffiel, mußte mit drakonischen Gefängnisstrafen rechnen. Doch die harte Arbeit zahlte sich aus, stärkte den Gemeinschaftssinn der Siedler und führte dazu, daß die Kolonie zu ungeahnter wirtschaftlicher Macht aufstieg.

Neuengland besteht aus sechs Staaten: Maine, New Hampshire, Vermont, Massachusetts, Connecticut und Rhode Island. Obwohl relativ klein, ist die Region landschaftlich unglaublich vielseitig, von der zerklüfteten Felsküste von Maine bis zu den sanft geschwungenen Sanddünen von Cape Cod. Viele Gebäude an der Küste von Connecticut stammen noch aus den Tagen der ersten Siedler, und es gibt malerische kleine Buchten und Fischerdörfer, alles nett und adrett wie aus dem Bilderbuch. Weiter östlich liegt direkt am Meer das winzige Rhode Island mit seinen luxuriösen Villen. Maine und Rhode Island sind Seglerparadiese; ihre Häfen sind das ganze Jahr über voll mit Jachten. Die sanften grünen Berkshire Hills im westlichen Massachusetts ziehen sich bis hinauf an die Green Mountains von Vermont und die White Mountains von New Hampshire. Wie Spiegel liegen Seen zwischen den Erhebungen und Bachläufen, Flüsse winden sich durch die Landschaft. Uralte Eichen- und Ahornalleen überschatten baldachinartig die Landstraßen, welche die Hügel wie Bänder überziehen und atemberaubende Ausblicke freigeben. Neuengland, das im Norden an Kanada, im Süden und Westen an New York und im Osten an den Atlantik grenzt, bietet in der Tat eine ungeahnt abwechslungsreiche landschaftliche Szenerie auf engstem Raum.

Harte Winter – Heisse Sommer

Das Leben in Neuengland richtet sich nach den vier Jahreszeiten, von denen jede ihren eigenen ausgeprägten Charakter hat. Der Herbst schmückt sich mit einer atemberaubenden Orgie in Gold, Orange und Rot, den leuchtenden Herbstkleidern von Eiche, Ahorn und Birke. »Jack Frost« ist der ranghöchste jahreszeitliche Herrscher in Neuengland. Die grimmigen langen Winter brechen mit Stürmen herein, die einen bis auf die Knochen frieren lassen, und decken das Land mit einem weißen Laken aus Schnee zu, das zuweilen bis an die Fenster hinauf reicht. Dann herrscht eine unvergleichliche Stille, ein Frieden, der nur durch das Prasseln der Scheite im Kamin unterbrochen wird. Doch schon bald fordern die Freuden des Winters ihr Recht – man fährt Schlitten, Ski und Schlittschuh, trinkt Glühwein und ißt herzhafte Wintersuppen.

Im Frühling folgt dann das Wiedererwachen der Natur, wenn die Forsythien blühen und die Krokusse ihre Köpfe aus der frisch aufgetauten Erde recken. Die Blütenpracht der Obstbäume und der Gesang der zurückgekehrten Zugvögel verscheuchen die Schwermut des Winters. Der Saft der Ahornbäume tropft wieder mit seinem vertrauten »Ping« in die an den Bäumen befestigten Blechkübel, und aus den Sudküchen, wo man den Ahornsirup kocht, steigen Dampfwolken empor.

Die Sommermonate sind heiß und feucht. Wer immer es sich erlauben kann, flieht an den Strand oder in die Berge. Zuweilen unterbricht ein Gewitter den Sommernachmittag, schwere Regenfälle lassen die Flüsse anschwellen und tränken die verdurstenden Gärten und Felder. Oft folgt im September noch ein Altweibersommer, der den Herbst in eine prachtvolle zweite Sommerperiode verwandelt, mit warmen, trockenen Tagen, wie geschaffen für die Ernte.

Die Geburtsstätte des Thanksgiving

Die Neuengländer sind gastfreundliche, stolze, freiheitsliebende und hart arbeitende Menschen. Das Schlagwort »Yankee ingenuity« beschreibt ziemlich akkurat ihren Einfallsreichtum, ihren abwägenden und doch unternehmungslustigen Geist. Zuweilen können sie aber auch etwas unnahbar und puritanisch wirken. Die harten Lebensumstände zwangen die ersten Siedler zu Sparsamkeit, und diese Eigenschaft lebt in der sprichwörtlichen Anspruchslosigkeit der heutigen Neuengländer weiter. Nichts wird verschwendet – der Neuengländer setzt seinen Ehrgeiz darein, Gerichte zu kochen, die nichts oder kaum etwas kosten. Mit Stolz rühmt man sich gern einer Großmutter, die »aus einem Stein Suppe kochen« konnte.

Thanksgiving, das am letzten Donnerstag im November gefeiert wird, hat seine Ursprünge in Neuengland und ist ein Symbol der Ausdauer der Bewohner dieses Landes. Es ist einer der höchsten amerikanischen Feiertage und gedenkt des ersten Jahrestages der Ankunft in der Neuen Welt, den die Pilgerväter zusammen mit dem Erntedankfest feierten. In diesem ersten Jahr war der Tisch der Neuankömmlinge noch bescheiden mit wildem Truthahn, Hirsch, Mais und Bohnen gedeckt; heutzutage tischt jeder Haushalt auf, was ihm beliebt – aber unabdingbar ist das Symbol des *Thanksgiving*, der gefüllte gebratene Truthahn, zu dem eine Schale mit bittersüßem Preiselbeer-Relish gereicht wird. Das Spektrum an weiteren Gerichten reicht von Kartoffelbrei über Fleischsauce und hausgemachten Brötchen bis hin zu Winterkürbis, Rosenkohl, überbackenen Perlzwiebeln und kandierten Süßkartoffeln. Zum Dessert müssen würzige *pies* auf den Tisch kommen! Meistens serviert man drei oder vier verschiedene; am beliebtesten sind Kürbis- und Hackfleischpasteten.

Ein Augenschmaus für den Neuenglandbesucher sind die Verkaufsstände, die die Straßen auf dem Lande säumen und an denen die Erzeugnisse der Region feilgeboten werden, hauptsächlich im Sommer und Frühherbst. Auf Schildern steht mit krakeliger Schrift »frisch gepflückt«, was sich auf alles mögliche beziehen kann, angefangen von einem Dutzend Maiskolben für einen Dollar bis hin zu prall gefüllten Körben mit Äpfeln, Pfirsichen, Kürbissen, Zucchini, Gurken oder Paprikaschoten. Selbst Bauern, die nur ein winziges Stück Land bearbeiten, zweigen einen kleinen Teil ihrer Ernte für den Straßenverkauf ab, um sich ein paar schnelle Dollar als Taschengeld zu verdienen. Manchmal schlüpfen die jüngeren Familienmitglieder in die Rolle des Kassierers, doch meist steht nur eine Schachtel am Stand, in die der ehrliche Kunde sein Geld legt.

Preiselbeeren

Preiselbeeren sind kleine rote, säuerlich schmeckende Beeren, die ein Grundnahrungsmittel der Indianer waren, die daraus einen Kuchen namens *pemmican* buken, in den zusätzlich Körner, Wildbret und tierisches Fett kamen. Der englische Name *cranberry* leitet sich von der rosa Blüte der Pflanze ab, die einem Kranichkopf ähnelt. (Die Früchte werden übrigens auch gern von Kranichen gefressen.)

Cranberries werden seit über zweihundert Jahren in künstlichen Feuchtgebieten, die man nach den Erfordernissen der Jahreszeit fluten oder trockenlegen kann, gezüchtet. Im Winter werden die Preiselbeerbeete geflutet, um die Pflanzen vor der Kälte zu schützen und ihre Wurzeln feucht zu halten. Im Frühjahr, wenn die Zeit der Fröste vorbei ist, läßt man das Wasser wieder ab. Die Früchte – die Pflanzen tragen im Herbst – werden mit Maschinen abgeerntet.

Die besten Wachstumsbedingungen finden die *cranberries* westlich von Cape Cod im Plymouth County; der weltweit größte Produzent ist Massachusetts.

Aus den glänzenden Beeren kocht man vor allem *cranberry relish*, das ein absolutes Muß als Begleiter zum gebratenen Truthahn auf der *Thanksgiving*-Tafel ist, aber auch für Preiselbeerbrot, *muffins*, *pies* und gedämpfte Puddinge verwendet wird. Außerdem bereitet man aus den Beeren Sorbets, Säfte und Liköre. Wegen ihres hohen Säuregehalts braucht man beträchtliche Mengen Zucker, um das geschmacklich auszugleichen. Wie frisch Preiselbeeren sind, erkennt man, wenn man sie fallen läßt: Wenn sie wieder in die Höhe springen, sind sie tatsächlich frisch gepflückt

Vorhergehende Seiten: Ein Landhaus in Newfane, Vermont, umgeben von farbenprächtigem Herbstlaub

Einer der beliebtesten Märkte in Massachusetts ist der Haymarket in Bostons North End, eine Gegend, in der viele Italiener leben. Dieser Wochenmarkt wird ganzjährig jeden Freitag und Samstag abgehalten. Selbst an den kältesten Wintertagen stehen die Verkäufer dick eingemummt an ihren Straßenmarktständen und verkaufen Obst und Gemüse, obwohl dann nur beherzte Käufer den Weg hierherfinden, um ungeachtet drohender Erfrierungen an Fingern und Zehen Zitronen und Winterkürbisse auszuwählen.

In den Sommermonaten finden sich Beeren aller Art im Angebot – Himbeeren, Blaubeeren, Brombeeren und Erdbeeren. Aus den Obstgärten kommen Äpfel, Kirschen, Birnen, Pflaumen, Nektarinen und Pfirsiche. Die rosafarbenen McIntosh-Äpfel sind zart und saftig und eignen sich daher besonders gut zum Kochen, außerdem behalten sie ihre Form, wenn sie im Ofen gebacken werden. In vielen Gärten zieht man auch Rhabarber, der besonders gut schmeckt, wenn er mit Zucker zu Kompott gekocht oder zu *pies* gebacken wird. An den langen Küstenstreifen finden sich häufig Wildpflaumenbüsche, deren Früchte gesammelt und zu Gelee gekocht werden.

MAIS, BOHNEN UND KÜRBIS

Neuenglands Gemüse-Trias heißt Mais, Bohnen und Kürbis. Der sogenannte Butter-und-Zukker-Mais, der wegen seiner wechselnden weißen und gelben Körner so heißt, ist eine besonders beliebte Maisart. Nach dem Pflücken verwandelt sich der Zucker in den Maiskörnern bald zu Stärke, und der süße Maisgeschmack geht verloren. Es geht die Mär, daß besonders wählerische Neuengländer keinen Maiskolben mehr anrühren, der vor mehr als zwei Stunden geerntet wurde.

Bohnen gibt es in allen Arten und Variationen – gelbe Wachsbohnen, frische grüne Bohnen und getrocknete Bohnen wie Lima- und weiße Bohnen. Das gleiche gilt für Kürbisse, von denen die meisten Arten aus Mexiko stammen. Im Überfluß findet man im Sommer gelbe Gartenkürbisse und grüne Zucchini. Winterkürbisse dürfen auf keiner *Thanksgiving*-Tafel fehlen. Die häufigsten Arten sind *butternut*, *acorn*, *turban* und *hubbard*. An *Halloween*, dem Abend vor Allerheiligen, ist es Brauch, daß die Kinder einen Kürbis aushöhlen, eine Maske hineinschnitzen und ihn mit einer brennenden Kerze darin vor die Tür stellen.

Nachdem weitere Siedler im 17. Jahrhundert Vieh aus England mitgebracht hatten, entwickelte sich die Milchwirtschaft in Vermont zusehends. Die sanft geschwungenen Weidehügel dieses amerikanischen Bundesstaates sind die Grundlage für die Erzeugung bester Butter und von ausgezeichnetem Cheddarkäse. Dieser Cheddar, mild und pikant zugleich, schmeckt besonders gut zu hausgemachtem Apfelkuchen. Zu Zeiten der frühen Siedler machte man Jagd auf Enten, Wachteln, Kaninchen, Hirsche, Fasanen und Wildtruthähne, die damals ein lebenswichtiger Bestandteil der Speisekarte waren. Heute spielt die Jagd in Neuengland keine so große Rolle mehr.

Silos mit dem Wintervorrat an Maiskolben auf einer Farm in Neuengland

PETRI HEIL IM ÜBERFLUSS

Schon immer haben die Neuengländer dem Meer viel zu verdanken gehabt – es lieferte ihnen ihre tägliche Nahrung und verschaffte ihnen durch den Verkauf von Fisch und Meerestieren ein gutes Auskommen. Die Georges Bank, südöstlich von Boston gelegen, wird durch den Golfstrom erwärmt und ist der reichste Fischfanggrund im ganzen Atlantik. Beständige Nebel und schnelle Strömungen machen diese Untiefe höchst gefährlich, doch nirgendwo sonst finden sich solch riesige Schwärme an Meeresfischen – Kabeljau, Makrele, Blaufisch, Schwertfisch, Schellfisch und Heilbutt, die hier laichen und Futter suchen. Auch Kamm- und Miesmuscheln, Austern und Jakobsmuscheln sind in diesem Gebiet des Atlantiks zahlreich vertreten.

Die Georges Bank ist auch besonders reich an Quahog-Muscheln. Quahog ist der Name, den die einheimischen Algonkin den hartschaligen Muscheln gaben, von denen die kleinste die *littleneck*, die nächstgrößere die *cherrystone* und die größte die *chowder* ist. Man braucht einiges Geschick, um eine Quahog-Muschel zu öffnen, und die Prozedur, *eating one raw on the halfshell*, sie roh aus der Schale zu essen, ist tapferen Eigentümern guter Kauwerkzeuge vorbehalten.

Die sogenannten *soft-shell* oder *steamer clams* haben ein feines, delikates Aroma. Auch Miesmuscheln fühlen sich in den eisigen Gewässern von Maine wohl, so daß man heute dort gewaltige Mengen von ihnen züchtet. Die Austern von Wellfleet auf der Halbinsel Cape Cod und von den Küsten im Süden Neuenglands zählen zu den besten der Welt. Auch Jakobsmuscheln sind keine Seltenheit in Neuengland, besonders die kleinen, feinaromatischen *bay scallops* sind reichlich zu finden.

Der 4. Juli, der Unabhängigkeitstag, wird idealerweise mit einem *clambake* gefeiert, mit einem Muschelessen. Dazu muß man sich an den Strand begeben. Schon am Morgen sammeln die Teilnehmer des *clambake* dort Feuerholz, meist Strandgut, große Steine und Seetang. Während die einen ein großes Loch in den Sand graben, säubern die anderen die Muscheln, putzen Kartoffeln und enthülsen die Maiskolben. Die Sandgrube wird mit Steinen gefüllt, über denen ein Holzfeuer angezündet wird. Wenn das Feuer richtig brennt, wird die Grube mit weiteren Steinen aufgefüllt, die noch einige Stunden im Feuer erhitzt werden. Über die heißen Steine wird dann eine Schicht Seetang gelegt, darüber eine Schicht Muscheln, vielleicht mit einigen Hummern als Zugabe, darüber wieder eine Schicht Seetang, darauf Mais und Kartoffeln und das Ganze wiederum mit Seetang bedeckt. Schließlich kommt ein geteertes Segeltuch über das Loch. Die Muscheln und Gemüse garen etwa eine Stunde in ihrem eigenen Dampf und werden dann mit zerlassener Butter, die in diesem Landesteil *drawn butter* heißt, serviert. Welch ein Festmahl! Zum Nachtisch gibt es lediglich ein paar große Scheiben Wassermelone.

Ein weiteres populäres Freizeitvergnügen der Neuengländer ist es, die Küste nördlich von Boston entlang und nach Maine hineinzufahren und irgendwo in einem der mit Zedernschindeln gedeckten kleinen Gasthäuser am Straßenrand einzukehren, um eine Portion Hummer oder gedämpfte *littleneck*-Muscheln zu verzehren. Man kann sich den Hummer

Ein Angler, knietief im Wasser stehend, beobachtet gespannt seinen Köder.

Ein Fischer hat seine Markierungsbojen an seiner Fischerhütte in Nohank an der Küste Connecticuts aufgehängt.

aus einem im Restaurant aufgestellten Aquarium aussuchen. Die Muscheln werden gewöhnlich in Netzen auf den Holzkohlenrost gelegt und gegart. Sie kommen dann mit Muschelbrühe und zerlassener Butter auf den Tisch.

Zweifellos ist der Hummer der König unter den Meerestieren. Der mit großen Scheren ausgestattete, am Meeresboden lebende *Homarus americanus*, der in Maine beheimatet ist, wird von vielen als der weltbeste Hummer angesehen. Der Maine-Hummer mit seinem harten Schutzpanzer ist das Symbol der Küste von Maine. Diese Hummer, die in Kästen und Reusen gefangen werden, sind alles andere als billig, aber ihren Preis wirklich wert. Hat man erst ihre harte Schale geknackt, belohnt einen ihr weißes, festes und mild schmeckendes Fleisch. Am liebsten werden sie einfach gedämpft serviert und gegessen, aber sie finden auch in viele elegantere Gerichte Eingang, zum Beispiel Hummer Newburg, der mit einer Sahne-Madeira- oder Sherry-Sauce serviert wird, oder sie bilden die Grundlage von Suppen und *chowders* oder werden auf Brötchen mit Mayonnaise serviert.

Fisch wird einfach gegrillt, im Ofen gegart oder in Öl ausgebacken. Eine Platte mit verschiedenen Fischsorten heißt hier *fisherman's special*. Aus getrocknetem oder gesalzenem Stockfisch bereitet man gern Fischfrikadellen zu, die unwiderstehlich sind, wenn sie mit einer Sauce tatare serviert werden. Ein althergebrachtes *Thanksgiving*- oder Weihnachtsgericht sind *scalloped oysters*. Dazu werden die Austern aus der Schale genommen, durch Sahne gezogen und dann, in Semmelbrösel oder kleine Stücke Biskuitteig gehüllt, so lange im Ofen gebacken, bis die Hülle gar ist und das delikate Austernaroma angenommen hat.

CHOWDERS, BAKED BEANS UND BOILED DINNERS

Neuengland hat zur kulinarischen Geschichte Amerikas einen beträchtlichen Beitrag geleistet. In diesem Landstrich bestimmen seit jeher Suppen, *chowders* und Eintöpfe – herzhafte Gerichte, die eigentlich für die kalten Wintermonate gedacht sind – den täglichen Küchenzettel. Zudem ließen sie sich leicht im großen Eisenkessel, der in keiner Siedlerfamilie fehlte und über dem offenen Feuer aufgehängt wurde, zubereiten.

Die Bezeichung *chowder* stammt vom französischen *chaudron*, Kessel, ab. *Chowders* sind eigentlich Milchsuppen, die ihren Geschmack durch die Zugabe von Meerestieren oder Gemüsen und Pökelfleisch erhalten. Zuweilen kommen Brot oder *crackers* hinzu. Die Milch wird erst kurz vor Ende der Kochzeit erhitzt und zum *chowder* gegeben, damit sie nicht gerinnt. Muschel-, Fisch- und Mais-*chowder* nehmen die ersten Plätze auf der Beliebtheitsskala ein. Eintöpfe, naturgemäß ein wenig kompakter als Suppen, werden ebenfalls gern mit Fisch und anderen Meerestieren gekocht, zum Beispiel Hummer und Austern, aber auch mit Fleisch, Geflügel und Wild.

Die *Boston baked beans* stellen quasi das Rückgrat der neuenglischen Küche dar. Boston wird deshalb scherzhaft *bean town* – »Bohnenstadt« – genannt. Ursprünglich war es bei den Siedlern Brauch, die Bohnen (*pea beans, yellow eyes* oder *kidney beans*) freitags nach dem Mittagessen in kaltem Wasser einzuweichen. Am Abend wurden die Bohnen vorgekocht, dann kamen die geschmackgebenden Zutaten wie Pökelfleisch, Melasse und Zwiebeln, manchmal auch Senf, hinzu, und das Gericht wurde dann den ganzen Samstag bei geringer Hitze im Backofen gegart. Am Abend wurden dann die *baked beans* mit Schwarzbrot aufgetragen; was übrigblieb, aß man am Sonntagmorgen. Noch heute werden überall in Massachusetts die braunglasierten, gewölbten irdenen Bohnentöpfe verkauft.

Betrachtet man die *baked beans* als das Rückgrat der neuenglischen Küche, so kann man *succotash* als ihre Seele bezeichnen. Die Zubereitung von *succotash*, einem Eintopf aus frisch enthülsten Bohnen, frischen Maiskörnern, Pökelfleisch, einer Prise Zucker, Milch und Butter, schauten die Siedler den indianischen Ureinwohnern ab.

Das *New England boiled dinner* ist ebenfalls ein traditionelles Gericht aus der Frühzeit Neuenglands. Es kommt seit undenklichen Zeiten immer donnerstags auf den Tisch und besteht aus gekochtem Rindfleisch und Gemüsen. Die Reste eines *boiled dinner* werden obligatorisch zu *corned beef hash* verarbeitet – einer Mischung aus Kartoffeln, Rindfleisch, Zwiebeln und Brühe, die zugedeckt im Ofen gegart wird, bis sich eine Kruste gebildet hat. Wird das Ganze durch Zugabe von roter Bete eingefärbt, so spricht man von einem *red flannel hash*.

Das Frühstück der Neuengländer pflegte einst recht kräftig auszufallen. Die Siedler verköstigten sich auf ihren Reisen mit sogenannten *Johnny*- oder *journeycakes*, die aus Maismehlbrei,

Gegenüberliegende Seite: Ein Blick über die friedliche Kleinstadt North Hatfield. Der Sommer geht zur Neige, und die Ahornbäume werden langsam herbstlich rot.

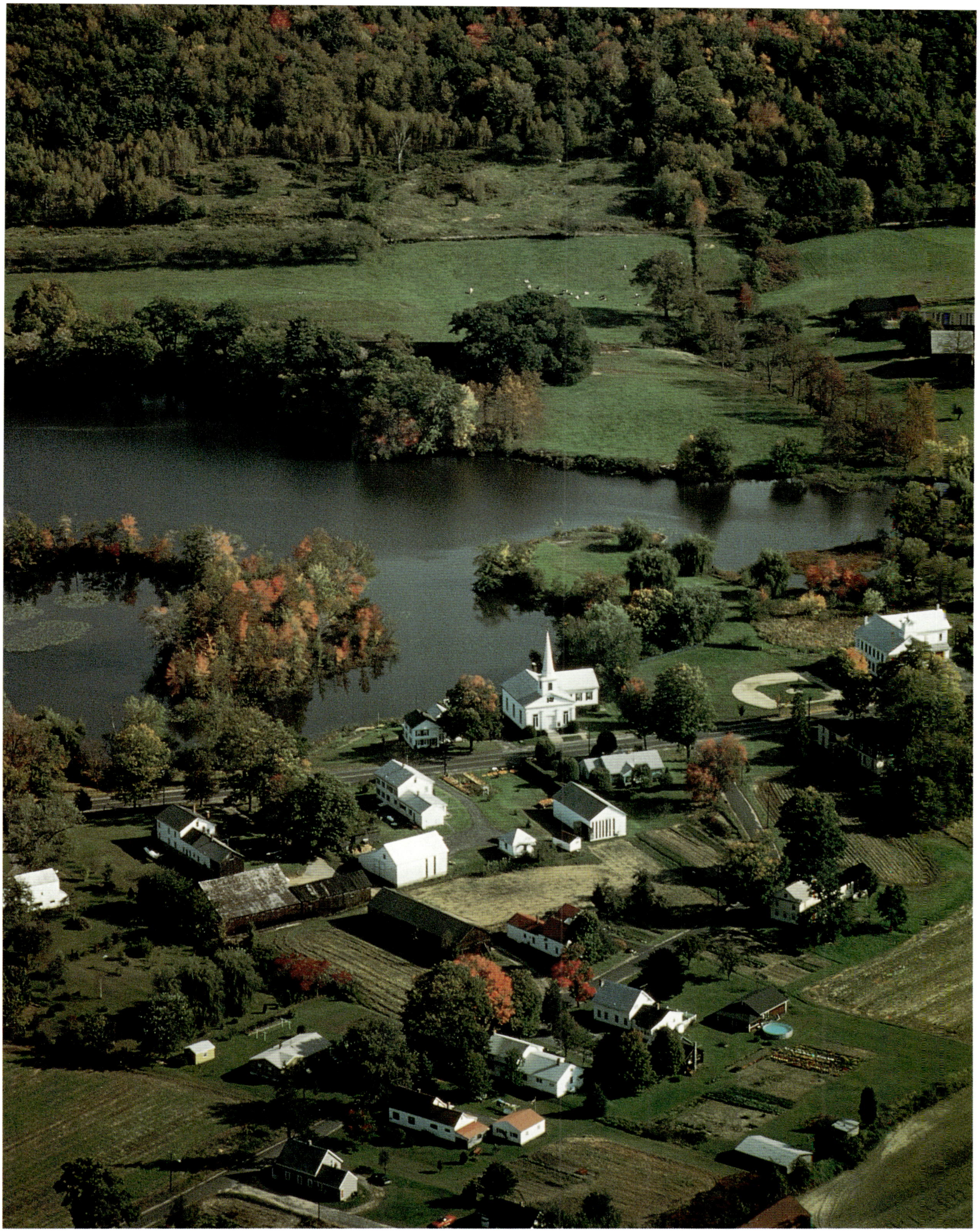

STEVE DUNWELL/THE IMAGE BANK

© BRUCE HANDS

Nach dem ersten Schneefall steigen über dem Edan Lake in Vermont Morgennebel auf.

Butter und Eiern gebacken wurden. Bevor sie die Reise über den Atlantik antraten, hatten die Pilgerväter einige Jahre in Holland zugebracht, wo sie die Kunst der *doughnuts* – der Herstellung von Krapfen – erlernt hatten, eines Frühstücksgebäcks, das sich in den ganzen USA noch heute ungebrochener Beliebtheit erfreut.

Auch Kuchen und Pasteten waren beliebte Frühstücksspeisen der ersten Siedler. Heute ißt man *pies* hauptsächlich als Dessert. *Pies* gibt es in allen Variationen, sie können gewürzten Kürbis, Hackfleisch, Zucchini, Äpfel, Pfirsiche und jede erdenkliche Art von Beeren enthalten.

Da sie häufig mit Melasse und Gewürzen zubereitet werden, sind die neuenglischen Nachspeisen meist ziemlich gehaltvoll. Dennoch kann niemand dem süßen, würzigen *gingerbread* widerstehen, vor allem dann nicht, wenn es noch warm mit Apfelmus und Schlagsahne aufgetischt wird. Auch Maismehl bildet die Grundlage vieler Nachspeisen, die bekannteste darunter ist der *Indian pudding*, ein gedämpfter Pudding, der aus Maismehl, Melasse, Milch, Eiern und Gewürzen zubereitet wird. Die *Boston cream pie* ist trotz ihres Namens ein veritabler Biskuitkuchen, der mit Eiercreme gefüllt und mit einer Schokoladenglasur überzogen ist. Aus Kompott oder frischen Früchten werden Desserts mit so seltsamen Namen wie *grunt*, *slump*, *pandowdy* und *cobbler* hergestellt; sie werden mit einer Garnitur aus Biskuits oder kleinen Klößen aufgetragen.

Die *Toll House Cookies*, überall in den Vereinigten Staaten beliebte Plätzchen, kommen auch aus diesem Landesteil. Erfunden hat sie Ruth Wakefield, eine berühmte Ernährungswissenschaftlerin und Lehrerin, die 1930 in Whitman, Massachusetts, ein altes Zollhaus aufkaufte und in ein Restaurant umwandelte. Die Zutaten für die Plätzchen sind Butter, Mehl und Schokolade.

Zwei Brotsorten ragen aus dem lokalen Angebot heraus: *Anadama bread* und *Boston brown bread*. *Anadama* ist ein Hefebrot aus Maismehl, Weizenmehl sowie ein wenig Melasse und

AHORNSIRUP

Die Siedler erlernten die Kunst des *sugaring*, der Ahornsaftgewinnung und -weiterverarbeitung, von ihren indianischen Nachbarn. Sie trieben Löcher in das grüne, saftstrotzende Holz der Ahornbäume und banden kleine Eimer aus Ulmenrinde davor, in denen sich das »süße Wasser« aus dem Baum sammelte. In jenen Tagen gehörte der Ahornsirup zu den selbstverständlichen Grundzutaten in der Küche, anders als heute, wo er als Luxusartikel gehandelt wird.

Auf den Hügeln und an den Wiesenrainen von Neuengland wachsen die stattlichen Zukkerahornbäume, deren Blätter sich im Herbst goldgelb und rostbraun einfärben. Schon zu Beginn des Frühjahrs, wenn noch der letzte Schnee liegt, noch bevor die Blütenknospen an den Ahornbäumen zu treiben beginnen, bohrt man etwa einen Zentimeter weite und fünf Zentimeter tiefe Löcher in das Splintholz. In früheren Zeiten trieb man galvanisierte Eisenröhrchen in die Löcher und hängte ein oben geschlossenes Eimerchen daran. Wenn die Tage warm werden, die Nächte aber noch frostig sind, steigt der Saft in den Bäumen hoch. Die leicht süßliche, fad schmeckende Flüssigkeit tropfte dann einige Wochen lang in die Sammelbehälter. Als nächstes mußte der Bauer den Saft einsammeln. Damals fuhr man mit einem Pferdewagen, der einen galvanisierten Eisentank trug, zu den Bäumen hinaus. Besaß ein Bauer eine ansehnliche Zahl von Ahornbäumen, hatte er mit einiger Sicherheit auch ein *sugarhouse*, ein Zuckersudhaus. Hier fand der geheimnisvolle und große Aufmerksamkeit erfordernde Vorgang des Einsiedens statt, bei dem der Bauer den Saft zu einem dicken Sirup einkochte. Dabei entströmten dicke Dampfwolken den *sugarhouses*.

Heutzutage verwenden die Bauern Plastikrohre, um den Saft einzusammeln und ins Sudhaus zu leiten. Der Pferdewagen, mit dem man einst zu den Bäumen hinausfuhr, hat dem Traktor Platz gemacht, einem effizienteren, dafür aber weniger malerischen Gerät.

Vermont produziert den meisten Ahornsirup, aber auch Massachusetts und New Hampshire stellen beachtliche Mengen her. An einem guten Tag kann ein Bauer etwa 18 Liter Saft pro Baum einsammeln. Die zehnfache Menge davon ergibt eine Gallone, das sind viereinhalb Liter, Sirup.

Die Qualität des Ahornsirups unterliegt einer strengen Klassifizierung und ist von seiner Farbe und seinem Geschmack abhängig. *Fancy*, die höchste Qualitätsstufe, ist leicht bernsteinfarben und schmeckt mild. *Grade A* ist etwas dunkler und intensiver im Ge-

schmack. *Grade B* ist noch dunkler, schmeckt nach Karamel und wird hauptsächlich zum Kochen verwendet. Die unterste, dunkelste Qualitätsstufe hat keine Klassifizierung und wird industriell zur Herstellung von Sirupmischungen verwendet.

Ahornsirup wird zur Herstellung von Toffees, Bonbons, Kandis und normalem Zucker verwendet. Früher diente er auch zum Süßen oder zum Würzen: Man gab ihn in den Tee und in alle möglichen Gerichte wie Hafergrütze, *baked beans*, Kuchen und Gemüse. Bekannt ist die *Vermont maple sugar pie*, die mit Ahornzucker und einer Cremefüllung zubereitet wird und eine Baiserhaube trägt. Äpfel mit Ahornsirup sind ein einfaches, aber nichtsdestoweniger wohlschmeckendes Dessert. Die Äpfel werden entkernt, mit Ahornsirup gefüllt und gebacken.

Fällt während der Zeit des Sirupsiedens, die *sugaring off* genannt wird, noch einmal Schnee, ist dies ein willkommener Anlaß für eine kleine ungezwungene Feier im Sudhaus. Jeder Gast bei einem *sugaring off* bekommt eine Schüssel mit Schnee in die Hand gedrückt, über den der Gastgeber frischen Sirup gießt. Der Sirup erstarrt zu einer toffeeartigen Masse, die man mit einer Gabel aufrollt und sich zusammen mit ungesüßten Krapfen, sauer Eingelegtem und Kaffee schmecken läßt.

Ein Zuckersudhaus zwischen Ahornbäumen am Abhang eines Hügels in Vermont. Holzscheite liegen bereit, damit der Ahornsaft, der sich in den geschlossenen Eimern an den Bäumen sammelt, unverzüglich eingekocht werden kann.

Dekorativ auf Heu gehäufte runde und längliche
Kürbisse am Rande einer Landstraße in Vermont

stammt aus Gloucester, Massachusetts. Der Legende nach weigerte sich einst die Frau eines Fischers, Brot zu backen, worauf ihr Ehemann alles mögliche zu einem Teig zusammenrührte, den er mit den Worten: »Anna, damn her!« – »Verfluchte Anna!« – bedachte. *Boston brown bread* wird aus Maismehl, Weizen oder Gerste hergestellt und immer im Dampf gebakken. Das Resultat ist ein festes, aromatisches und eher feuchtes Brot.

EINLEGEN, EINKOCHEN UND RÄUCHERN

In früheren Zeiten widmete man dem Konservieren von Lebensmitteln viel Zeit. Kartoffeln, Rüben, rote Bete und Mohrrüben wurden im »Wurzelkeller« unter Sand gelagert; Bohnen und Kräuter trocknete man. Äpfel bewahrte man an einem kühlen Platz auf, um später aus ihnen Apfelkuchen zu backen. Fleisch wurde gepökelt und in der Räucherkammer haltbar gemacht. Noch heute wird in Neuengland die Kunst des Konservierens ausgiebig gepflegt. Besonders beliebt sind *pickles* und *relishes*, Fruchtmarmeladen, -gelees und -mus, eingemachte Früchte, Tomaten, Zwiebeln, rote Bete, grüne Bohnen und manchmal sogar Fisch.

Für manche der ersten Siedler war das Bierbrauen fast so wichtig wie das Brotbacken. Man pflegte Bier schon zum Frühstück zu trinken, zu Schwarzbrot, *baked beans* und zuweilen Fischfrikadellen. Ein weiteres beliebtes hausgemachtes Gebräu war Löwenzahnwein, aber auch Met, für den man Honig vergor. Aus Kirschen, Brombeeren, Johannisbeeren, Himbeeren und Holunderbeeren stellte man Fruchtliköre her.

Später nahm Apfelwein den Platz des Bieres an der Tafel ein. Noch heute trinkt man im Herbst überall im Lande gern jungen Apfelwein, *sweet cider*. Ein Teil dieses Weins wird auf Flaschen gezogen und einer weiteren Hefegärung unterworfen, so daß ein alkoholhaltigerer Apfelwein, der *hard cider*, entsteht.

Obwohl die sechs amerikanischen Bundesstaaten, die Neuengland bilden, zu den kleineren und kleinsten der USA zählen, nehmen sie aus der Sicht eines Mitteleuropäers doch eine beträchtliche Fläche – ungefähr halb so groß wie Deutschland – ein, was ihre landschaftlichen und kulinarischen Unterschiede zum Teil erklärt. Eines eint jedoch ihre Bewohner: Sie sind zäh, stolz und traditionsbewußt. Wer Neuengland besucht, wird bald von selbst feststellen, daß hier die Geburtsstätte des amerikanischen Traums ist.

DIE WEINE VON NEUENGLAND

So unterschiedlich die Weine von Neuengland untereinander sind, so rar sind sie auch. Kein Wunder also, daß man gern auf Obst- und Beerenweine ausweicht, die in großen Mengen vor allem in Vermont, New Hampshire und Maine vergoren werden, wo die kalten Winter und kurzen Sommer den Weinbau erschweren.

Weiter südlich allerdings, besonders in den Küstenregionen von Massachusetts, Rhode Island und Connecticut, hat in letzter Zeit die Zahl kleiner Weingüter zugenommen, deren beliebteste Weine in erster Linie aus den weniger empfindlichen Hybridreben, darunter Seyval Blanc und Vidal Blanc, gewonnen werden. Diese Sorten vereinigen die Winterfestigkeit der einheimischen amerikanischen Reben und deren Widerstandsfähigkeit gegen Krankheiten und Parasiten mit dem feineren Aroma europäischer Trauben.

Der malerische Martha's Vineyard in Massachusetts und Prudence Island in Rhode Island sind die Standorte der zwei führenden Kellereien von Neuengland, Chicama Vineyards und Prudence Island Vineyards. Experimentierfreudige, modern denkende Winzer findet man auch in Plymouth, Little Compton (in der Nähe von Norfolk, Rhode Island) und in North Stonington, Connecticut. Die meisten Weine stammen aus den lokal angebauten Trauben, aber einige Winzer beziehen auch Trauben von weiter her, so aus dem Staat New York und aus Kalifornien. *(Die Informationen zu den Weinen verdanken wir Ronn Wiegand, MW, MS.)*

CONNECTICUT

WEISSWEINE:

Chardonnay
Johannisberg Riesling
Seyval Blanc
Vidal Blanc

WEINKELLEREIEN:

Crosswoods Vineyards (1)
Hamlet Hill Wines (2)

MASSACHUSETTS

WEISSWEINE:

Chardonnay
Vidal Blanc

WEINKELLEREIEN:

Chicama Vineyards (3)
Commonwealth Winery (4)

RHODE ISLAND

WEISSWEINE:

Chardonnay
Vidal Blanc

WEINKELLEREIEN:

Prudence Island Vineyards (5)
Sakonnet Vineyards (6)

REZEPTE AUS NEUENGLAND

Joanne Weir

Lobster and Corn Chowder

Hummer-und-Maiskorn-Suppentopf

Beim Kauf eines Hummers sollte man unbedingt
darauf achten, daß er noch quicklebendig ist.

2 Hummer, je etwa 600 g schwer
2 EL Butter
1 Mohrrübe, grob gehackt
2 Zwiebeln, fein gehackt
Bouquet garni, bestehend aus 1 Lorbeer-
  blatt, 1 Thymianzweig, 4 Petersilienstengeln
1/4 l trockener Weißwein
250 g Kartoffeln, geschält und in Würfel
  geschnitten
6 Maiskolben
Salz und frisch gemahlener Pfeffer
1/8 l Crème double
1 EL grobgehackte Petersilie zum Garnieren

In einem Suppentopf 1 3/4 l Salzwasser zum Kochen bringen. Die Hummer kopfüber hineingeben und 5 Minuten kochen lassen. Die Tiere
aus dem Wasser nehmen und abkühlen lassen.
Das Wasser beiseite stellen. Das Hummerfleisch
aus den Scheren und dem Schwanz lösen, in
Würfel schneiden und beiseite stellen. Hummer-
leber, Muskelgewebe und Magen entfernen. Das
Fleisch aus dem Kopfbereich lösen und in kleine
Stücke zerteilen. Die Schalen beiseite stellen.

Die Hälfte der Butter in einem Suppentopf
zerlassen, die Mohrrübe, die Hälfte der Zwiebeln
und das Bouquet garni hineingeben und bei
niedriger Temperatur 10 Minuten schmoren
lassen, bis die Gemüse weich zu werden beginnen. Die Hummerschalen zugeben und weitere 5 Minuten anziehen lassen. Hummerkoch-
wasser und Wein zugießen und 25 Minuten
köcheln lassen. Die Brühe durch ein Sieb gießen
und beiseite stellen.

Die Kartoffeln in Salzwasser gar kochen, abgießen und beiseite stellen. Die Maiskörner von
den Kolben lösen. Die restliche Butter in einem
Suppentopf zerlassen, die restlichen Zwiebeln
hineingeben und in etwa 7 bis 10 Minuten weich
werden lassen. Maiskörner (eine dreiviertel Tasse
Mais zurückbehalten, sie wird erst ganz zum
Schluß zugegeben) sowie Hummerbrühe zugeben
und 20 Minuten köcheln lassen. Mit dem Mixstab
oder in der Küchenmaschine ganz fein pürieren.
Die Brühe durch ein Sieb in einen sauberen Topf
passieren.

Mit Salz und Pfeffer abschmecken und
Crème double unterrühren. Hummerfleisch, die
restlichen Maiskörner und die Kartoffeln zugeben und noch etwa 5 Minuten simmern lassen.
Mit der Petersilie bestreuen und servieren.

Für 6 Personen

Winterkürbissuppe mit geräuchertem Speck und
Walnußbutter, Ausgebackene Schaltierküchlein mit
Zitronen-Kräuter-Sauce, Hummer-und-Maiskorn-
Suppentopf

Atlantic Shellfish Fritters with Lemon and Herb Sauce

Ausgebackene Schaltierküchlein mit Zitronen-Kräuter-Sauce

Ausgebackenes aller Art stellt man in Neuengland nun schon seit über hundert Jahren her. Leticia Coulson, Chefin des berühmten Bostoner »Pilgrims' Lunch Restaurant«, bereitet für ihre Gäste täglich diese *fritters* zu, die sie, nur mit Zitronenspalten garniert, serviert.

125 g Mehl
Salz und frisch gemahlener Pfeffer
2 Eier, getrennt, zimmerwarm
2 EL Maisöl
0,2 l angewärmtes Bier
500 g ausgelöstes Fleisch von gekochten
*   Schaltieren wie Venusmuscheln, Mies-*
*   muscheln, Jakobsmuscheln, Austern*
*   oder Hummer, in 1 cm große Stücke*
*   zerteilt*
8 EL gehackte Petersilie
4 EL Schnittlauchröllchen
1/2 TL gehackter Thymian
1/4 TL gehackter Origano
1 Knoblauchzehe, gehackt
4 EL (60 ml) Zitronensaft
1/8 l Olivenöl
1 l Mais- oder Erdnußöl zum Ausbacken
Zitronenspalten zum Garnieren

Das Mehl und 1/2 TL Salz in eine Schüssel sieben. Die Eigelbe verquirlen. In die Mitte des Mehls eine Mulde drücken, Eigelbe, Maismehl und Bier hineingeben und mit einem Schneebesen alles leicht miteinander verrühren. Den Teig 1 Stunde bei Zimmertemperatur ruhen lassen.

Das ausgelöste Schaltierfleisch mit Salz und Pfeffer würzen und in den Kühlschrank stellen.

In der Zwischenzeit die Sauce zubereiten. Kräuter, Knoblauch, Zitronensaft und Olivenöl miteinander verrühren und mit Salz und Pfeffer abschmecken.

Die Eiweiße zu Schnee aufschlagen und vorsichtig unter den Teig heben. Den Teig zum Schaltierfleisch geben und miteinander vermischen. Das Maisöl in einer schweren Pfanne sehr heiß (190° C) werden lassen; es sollte zischen, wenn man etwas Teig in die Pfanne gibt. Für die *fritters* jeweils einen gehäuften Eßlöffel Teig in die Pfanne geben und von beiden Seiten goldbraun werden lassen. Nicht zu viele Küchlein auf einmal ausbacken. Die *fritters* mit Zitronenspalten garnieren und mit der Sauce servieren.

Für 8 Personen

Winter Squash Soup with Smoked Bacon and Walnut Butter

Winterkürbissuppe mit geräuchertem Speck und Walnußbutter

Das Einkochen, Einlegen und Haltbarmachen von Lebensmitteln gehörte seit jeher zum Leben in Neuengland, da es dazu diente, Vorräte für die Wintermonate anzulegen. Waschkörbe voller Winterkürbisse werden noch heute in der kalten Jahreszeit im kühlsten Raum des Hauses gelagert.

1 1/2 kg Winterkürbis
30 g Walnußkerne
1 EL Walnußöl
Salz und frisch gemahlener Pfeffer
1 Prise Zucker
5 EL (75 g) Butter
2 Scheiben (50 g) geräucherter Speck, fein
*   gehackt*
1 große Zwiebel, gehackt
1 l Hühnerbrühe
1/8 l Crème double
frisch geriebene Muskatnuß
Saft von 1 Orange
etwas glatte Petersilie zum Garnieren

Den Kürbis halbieren und mit der Schnittfläche nach unten auf ein eingeöltes Backblech setzen. In den auf 190° C vorgeheizten Ofen

Gratinierte Austern

schieben und den Kürbis in etwa 1 Stunde gar werden lassen. Herausnehmen und abkühlen lassen. Mit einem Löffel die Samen herauskratzen und wegwerfen. Das Fruchtfleisch herauslösen und beiseite stellen, die Kürbisschale wegwerfen.

In der Zwischenzeit die Walnußbutter zubereiten. Die Walnußhälften mit dem Walnußöl, Salz, Pfeffer und Zucker vermischen und in dem auf 190° C vorgeheizten Ofen etwa 7 Minuten rösten. Die Walnüsse fein hacken, in eine kleine Schüssel geben, mit 3 EL Butter verrühren und mit Salz und Pfeffer abschmecken. Die Walnußbutter zu einer Rolle von 2 1/2 cm Durchmesser formen, in Klarsichtfolie wickeln und in den Kühlschrank legen.

Die restliche Butter in einem Suppentopf erhitzen und Zwiebel und Speck darin glasig werden lassen. Das Kürbisfleisch und die Brühe zugeben und 30 Minuten köcheln lassen. Die Suppe etwas abkühlen lassen und mit dem Mixstab oder in einem Mixer fein pürieren. Durch ein Sieb in einen sauberen Topf passieren und noch einmal kurz erhitzen. Vom Herd nehmen. Crème double unterrühren und mit Salz, Pfeffer, Muskatnuß und Orangensaft abschmecken.

Die Suppe auf Suppentassen verteilen und jede Portion mit einer Scheibe Walnußbutter und einigen Petersilienblättern garnieren.

Für 6 Personen

Scalloped Oysters

Gratinierte Austern

Als die Pilgerväter in der Neuen Welt ankamen, waren sie von der Vielfalt an Meerestieren äußerst beeindruckt. Mit der Zeit entwickelten sie ein ausgedehntes Repertoire an Rezepten für Meerestiergerichte. Dies hier ist eine modernisierte Version eines ihrer Austerngerichte.

750 g frische Austern mit ihrer Flüssigkeit
¹/₈ l Crème double
¹/₈ l Muschelsaft aus dem Glas
¹/₈ l trockener Weißwein
Bouquet garni, bestehend aus 1 Lorbeerblatt,
*   1 Thymianzweig, 4 Petersilienstengeln*
10 EL (150 g) Butter, zerlassen
1 EL Mehl
Salz und frisch gemahlener Pfeffer
125 g Semmelbrösel
250 g Cracker, zu mittelfeinen Bröseln
*   zerkleinert*

Die Austern abtropfen lassen, die Flüssigkeit mit Crème double, Muschelsaft, Weißwein und Bouquet garni in einen Topf geben. Die Flüssigkeit auf etwa 0,3 l einkochen lassen. Den Topf vom Herd nehmen und das Bouquet garni entfernen.

In einem zweiten Topf 2 EL Butter zerlassen. Das Mehl hineingeben und unter ständigem Rühren bei niedriger Temperatur 3 Minuten anschwitzen lassen. Die Reduktion aus Crème double, Muschelsaft und Wein zugießen und in etwa 5 Minuten zu einer dicken Sauce kochen, dabei gut umrühren. Die Sauce leicht abkühlen lassen und die Austern hineingeben. Mit Salz und Pfeffer abschmecken. Eine Gratinform von 1 l Inhalt ausbuttern. Die restliche Butter über die Semmelbrösel und zerkleinerten Cracker gießen und kurz umrühren. Ein Drittel der Brösel gleichmäßig auf dem Boden der Gratinform verteilen, darüber die Hälfte der Austern geben. Auf die Austern wiederum eine Lage Brösel verteilen. Fortfahren, bis alle Zutaten aufgebraucht sind. Mit einer Lage Brösel abschließen. Die Form in den auf 180° C vorgeheizten Ofen schieben und das Gratin in etwa 35 Minuten goldbraun werden lassen.

Für 6 Personen

New England Boiled Dinner

Eintopf nach Art von Neuengland

Dieser Eintopf stammt wahrscheinlich aus der Zeit der frühen Siedler, als sich alle im Winter um den Herd versammelten. Das herzhafte und wohlschmeckende Gericht kam bei den meisten Familien vom frühen Herbst bis in den späten Frühling hinein gewöhnlich einmal pro Woche auf den Tisch.

1 Stück gepökelte Rinderbrust, etwa 1 ¹/₂ bis
*   2 kg schwer*
400 g Perlzwiebeln

Hühnerragout mit Buttermilchbiskuits, Eintopf nach Art von Neuengland

ALLAN ROSENBERG

1 kg Kohl, geviertelt und den harten Strunk
*   entfernt*
500 g kleine Teltower Rübchen, geviertelt
4 Mohrrüben, in 3 ¹/₂ cm große Stücke
*   geschnitten*
500 g Steckrüben, geviertelt
500 g Kartoffeln, geviertelt
6 kleine rote Beten, etwa 750 g, geputzt
2 EL Maisöl
Salz und frisch gemahlener Pfeffer
5 Stengel glattblättrige Petersilie zum
*   Garnieren*
Meerrettichsauce zum Servieren
Senf zum Servieren
Senffrüchte zum Servieren

Die gepökelte Rinderbrust in einen großen Topf geben und mit kaltem Wasser bedecken. Das Fleisch 15 Minuten kochen lassen, dabei immer wieder den aufsteigenden Schaum abschöpfen. Die Temperatur herunterschalten und

die Rinderbrust zugedeckt etwa 2 ¹/₂ Stunden sanft köcheln lassen.

Zwiebeln, Kohl, Teltower Rübchen, Mohrrüben und Steckrüben zugeben und weitere 30 Minuten simmern lassen. Das Rindfleisch sollte jetzt ganz zart sein. Die Kartoffeln in den Topf geben und in etwa 30 Minuten gar werden lassen.

Während das Rindfleisch auf dem Herd ist, die rote Bete in eine feuerfeste Form setzen und mit Öl beträufeln. Mit Aluminiumfolie bedecken und in dem auf 190° C vorgeheizten Ofen etwa 1 Stunde garen. Die rote Bete aus dem Ofen nehmen, schälen, halbieren, mit Salz und Pfeffer würzen und bis zum Servieren beiseite stellen.

Die Rinderbrust tranchieren, auf einer vorgewärmten Platte anrichten und mit den Gemüsen sowie der heiß gemachten rote Bete umlegen. Mit Petersilie garnieren und mit Meerrettichsauce, Senf und Senffrüchten auftragen.

Für 6 bis 8 Personen

Fischragout nach Art von Cape Cod

Stewed Chicken and
Buttermilk Biscuit Pie

Hühnerragout mit Buttermilchbiskuits

In alten Kochbüchern aus Neuengland gibt es zu diesem Rezept eine Fülle von Variationen. Eine der ältesten ist die *Chewet Pie*, die man in den ersten Jahren nach der Einwanderung der Pilgerväter zubereitete. Sie wurde mit einer Vielzahl von Gewürzen und Trockenfrüchten gebacken und ähnelte englischen Schweinefleisch-Pies.

1 Huhn, etwa 2 1/2 kg schwer, gewaschen und dressiert
1 Mohrrübe, grob gehackt
1 Zwiebel, grob gehackt
1 Stange Sellerie, in 2 1/2 cm große Stücke geschnitten
1 Stange Lauch, gewaschen und in 2 1/2 cm große Stücke geschnitten
Bouquet garni, bestehend aus 1 Lorbeerblatt, 1 Thymianzweig, 6 Petersilienstengeln
1 1/4 l Hühnerbrühe
125 g Zuckererbsen oder ausgehülste grüne Erbsen
250 g Champignons oder Egerlinge, in Würfel geschnitten

1 Mohrrübe, in Würfel geschnitten
4 EL (60 g) Butter
2 EL (30 g) Mehl

Buttermilchbiskuits:
320 g Mehl
1 Prise Salz
1 EL Backpulver
125 g Butter, zimmerwarm
1/4 l Buttermilch, zimmerwarm

Das Huhn zusammen mit Mohrrübe, Zwiebel, Sellerie, Lauch, Bouquet garni und der Hühnerbrühe in einen großen Topf geben und ohne Deckel etwa 1 1/4 Stunden köcheln lassen. Das Huhn aus dem Topf nehmen und die Brühe auf 3/4 l einkochen lassen. Das Gemüse entfernen, das Huhn entbeinen und in 2 1/2 cm große Stücke schneiden. Haut und Knochen entfernen. Die Erbsen in sprudelndem Salzwasser 1 Minute blanchieren. Herausnehmen und abkühlen lassen. Die in Würfel geschnittene Mohrrübe 3–4 Minuten blanchieren, das Wasser abgießen und das Gemüse abkühlen lassen. Die Pilze in 1 EL Butter bei mittlerer Temperatur 3 Minuten sautieren. Beiseite stellen.

Die restliche Butter in einem Topf zerlassen, das Mehl zugeben und unter ständigem Rühren 2 Minuten anschwitzen lassen. Die Brühe lang-

sam unter Rühren zugießen und in etwa 5 Minuten andicken lassen. Mit Salz und Pfeffer abschmecken. Erbsen, Mohrrübe, Pilze und Hühnerfleisch zugeben und in eine 1 1/2 l fassende Kasserolle füllen. Den Backofen auf 200° C vorheizen.

Für die Biskuits Mehl, 1 TL Salz und Backpulver in eine Schüssel sieben. Die Butter mit dem Mehl verkneten. Die Teigflocken hochnehmen und aus der Höhe wieder in die Schüssel fallen lassen, damit der Teig soviel Luft wie möglich aufnimmt. Buttermilch zugießen und alles zu einem glatten, relativ weichen Teig verarbeiten. Den Teig auf einer bemehlten Arbeitsfläche ausrollen, zur Mitte einmal übereinanderschlagen und erneut etwa 1 cm dick ausrollen.

Mit einem runden Plätzchenausstecher von 5 cm Durchmesser 12 Biskuits ausstechen und das Hühnerragout in der Kasserolle dicht damit belegen. In den vorgeheizten Ofen schieben und 20 bis 25 Minuten backen, bis die Biskuits goldbraun sind und das Ragout brodelnd kocht. Das Hühnerragout mit jeweils zwei Biskuits pro Person auf Teller verteilen.

Für 6 Personen

Cape Cod Fish Stew

Fischragout nach Art von Cape Cod

Die für das folgende Rezept benötigten Zutaten – Olivenöl, Cayennepfeffer und Tomatensauce – brachten die Portugiesen mit nach Provincetown, die sich dort zwischen 1800 und 1850 ansiedelten.

4 EL (60 ml) Mais- oder Olivenöl
1 Zwiebel, grob gewürfelt
1 rote Paprikaschote, in 1 cm große Quadrate
  geschnitten
500 g Kartoffeln, in Würfel geschnitten
1/4 l Wasser
1/4 l Muschelsaft aus dem Glas
1/8 l trockener Weißwein
1 Prise Cayennepfeffer
1/4 TL getrocknetes Basilikum
4 EL (60 ml) Tomatensauce
Salz und frisch gemahlener Pfeffer
1 kg Tomaten, geschält, die hellen Rippen
  entfernt, entkernt und grob gehackt
500 g Schaltiere wie Venusmuscheln,
  Miesmuscheln, Garnelen und Jakobs-
  muscheln
500 g weißfleischiger Fisch wie Kabeljau, in
  2 1/2 cm große Stücke geschnitten
400 g kleine Zucchini, in 1 cm dicke Scheiben
  geschnitten
Petersilienblätter zum Garnieren (nach
  Belieben)

Das Öl in einem großen Suppentopf erhitzen, Zwiebel und Paprikaschote hineingeben und etwa 10 Minuten sautieren, bis die Zwiebel glasig ist. Kartoffeln, Wasser, Muschelsaft, Wein, Cayennepfeffer, Basilikum, Tomatensauce, Salz und Pfeffer zugeben und zugedeckt 15 Minuten köcheln lassen, bis die Kartoffeln gar sind. Die Tomaten zufügen und zugedeckt 15 weitere Minuten langsam köcheln lassen.

Den Kabeljau abspülen und von den Jakobsmuscheln die Nuß (Muskel) aus der Schale nehmen. Fisch, Jakobsmuschelfleisch, Schaltiere und Zucchini in den Topf geben und zugedeckt 15 Minuten garen lassen. Mit Salz und Pfeffer abschmecken. Zum Servieren das Fischragout auf kleine Suppenschüsseln verteilen und nach Belieben mit Petersilie garnieren.

Für 6 Personen

Fresh and Salt Cod Cakes with Tatare Sauce

Stockfischfrikadellen mit Sauce tatare

Cape Cod verdankt seinen Namen dem Kabeljau (englisch *cod*), der im Nordatlantik in großen Mengen vorkommt.

500 g Stockfisch
1/2 l Milch
1/2 l Wasser
Bouquet garni, bestehend aus 1 Lorbeerblatt,
  1 Thymianzweig, 6 Petersilienstengeln

500 g frischer Kabeljau
125 g Butter
1 Stange Bleichsellerie, fein gehackt
2 Zwiebeln, fein gehackt
2 Frühlingszwiebeln, fein gehackt
5 – 6 EL Schnittlauchröllchen
5 – 6 EL feingehackte Petersilie
1 Prise Cayennepfeffer
2 EL Senfpulver
1 EL Tabasco
2 EL Worcestershire-Sauce
1/2 l Mayonnaise
3 Eigelbe
300 g frische Semmelbrösel, mit etwas Salz und
  Pfeffer vermengt
Salz und frisch gemahlener Pfeffer
1 EL Zitronensaft
250 g Mehl, mit etwas Salz und Pfeffer vermengt
4 Eigelbe
1/8 l Milch

Den Stockfisch über Nacht in kaltem Wasser einweichen. Gründlich abspülen. Stockfisch, Milch, Wasser und Bouquet garni in einen großen Topf geben und 15 Minuten kochen lassen. Den frischen Kabeljau zugeben und 5 Minuten ziehen lassen. Den Fisch aus dem Topf nehmen und zerpflücken.

In einem kleinen Topf 3 EL Butter zerlassen, Sellerie und Zwiebeln hineingeben und glasig werden lassen. Das Gemüse aus dem Topf nehmen, abtropfen und abkühlen lassen und zusammen mit Frühlingszwiebeln, Kräutern, Cayennepfeffer, Senfpulver, Tabasco und Worcestershire-Sauce zum Fisch geben. Gründlich miteinander vermengen. Mayonnaise, Eigelbe und genügend Semmelbrösel zugeben, um alles gut miteinander zu verbinden, und mit Salz, Pfeffer und Zitronensaft abschmecken.

Aus dem Fischteig Frikadellen von 8 cm Durchmesser formen, in dem gewürzten Mehl, dann in den mit der Milch verquirlten Eigelben und zum Schluß in den Semmelbröseln wenden. In einer Pfanne 5 EL Butter heiß werden lassen, die Fischfrikadellen hineingeben und auf beiden Seiten in 3 bis 4 Minuten goldbraun braten. Zwei Frikadellen pro Person mit Sauce tatare servieren.

Für 6 Personen

Tatare Sauce

Sauce tatare

Diese pikante Sauce schmeckt gut zu gebratenem Fisch und zu Fischfrikadellen.

1 Eigelb
2 TL Dijon-Senf
1/8 l Olivenöl
1/8 l Erdnußöl
Saft von 1/2 Zitrone
Salz und frisch gemahlener Pfeffer
1 große Dillgurke, fein gehackt

In einer kleinen Schüssel Eigelb, Senf und 1 EL Olivenöl gut verrühren. Die beiden Ölsorten miteinander vermischen und tropfenweise unter ständigem Rühren mit einem Schneebesen zugießen. Dabei mit der Zugabe immer so lange warten, bis das Öl vollständig aufgenommen ist. Die feingehackte eingelegte Dillgurke unter die Mayonnaise rühren und eventuell noch mit etwas Zitronensaft abschmecken.

Ergibt 1/2 Liter

Fischfrikadellen mit Sauce tatare

Roast Turkey with Cornbread and Smoked Ham Stuffing

Gebratener Truthahn
mit Schinken-Maisbrot-Füllung

Am *Thanksgiving Day*, dem amerikanischen Erntedankfest, das am letzten Donnerstag im November begangen wird, kommt traditionell Truthahn auf den Tisch. In Neuengland hat jeder sein eigenes Rezept für die Truthahnfüllung und für das Braten des Vogels.

1 Truthahn, etwa 5 – 6 kg schwer
Salz und frisch gemahlener Pfeffer
1 1/4 l Hühnerbrühe
1 Zwiebel, grob gehackt
1 Mohrrübe, grob gehackt
Bouquet garni, bestehend aus 1 Lorbeerblatt,
 1 Thymianzweig, 6 Petersilienstengeln
300 g Butter
2 große Zwiebeln, in kleine Würfel geschnitten
4 Stangen Bleichsellerie, in kleine Würfel
 geschnitten
250 g geräucherter Schinken, in Würfel
 geschnitten (nach Belieben)
2 EL gehackte Petersilie
1 EL feingehackter Thymian
1 EL feingehackter Salbei
1 Maisbrot (siehe nachfolgendes Rezept),
 2 Tage luftgetrocknet, in Würfel geschnitten
1 EL Mehl
1 TL Maisstärke

Den Truthahn gründlich abspülen und trockentupfen. Von innen und außen mit 2 TL Salz einreiben. Hühnerbrühe, Zwiebel, Mohrrübe, Bouquet garni, Truthahnhals, -magen und -herz in einen Topf geben und ohne Deckel etwa 1 1/2 Stunden sanft köcheln lassen. Die Brühe durch ein Sieb abgießen. Ergibt etwa 1 Liter.

Den Backofen auf 200° C vorheizen. In einer großen Pfanne 180 g Butter zerlassen, Zwiebeln und Sellerie hineingeben und 7 – 10 Minuten sautieren, bis sie weich sind. Nach Belieben den geräucherten Schinken zugeben und weitere 5 Minuten braten. Kräuter und Maisbrot sowie 3/8 l Truthahnbrühe unterrühren. Die Füllung sollte so locker wie möglich sein, aber nicht auseinanderfallen. Mit Salz und Pfeffer würzen.

Den Truthahn mit der Masse füllen, dressieren und auf einen Rost in einer flachen Bratenpfanne setzen. Die restlichen 125 g Butter zerlassen und den Truthahn mit 2 EL davon bestreichen. Die restliche Butter beiseite stellen. Den Vogel für 45 Minuten in den Backofen schieben. Die Hitze auf 165° C reduzieren. Eine doppelte Lage Mulltuch über dem Truthahn ausbreiten und gleichmäßig mit der restlichen zerlassenen Butter begießen. Den Truthahn weitere 1 1/2 bis 2 1/4 Stunden braten, dabei alle 30 Minuten mit Bratensaft beträufeln. Zur Garprobe mit einer Metallnadel in den Truthahn stechen. Tritt der Fleischsaft klar heraus, kann man den Braten aus dem Ofen nehmen.

Den Truthahn 20 Minuten ruhen lassen. Das Mulltuch entfernen und den Vogel aus der Bratenpfanne nehmen. Das Fett abschöpfen und den Bratensaft auf dem Herd erhitzen. Mehl,

Maisstärke und 1/8 l Brühe vermischen und unter ständigem Rühren zum Bratensaft geben. Die restliche Brühe zugießen und die Sauce unter Rühren eindicken lassen. Durch ein Sieb passieren.

Die Füllung aus dem Truthahn nehmen, den Vogel tranchieren und mit der Füllung auf einer vorgewärmten Platte anrichten. Die Sauce separat dazu servieren.

Für 8 Personen

Cornbread

Maisbrot

Maisbrot wurde in Neuengland ursprünglich in runden gußeisernen Formen in Steinöfen gebacken. Bei der Herstellung des Teigs sollte man darauf achten, daß er nur kurz, dafür aber kräftig durchgearbeitet wird.

200 g Mehl
200 g Maismehl
1 TL Backpulver
2 EL Zucker
1 TL Salz
6 EL (90 ml) Maisöl
1/4 l saure Sahne
1/4 l Milch
1 Ei, leicht verquirlt

Den Backofen auf 190° C vorheizen. Die trockenen Zutaten in eine Schüssel sieben. Die flüssigen Zutaten miteinander vermischen und mit den Zutaten in der Schüssel verrühren. Den Teig in eine ausgebutterte Form von 25 cm Durchmesser füllen und im vorgeheizten Ofen etwa 35 Minuten backen. Zur Garprobe mit einer Metallnadel hineinstechen; wenn kein Teig daran kleben bleibt, kann man das Maisbrot aus dem Ofen nehmen. Das Brot aus der Form lösen und abkühlen lassen.

Das Maisbrot in 2 1/2 cm große Würfel schneiden und auf einem Backblech ausbreiten. Bei Zimmertemperatur 2 Tage trocknen lassen.

Cranberry and Apple Cider Relish

Preiselbeer-Apfelwein-Relish

Von den Indianern stammt die Sitte, Fleischspeisen mit Fruchtsaucen zu kombinieren. Da die Preiselbeerernte gerade in die Zeit des *Thanksgiving Day* fällt, ist es nicht weiter verwunderlich, daß zum gebratenen Truthahn traditionell ein Preiselbeer-Relish serviert wird. Hier eines der vielen moderneren Rezepte.

3/4 l Apfelwein (Cidre)
180 g Zucker
4 Stangen Zimt
3 Stück Orangenschale, 10 cm lang, die weiße
 Innenhaut entfernt
12 Nelken
375 g Preiselbeeren

Apfelwein, Zucker, Zimtstangen, Orangenschale und Nelken in einen Topf geben und unter gelegentlichem Rühren 15 Minuten köcheln lassen, bis sich der Zucker aufgelöst hat. Durch ein Sieb gießen.

Die Preiselbeeren in den Sirup geben und bei hoher Temperatur etwa 10 Minuten kochen lassen, bis die Beeren zerfallen. Die Preiselbeeren weitere 30 Minuten leise köcheln lassen, bis das Relish leicht eingedickt ist. Zimtstange und Orangenschale entfernen. Das Relish in eine Schüssel füllen und abkühlen lassen.

Ergibt etwa 1/2 Liter

Creamed Onion Casserole

Überbackene Perlzwiebeln

Diese Spezialität aus Neuengland kommt dort meist am *Thanksgiving Day* und zu Weihnachten auf den Tisch.

1 kg Perlzwiebeln
6 EL (90 g) Butter
1 Zwiebel, fein gehackt
2 1/2 EL Mehl
1/8 l Milch
1/8 l Sahne
Muskatnuß
Salz und frisch gemahlener Pfeffer
90 g Semmelbrösel

Die Perlzwiebeln etwa 1 Minute blanchieren. Das Wasser abgießen und die Zwiebeln abkühlen lassen. Putzen und schälen und im Wurzelbereich kreuzweise 2 1/2 mm tief einschneiden. Die Perlzwiebeln gerade mit Wasser bedecken und 15 bis 20 Minuten garen lassen.

Den Backofen auf 180° C vorheizen. Die Zwiebeln mit einem Schaumlöffel aus dem Topf nehmen und die Garflüssigkeit auf 1/4 l einkochen lassen. Zwei Drittel der Butter in einem Topf zerlassen, die feingehackte Zwiebel hineingeben und bei mittlerer Temperatur 7 Minuten schmoren. Das Mehl darüberstäuben und unter ständigem Rühren 2 Minuten anschwitzen lassen. Garflüssigkeit, Milch und Sahne zugießen und 3 bis 4 Minuten köcheln lassen, bis die Sauce leicht angedickt ist. Mit Muskatnuß, Salz und Pfeffer abschmecken. Die Perlzwiebeln in die Sauce geben und 3 Minuten leicht köcheln lassen.

Alles in eine Auflaufform füllen, mit den Semmelbröseln bestreuen und mit Butterflöckchen versehen. Auf der obersten Schiene des Ofens 15 bis 20 Minuten backen, bis die Oberfläche goldbraun ist. In der Form servieren.

Für 6 Personen

Gebratener Truthahn mit Schinken-Maisbrot-
Füllung, Überbackene Perlzwiebeln,
Preiselbeer-Apfelwein-Relish

legen und das Gericht weitere 1 bis 2 Stunden garen, bis die Bohnen karamelfarben sind und das Schweinefleisch goldbraun ist. Mit Scheiben von gedämpftem warmem Schwarzbrot auftragen.

Für 6 bis 8 Personen

Steamed Brown Bread Griddlecakes with Warm Maple Syrup

Gedämpfte Schwarzbrot-»Pfannkuchen« mit Ahornsirup

Dieses süße, saftige Brot wurde traditionsgemäß am Samstagabend als Beilage zu den gebackenen Bohnen auf Bostoner Art gereicht. Nach diesem Rezept zubereitet, kann man das Brot aber auch zum Frühstück oder als Nachspeise servieren.

1 EL zerlassene Butter
125 g Vollweizenmehl
125 g Roggenmehl
125 g Maismehl
1 TL Backpulver
1/2 TL Salz
1/2 l Buttermilch
1/8 l Melasse
125 g Rosinen
2 Eier
1 EL Zucker
2 EL Milch
2 EL Butter
1/2 l Ahornsirup

Zwei Blechdosen von 625 ml Inhalt mit zerlassener Butter ausstreichen. In einer Schüssel die drei Mehlsorten, Backpulver und Salz, in einer anderen Schüssel Buttermilch, Melasse und Rosinen vermischen. Die trockenen Zutaten nach und nach durch ein Sieb zu der Buttermilch geben, dabei mit der Zugabe immer so lange warten, bis das Mehl glatt verrührt ist. Den Teig gleichmäßig auf die beiden Dosen verteilen und locker – damit der Teig aufgehen kann – mit einem runden, eingebutterten Deckel aus Pergamentpapier belegen. Die Blechdosen mit einem großen Stück Alufolie abdecken und dieses mit einem Gummiband oder Bindfaden befestigen. Die Dosen auf ein Gitter in einen großen Topf stellen, diesen bis zu drei Viertel Höhe der Dosen mit kochendem Wasser füllen, Deckel auflegen und die Brote im Wasserbad 2 Stunden garen lassen. Die Brote aus den Blechdosen stürzen und abkühlen lassen.

Eier, Zucker und Milch in einer Schüssel verquirlen. Die Butter in einem Topf zerlassen. Die Brote in 1 cm dicke Scheiben schneiden und im Eierteig wenden. Die Brotscheiben bei mittlerer Temperatur auf jeder Seite 2 Minuten goldbraun und knusprig braten. Man rechnet pro Person mit 2 »Pfannkuchen«, die man mit Butter und warmem Ahornsirup serviert.

Für 6 Personen

ALLAN ROSENBERG

Gedämpfte Schwarzbrot-»Pfannkuchen« mit Ahornsirup, Gebackene Bohnen auf Bostoner Art

Boston Baked Beans

Gebackene Bohnen auf Bostoner Art
Die indianischen Ureinwohner bereiteten gebackene Bohnen mit Ahornsirup und Bärenfett zu, indem sie die Bohnen auf heißen Steinen in Erdgruben langsam garen ließen. Die Pilgerväter entwickelten ein eigenes Rezept und ersetzten den Sirup und das Bärenfett durch Melasse und gepökeltes Schweinefleisch, doch im Grunde ist es das gleiche Gericht geblieben, das ebenfalls eine lange Garzeit braucht.

550 g weiße Bohnen
125 g gepökeltes Schweinefleisch
4 Zwiebeln, in dünne Scheiben geschnitten
6 EL (90 ml) Melasse
6 EL (90 g) brauner Zucker
1 1/2 TL Salz
1/2 TL frisch gemahlener Pfeffer
1 TL Senfpulver

Die Bohnen abspülen, verlesen und über Nacht in kaltem Wasser einweichen. Am folgenden Tag die Bohnen im Einweichwasser etwa 25 bis 35 Minuten köcheln lassen, bis sie fast weich sind. Die Bohnen in ein Sieb gießen, die Kochflüssigkeit auffangen. Die Schwarte des gepökelten Schweinefleisches gitterförmig einschneiden. Das Fleisch in einem Topf kurz blanchieren und abtropfen lassen. Das gepökelte Schweinefleisch so in einen 2 l fassenden irdenen Topf legen, daß es von allen Seiten von Bohnen und Zwiebeln bedeckt ist.

Melasse, braunen Zucker, Salz, Pfeffer, Senfpulver und 1/4 l Bohnenkochwasser in einen Topf geben und unter Rühren erhitzen, bis sich der Zucker aufgelöst hat. Über die Bohnen gießen und noch soviel Flüssigkeit zugeben, daß die Bohnen bedeckt sind. Den Topf zugedeckt in den auf 150° C vorgeheizten Ofen schieben und die Bohnen 4 Stunden garen. Den Deckel abnehmen, das Schweinefleisch auf die Bohnen

Garden Special

Eingewecktes aus dem Garten

In Neuengland war es im vorigen Jahrhundert üblich, daß die Hausfrau zur Erntezeit Obst und Gemüse einkochte und mit den Einmachgläsern die Regale der Vorratskammer füllte.

3 grüne Paprikaschoten, entkernt und in Würfel geschnitten
3 rote Paprikaschoten, entkernt und in Würfel geschnitten
1 1/2 kg Zwiebeln, in Würfel geschnitten
750 g Sellerie, in 5 mm große Würfel geschnitten
1 l Wasser
4 kg reife Tomaten, geschält, entkernt und in Achtel geschnitten
3 EL Salz
2 EL Zucker

Paprikaschoten, Zwiebeln, Sellerie und Wasser in einen großen Topf geben und 20 Minuten köcheln lassen. Tomaten, Salz und Zucker zugeben, nochmals kurz aufkochen lassen und den Topf vom Herd nehmen. Das Gemüse in saubere, heiß ausgespülte Einweckgläser füllen. Die Gläser verschließen und das Gemüse im heißen Wasserbad garen. Gläser mit 1 l Inhalt benötigen 30 Minuten, mit 1/2 l Inhalt 25 Minuten Garzeit.

Ergibt 8 Liter

Parsnip Puffs

Pastinakenküchlein

Diese einfachen Küchlein lassen sich auch mit Zucchini, Sommerkürbis, Auberginen oder Mohrrüben zubereiten. Wenn man Zucchini, Kürbis oder Auberginen verwendet, raspelt man das Gemüse, salzt es leicht und läßt es gut abtropfen.

8 Pastinaken
1 Ei
6 EL (60 g) Mehl
Salz und frisch gemahlener Pfeffer
1 l Mais- oder Erdnußöl

Die Pastinaken in eine Schüssel raspeln. Das Ei in einer anderen Schüssel verquirlen, das Mehl darübersieben, Salz und Pfeffer zugeben und glatt verrühren. Den Teig zu den geraspelten Pastinaken geben und gründlich miteinander vermischen.

Das Öl in einer Friteuse oder in einem großen Topf auf 190° C erhitzen, den Pastinakenteig eßlöffelweise in das heiße Öl geben. Nicht zu viele Pastinakenküchlein auf einmal ausbacken. Die Küchlein goldbraun werden lassen, herausnehmen, auf Küchenpapier abtropfen lassen und heiß servieren.

Für 6 Personen

Eingewecktes aus dem Garten; Pastinaken-, Zucchini-, Kürbis- und Mohrrübenküchlein

Blueberry and Almond Muffins

Blaubeeren-Mandel-Küchlein

In Maine gibt es die kleinsten und süßesten wild wachsenden Blaubeeren. Das Sammeln kostet zwar Zeit, aber die Mühe lohnt sich.

300 g Zucker
2 EL Mandelpaste
125 g Butter, zimmerwarm
2 Eier
1 1/2 TL Vanille-Essenz
250 g Mehl
1 TL Backpulver
1/4 TL Natron
1 Prise Salz
1/8 l Buttermilch
250 g Blaubeeren

Zucker und Mandelpaste im Mixer miteinander vermischen. Butter zugeben und die Masse hellgelb und schaumig aufschlagen. Nacheinander die Eier unterrühren und die Vanille-Essenz zugeben.

Den Backofen auf 180° C vorheizen. Mehl, Backpulver, Natron und Salz durchsieben und die Hälfte davon sowie die Hälfte der Buttermilch zu der Butter-Eier-Mischung in den Mixer geben. Alles gut, aber nicht zu lange miteinander verrühren. Vorsichtig das restliche Mehl und die restliche Buttermilch unterrühren und die Blaubeeren unter den Teig heben. Den Teig in vorher mit Backpapier ausgeschlagene Förmchen füllen. (Spezielle Muffin-Förmchen gibt es in guten Küchenläden.) Die Förmchen in den Ofen schieben und 20 bis 25 Minuten backen, bis die Küchlein goldgelb und elastisch sind.

Ergibt 10 bis 12 Küchlein

Boston Cream Pie

Biskuitkuchen mit Vanillecreme-Füllung

Hierbei handelt es sich nicht um eine *pie*, eine Pastete, sondern um einen Biskuitkuchen. Das *Parker House Hotel* in Boston bietet eine besondere Version an, die mit Schokoladencreme gefüllt ist und sich überall in den Vereinigten Staaten großer Beliebtheit erfreut.

10 EL (150 g) Butter
250 g Zucker
2 Eier, getrennt
1 TL Vanille-Essenz
200 g Mehl
2 TL Backpulver
1 Prise Salz

1/8 l Milch
1 Prise Weinstein

Vanillecreme-Füllung:
1/4 l Milch
90 g Zucker
1 Prise Salz
4 TL Maisstärke
2 Eigelbe, leicht verquirlt
1 1/2 TL Vanille-Essenz
2 EL Butter

Schokoladenglasur:
90 g bittere oder halbbittere Schokolade, in kleine Stücke zerteilt
3 EL Butter

Mit 1 EL Butter zwei Springformen von 20 cm Durchmesser einfetten und den Boden jeweils mit Back- oder Pergamentpapier auslegen. Den Backofen auf 180° C vorheizen. Butter und Zucker hellgelb und schaumig rühren. Nacheinander die Eigelbe zugeben und gründlich vermischen.

Vanille-Essenz unterrühren. Die trockenen Zutaten durchsieben und abwechselnd mit der Milch zu der schaumigen Masse geben; alles zu einem glatten Teig verarbeiten. Eiweiße mit dem Weinstein zu Schnee aufschlagen und vorsichtig unter den Teig heben. Den Teig auf die beiden

Blaubeeren-Mandel-Küchlein

Formen verteilen und im vorgeheizten Ofen etwa 25 Minuten backen. Zur Garprobe mit einer Metallnadel hineinstechen; bleibt an ihr kein Teig haften, kann man den Kuchen aus dem Ofen nehmen. Den Biskuitkuchen 10 Minuten abkühlen lassen, aus den Formen nehmen und das Backpapier entfernen. Vollständig abkühlen lassen.

In der Zwischenzeit die Füllung zubereiten. Drei Viertel der Milch erhitzen, Zucker zugeben und so lange rühren, bis er sich aufgelöst hat. Warm stellen. In einer Schüssel die restliche Milch mit der Maisstärke und den Eigelben verrühren. Vorsichtig unter ständigem Rühren die heiße Milch zugießen. Die Creme bei niedriger Temperatur etwa 5 Minuten köcheln lassen, bis sie glatt und dick ist. Vom Herd nehmen, Vanille-Essenz und Butter unterrühren und abkühlen lassen.

Für die Glasur Schokolade und Butter im Wasserbad schmelzen lassen und gut miteinander verrühren.

Zur Fertigstellung des Kuchens die Füllung auf einem Biskuitboden verstreichen, mit dem anderen bedecken und die Kuchenoberfläche mit der Glasur bestreichen.

Für 8 bis 10 Personen

Maple and Toasted Walnut Ice-Cream

Walnuß-Ahornsirup-Eis

Speiseeis stellt man in Neuengland seit dem späten 18. Jahrhundert her. Damals rührte man die Eismasse noch mühevoll und mit großem Zeitaufwand über Eimern mit zerstoßenem Eis und Steinsalz an.

3/4 l Crème double
1/4 l Milch
1 Vanilleschote, aufgeschlitzt
0,15 l Ahornsirup
2 EL Zucker
9 Eigelbe
150 g Walnußkerne
1/2 TL Ahorn-Essenz

Crème double, Milch, Vanilleschote, Ahornsirup und Zucker in einem Topf erhitzen. In einem anderen Topf die Eigelbe aufschlagen. Die heiße Sahne-Milch-Mischung nach und nach vorsichtig unter die Eigelbe rühren und die Masse bei mittlerer Temperatur unter ständigem Rühren mit einem Holzlöffel dick werden lassen. Die Eiercreme darf auf keinen Fall kochen. Den Topf vom Herd nehmen, die Masse durch ein Sieb in eine Schüssel gießen und unter Rühren kalt werden lassen. Ahorn-Essenz untermischen und die Eismasse im Kühlschrank erkalten lassen. Danach das Eis im Gefrierfach fest werden lassen – dabei etwa jede Viertelstunde durchrühren, damit sich keine großen Eiskristalle bilden – oder in der Eismaschine nach Anleitung des Herstellers anrühren.

Reifende Blaubeeren nach einem Regenschauer

ROD PLANCK/TOM STACK & ASSOCIATES

In der Zwischenzeit die Walnußhälften in dem auf 190° C vorgeheizten Backofen 5 bis 7 Minuten rösten, bis sie aromatisch duften und heiß sind. Die Nüsse aus dem Ofen nehmen und grob hacken. Kurz vor dem Auftragen unter das Eis mischen.

Ergibt 1 1/2 Liter

Upside-down Pear Gingerbread

Gestürzter Birnen-Lebkuchen

Der Seehandel war für Neuengland stets von großer Bedeutung. Amerikanische Kaufleute exportierten Zwiebeln, Getreide, Salz und Fisch, und sie führten Melasse, Gewürze, Alkoholika und Tee ein. Von den Westindischen Inseln importierten sie Melasse; Gewürze und Tee kamen aus Indonesien und China.

200 g Butter
200 g brauner Zucker
4 Birnen, geschält, entkernt und in dünne Scheiben geschnitten
1 Ei
4 EL (60 ml) Melasse
200 g Mehl
2 TL gemahlener Ingwer
1 1/2 TL gemahlener Zimt
1/2 TL Natron
1/4 TL geriebene Muskatnuß
1/4 TL gemahlene Nelken
1 Prise Salz
7 EL (105 ml) kochendes Wasser

In einer quadratischen Form von 20 cm Seitenlänge ein Drittel der Butter und die Hälfte des braunen Zuckers zerlassen. Die Birnenscheiben zugeben und in etwa 5 Minuten eben weich schmoren.

Den Backofen auf 180° C vorheizen. In einer Schüssel die restliche Butter mit dem restlichen braunen Zucker schaumig schlagen. Ei und Melasse unterrühren. Mehl, Ingwer, Zimt, Natron, Muskatnuß, Nelken und Salz miteinander vermischen, zusammen mit dem Wasser in die Schüssel zur Butter-Zucker-Mischung geben und gründlich, aber nicht zu lange miteinander verrühren. Den Teig über den Birnenscheiben verteilen und im Ofen 30 bis 40 Minuten backen, bis er sich elastisch anfühlt. Den Kuchen 5 Minuten abkühlen lassen und vorsichtig auf eine Platte stürzen.

Für 8 bis 10 Personen

Jean's Molasses Cookies

Jeans Melasse-Plätzchen

Hier eines von vielen köstlichen Plätzchenrezepten einer der bedeutendsten Köchinnen aus Neuengland, Jean Sears Tenanes, deren Vorfahren 1620 mit der *Mayflower* kamen.

100 g Walnußkerne
125 g Butter
200 g Zucker
1 Ei
200 g Mehl
1 TL Natron
1 Prise Salz
6 EL (90 ml) Melasse

Den Backofen auf 180° C vorheizen. Die Walnüsse auf einem Backblech ausbreiten und im Ofen 5 bis 7 Minuten rösten, bis sie heiß sind und aromatisch duften. Die Nüsse hacken und abkühlen lassen. Butter und Zucker hellgelb und schaumig rühren. Das Ei zugeben. Die trockenen Zutaten durchsieben und abwechselnd mit der Melasse zur Butter-Zucker-Masse geben. Gründlich vermengen und die Walnüsse unterrühren.

Mit einem Teelöffel kleine Portionen Teig abstechen und auf ein mit Backpapier ausgelegtes Backblech setzen. Zwischen den einzelnen Teighäufchen 4 cm Platz lassen. Die Plätzchen im Ofen 8 bis 10 Minuten goldgelb backen. 30 Sekunden ruhen lassen, dann vom Backpapier nehmen. Die Plätzchen auf einem Kuchengitter abkühlen lassen und in einer luftdichten Dose aufbewahren.

Ergibt 36 Stück

Folgende Seiten: Biskuitkuchen mit Vanillecreme-Füllung, Gestürzter Birnen-Lebkuchen, Walnuß-Ahornsirup-Eis, Jeans Melasse-Plätzchen

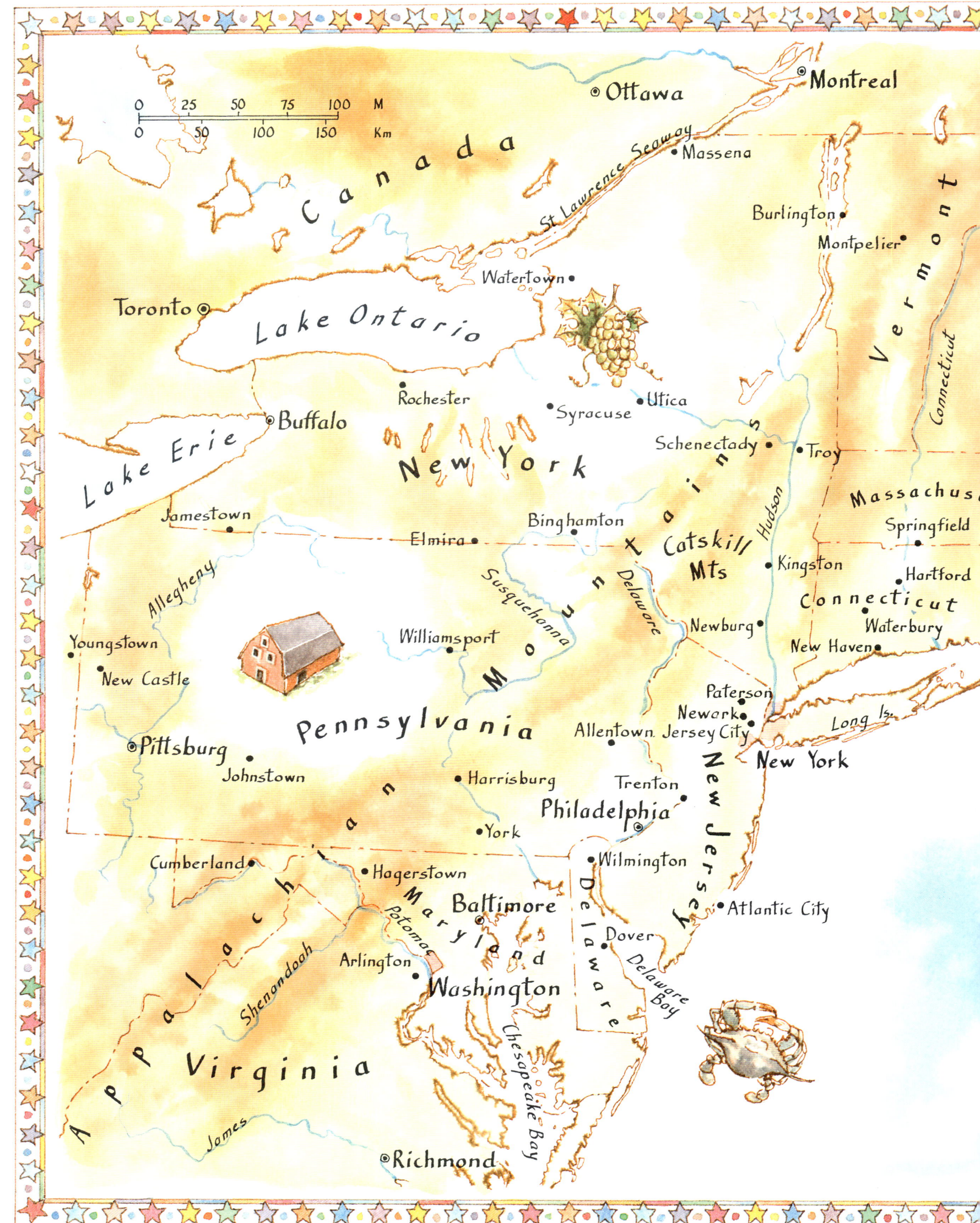

Ottawa · Montreal

Canada

St Lawrence Seaway • Massena

Burlington

Montpelier

Watertown

Toronto

Lake Ontario

Vermont

Connecticut

Rochester · Syracuse · Utica

Buffalo

Lake Erie

Schenectady · Troy

New York

Massachus...

Jamestown

Binghamton

Elmira

Catskill Mts

Springfield

Allegheny

Susquehanna

Hudson

Kingston

Connecticut

Hartford

Waterbury

Williamsport

Delaware

Newburg

New Haven

Youngstown

Paterson

New Castle

Newark

Long Is.

Allentown · Jersey City

Pittsburg

Pennsylvania

New York

Johnstown

Harrisburg

Trenton

New Jersey

Philadelphia

York

Cumberland

Wilmington

Hagerstown

Maryland

Delaware

Atlantic City

Baltimore

Appalachian

Potomac

Dover

Arlington

Delaware Bay

Shenandoah

Washington

Virginia

Chesapeake Bay

James

Richmond

0 25 50 75 100 M
0 50 100 150 Km

DIE MITTLERE ATLANTIKKÜSTE

Carolyn Dille

Die als Middle Atlantic States bezeichneten amerikanischen Bundesstaaten New York, New Jersey, Pennsylvania, Maryland, Delaware und der District of Columbia erstrecken sich von den Ufern des Ontario-Sees und den zerklüfteten Adirondack-Bergen im Norden bis zu den träge dahinfließenden Wassern der Chesapeake Bay im Süden. Sie sind nicht nur landschaftlich sehr abwechslungsreich, sondern auch in kulinarischer Hinsicht – die traditionelle Küche ist hier so vielfältig und eigenständig wie kaum sonst irgendwo in den Vereinigten Staaten.

In diesem Gebiet hatten sich schon sehr früh Europäer angesiedelt. 1624 gründeten die Holländer im heutigen Albany eine Kolonie, ein Jahr später kauften sie die Insel Manhattan den Ureinwohnern für 24 Dollar ab und nannten sie Neu-Amsterdam. Ihre florierenden Handelsposten erstreckten sich über die ganze Region. 1664 segelten die Engländer in den Neu-Amsterdamer Hafen, tauften ihn in New York um und besetzten im Nu die umliegenden Ländereien, inklusive New Jersey, Pennsylvania und Delaware.

Die Siedler der damaligen Zeit – größtenteils Schweden, Holländer, Deutsche und Engländer – waren aus unterschiedlichsten Gründen hierhergekommen. Einige von ihnen hofften, durch den Pelzhandel zu Reichtum zu kommen, andere hatten sich hier angesiedelt, weil es fruchtbares Ackerland gab oder weil sie Religionsfreiheit suchten. Sie alle fanden ein Land des Überflusses vor. Die natürlichen Reichtümer der Chesapeake-Bay, von Long Island Sound, des Delaware-Flusses und der Wälder ringsum übertrafen jede Vorstellungskraft. In den Gewässern lebte gut ein Dutzend Arten von Flossenfischen wie Alse, Fluß- und Seebarsch, Flunder und Trommelfisch. Aus den seichten Küstengewässern fischte man Austern, Krabben, Muscheln und Schildkröten. Krabben und Austern gab es jahrhundertelang in solchen Mengen, daß sie für arm und reich zur täglichen Nahrung gehörten. Wildvögel bevölkerten die Küstenstreifen und das Marschland: Kanadagänse und eine Vielzahl von Entenarten. Die Wälder waren voll mit Schneehühnern und Tauben, ebenso mit Kaninchen, Eichhörnchen und Rotwild.

Schilder vor einem Bauernhof in Buck's County, Pennsylvania, geben einen Überblick über die hier verkauften landwirtschaftlichen Produkte.

Die einheimischen Algonkin und Irokesen zeigten den neuangekommenen Europäern, wie man diese Schätze aufspüren, jagen, einsammeln, kochen, konservieren und lagern mußte. Darüber hinaus machten sie die Siedler mit neuen eßbaren Pflanzen wie Mais, Preiselbeeren, wildem Wein und dem Sassafrasbaum bekannt. Die neuerlernten Fähigkeiten und die neuen Nahrungsmittel halfen den Neuankömmlingen zu überleben und haben bis heute ihre Spuren in der Küche der Landschaft hinterlassen.

In vielen der gegenwärtigen hochgeschätzten Spezialitäten vermischt sich die aus der Heimat mitgebrachte Küche der Siedler mit erst in der Neuen Welt kennengelernten Nahrungsmitteln. Den Holländern und Engländern aus New York ist es zu verdanken, daß man hier Austern züchtet, Äpfel erntet und Cheddarkäse herstellt. Der Meerrettich von Delaware kam mit den Deutschen hierher, und die Pfirsiche kamen mit den Engländern. Die in den Wäldern von Pennsylvania wild wachsenden Pilze brachten einige Siedler auf die Idee, daß man Pilze auch züchten könnte. Heute ist daraus eine regelrechte Industrie geworden. Die Quäker brachten Milchvieh nach Philadelphia und begannen Käse herzustellen. Bis zum heutigen Tag ist die Stadt ein Symbol und Synonym für Sahnekäse geblieben, aber auch für beste Eiscreme – das Erbe eines Siedlers, der sie erstmals aus Sahne, ohne Zugabe von Eiern, herstellte. Die Jakobsmuschelfischerei geht auf eingewanderte Norweger zurück, die damit in New Jersey anfingen. Ihre Nachkommen beliefern noch heute die ganze Nation mit Jakobsmuscheln.

Da sie nicht nur auf Wild und Fisch angewiesen sein wollten, führten die zugewanderten Europäer Schweine, Hühner, Rinder und Schafe ein. Holz war im Überfluß vorhanden, so daß sich jede Familie eine Räucherkammer leisten oder zumindest Fleisch und Fisch über offenem Feuer räuchern konnte. Man räucherte Fisch, Schaltiere und Kleinwild für den Wintervorrat, natürlich auch Schinken und Speck. Die neue Heimat begann bald den Kochstil der Siedler zu prägen. Mais, das einheimische Grundnahrungsmittel, wurde für *porridges*, Puddinge und Brot verwendet. Zu Maiskuchen servierte man Apfelsauce oder -mus. Zu Schinken aß man *succotash*, ein Gericht der Algonkin aus Mais und Limabohnen. Mit Heidelbeeren verfeinerte man Sahnegerichte und Maispuddinge oder füllte kleine Küchlein damit.

DIE GEMEINDEN DER AMISCHEN UND MENNONITEN

Die Anfänge der heutigen amischen und mennonitischen Gemeinden gehen auf deutsche und Schweizer Wiedertäufer zurück, die sich, auf der Suche nach Religionsfreiheit, im östlichen und mittleren Pennsylvania niederließen. Es sind vor allem die Amischen und andere deutschstämmige religiöse Gruppen, die heutzutage dem östlichen Pennsylvania seinen ausgesprochen friedlichen und doch arbeitsamen Charakter verleihen. Da viele Angehörige dieser religiösen Gemeinschaften den Gebrauch von Autos, Elektrizität, Telefonen und dergleichen ablehnen, wirkt die Landschaft auf den Betrachter, als würde er sich in der Zeit vor der industriellen Revolution befinden. Das sanft gewellte Land ist fruchtbar und zeugt von der Ordnungsliebe seiner Bewohner: Die Felder sind von Alleen, Hecken und Wäldern eingefaßt. Nirgendwo sieht man Hochspannungsleitungen oder Reklameschilder an den Straßen. Die hier lebenden Menschen fertigen ihre Kleidung selbst – die Frauen gehen in knöchellangen Kleidern und tragen Hauben, die Männer schwarze Anzüge und breitrandige Hüte –, und ihre Fortbewegungsmittel sind Pferd und Wagen. Das Ackerland wird von ihnen noch auf organische Weise bestellt, ohne die Hilfe von Maschinen.

Im stark religiös geprägten Leben der Amischen spielen Essen und Trinken eine bedeutende Rolle. Zu einem Richtfest – egal ob für eine Scheune, ein Haus oder eine Kirche –, bei Hochzeiten und an Feiertagen wird eine solche Vielfalt hausgemachter Speisen aufgetragen, wie man sie im übrigen Land nur noch selten findet. Die Amischen sind für ihre *pies* berühmt, etwa die Begräbnis-Pie mit Rosinen oder die *shoofly-pie* mit einer Melassefüllung und einer mürben Kruste, auch für ihr »Süßsaures« – Eingemachtes, Marmeladen, *pickles* und *relishes* –, ihre herzhaften Gerichte aus der Kasserolle, wie Huhn mit Klößen oder »Schnitz und Knepp«, gekochter Pökelschinken mit Nocken. Die Amischen haben aber nicht nur ein großes Geschick, das Beste aus allem herauszuholen, sie sind auch geizig, was zur Entstehung eines anderen typischen Gerichts, *scrapple*, führte: Reste der Schinken-, Speck- und Wurstherstellung beim Schlachtfest, die mit Maisbrei zu einem wurstartigen Gebilde geformt werden, das in Scheiben geschnitten und in Butter gebraten zum Frühstück serviert wird.

Gegenüberliegende Seite: In einer Scheune in New Holland, Pennsylvania, hängen Tabakbündel zum Trocknen.

Gegenüberliegende Seite: Ein einsames Fischerboot im Morgengrauen in den Gewässern vor dem Hafen von Montauk, Long Island

DIE ENGLISCHEN UND HOLLÄNDISCHEN SIEDLER

Die Engländer, die sich hauptsächlich in Maryland, Delaware und New Jersey niederließen, stellten mit Begeisterung fest, daß sich ihre Fastentage fast in Festtage verwandelten – so groß war die Artenvielfalt an Fischen und Schaltieren, die die Gewässer bevölkerten. Sie waren aber auch fähige Bauern; viele der großen Gärtnereien in Maryland, Pennsylvania und New Jersey, der Obstplantagen in Delaware und der *truck farms*, die überall über das Land verstreut sind, wurden einst von englischen Einwanderern gegründet. *Truck farms* sind Kleinbauernhöfe, die ihre vielfältigen frischen Produkte – Obst und Gemüse – auf dem Lastwagen, englisch *truck*, direkt zu den umliegenden Märkten bringen. Viele von ihnen verkaufen auch direkt vom Hof an den Verbraucher.

Die Holländer siedelten sich hauptsächlich in Manhattan und Long Island, am Unterlauf des Hudson und in den Catskill-Bergen an und pflegten ihre Vorliebe für Süßigkeiten und Gebäck auch in der neuen Heimat. Obwohl sie nur einen Bruchteil der Einwanderer ausmachten, war ihr Einfluß auf die Eßgewohnheiten der New Yorker und der Amerikaner allgemein überproportional groß. Ihr *oliebol*, ein süßlich-würziger Teigballen, den sie in Öl ausbuken, verwandelte sich in die amerikanischen Varianten des Krapfens, in *crullers* und *doughnuts*. Die Geschicklichkeit, mit der sie ihre traditionellen Methoden der Milchwirtschaft und Käseherstellung an die neue Umgebung und die neuen Umstände anpaßten, war für nachkommende Siedler beispielhaft. Die Holländer verstanden es zudem meisterhaft, mit Gewürzen umzugehen, sie bevorzugten vor allem Ingwer, Zimt, Muskatnuß, Piment und Nelken für ihr Gebäck, aber auch zum Würzen von Kürbisspeisen.

Ähnlich talentiert im Umgang mit Gewürzen waren die Afro-Amerikaner. Da Pennsylvania nie zu den sklavenhaltenden Staaten gehörte, flüchteten sich viele Negersklaven aus dem Süden dorthin, auch solche, die sich aus der Sklaverei freigekauft oder ihre *indentured servitude* abgeleistet hatten, kamen hierher. Die *indentured servitude* war eine Art Arbeitsvertrag oder, genauer, eine zeitlich begrenzte Leibeigenschaft, nach deren Ablauf der Leibeigene die vollen Bürgerrechte erhielt. Auch viele Europäer wanderten auf diese Weise in die USA ein. Die Gerichte der Neger waren bescheiden, etwa Gartenkresse oder Senfkohl mit ein wenig Schweineschwarte, denen Chilischoten und schwarzer Pfeffer Schärfe verliehen. Ihnen schreibt man auch die pikanten Gewürzmischungen zu, denen die Meerestiergerichte in Maryland und Delaware ihren typischen Charakter verdanken.

Eimer voller Blumen schmücken einen Straßenstand. Zu dieser frühen Morgenstunde ist der Stand noch geschlossen.

SOUTHERN MARYLAND STUFFED HAM

Gefüllter Schinken nach Art von Süd-Maryland

In den Bezirken St. Mary's und Charles im südlichen Maryland holen die Hausfrauen jedes Jahr vor Weihnachten und Ostern ihre größten Töpfe aus dem Schrank und kaufen die größten und besten Schinken ein, um gefüllten Schinken zuzubereiten. Das Gericht wurde von einer Negerin erfunden, die es Anfang des 18. Jahrhunderts für die hier ansässigen Jesuiten zum Ende der Fastenzeit zubereitete. Schinken auf diese originelle und wohlschmeckende Methode zuzubereiten ist zu einer beliebten Tradition geworden. Vorzugsweise wird gepökelter, seltener geräucherter Schinken verwendet.

Man schneidet Taschen in das Schinkenstück und füllt sie mit Blattgemüse, das kräftig mit gemahlenen Chilischoten gewürzt wird. Heute werden vor allem unterschiedliche Kohlarten dafür verwendet; nach Belieben kommen noch Brunnenkresse, Zwiebeln, ein wenig Sellerie oder Selleriesamen, Senfkörner, schwarze Pfefferkörner, Salz und viel Cayennepfeffer hinzu. Die Gemüse werden blanchiert, mit den Gewürzen vermischt und in die vorbereiteten Taschen im Schinken gestopft. Anschließend wird das Schinkenstück, noch zusätzlich mit Blattgemüse bedeckt, in ein Tuch gewickelt und dann stundenlang gekocht.

Wer nicht das Glück hat, zu einem Familienessen eingeladen zu werden, kann *Southern Maryland Stuffed Ham* auch anläßlich des National Oyster Shucking Championship, des Austernwettbewerbs, der jährlich im Oktober im Bezirk St. Mary's stattfindet und auf dem Köche ihre Kunstfertigkeit vorführen, verkosten.

DER UNERSCHÖPFLICHE REICHTUM DES ATLANTIKS

Die Blaukrabbe (*blue crab*) steht auf der Beliebtheitsskala der Schaltiere aus den Küstengewässern an der Spitze, dicht gefolgt von Venusmuschel, Auster und Jakobsmuschel. Man fischt sie vor allem vor den Küsten von New York, New Jersey, Delaware und Maryland. Auch an Fischen gibt es keinen Mangel; über zweihundert Arten leben hier, von denen Flunder, Blaufisch, Trommelfisch, Makrele, Alse und Streifenbarrel am gefragtesten sind. Die Fischerei-Industrie ist seit dreieinhalb Jahrhunderten in dieser Region ein wichtiger Wirtschaftszweig.

Maryland ist einer der führenden Staaten der USA in der Austernzucht. Jedes Jahr im Oktober findet in St. Mary's County nahe dem Potomac River das National Oyster Shucking Championship statt, ein Wettbewerb um die Auster, bei dem es darum geht, Austern in Rekordzeit aus der Schale zu holen. Es herrscht Jahrmarktstimmung, und die Austern werden auf alle möglichen Arten verzehrt – roh aus der Schale, ausgebacken oder in einem *chowder*.

Auch die Sportfischerei erfreut sich hier großer Beliebtheit. Man geht mit einem einfachen Netz und einer Handvoll Brotkügelchen in den Flußmündungen von Maryland auf Krabbenfang, fischt Barsch in der Brandung vor einem der Seebäder von Delaware oder gräbt an der Südküste von New Jersey nach Venusmuscheln und hat schnell die Zutaten für ein Abendessen zusammen.

Der Reichtum an Meerestieren schlägt sich in einer Vielzahl von Gerichten nieder, von denen die meisten Variationen eines einfachen Themas sind. Überall findet man *chowders* aus Venusmuscheln, Austern oder Fisch, die gewöhnlich mit Milch oder Sahne, Zwiebeln und Kartoffeln gekocht werden. Einige Köche bestehen auf der Zugabe von Bauchspeck, andere geben Sellerie oder Kräuter dazu, als Faustregel gilt jedoch: Je einfacher, desto besser. Es gibt viele Restaurants in diesen Staaten, wo man gut Fisch essen kann, aber das Aushängeschild unter ihnen ist die *Grand Central Terminal Oyster Bar* in New York City. Hier gibt es *oyster pan roasts*, Austern in Sahnesauce; *oysters on the half shell*, rohe Austern in der Schale; *crab cakes*, Krabbenküchlein; im Frühling *shad roe*, Alsenrogen; und *Manhattan clam chowder*, einen Muschelsuppentopf, der mit Tomatenbrühe gekocht wird.

DIE BLAUKRABBE

Die Blaukrabbe (englisch *blue crab*, lateinisch *Callinectes sapidus* = schöner Schwimmer) ist besonders wegen des Wohlgeschmacks ihres Fleisches gleichermaßen bei Krabbenfischern wie Feinschmeckern beliebt.

Am gesuchtesten und teuersten ist die Blaukrabbe kurz nach ihrer Häutung. Wenn sie den alten Panzer gesprengt hat und zur *soft-shell crab*, weichschaligen Krabbe, wird, nimmt sie um ein Drittel an Körpergröße zu. Experten kennen den Zeitpunkt der Häutung und bringen die weichen, fleischigen Tiere sofort auf den Markt.

Obwohl die Anwohner der Chesapeake Bay glauben, daß es hier die besten Blaukrabben gibt, sind die Krebstiere von der Küste von Massachusetts bis nach Südamerika verbreitet.

Die Vielzahl von Krabbengerichten aus Maryland und Delaware spiegelt den Einfallsreichtum von Generationen von Köchen wider, desgleichen die Tatsache, daß die Krabbe in die einfachsten wie opulentesten Speisen paßt. Ein Höhepunkt an Genuß ist zweifellos gedämpfte *hard-shell crab*, hartschalige Krabbe, zu der eine würzige, mit Meeresfrüchten zubereitete Chesapeake-Sauce gehört. Es ist erlaubt, mit den Fingern zu essen und sich diese abzulecken, um die Sauce ausreichend zu würdigen.

Auch die Krabbe wird jeden Sommer mit Festivals, Festbeflaggung und Festmählern gefeiert. Jährlich im September findet in Crisfield, an der Ostküste von Maryland, das National Hard Crab Derby statt. Hier läßt man Krabben um die Wette rennen, krönt den, der am schnellsten Krabben auslösen kann, und ißt natürlich reichlich Krabbenfleisch.

DIE »GÄRTNER-STAATEN«

Alle Bundesstaaten dieser Region erzeugen einen Großteil ihrer Nahrungsmittel selbst, der Überschuß wird exportiert. Zwar trägt nur New Jersey offiziell den Beinamen *The Garden State*, aber eigentlich trifft die Bezeichnung »Gärtner-Staat« auf jeden der Staaten an der mittleren Atlantikküste zu. Man ist stolz auf die hervorragende Qualität der heimischen Produkte, wie leicht zu erkennen ist, wenn man mal jemanden aus New Jersey mit einem Marylander über das Aroma der in ihren Staaten gezüchteten Tomaten oder Melonen debattieren hört. Oder wenn man verfolgt, wie Pennsylvania und New York darüber streiten, in wessen Staat die besten Äpfel wachsen.

Vor etwa 150 Jahren hielt die Industrialisierung Einzug in die Region. Wichtigste Erwerbszweige waren Bergbau, Mineralölgewinnung, Stahlherstellung und -verarbeitung sowie der Transport von Gütern. Die heutige Wirtschaftsstruktur basiert hauptsächlich auf High-Tech- und Leichtindustrie sowie Finanzgeschäften. Wie auch in anderen Industrie- und nachindustriellen Ländern nimmt der Anteil der Menschen, die in der Landwirtschaft arbeiten, stetig ab. Doch obwohl es weniger Bauern gibt, wächst das Lebensmittelangebot in den städtischen Zentren mit ihren Märkten und Einwanderervierteln. Der Lexington Market in Baltimore, Maryland, ist der am längsten bestehende Markt in den USA; man findet hier beste heimische landwirtschaftliche Produkte, Fisch und Schaltiere, Fleisch und Backwaren. Auch auf dem Reading Terminal Market in Philadelphia werden hervorragende Erzeugnisse der Gegend angeboten.

Baltimore, seit rund vierhundert Jahren eine geschäftige Hafenstadt, war Ziel vieler Einwanderer. Von hier aus werden vor allem Meerestiere und Tabak exportiert. Im späten 19. und frühen 20. Jahrhundert verschiffte man von Baltimore aus zig Millionen frische Austern auf Eis nach Europa und in die westlichen USA. Ein Großteil der Stadt wurde in den letzten Jahren baulichen Veränderungen unterworfen: Industriegebiete wurden für die Ansiedlung von Leichtindustrie und technologischen Betrieben umstrukturiert, am Binnenhafen entstand ein neues Wohngebiet, und ein Baseball-Stadion wurde angelegt.

Ebenso wie Baltimore zog Philadelphia viele Einwanderer an, und auch hier findet man ein Little Italy, ein irisches Viertel, ein Chinatown und immer mehr Südostasiaten, die erst seit kurzem zuwandern. Die Anfänge der Stadt gehen auf das Jahr 1661 zurück, als William Penn, ein englischer Quäker, die Erlaubnis erhielt, hier zu siedeln. In dem als »Stadt der brüderlichen Liebe« bekannten Ort leben seit den frühen Siedlerjahren Einwanderer verschiedener Nationen in Eintracht nebeneinander, nicht zuletzt vereint durch ihre Liebe zu gutem Essen und Trinken.

NEW YORK CITY

Trotz der extremen Gegensätze zwischen arm und reich ist New York eine Traumstadt geblieben, die – seit den vierziger Jahren des letzten Jahrhunderts, als die erste große Einwandererwelle aus dem von Hungersnöten heimgesuchten Irland herüberschwappte – bis heute wie ein Magnet auf Zuwanderer aus der ganzen Welt wirkt. Auch die politischen Umbrüche des 19. Jahrhunderts in Europa und das Wissen um die in den Vereinigten Staaten praktizierte religiöse Toleranz führten dazu, daß Millionen von Menschen ihr Glück in einem neuen Land versuchen wollten. In den ersten zwei Jahrzehnten dieses Jahrhunderts kamen nicht weniger als knapp 15 Millionen Menschen, von denen sich viele in New York ansiedelten, in die USA. Seither ist der Immigrantenstrom nie abgerissen; einige der Neuankömmlinge machen tatsächlich hier ihr Glück, die meisten tragen jedoch lediglich zum immer komplexer werdenden Rassengemisch der Stadt bei.

Was Essen und Trinken betrifft, ist New York unzweifelhaft die Stadt Nummer eins in den USA, keine andere weist so viele unterschiedliche Restaurants auf. In den achtziger Jahren des letzten Jahrhunderts, als der Elan der Gründerzeit auch New York beherrschte, wurde es bei den Reichen Mode, sich gehobeneren kulinarischen Genüssen zuzuwenden. Während der nächsten fünfzig Jahre rekrutierte man in zunehmendem Maße europäische Küchenchefs für die Grandhotels, Clubs und die Küchen der Reichen. Dies gab der New Yorker Gastronomie ganz neue Impulse – viele berühmte Gerichte entstanden in dieser Zeit: Louis Diat, zu Beginn

CAROL SIMOWITZ/SAUSALITO

des 20. Jahrhunderts Küchenchef im »Ritz-Carlton«, kreierte die *Vichysoisse* nach einer traditionellen Kartoffel-Lauch-Suppe seiner französischen Heimatstadt Vichy. *Lobster Newburg*, ein gehaltvolles Gericht aus Hummer, Sahne, Eiern und Sherry, wurde von Delmonico erfunden, dem berühmtesten Küchenchef von New York in den neunziger Jahren des letzten Jahrhunderts, und nach einem Gast benannt.

Aber auch die europäischen Einwanderer, die wesentlich bescheidener leben mußten – vor allem Iren, Polen, Juden, Russen, Italiener und Skandinavier –, brachten eine ganze Welt neuer Geschmacksrichtungen nach New York. Heute wiederum gibt sich die Creme der Küchenchefs aus aller Welt – China, Japan, Thailand, Indien, Spanien und Italien – ein illustres Stelldichein im Kosmos der Restaurants von New York. Ein Streifzug durch die Geschäfte der ethnisch geprägten Enklaven der Stadt stimuliert die Sinne und eröffnet neue kulturelle Eindrücke. Die russischen, ukrainischen und jüdischen Gemeinden von Brighton Beach in Brooklyn mit ihren *piroshki* (fleisch- oder kohlgefüllte Pfannkuchen), *pelmeni* (fleischgefüllte Teigtäschchen), *knishes* (kartoffelgefüllte, gebackene Pfannkuchen) und *blintzes* (Crêpes mit Hüttenkäsefüllung) sind Nachbarn der Italiener von South Brooklyn, aber es trennen sie dennoch Welten von den gastronomischen Spezialitäten der sizilianischen, kalabresischen und neapolitanischen Küche, wie gefüllte Artischocken, Pizza, Ricotta-Käsekuchen und Eiscreme.

Überquert man die Brooklyn Bridge, kommt man nach Lower Manhattan, wo die bekanntesten ethnischen Eßparadiese liegen. Die Juden der Lower East Side betreiben *bagel*- und *matzo*-Bäckereien und verkaufen Räucherfisch wie Lachs, Drachenfisch und Stör. Gleich daneben liegen Little Italy, Chinatown und Greenwich Village, wo Teigtaschen-Aficionados – hier gibt es alle Arten von Ravioli, Tortellini, *kreplach* (fleischgefüllte Maultaschen) und *wontons* – auf ihre Kosten kommen. In diesen Vierteln wird das ganze Jahr über gefeiert, wobei traditionelles Essen und Trinken nicht zu kurz kommen, sei es beim chinesischen Neujahrsfest im Winter oder beim Fest des San Gennaro im Herbst.

Ob in den ethnischen Enklaven von New York City, Philadelphia oder Baltimore oder draußen auf dem Land – Liebhaber guten Essens finden in den Staaten der mittleren Ostküste der USA immer einen Anlaß zum Schlemmen. Die klimatisch sehr verschiedenen Jahreszeiten – die Winter sind, vor allem im nördlichen New York, schneereich, die Sommer extrem heiß und feucht – bestimmen den Speiseplan: Im Winter gibt es *pies* und Kuchen, Suppen und Eintöpfe, im Frühjahr Fruchtpasteten und Suppen mit zarten Frühlingsgemüsen, im Sommer Salate und eine Vielfalt an Meerestieren. Die unterschiedlichen Küchen der Einwanderer haben überall ihren Einfluß hinterlassen und bieten eine Vielzahl an einfachen und raffinierten Genüssen. Gleichgültig, ob man nach Feinem, Herzhaftem, Exotischem oder Vertrautem sucht, auf relativ kleinem Raum findet hier jeder, was ihm schmeckt.

CAROL SIMOWITZ/SAUSALITO

WEIN AUS EINHEIMISCHEN TRAUBEN

Wein war schon im frühen 17. Jahrhundert ein wichtiges landwirtschaftliches Produkt in den Staaten der mittleren Atlantikküste. Die ersten Siedler stellten ihn aus den reichlich wachsenden einheimischen Reben her. Daraus durch Veredelung gewonnene Traubensorten wie Concord stellen noch heute die Grundlage der in der Region gekelterten Weine, von Traubensäften und Marmeladen dar. In den letzten Jahren, mit dem Einzug verbesserter Anbau- und Kellereimethoden, hat jedoch ein Umschwung zugunsten hochklassiger Weine stattgefunden, die vor allem aus Hybridsorten und europäischen Abarten gewonnen werden. Förderlich für die Entwicklung des Weinanbaus haben sich auch Änderungen der Weingesetze ausgewirkt, die den Direktverkauf vom Winzer an den Kunden erlauben, was dazu führte, daß sich viele kleine Weingüter neu etablieren konnten. Inzwischen gibt es mehr als 110 Kellereien in der Gegend, von denen mehr als die Hälfte jünger als zwanzig Jahre ist.

Der Staat New York ist nach Kalifornien der zweitgrößte Weinproduzent des Landes. Das Herz des Weinbaus liegt im nördlichen Teil des Staates, in der Region der Finger Lakes, wo einige der besten Rieslinge der USA wachsen. Im Tal des Hudson blickt der Weinanbau auf eine mehr als 325jährige Tradition zurück. In dieser ältesten Weinregion der USA werden immer noch hauptsächlich einheimische und Hybridreben kultiviert. Long Island hingegen hat als Weinland noch keine lange Geschichte. Zwar wurden hier vermutlich schon vor Jahrhunderten Reben europäischen Ursprungs angepflanzt, aber die Wiedergeburt des Weinanbaus war im Jahr 1973, als man neue Weingärten anlegte. Heute gehören die Merlots, Chardonnays und Cabernet Sauvignons von Long Island zu den besten des Landes und zieren die Weinkarten der besten Restaurants von Manhattan.

Auch in Pennsylvania widmet man sich der Aufzucht von Trauben. In den letzten Jahren ist bei den Weinen, die aus dem Lancaster Valley und dem zentral gelegenen Delaware Valley stammen, ein deutlicher Qualitätssprung nach oben zu verzeichnen. Die Boordy Vineyards in Maryland, eine der besten Kellereien im ganzen Land, lösten nach dem Zweiten Weltkrieg die Initialzündung für das unter den Winzern der Ostküste inzwischen enorm gewachsene Interesse an französisch-amerikanischen Hybridreben aus. *(Die Informationen zu den Weinen verdanken wir Ronn Wiegand, MW, MS.)*

NEW YORK
LONG ISLAND
WEISSWEINE:
Chardonnay
Gewürztraminer
ROTWEINE:
Merlot
Cabernet Sauvignon
WEINKELLEREIEN:
Bedell Cellars (1)
Bridgehampton Winery (2)
Gristina Vineyards (1)
Hargrave (1)
Palmer Vineyards (1)

FINGER LAKES
WEISSWEINE:
Chardonnay
Johannisberg Riesling
Seyval Blanc
Vidal Blanc
ROTWEINE:
Pinot Noir
WEINKELLEREIEN:
Dr. Konstantine Frank
(Vinifera Wine Cellars) (3)
Glenora Wine Cellars (4)
Plane's Cayuga Vineyard (5)
Taylor Wine Company (3)
Hermann J. Weimer Vineyard (4)

PENNSYLVANIA
WEISSWEINE:
Chardonnay
Johannisberg Riesling
ROTWEIN:
Cabernet Sauvignon
WEINKELLEREIEN:
Chaddsford Winery (6)
Sand Castle Winery (7)

MARYLAND
WEISSWEINE:
Seyval Blanc
Vidal Blanc
ROTWEIN:
Cabernet Sauvignon
WEINKELLEREIEN:
Boordy Vineyards (8)
Catoctin Vineyards (9)

REZEPTE VON DER MITTLEREN ATLANTIKKÜSTE

Carolyn Dille

Steamed Soft-shell Clams

Gedämpfte Klaffmuscheln

Dieses Gericht wird in Küstenstädten und Bade-orten häufig nur als *steamers* bezeichnet. Anstelle der Klaffmuscheln kann man auch kleine Venusmuscheln wie *cherrystone* oder *manila* verwenden.

6 Dutzend Klaffmuscheln, abgebürstet und gewaschen
12 EL (180 g) Butter
2 Knoblauchzehen, gehackt
Saft von 1 Zitrone

A lle Muscheln, die offen sind oder deren Schale zerbrochen ist, aussortieren und wegwerfen. Die übrigen Muscheln in einen großen Topf mit fest schließendem Deckel geben, 3/8 l Wasser zugießen und die Klaffmuscheln zugedeckt bei hoher Temperatur etwa 10 – 15 Minuten dämpfen, bis sich ihre Schalen öffnen. Muscheln, die sich nicht geöffnet haben, wegwerfen.

In der Zwischenzeit die Butter mit dem gehackten Knoblauch bei niedriger Temperatur erhitzen und durch ein Sieb in eine Sauciere gießen. Den Zitronensaft unterrühren und die Butter warm stellen.

Die Muscheln mit einem Schaumlöffel aus dem Topf nehmen, in eine Servierschüssel füllen und warm stellen. Den Muschelsud durch ein mit einem Mulltuch ausgelegtes Sieb in einen sauberen Topf gießen und nochmals erhitzen.

Den Muschelsud in kleinen Portionsschüsseln servieren, die Muscheln und die Zitronenbutter getrennt dazu mit viel knusprigem Brot auftragen.

Für 6 Personen

Herbed Tomato Soup

Pikante Tomatensuppe

Die ersten Siedler brachten den ihnen unbekannten Tomaten einen gewissen Argwohn entgegen, doch mit der Zeit lernten sie dieses sommerliche Gemüse schätzen, das, konserviert, auch im Winter gern verwendet wird. Durch die günstigen Wachstumsbedingungen an der mittleren Atlantikküste – große Hitze, hohe Luftfeuchtigkeit und starke Regenfälle im Sommer – gedeihen hier besonders saftige und aromatische Tomaten. So ist es nicht verwunderlich, daß es in dieser Gegend viele Rezepte für Tomatensuppe gibt, ebenso für das Einkochen von Tomaten und die Zubereitung von Tomatensaft.

Pikante Tomatensuppe,
Gedämpfte Klaffmuscheln

1/2 Zwiebel, in kleine Würfel geschnitten
1 Mohrrübe, gerieben
1 Knoblauchzehe, gehackt
2 EL Pflanzenöl
1 Zweig Liebstöckel, Blätter gehackt, oder
    1 Stange Sellerie mit Blättern, in kleine
    Würfel geschnitten
1 Zweig Majoran, Blätter gehackt, oder knapp
    1/2 TL getrockneter Majoran
1 1/4 kg reife Tomaten, geschält, entkernt und in
    Würfel geschnitten
Salz und frisch gemahlener Pfeffer
4 EL Schnittlauchröllchen zum Garnieren

D as Pflanzenöl in einem Suppentopf erhitzen, Zwiebel, Mohrrübe und Knoblauch hineingeben und darin weich werden lassen. Liebstöckel, Majoran und die gewürfelten Tomaten zugeben.

Die Suppe etwa 15 Minuten köcheln lassen. Mit Salz und Pfeffer abschmecken und pürieren. Die Tomatensuppe mit Schnittlauchröllchen bestreuen und heiß oder gekühlt servieren.

Für 6 Personen

Chicken Soup with Dill

Hühnersuppe mit Dill

Die Hühnersuppen der amerikanisch-jüdischen Küche sind für ihr würziges Aroma berühmt. Häufig wird die Hühnersuppe mit *matzo*-Klößchen oder *kreplach* als Hauptgang aufgetragen – das Huhn hebt man für eine andere Mahlzeit auf. Für Suppen sind größere, ältere Hühner zu bevorzugen – sie geben meist einen kräftigeren Geschmack. Die Hühnerfüße sollte man mitkochen, denn sie enthalten Gelatine, was der Suppe eine bessere Bindung gibt. Damit das Huhn saftig und aromatisch bleibt, sollte man es bei Zimmertemperatur abkühlen lassen und unzerteilt sowie zugedeckt im Kühlschrank aufbewahren.

1 Suppen- oder Brathuhn, etwa 2 1/2 – 3 kg
    schwer, vorzugsweise mit Füßen
1 Zwiebel mit Schale, abgespült und halbiert,
    Wurzelansatz entfernt
1 Stange Bleichsellerie, halbiert
3 Mohrrüben, in 1 cm große Stücke zerteilt
2 Teltower Rübchen, geschält und in 1 cm große
    Stücke geschnitten
6 Zweige Dill, zu einem Sträußchen gebunden
Salz und frisch gemahlener Pfeffer
Kreplach (nach Belieben; siehe nachfolgendes
    Rezept)

D as Huhn gründlich abspülen. Überschüssiges Fett entfernen und für die Zubereitung von *kreplach* (siehe nachfolgendes Rezept) auslassen.

Das Huhn in einen Suppentopf von 8 bis 10 Liter Inhalt geben und mit kaltem Wasser bedecken. Bis kurz vor dem Siedepunkt erhitzen, die Temperatur herunterschalten und das Huhn 30 Minuten köcheln lassen, dabei immer wieder den aufsteigenden Schaum abschöpfen.

Zwiebel und Sellerie zugeben und weitere 30 Minuten köcheln lassen, den Schaum gelegentlich entfernen. Mohrrüben, Teltower Rübchen und Dill hineingeben und etwa 15 Minuten simmern lassen, bis das Gemüse gar ist.

Das Huhn aus dem Topf nehmen und auf einem Brett abkühlen lassen. Gemüse und Kräuter mit einem Schaumlöffel aus der Brühe nehmen, durch ein Sieb in die Brühe passieren und die Rückstände wegwerfen.

Das Huhn für eine andere Zubereitung in den Kühlschrank stellen. Sollten Sie auf *kreplach* verzichten, können Sie statt dessen ein wenig in mundgerechte Stücke zerteiltes Hühnerfleisch, von dem man die Haut entfernt hat, in die Suppe geben.

Die Suppe mit Salz und Pfeffer abschmecken und 5 Minuten köcheln lassen. Nach Belieben *kreplach* hineingeben und heiß servieren.

Für 6 Personen

Kreplach in Hühnersuppe mit Dill

ALLAN ROSENBERG

Kreplach

Fleischgefüllte Maultaschen

Diese gehaltvollen kleinen Teigtaschen werden normalerweise in einer Hühnersuppe oder mit einer Schmorfleischsauce serviert. Die angegebene Fleischmenge von etwa 250 g soll nur als Anhaltspunkt dienen, der Geschmack der Teigtaschen verändert sich durch etwas mehr oder weniger Fleisch nicht. Angeblich sollen *kreplach* am besten schmecken, wenn man sie bereits einen Tag vorher zubereitet.

ausgelöstes Fett von einem Huhn
1 Nudelteig nach Art der Amischen (Rezept auf Seite 62)
1/2 Zwiebel, in kleine Würfel geschnitten
250 g Roastbeef, gebraten
1 EL gehackte Petersilie
1 Ei
Salz und frisch gemahlener Pfeffer

Das Hühnerfett klein schneiden und mit 2 EL Wasser in einen kleinen Topf geben. Bei niedriger Temperatur in etwa 30 Minuten auslassen. Das Wasser sollte dann verdampft sein. Die Grieben herausnehmen.

Den Teig in 4 Portionen zerteilen und zugedeckt ruhen lassen.

Die Zwiebel in 2 EL Hühnerschmalz weich schmoren. Das Roastbeef in Scheiben, dann in feine Streifen schneiden. Fleisch, Zwiebel, Petersilie und Ei in einer Schüssel miteinander vermengen und mit Salz und Pfeffer abschmecken.

Die Teigportionen nacheinander 1 cm dick ausrollen. Die Teigfladen in 5 cm große Quadrate schneiden. In die Mitte eines jeden Teigquadrates einen Teelöffel von der Fleischfüllung setzen. Den Teig diagonal darüberschlagen, so daß man ein Dreieck erhält. Die Teigränder fest zusammendrücken und verschließen. Die Teigtaschen auf einem mit Mehl bestäubten Geschirrtuch so auslegen, daß sie einander nicht berühren.

Die Prozedur wiederholen, bis alle *kreplach* fertig sind. Sie sollten vor dem Kochen bei Zimmertemperatur mindestens 1 Stunde, höchstens bis zu 3 Stunden ruhen. Will man sie erst später verwenden, sollte man sie mit einem Tuch bedeckt im Kühlschrank aufbewahren.

In einem großen, etwa 6 bis 8 Liter fassenden Topf gut gesalzenes Wasser zum Kochen bringen. Die *kreplach* darin 5 Minuten kochen lassen; sie sollten gar sein, aber noch Biß haben. Die Teigtaschen abtropfen lassen und in einer Hühnersuppe oder als Beilage servieren.

Für 6 Personen

Deviled Ham

Würziges Schinken-Confit

Da Schinken in vielen Gegenden zu den lokalen Spezialitäten gehört, haben sich die Köche einiges zu seiner Resteverwertung einfallen lassen – vom gebackenen Schinken über Frikadellen bis hin zum würzigen Schinken-Confit, einer vielseitigen Vorspeise.

Deviled ham auf Toast ist die klassische Art, ihn zu servieren, aber er schmeckt genauso gut als Füllung von Sellerie, Rettich und Gurke oder als Belag auf Rettich- oder Gurkenscheiben. Darüber hinaus eignet er sich auch als pikanter Sandwich-Aufstrich.

500 g gekochter Schinken
1 TL schwarze Pfefferkörner
1/2 TL Pimentkörner
2 TL frischer oder 1 TL getrockneter Thymian
1/4 TL gemahlener Ingwer
1/4 TL Cayennepfeffer, oder nach Belieben
2 – 4 EL Butter
1/4 l Schinkenbrühe, ersatzweise 1/4 l Wasser
Salz
etwa 250 g zerlassenes Schinkenfett oder geklärte Butter zum Konservieren

Den Schinken mitsamt Fettrand in große Stücke schneiden. (Falls der Schinken sehr mager ist, muß entsprechend mehr Butter verwendet werden.)

Pfeffer- und Pimentkörner bei niedriger Temperatur 3 bis 5 Minuten rösten, bis sie ihr volles Aroma entfalten. Die Gewürze entweder im Mörser zerkleinern und mit dem Thymian zerstampfen oder alles zusammen in einer Gewürzmühle mahlen. Man kann die Gewürze aber auch mit einem flachen Küchenmesser zerdrücken.

Den Schinken mit dem Messer oder in der Küchenmaschine in kleine Stücke zerteilen.

Die Butter bei niedriger Temperatur in einer großen Pfanne zerlassen. Den Schinken zugeben und die Gewürze sowie die Brühe unterrühren. Bei niedriger Temperatur etwa 30 Minuten köcheln lassen, bis die Flüssigkeit größtenteils verdampft ist. Nach 20 Minuten eventuell mit etwas Salz oder Cayennepfeffer abschmecken, das Schinken-Confit sollte ein sehr würziges Aroma haben.

Die Pfanne mit einem Deckel verschließen und den Schinken bei Zimmertemperatur abkühlen lassen und danach in kleine Steinguttöpfe oder -schüsseln füllen. Dabei die Schinkenstücke kräftig zusammendrücken und großzügig mit zerlassenem Fett bedecken. Mit Klarsichtfolie abdecken und im Kühlschrank aufbewahren.

Das Schinken-Confit schmeckt am besten, wenn man es 3 bis 4 Tage vor Gebrauch zubereitet. Es hält sich mit intakter Fettschicht etwa 3 Wochen im Kühlschrank. Sobald das Confit angebrochen ist, sollte man es innerhalb von 2 Tagen verzehren.

Das Schinken-Confit läßt sich bis zu 3 Monate einfrieren. Man sollte die Steinguttöpfe gut in Klarsichtfolie einwickeln oder in Gefrierbeutel geben. Vor Gebrauch 24 bis 36 Stunden im Kühlschrank auftauen lassen.

Ergibt etwa 500 Gramm

Chicken Salad with Fried Oysters

Geflügelsalat mit gebackenen Austern

Diese Zusammenstellung erfreut sich in Delaware bis heute großer Beliebtheit, wo sie gern als improvisiertes Abendessen in der Kirchengemeinde oder bei Sammlungen von Spenden für wohltätige Zwecke zubereitet wird. Man kennt sie auch in der östlichen Küstenregion Marylands, an der Grenze zu Delaware und sogar weiter im Westen, zum Beispiel in Philadelphia. Delaware bezeichnet sich selbst als die amerikanische Hauptstadt des Meerrettichs, und so ist es nicht verwunderlich, daß man Salate hier zuweilen mit frischem Meerrettich würzt.

Salat:
600 g Hühnerfleisch, gekocht und in Würfel geschnitten
2 Stangen Bleichsellerie, in Würfel geschnitten

Würziges Schinken-Confit

1/2 Zwiebel, in Würfel geschnitten
4 EL gehackte Petersilie
1/8 l Mayonnaise
2 EL Apfelessig
Salz und frisch gemahlener Pfeffer
2 hartgekochte Eier (nach Belieben)

Gebackene Austern:
18 ausgelöste frische große Austern oder
    500 g ausgelöstes Austernfleisch
1 Ei
1 EL Milch
1 große Prise Salz und Pfeffer
4 EL (60 g) Mehl
125 g Semmelbrösel
Pflanzenöl zum Ausbacken
Zitronenspalten zum Garnieren

Für den Geflügelsalat Hühnerfleisch, Sellerie, Zwiebel und Petersilie mit der Mayonnaise vermischen.
Den Essig unterrühren und mit Salz und Pfeffer würzen.

Den Salat zugedeckt mindestens 1 Stunde im Kühlschrank ziehen lassen. Vor dem Servieren nochmals abschmecken.

Die Austern trockentupfen. Das Ei leicht mit der Milch und den Gewürzen verquirlen. Die Austern in Mehl wenden, durch die Eimasse ziehen und in den Semmelbröseln wälzen. Bis zu diesem Arbeitsschritt können die Austern einige

Stunden im voraus zubereitet und zugedeckt im Kühlschrank aufbewahrt werden.

Kurz vor dem Auftragen reichlich Öl in einer großen Pfanne auf etwa 180° – 190° C erhitzen und die vorbereiteten Austern hineingeben. Nicht zu viele Austern auf einmal ausbacken, damit die Öltemperatur nicht zu stark absinkt. Die Austern in etwa 3 Minuten goldbraun ausbacken, dabei einmal wenden. Aus der Pfanne nehmen und auf Küchenpapier abtropfen lassen.

Den Hühnersalat in einer Schüssel oder auf einer Platte anrichten und nach Belieben mit den geviertelten hartgekochten Eiern garnieren. Die ausgebackenen Austern auf einer vorgewärmten Platte mit den Zitronenspalten anrichten und mit dem Geflügelsalat auftragen.

Für 6 Personen

Crab Cakes

Krabbenküchlein

In Maryland, das an der krabbenreichen
Chesapeake Bay liegt, gibt es unzählige Rezepte
für diese Küchlein. Hier eine klassische, unverfälschte und einfache Zubereitungsart. *Lump*-
oder *backin*-Krabbenfleisch, die allerbeste
Qualität, wird mit kleineren Stücken Krabbenfleisch der Standardqualität vermengt, was der
Mischung mehr Bindung verleiht.

Gewöhnlich backt man die Krabbenküchlein
in Öl aus, weil sie so besonders knusprig werden. Unverfälschter schmecken sie jedoch gebraten, sie sind dann auch leichter bekömmlich
und genauso knusprig. In den USA gibt es für
diese Küchlein eine fertige Gewürzmischung –
Chesapeake seafood seasoning –, die bei uns
leider kaum zu finden ist.

750 g frisches Krabbenfleisch
60 g frische weiße Brotkrumen
6 EL (90 ml) Mayonnaise
2 EL gehackte Petersilie
1/2 TL Chesapeake seafood seasoning, ersatzweise
*   eine Mischung aus Salz, frisch gemahlenem*
*   Pfeffer und Cayennepfeffer*
1 oder 2 Spritzer Worcestershire-Sauce
1 oder 2 Spritzer Tabasco (nach Belieben)
6 EL (90 g) Butter oder 6 EL (90 ml) Pflanzenöl
*   oder eine Mischung aus beidem*

Knorpelteilchen und Schalen entfernen und
das Krabbenfleisch möglichst unzerteilt in eine
große Schüssel geben. Brotkrumen, Mayonnaise,
Petersilie, Salz, Pfeffer, Cayennepfeffer, Worcestershire-Sauce und nach Belieben Tabasco
zugeben und alles gut miteinander vermengen.

Aus dem Teig 12 runde, glatte Küchlein formen. In Klarsichtfolie einwickeln und mindestens 30 Minuten in den Kühlschrank stellen.
Die Küchlein kann man bis zu diesem Arbeitsgang einige Stunden im voraus zubereiten.

In einer großen Pfanne die Butter bei mittlerer Temperatur erhitzen, die Krabbenküchlein
hineingeben und auf jeder Seite in etwa 4 Minuten goldbraun braten. Vorsichtig wenden, damit
die Küchlein nicht zerfallen. Heiß servieren.

Für 6 Personen

Stuffed Flounder

Gefüllte Schollenfilets

Eine gefüllte Scholle schmeckt nicht alltäglich
und sieht auch nicht alltäglich aus, ist jedoch
einfach zuzubereiten. Ähnliche Zubereitungsarten findet man auf Long Island, in New Jersey,
Delaware und Maryland. Frisch gekochtes Krabbenfleisch oder Krabbenfleisch aus der Dose
ist gefrorenem vorzuziehen, da letzteres meist
wäßrig und ohne intensiven Geschmack ist.
Falls Sie das Krabbenfleisch durch Garnelen
ersetzen wollen, werden diese gesäubert und
geschält, danach 1 Minute gedämpft. Sie sollten

nicht ganz durchgegart sein. Die Garnelen werden grob gehackt und mit den anderen Zutaten
vermischt.

500 g frisch gekochtes Krabbenfleisch oder
*   Garnelen*
1/4 grüne Paprikaschote, in kleine Würfel
*   geschnitten*
2 EL geriebene Zwiebel
30 g frische weiße Brotkrumen
4 EL (60 ml) Sahne
1 EL Dijon-Senf
1 EL Zitronensaft
Salz und frisch gemahlener Pfeffer
12 dünne Schollen-, Flunder- oder Seezungen-
*   filets von insgesamt etwa 750 g*

Den Backofen auf 200° C vorheizen. Das
Krabbenfleisch von Knorpel und Schalen befrei-
en. Krabbenfleisch, Paprikaschote, Zwiebel,
Brotkrumen, Sahne, Senf und Zitronensaft miteinander vermischen und mit Salz und Pfeffer
abschmecken.

Die Filets leicht mit Salz und Pfeffer würzen.
Leicht eingebutterte Portionsfischförmchen mit
den Filets auslegen oder die Fischfilets auf einem eingebutterten Backblech in Schiffchen-
form arrangieren. Für die Schiffchen legt man
zwei Filets der Länge nach so übereinander, daß
sie sich leicht überlappen, und fixiert sie mit
Zahnstochern. Die Füllung gleichmäßig auf die
Fischfilets verteilen.

Die Fischfilets im vorgeheizten Ofen etwa
15 Minuten garen. Die Füllung sollte goldbraun
sein. Heiß auftragen.

Für 6 Personen

Gefüllte Schollenfilets, Geflügelsalat,
Krabbenküchlein, Gebackene Austern

ALLAN ROSENBERG

Sauerkraut und Schweinerippchen

Spareribs and Sauerkraut

Sauerkraut und Schweinerippchen

Die deutschen Einwanderer brachten nicht nur ihre Vorliebe für Sauerkraut mit nach Amerika, sondern wußten auch, wie man es einlegt. Dieses Gericht wird in den Küchen Marylands, Pennsylvanias und New Yorks in vielen Varianten zubereitet. Die Amischen servieren als Beilage Kartoffelauflauf oder Kartoffelbrei. In deutschstämmigen Familien reicht man zu diesem Gericht gewöhnlich Salzkartoffeln.

2 ¹/₂ kg Schweinerippchen
Salz und frisch gemahlener Pfeffer
1 kg mildes Sauerkraut, frisch oder aus der Dose
2 Äpfel (vorzugsweise Boskop o.ä.), geschält, entkernt und in kleine Stücke oder in Scheiben geschnitten
1 Zwiebel, halbiert und in dünne Scheiben geschnitten
3 EL brauner Zucker
1 TL Kümmel
gehackte Petersilie zum Garnieren (nach Belieben)

Den Backofen auf 180° C vorheizen. Von den Schweinerippchen das überflüssige Fett entfernen und die Rippchen zerteilen. Leicht mit Salz und Pfeffer würzen. Die Schweinerippchen in einem tiefen Topf bei mittlerer Temperatur von allen Seiten in etwa 20 Minuten schön braun werden lassen. Aus dem Topf nehmen und abtropfen lassen.

Sauerkraut, Äpfel, Zwiebel, braunen Zucker und Kümmel in einer feuerfesten, 3 l fassenden Form miteinander vermischen und ¹/₂ l Wasser zugießen. Die Rippchen darauf verteilen; sie sollten halb vom Sauerkraut bedeckt sein.

Die Form fest verschließen und das Gericht 1 ¹/₂ Stunden im Backofen garen, bis die Schweinerippchen ganz zart sind. Sauerkraut und Schweinerippchen in der Form servieren und nach Belieben mit gehackter Petersilie bestreuen.

Für 6 Personen

Pennsylvania Country Apple Butter

Apfelmus auf Pennsylvania-Art

Dieses dicke, dunkle Apfelmus ist nicht so süß wie Marmelade. Gesüßt wird nach Geschmack mit hellem oder dunklem Zucker oder einer Mischung aus beidem. Man kann ohne weiteres die doppelten Mengen an Zutaten verwenden, falls ein großer Topf zur Verfügung steht. Die Kochzeit verlängert sich dann um etwa 1 Stunde. Dieses Apfelmus wird im Pennsylvania Dutch Country, wenn frisches Gemüse rar ist, zu vielen winterlichen Gerichten gereicht. Apfelmus wird stets in großen Mengen hergestellt – Äpfel und Apfelmost köcheln in einem riesigen Kupferkessel über einem offenen Feuer im Freien.

3 kg Boskop oder ein anderer Back- oder Kochapfel, geschält, entkernt und geviertelt
1 l Apfelmost

150 g brauner Zucker
¹/₄ TL Salz
1 Stück Zimtstange, 7 ¹/₂ – 10 cm lang (nach Belieben)

Die Äpfel mit ¹/₄ l Apfelmost in einen säurebeständigen Topf geben und zugedeckt in etwa 30 Minuten zu einer Sauce verkochen lassen. In der Zwischenzeit in einem anderen Topf den restlichen Apfelmost um die Hälfte reduzieren und zu der Apfelsauce geben. Zucker, Salz und nach Belieben die Zimtstange zugeben.

Die Apfelsauce in den auf 150° C vorgeheizten Backofen schieben und ohne Deckel etwa 3 Stunden köcheln lassen. Dabei etwa alle 20 Minuten mit einem Holzlöffel umrühren. Das Apfelmus sollte jetzt stark eingedickt sein. Es wird noch fester, wenn es abgekühlt ist.

Die Zimtstange entfernen, das heiße Apfelmus in sterilisierte Weckgläser mit Gummiringen füllen, fest verschließen und konservieren. Mindestens einen Tag vor Gebrauch ruhen lassen. Unversiegelte oder angebrochene Gläser im Kühlschrank aufbewahren und den Inhalt innerhalb von 2 Wochen aufbrauchen. Das Apfelmus zu gebratenem Huhn, Schweinefleisch oder Schinken auftragen oder als Brotaufstrich verwenden.

Ergibt etwa 1 ³/₄ Liter

Potato Filling

Kartoffelauflauf

Die Küche der Pennsylvania-Deutschen zeichnet sich durch einen besonderen Einfallsreichtum im Umgang mit Resten aus. In diesem Gericht werden Kartoffeln und Brot, die von der letzten Mahlzeit übriggeblieben sind, zu einem wohlschmeckenden und sättigenden souffléartigen Auflauf veredelt.

2 EL Butter
2 Stangen Bleichsellerie, einschließlich einiger Blätter, in Würfel geschnitten
1 Zwiebel, in Würfel geschnitten
500 g pürierte Kartoffeln
200 g weiche Brotkrumen
Salz und frisch gemahlener schwarzer Pfeffer
¹/₄ l heiße Milch
1 Ei, verquirlt

Den Backofen auf 180° C vorheizen. Die Butter in einer Pfanne bei mittlerer Temperatur zerlassen, Sellerie und Zwiebel hineingeben und in etwa 5 Minuten weich werden lassen. Den Pfanneninhalt zu den pürierten Kartoffeln und den Brotkrumen in eine Schüssel geben. Großzügig mit Salz und Pfeffer abschmecken.

Die heiße Milch zugießen und gründlich miteinander vermischen. Das verquirlte Ei unterrühren. Die Mischung in eine ausgebutterte feuerfeste Form von 1 ¹/₂ l Inhalt füllen und im vorgeheizten Ofen etwa 40 Minuten backen, bis der

Kartoffelauflauf schön aufgegangen und gold-braun ist. Heiß servieren.

Für 6 Personen

Succotash with Brown Butter and Vinegar

Bohnen mit brauner Butter und Essig

Succotash ist ein Gericht, das die Einwanderer aus Europa von den Algonkin-Indianern übernahmen und das seit über hundert Jahren zu den Standardrezepten der Küchen an der Atlantikküste gehört. Es wird heute meist aus frischem Mais und Limabohnen, Butter und Sahne zubereitet. Diese pikante Zubereitungsart paßt gut zu gebratenem Schweinefleisch und zu Schinken aus dem Ofen.

320 g ausgelöste frische Limabohnen (ersatz-
    weise Limabohnen aus der Dose, gut ab-
    getropft)
320 g frische Maiskörner (ersatzweise
    Maiskörner aus der Dose, gut abgetropft)
Salz und frisch gemahlener Pfeffer
4 EL (60 g) Butter
3 EL Apfelessig

Die frischen Limabohnen in ⅛ l Wasser etwa 5 bis 10 Minuten köcheln lassen. Falls nötig, etwas mehr Wasser verwenden. Die frischen Maiskörner zugeben und weitere 2 bis 3 Minuten köcheln lassen, bis sie gar sind. Bei Dosengemüsen entfällt dieser Arbeitsgang. Mit Salz und Pfeffer abschmecken.

In der Zwischenzeit die Butter bei mittlerer Temperatur in etwa 5 Minuten braun werden lassen.

Mais und Limabohnen in eine Schüssel geben, mit Essig beträufeln und mit der braunen Butter begießen. Sofort auftragen.

Für 6 Personen

Beets with Horseradish Dressing

Rote-Bete-Salat mit Meerrettich-Dressing

Die Einwanderer aus Deutschland, die sich in Baltimore niederließen, bereiten rote Bete häufig mit Meerrettich und saurer Sahne zu. Die Pennsylvania-Deutschen verwenden Meerrettich auch heute noch zur Zubereitung von Gemüsen. Den Rote-Bete-Salat kann man auch warm als Beilage reichen, besonders gut schmeckt er zu Roastbeef.

1 ¼ kg kleine rote Beten
6 EL (90 ml) Pflanzenöl
3 EL Rotwein- oder Apfelessig
2 EL frisch geriebener Meerrettich (oder nach
    Belieben)
½ kleine Zwiebel, in Scheiben geschnitten
Salz und frisch gemahlener Pfeffer

Die Blätter von den roten Beten entfernen, den Stengel etwa 3 ½ cm stehenlassen. Von den Blättern die Stengel entfernen und die Blätter beiseite stellen.

Die roten Beten in sprudelndes Wasser geben und in etwa 15 bis 20 Minuten gerade gar werden lassen. Die roten Beten unter fließendem kaltem Wasser schälen und die Knollen auf einer Platte beiseite stellen.

In der Zwischenzeit Öl, Essig und Meerrettich miteinander vermischen und großzügig mit Salz und Pfeffer abschmecken.

Die Blätter in ⅛ l Wasser in etwa 3 bis 5 Minuten gerade weich werden lassen. Falls nötig, abtropfen lassen.

Die roten Beten in Scheiben schneiden. Eine Platte mit den Blättern auslegen und mit etwas Salatsauce beträufeln. Die in Scheiben geschnittenen roten Beten darauf anrichten und mit dem restlichen Dressing beträufeln. Zum Schluß die Zwiebelscheiben darüber verteilen und zimmerwarm servieren.

Für 6 Personen

Apfelmus auf Pennsylvania-Art, Bohnen mit brauner Butter und Essig, Kartoffelauflauf (hier mit Schweinekotelett)

Amish Noodles

Nudeln nach Art der Amischen

Der Teig für diese Nudeln wird nur mit Eigelben
zubereitet und kann für alle Arten von Nudel-
gerichten verwendet werden. Wer die Eigelb-
menge verringern möchte oder muß, kann statt
der fünf Eigelbe zwei ganze Eier und ein Eiweiß
verwenden, die eventuell mit einigen Eßlöffeln
Wasser gestreckt werden müßten, damit der
Teig glatt wird.

Diese Eiernudeln werden gewöhnlich als Beilage zu Braten aufgetragen, begleitet von einem
Gemüsepüree.

320 g Mehl
5 Eigelbe
1/2 TL Salz
4 EL (60 ml) Wasser
4 EL frisch gehackte Kräuter wie Schnittlauch,
    Petersilie oder Liebstöckel

Mehl, Eigelbe, Salz und Wasser vermischen
und zu einem weichen, aber nicht klebrigen
Teig verarbeiten. Den Teig in 3 bis 4 Portionen
teilen und zugedeckt etwa 1 Stunde ruhen
lassen.

Den Teig mit einem Nudelholz oder mit der
Nudelmaschine etwa 1 mm dick ausrollen. Für
Nudeln mit Brotkrumen (siehe folgendes Re-
zept) wird der Teig in 1 cm breite und 7 1/2 cm
lange Streifen oder in jede andere beliebige
Form geschnitten. Die Nudeln lassen sich im
Kühlschrank einen Tag lang aufbewahren.
Man breitet sie dafür auf einer mit bemehlten
Küchentüchern bedeckten Unterlage so aus,
daß sie sich nicht berühren, und bedeckt sie
wiederum mit Küchentüchern oder Klarsicht-
folie.

In einem Topf 8 l Salzwasser zum Kochen
bringen und die Nudeln etwa 2 bis 3 Minuten
kochen; sie sollten noch Biß haben. In etwas
zerlassener Butter und mit gehackten frischen
Kräutern, zum Beispiel Schnittlauch, Petersilie
oder Liebstöckel, schwenken und sofort auftragen.

Für 6 Personen (ergibt etwa 500 Gramm Nudeln)

ALLAN ROSENBERG

Nudeln nach Art der Amischen mit Brotkrumen, Rote-Bete-Salat mit Meerrettich-Dressing

Noodles with Buttered Crumbs

Nudeln mit Brotkrumen

Die Verwendung von Mohn weist auf die mittel-
europäische Herkunft dieses Nudelgerichts hin.

500 g frische Nudeln nach Art der Amischen
    (siehe vorhergehendes Rezept) oder
    250 g getrocknete Eiernudeln
1 Zwiebel, in Würfel geschnitten
125 g Butter
2 EL gehackte Petersilie
1 EL Mohn
Salz und frisch gemahlener Pfeffer
100 g weiche Brotkrumen

In einem Topf 8 l Salzwasser zum Kochen bringen. Die Nudeln hineingeben und nur so lange
kochen, daß sie noch Biß haben; frische Nudeln
nach Art der Amischen benötigen 2, getrocknete
Nudeln etwa 5 Minuten.

In der Zwischenzeit die Zwiebel in 3 EL Butter in einer großen Pfanne weich werden lassen.

Die Nudeln abtropfen lassen und in der Pfanne mit der Zwiebel vermischen.

Petersilie und Mohn unterrühren und mit
Salz und Pfeffer würzen. Bei niedriger Temperatur etwa 5 Minuten durchziehen lassen, dabei
die Nudeln gelegentlich wenden und nach und
nach etwas Butter zugeben, insgesamt 2 EL.

In einer zweiten Pfanne die restliche Butter
bei mittlerer Hitze zerlassen, die Brotkrumen
hineingeben und darin unter häufigem Rühren
in etwa 5 Minuten braun und knusprig werden
lassen. Die Nudeln in eine vorgewärmte Schüssel füllen, die gerösteten Brotkrumen darüber
verteilen und heiß servieren.

Für 6 Personen

180 g Zucker
180 ml Wasser
400 g Preiselbeeren, gewaschen und verlesen
geriebene Schale von ¹/₂ Orange

Den Backofen auf 200° C vorheizen.
Eine Springform von 20 cm Durchmesser
großzügig einbuttern und den Boden der Form
mit den zerriebenen Graham Crackers überziehen. Die Form von außen mit fester Alufolie
einkleiden. Dabei darauf achten, daß die Alufolie intakt bleibt, denn sie soll das Eindringen
von Wasser im Wasserbad verhindern. Die
Enden der Alufolie über den Rand der Form
schlagen.

Maisstärke mit dem Zucker durchsieben.
Den Sahnequark in eine Schüssel geben und die
Stärke-Zucker-Mischung bei niedriger Drehzahl
mit einem Handrührgerät oder mit einem Löffel
unterrühren. Ei und Eiweiß zugeben und alles
gründlich miteinander vermengen. Nach und
nach die Sahne und die Vanille-Essenz unterrühren.

Die Mischung in die vorbereitete Form geben
und die Oberfläche glatt streichen. Die Springform in eine ausreichend bemessene Bratpfanne
stellen und so viel kochendes Wasser zugießen,
daß es die Form 1 cm hoch umgibt.

Den Käsekuchen im Wasserbad auf der mittleren Schiene des auf 200° C vorgeheizten Ofens
10 Minuten backen, dann die Hitze auf 120° C
herunterschalten und den Kuchen weitere 55
bis 60 Minuten garen lassen, bis die Oberfläche
goldgelb und der Kuchen gerade fest ist. Im Inneren sollte er noch die Konsistenz von Pudding
haben.

Die Springform vorsichtig aus dem Wasserbad nehmen und den Käsekuchen auf einem
Gitter ganz auskühlen lassen. Den Kuchen für
6 bis zu 24 Stunden in den Kühlschrank stellen.

Für den Belag Zucker und Wasser in einem
säurebeständigen Topf zum Kochen bringen.
Nach etwa 2 Minuten, wenn sich der Zucker
aufgelöst hat, Preiselbeeren und Orangenschale
zugeben. Etwa 5 Minuten köcheln lassen, bis die
Beeren zerfallen und die Masse etwas eingedickt
ist. Die Preiselbeeren in eine flache Schüssel füllen und auf Zimmertemperatur abkühlen lassen.
Zugedeckt bis zum Gebrauch in den Kühlschrank stellen.

Die Preiselbeeren frühestens 2 Stunden vor
dem Servieren auf dem Käsekuchen verteilen.
Vor dem Auftragen den Ring der Springform
entfernen und den Kuchen mitsamt dem Boden
der Form auf einer Platte anrichten.

Für 6 bis 8 Personen

Cranberry Cheesecake

Käsekuchen mit Preiselbeeren

Die cremige Beschaffenheit dieses Käsekuchens
kommt durch das sanfte Garen im Wasserbad
zustande. Die Käsefüllung ist typisch für die
New Yorker jüdische Küche; der Preiselbeerbelag wiederum ist in New Jersey sehr beliebt,
wo die meisten Preiselbeeren der USA herkommen.

Kuchen:

1 ¹/₂ EL Butter
2 Graham Crackers,
    zu feinen Bröseln zerrieben
3 EL Maisstärke
200 g Zucker
1 kg Sahnequark
1 Ei und 1 Eiweiß
¹/₄ l Sahne
¹/₂ TL Vanille-Essenz

Chocolate Angelfood Cake

Lockerer Biskuit-Schokoladenkuchen

Angelfood cake wird in der ganzen Region gebacken, vor allem in den Gemeinden der Pennsylvania-Deutschen, Amischen und Mennoniten. Die dafür benötigten Eiweiße bleiben bei der Nudelherstellung übrig.

Der Kuchen wird auch gern statt mit Schokolade mit Vanille zubereitet. Hierfür verzichtet man auf den Kakao, erhöht die Menge an Vanille-Essenz auf einen Teelöffel und gibt die geriebene Schale einer Zitrone dazu.

Zur Schokoladen-Variante serviert man gern Schlagsahne oder Eis; zur Vanille-Variante paßt Obst, Eiscreme oder beides.

6 EL (90 g) Mehl
2 EL (30 g) Kakao
250 g sehr feiner Zucker, gesiebt
9 – 12 Eiweiße, je nach Größe (insgesamt
    etwa 0,3 l)
1 TL Weinstein
1 Prise Salz
1/2 TL Vanille-Essenz
Puderzucker zum Bestäuben (nach Belieben)

Den Backofen auf 190° C vorheizen. Mehl, Kakao und 125 g Zucker durchsieben. Die Eiweiße schaumig schlagen, Weinstein und Salz zugeben und weiterschlagen, bis die Masse fester wird. Nach und nach den restlichen Zucker, etwa je 2 EL auf einmal, zugeben und das Ganze zu Eischnee aufschlagen. Vanille-Essenz unterrühren, nach und nach die Mehl-Mischung darübersieben und unterheben.

Den Teig in eine nicht eingefettete Kastenform von 25 cm Länge füllen und im unteren Drittel des Ofens etwa 40 bis 45 Minuten backen. Der Kuchen ist fertig, wenn er sein Volumen nahezu verdoppelt hat, die Oberfläche leicht gerissen und der Kuchen bei Druck elastisch ist.

Die Form aus dem Ofen nehmen und den Kuchen abkühlen lassen, danach auf eine Platte stürzen und nach Belieben mit Puderzucker bestäuben. Mit einem Sägemesser in Scheiben schneiden und auftragen. Man kann den Schokoladenkuchen auch mit geschlagener Sahne oder Eis servieren.

Für 8 bis 10 Personen

Rhubarb Raspberry Cobbler

Rhabarber-Himbeer-Auflauf

Rhabarber wurde wahrscheinlich von den Engländern in die Vereinigten Staaten eingeführt, da sie die ersten Europäer waren, die ihn als Nahrungsmittel und nicht als Medizin verwendeten. Die anderen Siedler taten es ihnen bald nach, denn der früh reifende Rhabarber war eine willkommene Bereicherung des noch kargen Frühjahrsspeiseplans. Rhabarber wird noch meist im eigenen Garten angepflanzt. Er kann sowohl frisch für *pies*, Kuchen, *cobblers* und *crumbles* oder Desserts verwendet werden, eignet sich aber auch gut zum Einfrieren. Wegen seiner charakteristischen Säure wird Rhabarber gern mit süßeren Beeren wie Himbeeren oder Erdbeeren kombiniert.

500 g (etwa 4 Stangen) frischer Rhabarber, in
    Würfel geschnitten
400 g Himbeeren
250 g Zucker
2 1/2 EL Mehl
220 g Mehl
1 1/2 EL Zucker
1/2 TL Salz
2 TL Backpulver
5 EL eisgekühlte Butter, in Stücke geschnitten
1/4 l Milch

Rhabarber, Himbeeren und 250 g Zucker in einen Topf geben und aufkochen lassen. Die Hitze reduzieren und unter Rühren 3 bis 5 Minuten köcheln lassen. Den Topf vom Herd nehmen und beiseite stellen. Auf Zimmertemperatur abkühlen lassen, dann 2 1/2 EL Mehl unterrühren.

Den Backofen auf 220° C vorheizen und eine Auflaufform von 2 l Inhalt einbuttern.

Das restliche Mehl mit dem Zucker, Salz und Backpulver in einer Schüssel vermischen. Die Butter zugeben und die Mischung zu erbsengroßen Klumpen verkneten. Die Milch zugießen und den Teig mit einer Gabel glattrühren.

Die Früchte in die eingebutterte Form geben, den Teig eßlöffelweise großzügig darüber verteilen und den Auflauf etwa 25 Minuten backen, bis die Früchte Blasen werfen und die Teigoberfläche sich goldgelb färbt. Heiß oder zimmerwarm auftragen.

Für 6 Personen

Lockerer Biskuit-Schokoladenkuchen, Rhabarber-
Himbeer-Auflauf, Käsekuchen mit Preiselbeeren

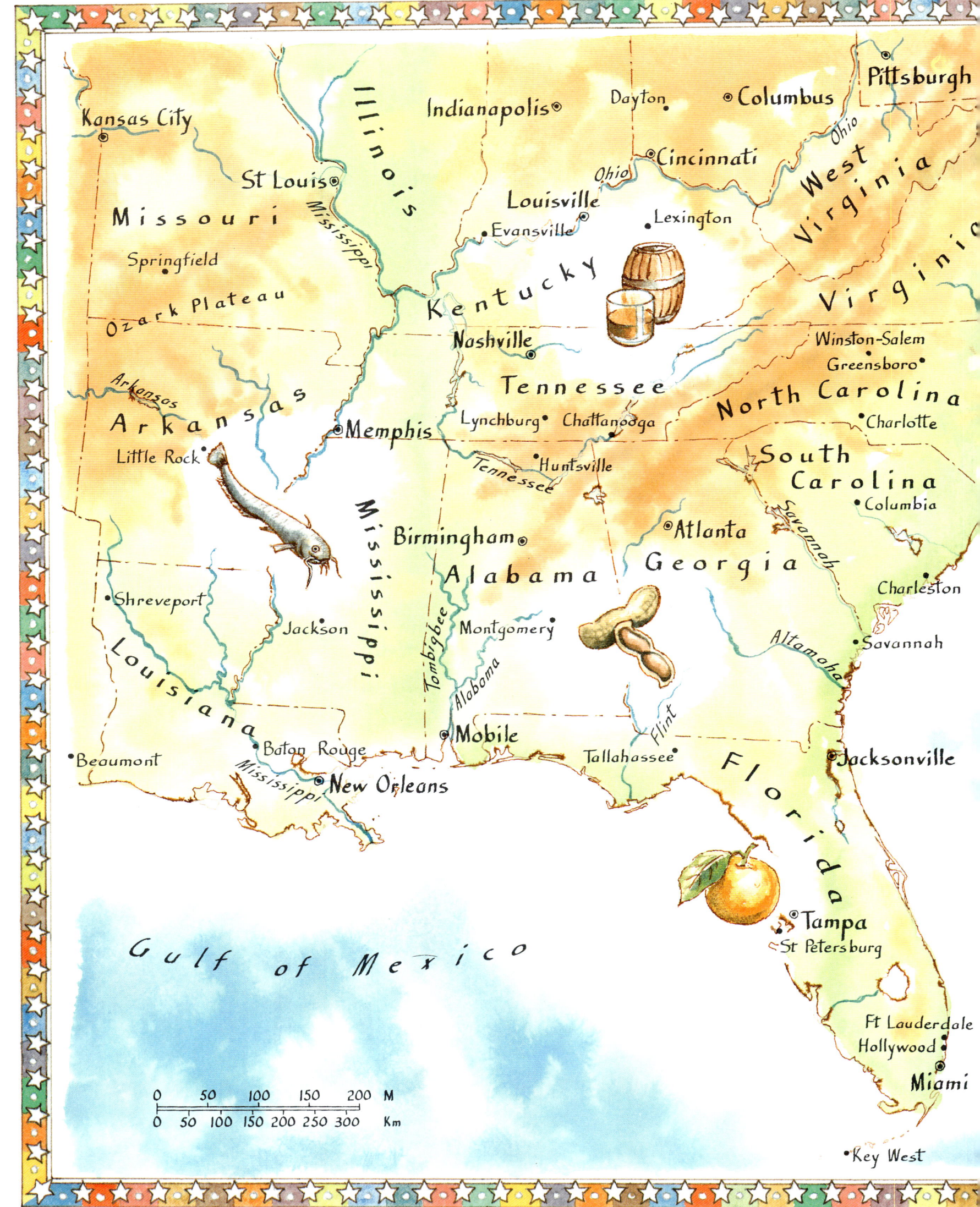

Kansas City

Missouri

St Louis

Springfield

Ozark Plateau

Arkansas

Little Rock

Shreveport

Louisiana

Beaumont

Baton Rouge

Mississippi

New Orleans

Illinois

Indianapolis

Dayton

Columbus

Pittsburgh

Ohio

West Virginia

Cincinnati

Ohio

Louisville

Lexington

Virginia

Evansville

Kentucky

Nashville

Winston-Salem

Greensboro

Tennessee

North Carolina

Memphis

Lynchburg

Chattanooga

Charlotte

Tennessee

Huntsville

South Carolina

Columbia

Mississippi

Birmingham

Atlanta

Georgia

Charleston

Alabama

Savannah

Jackson

Montgomery

Altamaha

Savannah

Tombigbee

Alabama

Flint

Mobile

Tallahassee

Florida

Jacksonville

Gulf of Mexico

Tampa

St Petersburg

Ft Lauderdale

Hollywood

Miami

0   50   100   150   200 M

0   50 100 150 200 250 300 Km

Key West

DIE SÜDSTAATEN

❧

Cynthia Hizer Jubera

In dieser Region mit ihren von Magnolienduft geschwängerten Nächten, wo man mit singendem Tonfall spricht und an den Gewohnheiten der guten alten Zeiten festhält, hat sich auch die traditionelle Küche erhalten. Während die Welt ringsum sich immer schneller wandelt, ist die Küche des Südens sich treu geblieben. Man ißt leicht Gegrilltes, lang geschmorte Eintöpfe und *gumbos*. Die Südstaaten sind die Heimat alkoholfreier Getränke; hier wurden die ersten Kochbücher der *Junior League*, einer gemeinnützigen Frauenvereinigung, gedruckt. Hier tun sich Teenager Erdnüsse in die Coca-Cola, und Damen, die es eigentlich besser wissen müßten, pflegen ansehnliche Fleischportionen zu verschlingen, die sie vorher dick mit scharf gewürztem Aspik belegt haben.

Die einstige Pracht des Südens hat im Laufe der Jahre gelitten, auch die Südstaaten wurden von den tiefgreifenden gesellschaftlichen und politischen Umwälzungen der letzten Jahrzehnte nicht verschont; doch in den bodenständigen und großzügigen Rezepten der einheimischen Küche lebt der alte Glanz ihrer 400jährigen Geschichte weiter.

Die Geburtsstunde der Südstaaten-Küche schlug 1607, als sich britische Siedler in Virginia niederließen. Das herausragende Charakteristikum dieser Küche ist die Kombination von Schweinefleisch und Mais. Schweine hatten die Neuankömmlinge auf ihren Schiffen mitgebracht; Mais lernten die Siedler von den einheimischen Algonkin-Indianern kennen. Noch heute sind Schwein und Mais die Eckpfeiler der Südstaaten-Küche. So typische Gerichte wie *country ham and grits* (Landschinken mit Maisbrei), *barbecue and cornbread* (Gegrilltes mit Maisbrot), *sausage and spoon bread* (Wurst und »Löffelbrot« – ein Maismehlauflauf) basieren auf der Kombination dieser beiden Zutaten.

Schon die erste Einwandererwelle prägte die Grundzüge dessen, was man später als Südstaaten-Küche bezeichnete: Eintöpfe und Bratengerichte, Bier, Brot aus dem Ofen, Obstkuchen, *pies*, Puddinge und andere Desserts stellten den englischen Beitrag dazu dar. Die Indianer trugen Mais bei, aber auch wilde Zwiebeln, Kürbis und Zucchini, Erbsen und Bohnen, Wild, Fisch und andere Meerestiere.

Innerhalb der nächsten fünfzig Jahre kamen mit den Sklavenschiffen aus Afrika Okraschoten, Wassermelonen, Schwarzaugenbohnen, Süßkartoffeln, verschiedene Kohlsorten und Sesamsamen hinzu, alles Lebensmittel, die heute für die Küche der Südstaaten typisch sind. Oft legten die Sklavenschiffe unterwegs in einem westindischen oder südamerikanischen Hafen an und nahmen Chilischoten, Kartoffeln und Tomaten mit an Bord. Dort machte die Besatzung auch Bekanntschaft mit dem *barbecue*, langsam auf dem Grill oder am Spieß gegartem Fleisch, das die Küche des Südens um eine weitere wohlschmeckende Variante bereicherte. An der Küste des Atlantiks und des Golfs von Mexiko, von Charleston bis nach Mobile, ließen sich französische Hugenotten nieder, und spanische Köche brachten den Einfluß ihrer Küche in ihre Siedlungen in Florida mit.

Das von Grün umstandene Swan House in Atlanta, Georgia, ist eine anmutige Erinnerung an vergangene Tage, als man noch große Vermögen auf den Plantagen der Südstaaten zusammentrug.

Diese unterschiedlichen Ursprünge – europäische, afrikanische und indianische – vermischten sich zu dem, was heute Südstaaten-Küche genannt wird. Zu Beginn entwickelten sich zwei Kochstile nebeneinander: auf der einen Seite die Schlemmerküche der in Saus und Braus lebenden Großgrundbesitzer, auf der anderen Seite die karge bäuerliche Kost – das *soul food* – der armen Weißen und der schwarzen Sklaven. Mit der Zeit vermischten sich die beiden Kochstile. Heute ist die Südstaaten-Küche ohne ihr *soul food*, das an trüben Tagen Leib und Seele zusammenhält, ebensowenig denkbar wie ohne ihre vornehmen englischen Kuchen und Plätzchen.

DAS LEBEN AUF DER PLANTAGE

Das System des Anbaus von Agrarprodukten auf Plantagen trug mit zur Entwicklung des neuen Kochstils bei. Als sich die Siedlungen im 17. und 18. Jahrhundert über North und South Carolina und Georgia nach Süden ausdehnten, wurden aus den bürgerlichen Landbesitzern Aristokraten, die oft über Tausende Hektar Anbaufläche für Reis, Baumwolle und Tabak herrschten. Diesen mächtigen Männern gehörte der größte Teil besiedelten Landes zwischen Virginia und Louisiana, und sie konnten es sich leisten, ein Leben in Luxus und voller Bequemlichkeit zu führen, man kümmerte sich um die Führung der Geschäfte und gab rauschende Feste. Die Familien der Plantagenbesitzer lebten und feierten in Saus und Braus: Manchmal zogen sich ihre Feste über Wochen hin. Den Höhepunkt dieses von Gastfreundschaft geprägten Lebens erreichten die Südstaaten in der ersten Hälfte des 19. Jahrhunderts.

Die meisten Südstaatler befürworteten das Plantagensystem und die Sklavenhaltung aus vollem Herzen. Kein Wunder, denn der Erfolg dieses Systems war von der Schinderei Tausender von Sklaven auf den Feldern abhängig, und die raffinierte Südstaaten-Küche hätte sich ohne die Sklaven, denen die arbeitsintensive Zubereitung der Speisen zufiel, nicht entwickeln können. Viele der komplizierten Gerichte, die den Glanz und die Größe der Südstaaten-Küche ausmachen, wurden von schwarzen Köchen erfunden, die oftmals selbst nichts davon essen durften.

Die weißen Damen der Oberschicht mit ihren verwöhnten Gaumen kümmerten sich um die Anleitung der Köche; die Sklaven brachten eine Vorliebe für scharfe und aromatische Gewürze und ein gerüttelt Maß an Erfindungsgabe mit. Aus dieser Kombination entstanden üppige, verschwenderische Gerichte, die, wie viele meinen, das Goldene Zeitalter der amerikanischen Küche repräsentieren. Damals wie heute standen im Süden Essen und Trinken immer im Mittelpunkt gesellschaftlicher Ereignisse. Ein überladener Tisch zeugte von der Freigebigkeit und dem Wohlstand des Gastgebers.

DIE NACHWEHEN DES BÜRGERKRIEGS

Nicht nur das Plantagensystem, auch die Politik formte die Küchentradition in den Südstaaten. Der amerikanische Bürgerkrieg, der 1865 die Sklavenhaltung beendete, brachte für Schwarze wie Weiße gleichermaßen schlechte Zeiten. Als nach dem Krieg die politische Neuordnung in den Südstaaten einsetzte, wurde das Land der Plantagenbesitzer an Kleinbauern aufgeteilt. Der Süden war de facto eine Kolonie der Nordstaaten geworden, gedemütigt und wirtschaftlich von den Siegern abhängig. Während der siegreiche Norden aufblühte und sich industriell und kulturell entwickelte, blieb den Südstaaten nichts anderes übrig, als sich die Wunden zu lecken und im stillen zu leiden. Die Weißen mußten sich eingestehen, daß sie besiegt worden waren, die Schwarzen erkannten die bittere Ironie ihrer Befreiung. Nach dem Bürgerkrieg durchlebte der Süden eine Zeit der Armut und der Isolation, die gut hundert Jahre dauern sollte. Selbst die ehedem Reichen waren zu Hungerleidern geworden.

In diesen Zeiten kamen die Kochtalente der früheren Sklaven zu neuen Ehren. Jahrelang hatten weiße und schwarze Frauen sich den Platz in der Küche geteilt – die weißen Frauen befahlen, und die schwarzen arbeiteten. Damals mußten die schwarzen Köchinnen mit dem Schlechtesten und Billigsten und Abfällen aus der Küche der »Herren« auskommen, um ihre Familien zu ernähren, und sie hatten gelernt, damit zu überleben. Nun mußte man von diesen schwarzen Frauen lernen – sie wußten, wie man aus einem fetten Stück Schweinefleisch, einigen Gemüseabfällen oder was sonst noch gerade bei der Hand war, sättigende Suppen oder Eintöpfe kochte. Sie erfanden den heute klassischen *pot of greens*, ein Gericht aus Blattgemüsen, und den *pot likker*, ein Kotelettstück, das mit Blattgemüsen in Brühe gegart wird. Mit diesem Gericht hielt man sich den Hungertod vom Leibe. Dieses sogenannte *soul cooking* wurde zu einem hochgeschätzten festen Bestandteil der Südstaaten-Küche.

Der Süden war seit jeher von der Landwirtschaft bestimmt worden, die Plantagen und Kleinstädte lagen weit auseinander. Nach dem Bürgerkrieg nahm die Isolation noch zu. Um überleben zu können, waren die Südstaatler gezwungen, sich selbst um den Anbau von Nahrungsmitteln zu kümmern – wer einen Garten sein eigen nannte, hatte eine bessere Chance zu überleben. Immer mehr Gemüsegerichte fanden daher Eingang in die Südstaaten-Küche. Auch heute noch stehen Gemüsegerichte – immer pikant gewürzt – im Vordergrund. Interessanterweise findet man in den Kleinstädten des Südens keine große Lebensmittelauswahl. Es hat sich eingebürgert, daß die Südstaatler ihre Schweine und Gemüse entweder selbst züchten oder beim Nachbarn einkaufen.

Alte Traditionen bestimmen immer noch die Eßgewohnheiten im Süden. Man baut in South Carolina schon seit mindestens hundert Jahren keinen Reis mehr an, dennoch essen die Bewohner der Gegend fast täglich Reis, und die Regionalkochbücher sind voller Reisrezepte. Auch der Mais, der inzwischen aus dem Mittleren Westen kommt, ist beliebt wie in alten Zeiten: Man backt immer noch Maisbrot daraus oder füttert damit die Schweine, auf daß sie zartes Fleisch fürs *barbecue* ansetzen.

Die typische Blume der Südstaaten ist die große, duftende weiße Magnolie.

LEO MEIER

BARBECUE

»Noch ehe Twelve Oaks in Sicht kam, sah Scarlett in den hohen Baumkronen träge eine Rauchwolke hängen und roch das würzige Duftgemisch von brennenden Holzscheiten und gebratenem Schwein ...«

Aus: *Vom Winde verweht*
MARGARET MITCHELL

CAROL SIMOWITZ/SAUSALITO

Um das Aroma des Fleisches zu steigern und es saftig zu halten, wird es während des Grillens ständig mit Marinade bestrichen.

Überall in den Südstaaten, vom Mississippi bis zur Atlantikküste, spielt das *barbecue* – das Grillen oder Braten am Spieß im Freien – eine bedeutende Rolle. *Barbecues* können entweder *wet* (naß = mit Sauce), *dry* (trocken = ohne Sauce), *pulled* (vorgekochtes, abgezogenes Rippenfleisch) oder *chopped* (kleingeschnittes gekochtes Fleisch) sein. Rindfleisch wird eher selten gegrillt. Die dazu gereichten Saucen sind entweder süß oder schmecken nach Apfelessig oder Tomaten. Die Kunst des *barbecue* ist nicht einfach, man muß wissen, wie man mit der Marinade bestreicht, Feuergruben mit der Hand aushebt und verschieden duftende Hölzer mischt, damit das Grillgut ein gutes Aroma bekommt.

Das *barbecue* ist das ideale Essen für ungezwungene Zusammenkünfte, Partys oder öffentliche Veranstaltungen. Es ist nichts für Innenräume, denn die Esser tropfen und kleckern mit den Saucen, man reißt Fleisch von den Knochen und wischt sich den Mund mit Papierservietten ab. Das rauchige Aroma von langsam gegartem Fleisch, das sich in geschlossenen Räumen unangenehm lange hält, erobert im Freien im Nu die Herzen der Esser. Am besten schmeckt das *barbecue*, wenn es über einer unansehnlichen Erdgrube oder in einer Wellblechbaracke zubereitet wird. Die besten *barbecue*-Gaststätten ähneln daher eher Bierkneipen als Familienrestaurants (was sie aber tatsächlich sind – viele von ihnen schenken keinen Alkohol aus). Ein Parkplatz, auf dem Lieferwagen und Luxuslimousinen einträchtig nebeneinanderstehen, läßt darauf schließen, daß es hier gutes *barbecue* gibt.

Die Köche in North Carolina bevorzugen Spanferkel und Schweinshaxen, von denen sie zum Füllen von Sandwiches Scheiben oder kleine Stücke abschneiden. Für die Köche in West-Kentucky hingegen gilt nur als *barbecue*, was vom Lamm oder Hammel kommt. In Georgia bekommt man Sandwiches mit gegrillten Rippenstücken samt Knochen, über die eine Lage *coleslaw* – Kohlsalat – kommt. Im westlichen Tennessee kann man das Fleisch mit Kruste oder zart

gebraten bestellen, dazu gibt es immer ungefragt einen Schlag *coleslaw*. In Nashville hingegen, das nur einige Stunden Autofahrt entfernt ist, muß man *coleslaw* ausdrücklich bestellen.

Manchen kommt die Gangart des Südens entnervend langsam vor; Landfremde werden häufig gereizt und ungeduldig, doch nur so lange, bis auch sie die Vorteile dieser Gemächlichkeit entdeckt haben – eben jenes langsam – oft über Nacht – gegrillte, fast von selbst von den Knochen fallende *barbecue*-Fleisch, das die absolute Antithese zum *fast food* darstellt und wohl deswegen im ganzen Land beliebt ist. Den Südstaatlern, die von Natur aus gesellig sind, kommen die langen Garzeiten beim *barbecue* sehr entgegen. Sie lassen ihnen Zeit für die Dinge, die sie neben dem *barbecue* am meisten schätzen: nachbarschaftliche Besuche und gemütliche Plaudereien.

Wenn Politiker früher in den Kleinstädten

der Südstaaten auf Wahlkampf gingen, vorzugsweise am Samstagnachmittag, veranstalteten sie gern ein *barbecue*. Ein Wahlhelfer hob eine Grube aus, füllte sie mit einem ordentlichen Haufen Hickory-Scheiten und holte einen Priester, der die Schweine, die gebraten werden sollten, segnete. Solche *barbecues* zogen immer viele Leute an, sie boten eine willkommene Abwechslung. Die Bauern hörten mit der Arbeit auf und kamen in die Stadt, um kräftig mitzuschlemmen. Manch einer von ihnen stiftete auch selbst ein Schwein oder eine Geiß für ein *barbecue*, um seinen Kandidaten zu unterstützen.

Ein berühmter *barbecue*-Veranstalter und Politiker war Jimmy Bentley aus Atlanta, der eine berühmte Faustregel dafür aufstellte, wie groß die *barbecue*-Grube, die man aus dem roten Lehm aushob, sein mußte. Sein Maß war die »Sechser-Pack-Grube«: Man grub so lange, wie zwei Männer brauchten, um einen Sechser-Pack Bier auszutrinken.

Südlich der Mason-Dixon-Linie

Die Südstaaten haben im Norden eine der berühmtesten Grenzen der Welt, die Mason-Dixon Line. Sie wurde 1763-67 von den Landvermessern Mason und Dixon als Grenze zwischen den Staaten Maryland und Pennsylvania festgelegt und war bis zum Bürgerkrieg die Grenze zwischen sklavenhaltenden und die Sklaverei verbietenden Staaten. Im Westen werden die Südstaaten vom Mississippi begrenzt, im Osten und Süden von vorgelagerten Inseln und Küstenebenen.

Der geographische Charakter der Südstaaten ist wie der seiner Einwohner eher sanft. Das bäuerliche Land der Appalachen-Bergkette, die sich in die Smokies, Cumberlands und die Blaue Kette von Kentucky, Tennessee und Virginia aufteilt, besteht aus in Jahrtausenden verwitterten, abgeflachten Hügeln. Das Land ringsherum ist leicht gewellt und mit fruchtbaren Weiden bedeckt. Langsam geht das Hügelland in weite Getreidefelder über und fällt abrupt mitsamt seinen Flußläufen in die Küstenebenen ab, in undramatische Landschaften, die sich bis zum Atlantik und an den Golf von Mexiko erstrecken.

Die Geographie des Südens spielt eine wichtige Rolle in seiner Küche. Am Nordrand der Südstaaten ist es im Winter kalt genug, um Schweine zu schlachten, und im Sommer warm genug, um Schinken und Wurst reifen zu lassen. Aus Smithfield, Virginia, kommt der weltberühmte Landschinken, der sich ohne weiteres mit den besten luftgetrockneten Schinken aus Italien und Frankreich messen kann. In Tennessee trennt das Cumberland-Plateau das Land in einen Ost- und Westteil. Die Bewohner Ost-Tennessees leben wie die Yankees, bei ihnen gibt es keinen Maisbrei und kein *barbecue*.

Auf dem Boden des Südens gedeiht ein eiweißarmer Weichweizen, der das Mehl für die zarten Biskuits und Kuchenböden liefert, für welche die Gegend berühmt ist. Die im Süden wachsenden Weintrauben, *muscadines* genannt, schmecken süßer als ihre nördlichen Verwandten. Je gebirgiger das Land wird, um so rauher werden Boden und das tägliche Leben. Die ländlichen Gerichte sind denn auch herzhafter als die eleganten Zubereitungen an der Küste.

Ein traditioneller Holzzaun umgibt eine blühende Apfelplantage in Williamsburg, Virginia.

GRITS

Die Seele der Südstaaten liegt angeblich in einer eher faden, breiigen Maisgrütze, die *grits* genannt wird. Dieses einfache Gericht, das bereits zu Beginn des Tages als labender Mittelpunkt des Frühstücks in den Südstaaten auf den Tisch kommt, ist auch das erste Nahrungsmittel, das mit dem Löffel an Babys verfüttert wird.

Maisprodukte gehören zu den Grundlagen der Südstaaten-Küche, und so nehmen auch die *grits* als Basis für einfache wie komplizierte Gerichte einen wichtigen Platz ein. Die einfachste Zubereitungsart ist, die *grits* in Wasser, Milch oder Sahne langsam köcheln zu lassen und sie dann mit Salz, Pfeffer und viel Butter zu servieren. Eine beliebte Beilage sind gebratene *grits*. Hierfür schneidet man gekochte, abgekühlte und fest gewordene *grits* in Scheiben, brät sie in Butter und trägt sie mit Hirsemelasse, dem Ahornsirup des Südens, auf. Als Brunch werden die *grits* mit Käse, Knoblauch und Frühlingszwiebeln gebacken. *Grit*-Pfannkuchen geben eine feine Unterlage für sautierte Wachteln oder Stör-Kaviar aus Georgia mit saurer Sahne ab. Mit *grits* bekommt Kuchen einen süßlicheren Biß und Brot eine knusprige Kruste und eine feste Krume.

Grits sind nichts anderes als grob gemahlener *hominy* – Mais, der in einer Laugenlösung eingeweicht, abgespült und dann getrocknet wird, ein Verfahren, das von den Indianern stammt. Von diesen lernten die Siedler auch, wie man den Mais zu Mehl stampft. Die größeren Partikel, die dabei entstanden, nannte man *grits*. Später bauten die Siedler Getreidemühlen, um den Mais zu mahlen. Noch heute kann man überall im Süden kleine wassergetriebene Kornmühlen in Familienbesitz sehen.

DIE KÜSTE ENTLANG

Die Niederungen von South Carolina und Georgia machen ihrem Namen alle Ehre: Sie liegen so niedrig, daß sie ständig von den Gezeiten überschwemmt werden und ein Labyrinth Tausender mooriger Inseln bilden. Hier gedeihen Austern, Garnelen und andere Meeresfrüchte, die zu den wohlschmeckendsten der Welt gehören. Die Küstenebenen reichen von der Chesapeake Bay zur Galveston Bay und berühren jeden Südstaat außer Kentucky und Tennessee. Fast jeder Südstaat hat sein eigenes Repertoire an Fisch- und Schaltiergerichten. Jede Gegend hat ihre Spezialitäten, ob Austern oder Garnelen, Paprikaschoten oder Reis, und ist stolz darauf. Der Atlantik-Stör, der vor der Küste von Georgia zu finden ist, liefert hochwertigen Kaviar; im Mississippi-Delta gibt es hektargroße Katzenfisch-Zuchtfarmen.

Ein wenig weiter landeinwärts, inmitten der alten Reisplantagen, erwirtschaften die Bauern aus dem tiefliegenden Land und seinem fruchtbaren Boden gute Erträge. Noch weiter südlich, überall in Florida, findet man die geisterhaften Banyan-Bäume mit ihren Luftwurzeln. Daneben, zwischen Palmenalleen und tropischen Küstengewässern, erstrecken sich weite Orangen- und Grapefruit-Plantagen.

An den Küsten von Florida und des Golfs von Mexiko ißt man hauptsächlich das, was das Meer hergibt, während im Inneren Floridas Obst und Gemüse in großem Maßstab angebaut werden; daneben spielt die Pferdezucht eine wichtige wirtschaftliche Rolle. Im Großraum Miami konzentrieren sich die Einwanderer aus Kuba und der Karibik – hier ist die Küche typisch lateinamerikanisch. Die Bauern im Hinterland dieser Region haben sich darauf eingestellt und liefern die nötigen Zutaten inklusive tropischer Früchte, die hier das ganze Jahr über wachsen.

Der Süden ist vom Wetter begünstigt, hier kann praktisch jederzeit gesät und geerntet werden, und der Regen fällt, wenn er gebraucht wird. Hier werden vor allem hitzeliebende Pflanzen angebaut wie Mais, Tomaten, Auberginen, Okra, Süßkartoffeln und Erdnüsse. Noch lange, nachdem der Rest der USA verstädterte und industrialisiert wurde, pflegten die Südstaatler ihre Gärten und Weinstauden hinter den Häusern. In Kentucky gehört immer noch ein Kakibaum in den Garten, in Süd-Florida ein einheimischer Limonenbaum.

Eines ist allen Südstaaten gemeinsam: die Hitze von Dixieland. Das Frühstück in der morgendlichen Kühle steht daher in den Südstaaten in hohem Ansehen, denn wenn die Sonne mittags steigt und die Feuchtigkeit wie dampfiger Nebel in der Luft liegt, verliert sich der Appetit auf mehr als einen gesüßten Eistee oder einen Mint Julep, mit einem ordentlichen Schuß Kentucky Bourbon und frisch gepflückter wilder Minze zubereitet. Zum Frühstück langt man daher kräftig zu. Es gibt gebratene Wachteln, Hirn mit Eiern, Truthahn und Hühner-Haschee, Landschinken, gebratene grüne Tomaten, Maiskuchen, Würste, Waffeln und feine Biskuits, Maisbrei mit Kaffeesauce, Brombeermarmelade, Honig oder Hirsemelasse – und dies ist nur eine kleine Auswahl aus den klassischen Frühstücksgerichten des Südens.

BEUTELRATTEN-FESTIVALS UND DIE HAUPTSTÄDTE DER ERDNUSS

Es muß einen wundern, daß die Südstaatler zwischen den Maisbrei-, Beutelratten-, Katzenfisch-, *barbecue*-, Wassermelonen- und Grieben-Festivals sowie Wettbewerben im Schweinerufen überhaupt noch Zeit finden, ihre Ernte einzubringen. Wenn in den Südstaaten der Überfluß, den das Land hergibt, gefeiert wird, ist dies immer eine Gelegenheit, südliche Gastfreundschaft zu demonstrieren. Daß den Südstaatlern Essen und Trinken sehr viel bedeuten, zeigt sich auch darin, daß drei Städte dieser Region – Suffolk/Virginia, Sylvester/Georgia und Dothan/Alabama – Anspruch auf den Titel »Hauptstadt der Erdnuß« erheben und dies mit einem wochenlangen Fest und der Verleihung eines Blauen Bandes für das beste Erdnuß-Rezept sowie der Krönung einer »internationalen« Erdnuß-Königin feiern. Ähnliche Konkurrenz gibt es zwischen den beiden Städten Brunswick/Georgia und Lawrenceville/Virginia, die beide das berühmte Brunswick Stew erfunden haben wollen, ein Gericht aus Hühnerfleisch, Bohnen, Mais, Kartoffeln und Tomaten.

MARC ROMANELLI/THE IMAGE BANK

GASTFREUNDSCHAFT IN DEN SÜDSTAATEN

Der berühmteste Gourmet aus dem Süden war Thomas Jefferson, der dritte Präsident der Vereinigten Staaten von Amerika. Er war ein weltgewandter und geistreicher Mann, der dennoch gern von sich behauptete, er sei »in erster Linie Farmer«. Auf seinem Gut Monticello nahe Charlottesville, Virginia, erzeugte Jefferson die größte Vielfalt an Nahrungsmitteln im ganzen Land und bewirtete seine Gäste verschwenderisch, vor allem mit Schinken aus Virginia, Süßkartoffeln, Schwarzaugenbohnen und Maispudding.

Die Südstaatler sind für ihre Gastfreundschaft bekannt. Schon in den Kolonialzeiten schienen sie weniger rauh, weniger verbissen und den leiblichen Genüssen mehr zugeneigt als ihre puritanischen Nachbarn im Norden. Das beste Essen im Süden wurde – und wird immer noch – zu Hause zubereitet; in den Restaurants mangelt es einfach an der Zeit, die viele Südstaaten-Gerichte zum Garen brauchen, und zur Herstellung der Süßigkeiten braucht man eine zarte Hand. Die Region blieb länger als andere Landesteile bäuerlich geprägt, da die Menschen weit entfernt voneinander auf ihren Bauernhöfen lebten, arbeiteten und aßen und Beziehungen meist nur innerhalb ihrer Großfamilie pflegten. Das Sonntagsmahl, die Abendessen der Kirchengemeinde und Wahlkampf-*barbecues* bildeten willkommene Anlässe, außer Haus zu essen, aber die Treffen mit der Verwandtschaft waren am wichtigsten.

Das bekannteste Gericht aus dem Süden ist *fried chicken*, ausgebackenes Huhn, von dem manche meinen, daß man es in Schmalz braten, andere wieder, daß man es in Öl ausbacken müsse. Einig ist man sich nur darüber, wie man es zu essen habe: nämlich mit den Fingern.

Mit dem eiweißarmen Mehl aus dem Süden gelingen Kuchen und anderes Gebäck besonders gut, während die großzügige Verwendung von Buttermilch einer Reihe von Gerichten einen typischen Geschmack und Zartheit verleiht. Die Südstaatler lieben ihre Süßigkeiten, und die regionalen Kochbücher sind zum Beispiel voll mit Rezepten für Kokosnuß-Kuchen, Brombeer-Pasteten, Pfirsich- und Zitronen-Meringue-Pies.

Auch die heutigen Südstaaten-Köche und -Köchinnen haben ihre Lieblingsspeisen von früher nicht vergessen. Die meisten haben Maismehl und -grütze in der Vorratskammer und ein Stück Schweinefleisch im Kühlschrank. Man muß nicht weit gehen, um jemanden zu finden, der gerade ein Huhn ausbackt oder einen Topf Bohnen kocht, Maisbrei und Kohl zubereitet, ein Hühnchen mit Bourbon-Whiskey ablöscht, Süßkartoffeln kleinschneidet und mit Kardamom würzt oder Rübenblätter in den Nudelteig rührt, und überall wird man mit der einzigartigen und herzlichen Gastfreundschaft der Südstaaten aufgenommen.

Ein Schaffner schaut bei einem Halt im Bahnhof von Savannah, Georgia, aus dem Zugfenster.

JANEART/THE IMAGE BANK

BOURBON

Im Keller der Jack Daniel's Distillery in Lynchburg, Tennessee, reift Bourbon-Whiskey in Fässern heran. Bourbon ist das einzige alkoholische Getränk, dessen Ursprungsland Amerika ist.

Er tötet den Schmerz, tröstet die Seele und darf auf Hochzeiten, Begräbnissen, bei College-Football-Spielen und in der mittäglichen Erfrischung, die gegen die Hitze des Südens helfen soll, nicht fehlen – das klassische Elixier Dixielands ist der Bourbon-Whiskey.

Er wird aus Mais gebrannt und ist das einzige alkoholische Getränk, dessen Ursprungsland Amerika ist. Eine Ironie des Schicksals will, daß ausgerechnet ein Baptisten-Prediger ihn erfand und daß der Ort, woher er stammt und nach dem er benannt ist, Bourbon County, Kentucky, nordwestlich von Lexington gelegen, unter ständiger Trockenheit leidet.

Mag auch das, was die Südstaatler sonst gewöhnlich essen und trinken, nicht besonders raffiniert sein – ihr Whiskey gehört zu den mildesten und feinsten Bränden, die auf der Welt hergestellt werden.

Siedler aus Schottland und Irland hatten das Wissen um die Kunst, wie man Schnaps aus den ihnen bekannten Getreidearten Gerste, Roggen und Weizen brennt, mit in die Neue Welt gebracht. Doch in den Appalachen ließ sich Mais besser und billiger anbauen, und das Destillat schmeckte besonders gut, wenn man es mit dem Quellwasser aus den Kalksteinfelsen herstellte.

Um das Jahr 1820 herum hatten sich das Destillierverfahren und der Reifungsprozeß so vervollkommnet, daß man daranging, den Maisschnaps als »Kentucky Whiskey« im ganzen Osten und Süden der USA zu vermarkten. Daneben existierten im Bergland des Südens kleine illegale Brennereien, die die staatliche Alkoholsteuer umgehen wollten und ihren steuerfreien Whiskey, den man *moonshine* oder *white lightning* nannte und der oft ein schlimmer, ungealterter Fusel war, heimlich verkauften.

Ein Whiskey erhält seinen Charakter durch die Getreideart, aus der er destilliert wird, durch seine Reifezeit und die Art der Filterung. Whiskey aus Tennessee wird von einigen seiner Hersteller als *sipping whiskey*, Whiskey zum Schlürfen, bezeichnet, da er durch Ahornholzkohle gefiltert und daher besonders körperreich ist.

Nur in Amerika hergestellter Bourbon darf sich so nennen. Er muß zu mindestens 51 Prozent aus Mais destilliert sein, der in einer sauren Maische vergoren wird. Eine Mischung aus Weizen und Mais ergibt einen milden Bourbon, der Zusatz von Roggen macht ihn eher herb. Die Hefe für die Maische muß aus einer früheren Gärung stammen. So wie der Sauerteig dem Brot einen typischen Geschmack gibt, wird der Charakter des Bourbons durch die saure Maische bestimmt.

Bourbon ist nicht nur ein Getränk oder eine Zutat dazu, wie zum Beispiel im Mint Julep, sondern spielt in der Südstaaten-Küche eine ebenso große Rolle wie in der Bar. Ohne Bourbon gäbe es keine Bourbon-Kugeln oder den *Christmas eggnog*, den Weihnachts-Eiergrog, keinen Rühr- oder Obstkuchen. Die zurückhaltende Milde des Bourbons verstärkt und bereichert den Geschmack eines Gerichts. Whiskey verbindet sich auf ideale Weise mit Zutaten wie Pekannüssen, Mais, Süßkartoffeln, Winterkürbis, Kastanien, Apfelwein, Trockenobst und Ahornsirup.

Kreative Südstaaten-Köche verwenden Bourbon überall dort, wo sich sein anspruchsvolles Aroma gegen die anderen Zutaten behaupten kann, von der Senfsauce bis über die Apfelwein-Butter-Sauce bis hin zum Buttertoffee-Eis. Man löscht mit ihm Saucen für Wachteln oder Fasane, rührt ihn unter Schlagsahne und träufelt ihn über Puddinge oder Desserts.

EDWARD W. BOWER/THE IMAGE BANK

WEIN AUS SCUPPERNONG-TRAUBEN

Die Südstaaten bieten in Sachen Wein einige Überraschungen. Der erste Wein auf dem Gebiet der heutigen USA wurde in Jacksonville, Florida, um 1560 herum angebaut. Französische Hugenotten benutzten dazu die einheimische Scuppernong-Rebe, auch Muscadinia-Rebe genannt. Der meiste Wein, der heute in den Südstaaten produziert wird, stammt aus der Familie dieser Rebe, von Magnolia-, Noble- und Carlos-Trauben. Die Weine sind zugleich aromatisch und kräftig im Geschmack, mit einer leicht lieblichen Note. Das Château Elan in Georgia stellt einen sogenannten *summer wine* her, eine Mischung aus Muscadinia-Wein mit Pfirsich-Aromen.

In jedem der Südstaaten wird Wein produziert, und Ausflüge in die Weinberge sind ein beliebtes Freizeitvergnügen. Das Biltmore Estate in Asheville, North Carolina, besitzt ein imposantes, 3250 Hektar großes Weingut mit einem Château im Renaissance-Stil und zieht jährlich mehr als eine halbe Million Besucher an. Seine Weine, wie die vieler führender Kellereien in den Südstaaten, werden aus amerikanischen Hybrid-Reben und Abarten europäischer Reben gewonnen. Am erfolgreichsten ist man mit Chardonnay.

Die Weinherstellung in Virginia hat in den letzten zwanzig Jahren fast explosionsartig zugenommen, und zwar sowohl quantitativ wie qualitativ. Mehr als 45 Kellereien sind in dieser Zeit gegründet worden, vor allem im Shenandoah Valley und im Gebiet von Monticello. Man zieht hier vor allem europäische Rebsorten wie Chardonnay. Gewürztraminer und Cabernet Sauvignon. Den Chardonnays aus Virginia sagt man nach, daß sie die besten sind, die östlich des Mississippi gekeltert werden. In Monticello versuchte schon Thomas Jefferson, europäische Rebsorten für die Weinherstellung anzubauen, doch Reblausbefall, Pflanzenkrankheiten und schlechtes Wetter machten ihm einen Strich durch die Rechnung – nicht nur ihm, sondern allen Winzern bis zum Jahre 1957. Erst in den letzten Jahren zeigte sich in Virginia, daß Jefferson mit seinem Vorhaben doch recht gehabt hatte.
(Die Informationen zu den Weinen verdanken wir Ronn Wiegand, MW, MS.)

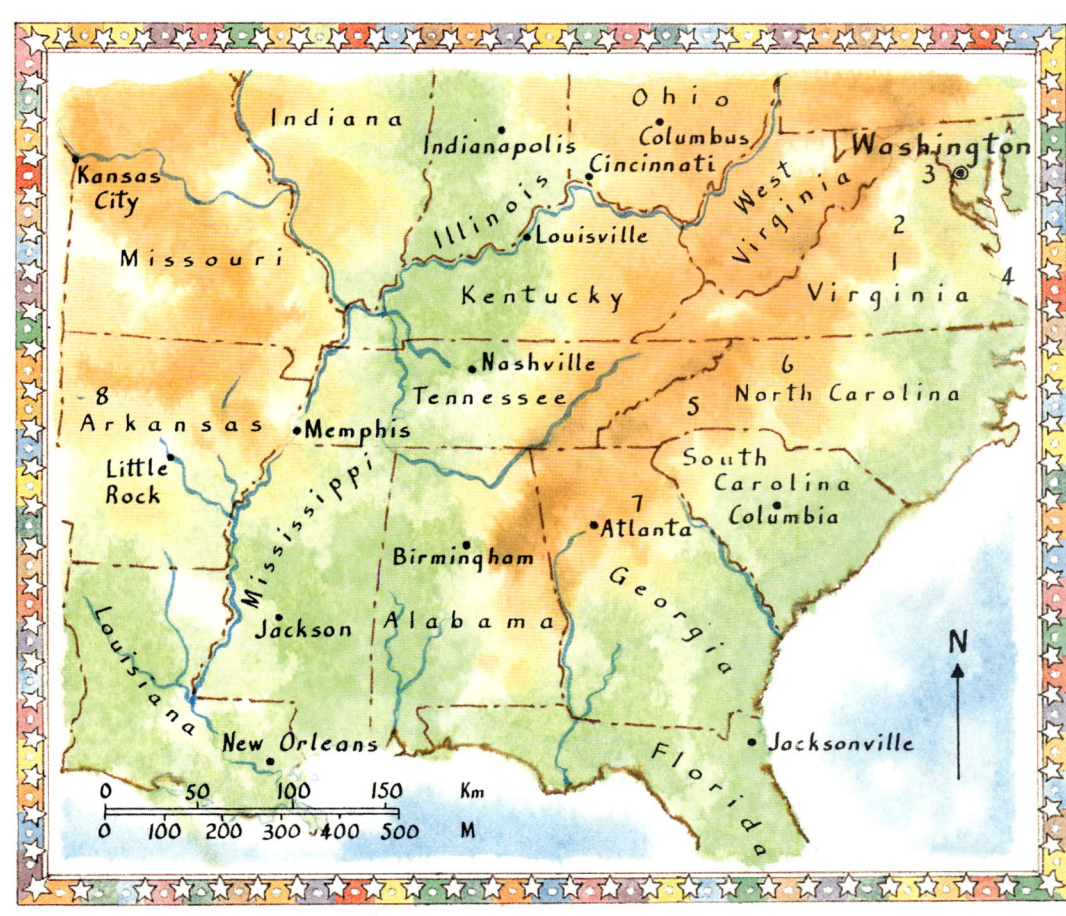

VIRGINIA

WEISSWEINE:
Brut (Schaumwein)
Chardonnay
Gewürztraminer
Johannisberg Riesling
Seyval Blanc
ROTWEINE:
Cabernet Sauvignon
Merlot
WEINKELLEREIEN:
Barboursville Vineyards (1)
Misty Mountain (2)
Montdomaine Cellars (3)
Naked Mountain Vineyard (2)
Oasis Vineyard (2)
Prince Michel Vineyards (3)
The Williamsburg Winery (4)

NORTH CAROLINA

WEISSWEIN:
Chardonnay
ROTWEIN:
Cabernet Sauvignon
WEINKELLEREIEN:
Biltmore Estate (5)
Westbend Vineyards (6)

GEORGIA

WEISSWEIN:
Scuppernong
ROSÉWEIN:
Cabernet Blanc
ROTWEIN:
Cabernet Sauvignon
WEINKELLEREIEN:
Château Elan (7)
Chestnut Mountain Winery (7)

ARKANSAS

ROTWEIN:
Cabernet Sauvignon
WEINKELLEREI:
Wiederkehr Wine Cellars (8)

REZEPTE AUS DEN SÜDSTAATEN

Cynthia Hizer Jubera

Conch Chowder

Suppentopf mit Meeresschnecken

Wenn man die Key-West-Meeresschnecke, eine spiralförmige Muschel, ans Ohr hält, glaubt man das Meeresrauschen zu hören. Das Fleisch der Meeresschnecken hat, ähnlich wie Muschelfleisch, ein kräftiges Aroma, und es muß vor Gebrauch weich geklopft werden. Liebhaber des *conch chowder* lassen sich in zwei Gruppen einteilen: Die einen ziehen die Zubereitung mit Tomaten, die anderen die mit Sahne vor. Hier eine Variante, in der das eindeutige Aroma von Tomaten und Paprika vorherrscht.

1 kg Meeresschnecken-Fleisch (ersatzweise Riesenmuscheln oder Abalone)
¼ l Muschelsaft aus dem Glas
1 kg Tomaten aus der Dose, durch ein Sieb passiert
2 Kartoffeln, in Würfel geschnitten
125 g Bauchspeck in dicken Scheiben, grob gehackt
2 frische grüne Chilischoten, entkernt und ohne Rippen, fein geschnitten
1 grüne Paprikaschote, entkernt und in Würfel geschnitten
1 Zwiebel, grob gehackt
1 große Knoblauchzehe, fein gehackt
1 TL Anissamen
6 TL Limonensaft
2 EL Korianderblätter
Tabasco oder andere Chili-Sauce

Mit einer Küchenschere die Meeresschnecken so säubern, daß nur rein weißes Fleisch übrigbleibt. Das Fleisch mit einem Fleischklopfer mürbe machen und in dünne Streifen schneiden oder durch den Fleischwolf drehen. Muschelsaft und Meeresschnecken-Fleisch in einen großen Topf geben und bei mittlerer Temperatur 15 Minuten köcheln lassen, bis das Fleisch fast gar ist. Tomaten und Kartoffeln zugeben und weitere 15 Minuten garen lassen. Kartoffeln und Meeresschnecken-Fleisch sollten jetzt weich sein.

In der Zwischenzeit den Speck in einem mittelgroßen Topf bei großer Hitze in etwa 5 Minuten knusprig und goldbraun werden lassen. Chilischoten, Paprikaschote, Zwiebel, Knoblauch und Anissamen zugeben und etwa 10 Minuten köcheln lassen, bis die Gemüse weich sind. Den Topfinhalt zu den Meeresschnecken geben, umrühren und weitere 5 bis 15 Minuten köcheln lassen.

Zum Servieren den Suppentopf in kleine Schüsseln füllen und über jede Portion einen Teelöffel Limonensaft und einige Korianderblätter geben. Die Tabasco-Sauce separat dazu reichen, so daß jeder nach Belieben würzen kann.

Für 6 Personen

Cheese Grits Casserole

Maisbrei mit Käse

Dieses beliebte Gericht serviert man in den Südstaaten gern zum späten Frühstück oder unvorhergesehenen Gästen als improvisierte Mahlzeit. Man kann es mit Knoblauchbutter, ganzen oder pürierten Maiskörnern oder in kleine Stücke geschnittenem Landschinken anreichern. Nicht vorbehandelter Maisgrieß aus der Steinmühle schmeckt kräftiger und ist nahrhafter als vorbehandelter Instant-Maisgrieß.

300 g nicht vorbehandelter Maisgrieß
1,2 l Wasser
1 Prise Salz
¼ TL frisch gemahlener schwarzer Pfeffer
125 g Mozzarella, italienischer Fontina- oder gereifter Cheddar-Käse, in feine Streifen geschnitten
2 EL Butter

Maisgrieß, Wasser, Salz und Pfeffer in einen mittelgroßen Topf geben. Zum Kochen bringen und zugedeckt bei mittlerer Temperatur etwa 20 bis 30 Minuten köcheln lassen, bis der Maisbrei dick und cremig ist. Dabei gelegentlich umrühren, damit der Brei nicht ansetzt.

Den Maisbrei vom Herd nehmen. Käse und Butter hineingeben und glatt verrühren. Sofort auftragen oder im Wasserbad bis zu 30 Minuten warm halten.

Für 6 Personen

Panfried Quail and Corn Cakes

Gebratene Wachteln mit Maismehlpfannküchlein

Für dieses elegante Gericht, das gern zu einem späten Frühstück oder als Vorspeise aufgetragen wird, sollte man möglichst Wachteln mit ausgelöstem Brustbein verwenden. Nicht ausgelöste Vögel richtet man besser neben als auf den Maismehlpfannküchlein (Rezept auf Seite 85) an. Statt des Estragons wird in den Südstaaten häufig *mint marigold*, ein leicht nach Anis schmeckendes Kraut, zum Würzen verwendet, das die dortige Sommerhitze besser verträgt.

6 Wachteln, möglichst ausgelöst, gewaschen und von innen und außen trockengetupft
125 g Mehl
125 g Butter
Salz und frisch gemahlener Pfeffer
2 große Schalotten, gehackt
60 g Champignons oder Egerlinge, geputzt und in Scheiben geschnitten
¼ l Hühnerbrühe
2 EL Madeira oder Sherry
1 TL grobgehackter Estragon oder mint marigold

Maisbrei mit Käse, Gebratene Wachteln mit Maismehlpfannküchlein, Suppentopf mit Meeresschnecken

Die Wachteln in Mehl wenden. Die Hälfte der Butter in einer Pfanne bei mittlerer Temperatur erhitzen. Die Wachteln hineingeben, salzen und pfeffern und etwa 10 Minuten braten, bis sie von allen Seiten goldbraun sind. Die Vögel aus der Pfanne nehmen und warm stellen.

In derselben Pfanne Schalotten und Pilze in etwa 4 Minuten weich dünsten. Einen Eßlöffel Mehl hineinstäuben und etwa 1 Minute goldgelb anschwitzen. Hühnerbrühe und Madeira unter Rühren zugießen und die Sauce 5 Minuten leicht einkochen. Wachteln samt dem ausgetretenen Fleischsaft in die Pfanne geben, mit Estragon, Salz und Pfeffer würzen und das Ganze 5 bis 10 Minuten bei niedriger Temperatur durchziehen lassen. Die Wachteln mit etwas Sauce auf den Maismehlpfannküchlein (Rezept auf Seite 85) anrichten und auftragen.

Für 6 Personen

Scott's Country Ham with Redeye Gravy

Scotts Landschinken mit Kaffeesauce

Überall in den Südstaaten gibt es in Scheiben geschnittenen, gebrauchsfertigen Landschinken abgepackt zu kaufen, was einem die mühsame Prozedur des Wässerns und Säuberns erspart. Scott Peacock, Meisterkoch in Atlanta, bereitet zum Schinken eine besonders kräftige Bratensauce mit Kaffee zu. Maisbrei schmeckt als Beilage zu diesem Gericht besonders gut.

1 EL Butter
650 g Landschinken, in Scheiben geschnitten
ausreichend schwarzer Kaffee (etwa 3/8 l) zum
    Bedecken des Schinkens

Die Butter in einer großen Pfanne bei mittlerer Temperatur erhitzen. Wenn die Butter auf-

schäumt, die Schinkenscheiben in einer Lage hineingeben und in etwa 5 Minuten leicht Farbe annehmen lassen. Wenden und auf der anderen Seite etwa 2 bis 3 Minuten braten.

Das Fett aus der Pfanne gießen und die Schinkenscheiben mit dem Kaffee bedecken. Zugedeckt etwa 20 Minuten köcheln lassen, bis die Sauce eingedickt ist. Den Schinken auf sechs Tellern anrichten und mit der Sauce beträufeln.

Für 6 Personen

Roast Chicken Flamed in Bourbon

Flambiertes gebratenes Huhn

Das von Küchenchef Scott Peacock aus Atlanta zubereitete Huhn schmeckt eindeutig nach Südstaaten-Küche. Es wird mit bestem Bourbon-Whiskey flambiert, der zusammen mit Schalotten der Sauce einen besonderen Charakter verleiht.

6 EL (90 g) weiche Butter
1 Schalotte, fein gehackt
1 TL gemischte frische oder getrocknete Kräuter
Salz und frisch gemahlener schwarzer Pfeffer
1 Brathuhn, etwa 1 1/2 kg schwer, gewaschen und
    innen und außen trockengetupft
4 EL (60 ml) Bourbon-Whiskey
0,2 l Hühnerbrühe
2 EL feingehackte Schalotten

Den Backofen auf 220° C vorheizen. Butter, Schalotte, Kräuter, Salz und Pfeffer miteinander verrühren. Vorsichtig mit den Fingern die Haut vom Brustfleisch und den Schenkeln des Huhns lösen – nicht abziehen! – und 4 EL der Mischung gleichmäßig zwischen Haut und Fleisch verteilen. Mit der restlichen Butter das Huhn von innen einreiben und den Vogel dressieren.

Das Huhn, Brust nach oben, auf einen Rost in eine flache, ausreichend bemessene Bratpfanne setzen und 50 bis 55 Minuten braten, bis der Fleischsaft, sticht man das Fleisch an, klar heraustritt. Das Huhn aus dem Ofen nehmen und auf einer Platte warm stellen.

Den Rost aus der Bratpfanne nehmen und das Fett abschöpfen. Die übriggebliebene Bratensauce bei mittlerer Temperatur heiß werden lassen, das Huhn wieder hineinlegen, mit dem Bourbon übergießen und flambieren. Sind die Flammen erloschen, das Huhn aus der Bratpfanne nehmen und wieder auf die Platte geben.

Hühnerbrühe und gehackte Schalotten zur Bratensauce geben, bei mittlerer Temperatur reduzieren, den Bratensatz lösen und die Sauce in etwa 5 Minuten um die Hälfte einkochen lassen. Die Sauce mit dem Huhn auftragen.

Für 3 bis 4 Personen

Scotts Landschinken mit Kaffeesauce

Flambiertes gebratenes Huhn

ALLAN ROSENBERG

Frogmore Stew

Eintopf nach Frogmore-Art

Frogmore ist ein kleines Nest auf St. Helena, einer Insel vor der Küste Carolinas. Dieser aromatische Fischeintopf gehört hier in der Küstenregion zu den beliebtesten Gerichten. Man serviert ihn vor allem am amerikanischen Unabhängigkeitstag, wenn es überall frischen Mais gibt. Dieses Rezept ist sehr flexibel: Die Mengen an Kartoffeln, Wurst, Mais und Fisch lassen sich nach Belieben variieren, so daß man ohne weiteres eine große Gästeschar bewirten kann.

Gewürzmischung:
1 EL Senfkörner
2 TL schwarze Pfefferkörner
2 TL scharfe Chiliflocken
1 oder 2 Lorbeerblätter
1 TL Selleriesamen
1 EL Korianderkörner
1 TL gemahlener Ingwer
1 EL Salz

Eintopf:
4 l Wasser
60 g Gewürzmischung (siehe oben)
1 EL Salz
1 Zitrone, halbiert
1 grüne Chilischote, entkernt und fein geschnitten
4 Knoblauchzehen
3 Kartoffeln, geviertelt
500 g ausgelöstes pikantes Wurstmett (ersatzweise Wurstmett, mit 1 TL Chilipulver gewürzt)
6 Maiskolben, enthülst und halbiert
6 lebende Blaukrabben
500 g große Garnelen in der Schale
1/8 l trockener Weißwein
Tabasco oder andere Chili-Sauce
Salz

Alle Zutaten für die Gewürzmischung, mit Ausnahme des Salzes, in eine Mühle geben und mahlen, dann das Salz zugeben. (Man kann ohne weiteres eine größere Menge Gewürzmischung herstellen. In einem Glas mit Schraubverschluß läßt sie sich an einem kühlen, dunklen Ort bis zu 6 Monaten aufbewahren.)

Gewürzmischung, Wasser, Salz, Zitrone, Chilischote und Knoblauch in einen großen Suppentopf geben. Zugedeckt aufkochen lassen und die Kartoffeln hineingeben. Nochmals zum Kochen bringen, die Temperatur herunterschalten und die Kartoffeln 10 Minuten kochen lassen. Wurstmett und Mais zugeben und 5 Minuten köcheln lassen. Die Blaukrabben hineingeben und weitere 5 Minuten kochen lassen, dann die Garnelen zufügen und 4 Minuten weiterköcheln lassen.

Kartoffeln, Wurstmett, Mais, Krabben und Garnelen aus dem Topf nehmen und gleichmäßig auf sechs tiefe Suppentassen verteilen. Im Ofen warm halten und die Brühe fertigstellen.

Die Brühe ohne Deckel auf hoher Temperatur 5 Minuten etwas einkochen lassen. Weißwein zugießen und die Brühe weitere 5 Minuten reduzieren. Nach Geschmack mit Tabasco und Salz würzen. Die Brühe durch ein Sieb zu den Meerestieren und dem Gemüse in die Suppentassen gießen und servieren.

Für 6 Personen

Channel Catfish with Peanuts and Bacon

Amerikanischer Wels mit Erdnüssen und Speck

Der amerikanische Wels ist zart und von mildem Geschmack. Er wird überall im Süden, besonders in Mississippi, kommerziell gezüchtet. Das Gericht basiert auf einem Rezept von Norman Van Aken, Küchenchef in Süd-Florida, und bekommt durch die zusätzliche Verwendung von Erdnüssen und Schweinefleisch sein typisches Südstaaten-Aroma.

6 Welsfilets von je 250 g
Salz und frisch gemahlener Pfeffer
2 Eier
1/2 l Buttermilch
250 g Maismehl
125 g Mehl
2 EL Erdnußöl

125 g Bauchspeck in dicken Scheiben, in Würfel geschnitten
250 g eisgekühlte Butter, in kleine Stücke geschnitten
2 EL Zitronensaft
4 Frühlingszwiebeln, nur das Weiße, gehackt
125 g geröstete ungesalzene Erdnüsse, geschält
Zitronenspalten zum Garnieren

Die Fischfilets mit Salz und Pfeffer würzen. Eier und Buttermilch in einer großen Schüssel miteinander verquirlen und den Fisch hineintauchen. Maismehl und Mehl in einer anderen Schüssel vermischen, die Filets darin wenden und beiseite stellen.

In einer großen Pfanne, in der die Fischfilets ausreichend Platz haben, das Erdnußöl erhitzen und den Speck darin etwa 5 Minuten braten. Den Speck aus der Pfanne nehmen und beiseite stellen.

Die Fischfilets in die Pfanne geben und im ausgelassenen Speckfett in etwa 5 Minuten goldbraun werden lassen, wenden und auf der anderen Seite ebenfalls 5 Minuten braten. Auf Tellern anrichten und warm stellen.

Das Fett abgießen und die Pfanne auswischen. Butter und Zitronensaft, Frühlingszwiebeln und drei Viertel der Erdnüsse hineingeben und bei mittlerer Temperatur 5 Minuten ziehen lassen, dabei die Sauce ab und zu aufschlagen, damit sie Volumen bekommt. Die Sauce über die gebratenen Welsfilets träufeln und mit den restlichen Erdnüssen, den Speckwürfeln und Zitronenspalten garnieren.

Für 6 Personen

Eintopf nach Frogmore-Art, Amerikanischer Wels mit Erdnüssen und Speck

Fried Green Tomatoes

Gebratene grüne Tomaten

Viele Südstaaten-Köche sind sich darüber uneinig, ob man dieses im Süden überaus beliebte Gemüse in normalem Mehl oder in Maismehl wenden soll. Dieses Rezept ist ein Kompromiß: Die beiden Mehlsorten werden hier miteinander vermischt. Man sollte auch etwas Zucker zur Mischung geben, dadurch bekommen die Tomaten ein milderes Aroma und bräunen schneller.

125 g Maismehl
125 g Mehl
1 EL Zucker
Öl oder Pflanzenfett zum Braten
1 ¹/₂ kg grüne Tomaten, in 1 cm dicke Scheiben geschnitten
Salz und frisch gemahlener schwarzer Pfeffer

In einer flachen Schüssel Maismehl, Mehl und Zucker miteinander vermischen und die Tomatenscheiben darin wenden. Sie sollten großzügig mit Mehl überzogen sein.

In eine Eisenpfanne so viel Öl oder Pflanzenfett geben, daß der Boden 5 mm hoch bedeckt ist. Das Fett bei mittlerer bis hoher Temperatur erhitzen. Immer nur einige Tomatenscheiben auf einmal hineingeben, damit das Fett nicht zu stark abkühlt, und das Gemüse in etwa 2 Minuten goldbraun werden lassen. Die Tomatenscheiben wenden und auf der anderen Seite braten.

Aus der Pfanne nehmen, auf Küchenpapier abtropfen lassen und mit Salz und Pfeffer bestreuen. Heiß servieren.

Für 6 Personen

Lima Beans with Kentucky Mint

Limabohnen mit Minze

Für dieses Gericht sollte man möglichst zarte, frische Limabohnen verwenden, die jung geerntet wurden. Sie sind schnell gar und schmecken besonders gut, wenn man sie nur mit Butter und frischen Kräutern zubereitet. Die in Kentucky heimische Minze hat ein besonders intensives Aroma und wird gern für Eistee und Mint Juleps verwendet.

2 EL Erdnußöl
600 g frische, junge Limabohnen (ersatzweise Limabohnen aus der Dose)
Salz
1 Handvoll frische Minzeblätter

In einer großen Pfanne das Öl bei mittlerer Temperatur erhitzen. Die Bohnen hineingeben und im Öl wenden. Mit Salz abschmecken und das Gemüse in 4 bis 5 Minuten heiß werden lassen. Die Pfanne vom Herd nehmen, die Minze unterrühren und servieren.

Für 6 Personen

Lima-Bohnen mit Minze, »Hinkende Susanne«, Gebratene grüne Tomaten

Limping Susan

»Hinkende Susanne«

Dies ist eine klassische Zubereitungsart aus Charleston, die auch unter dem Namen *purloo*, Pilaw oder *red rice* bekannt ist. Sie enthält immer Reis, Tomaten und gepökeltes Schweinefleisch oder Bauchspeck; verwendet man außerdem Okra, heißt das Gericht *Limping Susan*. Durch das Garen im Backofen bleibt der Reis körnig, und die Okraschoten zerfallen nicht. Dieses Gericht ist bestens zur Resteverwertung von Hühner- oder Putenfleisch oder Garnelen geeignet.

2 bis 3 dicke Scheiben Bauchspeck, in Würfel geschnitten
300 g Langkornreis
1 Zwiebel, in Würfel geschnitten
1 l Hühnerbrühe
500 g Tomaten aus der Dose, durch ein Sieb passiert
250 g frische Okraschoten

250 g Hühnerfleisch, in dünne Scheiben geschnitten
Salz und frisch gemahlener Pfeffer
1 Prise Cayennepfeffer
2 EL feingehackte glatte Petersilie

Den Backofen auf 160°– 170°C vorheizen. In einer schweren Pfanne den Bauchspeck bei mittlerer Temperatur in etwa 5 Minuten knusprig werden lassen. Reis und Zwiebel zugeben und etwa 5 Minuten braten, bis die Zwiebel goldbraun und glasig ist. Dann die Brühe zugießen. Die Hitze reduzieren und zugedeckt 15 Minuten köcheln lassen.

Tomaten, Okraschoten, Hühnerfleisch, Salz, Pfeffer und Cayennepfeffer zugeben, die Pfanne in den Ofen schieben und das Ganze ohne Deckel 30 Minuten garen lassen. Aus dem Ofen nehmen, den Reis auflockern, die Petersilie unterrühren und servieren.

Für 6 Personen

ALLAN ROSENBERG

Süßkartoffeln mit Zitronen, Reis mit Bohnen, Grüne Nudeln mit Rübenblättern

Lemon Sweet Potatoes

Süßkartoffeln mit Zitronen

Süßkartoffeln sind nahrhaft und sättigend. In Zitronensaft und Butter gewendet, wie hier, bilden sie eine schmackhafte Beilage zu Schweinefleisch oder Geflügel.

6 Süßkartoffeln, etwa 1 ¼ kg schwer, geputzt
    und in 2 ½ cm dicke Scheiben geschnitten
3 Zitronen
3 EL Butter

Den Backofen auf 180° C vorheizen. In einem großen Topf Wasser bei hoher Temperatur zum Kochen bringen. Die Süßkartoffeln hineingeben und in 10 bis 12 Minuten – oder auf höchster Stufe 8 bis 10 Minuten im Mikrowellenherd – nicht ganz gar werden lassen. Das Wasser abgießen, die Süßkartoffeln abkühlen lassen und vierteln.

Eine Zitrone auspressen und den Saft beiseite stellen. Die anderen Zitronen in dünne Scheiben schneiden.

Eine Form von 20 x 20 cm leicht einfetten. Kartoffeln, Zitronensaft und -scheiben vermengen, in die Form geben und mit Butterflöckchen versehen im Ofen 20 bis 30 Minuten backen, bis die Kartoffeln weich sind. Dabei ein- oder zweimal umrühren.

Für 6 Personen

Hoppin' John

Reis mit Bohnen

Dieses traditionelle Neujahrsgericht aus dem Süden besteht aus Augenbohnen und Reis. Dem Mythos zufolge repräsentieren die Augenbohnen die Soldaten des Südens, die im amerikanischen Sezessionskrieg ihr Leben ließen. Ein kleines geräuchertes Kotelettstück vom Schwein gibt dem Gericht einen kräftigen Rauchgeschmack.

375 g getrocknete Augenbohnen
125 g geräucherter Kasseler Rippenspeer oder
    geräucherte Schweinshaxe
1 Zwiebel, grob gehackt

1 TL Salz
½ TL frisch gemahlener schwarzer Pfeffer
1 grüne Chilischote, entkernt und fein gehackt
160 g Langkornreis
250 g Tomaten, grob gehackt
¼ TL frisch gemahlener schwarzer Pfeffer

Die Augenbohnen über Nacht in kaltem Wasser einweichen. Das Wasser abgießen, Bohnen, Kotelettstück, Zwiebel, Salz, Pfeffer und Chilischote in einen großen Topf geben und mit Wasser bedecken. Den Topf nicht ganz zugedeckt bei hoher Temperatur auf den Herd stellen und das Wasser aufkochen lassen. Die Hitze herunterschalten und etwa 20 Minuten kochen lassen, bis die Bohnen gar, aber nicht zerfallen sind und das Wasser größtenteils verdampft ist.

In der Zwischenzeit den Reis kochen. ½ l Wasser in einem mittleren Topf zum Kochen bringen. Reis, Salz und Pfeffer zugeben, nochmals aufkochen lassen, die Hitze reduzieren und den Reis zugedeckt in 18 bis 20 Minuten gar werden lassen.

In einem großen Topf Reis, Tomaten und Bohnen miteinander vermischen und bei mittlerer Temperatur 20 bis 30 Minuten köcheln lassen. Die Aromen sollten sich gut miteinander verbinden. Sehr heiß in tiefen Tellern servieren.

Für 6 Personen

Turnip Green Noodles

Grüne Nudeln mit Rübenblättern

Überall in den Südstaaten gibt es experimentierfreudige Köche, die anstatt des üblichen Spinats gern einheimische Wildkräuter oder Blattgemüse zur Herstellung grüner Nudeln verwenden. Rübenblätter geben den Teigwaren eine lebhafte grüne Farbe und ein pikantes Aroma. Sie sollten nach dem Blanchieren gut abtropfen, bevor sie ins Mehl gemischt werden. Tiefgefrorene, zerkleinerte Rübenblätter kann man genausogut verwenden – bei ihnen lassen sich die Blattrippen leichter entfernen.

320 g frische oder tiefgefrorene Rübenblätter,
    vorgekocht
2 Eier
1 TL Salz
1 Prise Muskatblüte
375 g Mehl, außerdem etwas Mehl zum
    Ausrollen der Nudeln

Die Rübenblätter in der Küchenmaschine pürieren. Eier, Salz und Muskatblüte zugeben und vermischen. Das Mehl zugeben und in der Küchenmaschine zu einem glatten Teig verarbeiten. Eventuell noch etwas mehr Mehl oder einen Eßlöffel Wasser zufügen; der Teig sollte glatt, aber nicht klebrig sein. Man kann die Zutaten auch miteinander vermischen und den Teig mit den Händen auf einer bemehlten Arbeitsfläche 5 bis 8 Minuten durchkneten, bis er glatt und elastisch ist.

Den Teig zu einer Kugel formen, in eine Schüssel geben, mit Klarsichtfolie abdecken und an einem warmen Ort 30 Minuten ruhen lassen. Den Teig auf einer bemehlten Arbeitsfläche mit dem Nudelholz 1 mm dick ausrollen. Man kann ihn statt dessen auch durch die Walze einer Nudelmaschine geben. Wie für Lasagne in dünne, breite Teigblätter schneiden und auf einem Gitter oder einer bemehlten Arbeitsfläche 30 Minuten vor der Zubereitung trocknen lassen oder bei Zimmertemperatur für späteren Gebrauch vollkommen trocken werden lassen.

Die Nudeln in reichlich kochendes Salzwasser geben und in etwa 2 bis 3 Minuten *al dente* kochen. Das Wasser abgießen, die Nudeln abtropfen lassen, Butter und geriebenen Käse zugeben oder eine Sauce Ihrer Wahl und sofort auftragen.

Für 6 Personen (ergibt etwa 750 g Nudeln)

Corn Cakes

Maismehlpfannküchlein

Corn cakes, auch *hoe cakes* oder *corn pones* genannt, werden zum Frühstück gern mit Butter und Zuckerhirse-Sirup gegessen. Zum zweiten Frühstück oder zum Abendessen kann man sie zu Delikatessen wie Kaviar oder gebratener Wachtel servieren.

125 g Maismehl
60 g Mehl
1/2 TL Backpulver
1/2 TL Salz
1/2 TL Natron
1 Ei
0,3 l Buttermilch
1 EL ausgelassener fetter Speck oder
   Schweineschmalz
2 EL Butter

Maismehl, Mehl, Backpulver, Salz und Natron in einer Schüssel vermischen. In einer anderen Schüssel Ei, Buttermilch und Fett miteinander verquirlen und unter die Mehlmischung rühren, bis ein glatter, nicht zu dünnflüssiger Teig entsteht.

Die Butter in einer Pfanne heiß werden lassen und für jeden Pfannkuchen etwa 4 EL Teig (60 ml) hineingeben. Etwa 3 bis 4 Minuten backen, bis der Rand knusprig zu werden beginnt, wenden und von der anderen Seite ebenfalls braten. Heiß auftragen.

Ergibt 6 Pfannkuchen mit einem Durchmesser von etwa 13 cm

Südstaaten-Buttermilch-Biskuits,
Maismehlpfannküchlein

Pekannuß-Törtchen

Southern Buttermilk Biscuits

Südstaaten-Buttermilch-Biskuits

Diese lockeren, leichten Biskuits werden aus den traditionellen Zutaten der Südstaaten zubereitet: aus Weizenmehl, Schweineschmalz und Buttermilch.

250 g Mehl
1 EL Backpulver
1/2 TL Salz
125 g Schmalz, gekühlt
0,2 l Buttermilch, gekühlt

Den Backofen auf 220° C vorheizen. Mehl, Backpulver und Salz vermischen. Das Schmalz dazugeben und mit der Mehlmischung verkneten, bis erbsengroße Kügelchen entstehen. Falls Sie die Mischung mit den Händen kneten, die Hände vorher kalt abspülen, damit das Schmalz nicht zerläuft. Die Buttermilch unterrühren und alles zu einem weichen Teig verarbeiten. Den Teig auf einer bemehlten Arbeitsfläche 10- bis 12mal durchkneten und 2 1/2 cm dick ausrollen. Den Teigfladen einmal zusammenfalten und noch einmal zu einer Stärke von 2 cm ausrollen. Mit einem Plätzchenausstecher Biskuits aus dem Teig stechen, auf ungefettetem Backpapier auslegen und 10 bis 12 Minuten backen, bis die Biskuits goldbraun sind.

Ergibt 6 bis 8 Biskuits

Pecan Tassies

Pekannuß-Törtchen

Nathalie Dupree, Kochlehrerin in Atlanta, macht die besten Pekannuß-Törtchen in den Südstaaten. Diese kleinen Törtchen, die man hier gern auf Hochzeiten und Partys reicht, werden aus einem köstlichen Sahnequarkteig zubereitet und sind nicht so sättigend wie Pekannuß-Pies.

6 EL (90 g) Sahnequark
125 g weiche Butter
125 g Mehl, durchgesiebt
1 Ei
125 g brauner Zucker
1 EL weiche Butter
1 TL Vanille-Essenz
1 Prise Salz
6 EL (90 g) grobgehackte Pekannüsse

Den Backofen auf 165° C vorheizen. Für den Teig Sahnequark und Butter in der Küchenmaschine oder in einem Mixer miteinander verrühren, das Mehl zugeben und alles zu einem glatten Teig verarbeiten. Den Teigball in Klarsichtfolie wickeln und etwa eine Stunde im Kühlschrank ruhen lassen. Den Teig in 24 kleine Bälle von etwa 2 1/2 cm Durchmesser formen und jeweils in kleine, nicht eingefettete Muffin-Förmchen geben. Boden und Wände mit dem Teig auskleiden und die Hälfte der Pekannüsse gleichmäßig auf die Förmchen verteilen.

Ei, Zucker, Butter, Vanille-Essenz und Salz zu einer glatten Masse verrühren, auf die Muffin-Förmchen verteilen und mit den restlichen Pekannüssen bestreuen. Im vorgeheizten Ofen etwa 20 bis 25 Minuten backen, bis die Füllung fest ist. Die Törtchen 10 Minuten abkühlen lassen, dann aus den Förmchen nehmen.

Ergibt 24 Törtchen

Tennessee Jam Cake

Marmeladenkuchen aus Tennessee

Marmeladenkuchen sind eine Spezialität von Tennessee und Kentucky, die Marmelade macht den Teig aromatisch und saftig. Bei diesem bemerkenswerten Kuchen kommen Schokolade, Gewürze und Bourbon-Whiskey hinzu.

320 g Mehl
50 g Kakao
2 TL gemahlener Piment
125 g gehackte Pekannüsse
150 g Rosinen
1 TL Natron
150 ml Buttermilch
250 g weiche Butter
150 g Melasse
250 g Zucker
3 Eier, leicht verquirlt
250 g Brombeermarmelade
4 EL Bourbon-Whiskey
Puderzucker zum Bestäuben oder für eine einfache Zuckerglasur

Den Backofen auf 180° C vorheizen. Den Backofenrost in das untere Drittel des Ofens schieben. Eine Springform von etwa 3 Liter Inhalt oder eine 25 x 10 cm große Kastenform ausbuttern und mit Mehl bestäuben. Beiseite stellen.

In einer großen Schüssel Mehl, Kakao, Piment, Pekannüsse und Rosinen miteinander vermischen. Das Natron in der Buttermilch auflösen und beiseite stellen.

In einer anderen Schüssel Butter und Zucker zu einer schaumigen Masse aufschlagen. Zuerst die Eier, dann die Marmelade, die Natron-Buttermilch-Mischung und den Whiskey, zuletzt die trockenen Zutaten unterrühren.

Den Teig in die vorbereitete Form füllen und etwa 60 Minuten lang backen. Zur Garprobe mit einem Metallspießchen hineinstechen – bleibt kein Teig daran kleben, kann man den Kuchen aus dem Ofen nehmen. Den Kuchen 15 Minuten abkühlen lassen, dann aus der Form stürzen. Mit Puderzucker bestäuben oder mit einer einfachen Zuckerglasur bestreichen. Der Kuchen setzt sich nach dem Abkühlen ein wenig.

Für 12 Personen

Kentucky Bourbon Balls

Kentucky-Bourbon-Kugeln

Bei dieser Spezialität aus Kentucky, wo man jedem nur denkbaren Gericht Whiskey zugibt, handelt es sich um Pralinen, die eher Erwachsenen vorbehalten bleiben sollten. Sie schmecken intensiv nach Alkohol und werden gern zu einem starken Kaffee nach dem Essen serviert. Die Gläser, in denen man sie aufbewahrt, sollten stets luftdicht verschlossen sein. Nach der Zubereitung müssen die Bourbon-Kugeln etwa eine Woche ruhen, damit sie ihr volles mildes Aroma entwickeln, sie sollten aber vor Ablauf eines Monats gegessen werden.

180 g zartbittere Schokolade, grob zerkleinert
250 g fein zerriebene Vanillewaffeln
125 g feingehackte Pekannüsse
375 g Zucker
6 EL Bourbon-Whiskey
90 g milder Honig
etwas Bourbon zum Aromatisieren

Schokolade im Mikrowellenherd oder im Wasserbad schmelzen. Leicht abkühlen lassen.
   Zerriebene Vanillewaffeln, Pekannüsse und 125 g Zucker in einer großen Schüssel miteinander vermengen, Schokolade, Honig und Whiskey zugeben und mit einem Holzlöffel oder den Händen gut vermischen.
   Mit den Händen daraus Bällchen von 2 ¹/₂ cm Durchmesser formen. Den restlichen Zucker in eine flache Schüssel geben und die Bällchen darin wenden. Die Bourbon-Kugeln in ein Glas mit weiter Öffnung geben. Zwei Lagen Küchenpapier mit Bourbon tränken, in den Deckel des Glases klemmen und das Glas fest verschließen.

Ergibt etwa 30 Stück

Georgia Peach Pie

Pfirsichkuchen nach Art von Georgia

Im Juli werden in Georgia die zarten und herrlich duftenden weißfleischigen Pfirsiche geerntet. Für dieses Rezept ist jede Art von Pfirsichen geeignet; am besten schmecken natürlich ganz frisch geerntete.

Teig:
500 g Mehl
¹/₄ TL Salz
180 g Schmalz oder Butter, gekühlt und in
   Stücke geschnitten
¹/₈ l Eiswasser

Füllung:
8 mittlere bis große reife Pfirsiche, geschält und
   in 1 cm dicke Scheiben geschnitten
2 EL Zitronensaft
4 – 6 EL Zucker
2 EL Mehl
etwas Butter für Butterflöckchen

Für den Teig Mehl und Salz vermischen und das Schmalz mit den Fingern oder einem Rührgerät mit der Mischung verkneten, so daß erbsengroße Kügelchen entstehen. Das Eiswasser darübersprenkeln und zu einem glatten Teig verarbeiten. Aus dem Teig zwei Kugeln formen, in Klarsichtfolie wickeln und 30 Minuten im Kühlschrank ruhen lassen.
   Den Backofen auf 180° C vorheizen. Eine Teigportion auf einer leicht bemehlten Arbeitsfläche ausrollen und eine Pie-Form von 20 bis 25 cm Durchmesser mit dem Teigfladen auslegen, die Ränder begradigen. Die andere Teigkugel ebenfalls zu einem Fladen ausrollen, der etwa 2 ¹/₂ bis 5 cm größer als die Pie-Form sein sollte.
   Die in Scheiben geschnittenen Pfirsiche in einer Schüssel mit dem Zitronensaft vermischen. Zucker und Mehl vermengen und mit den Pfirsichen verrühren.
   Die Füllung gleichmäßig auf dem Teigboden verteilen, Butterflöckchen darübergeben und mit dem anderen Teigfladen bedecken. Die Ränder des oberen Teigfladens und die des unteren fest zusammendrücken, so daß eine geschlossene Hülle entsteht. Der Kuchen kann nach Belieben mit einem Teiggitter verziert werden.
   Den Kuchen etwa 45 Minuten backen, bis die Pfirsiche gar sind und die Kruste goldbraun ist. Entweder heiß oder zimmerwarm mit Eis servieren.

Für 6 bis 8 Personen

Kentucky-Bourbon-Kugeln, Marmeladenkuchen aus Tennessee, Pfirsichkuchen nach Art von Georgia

Camden • Ouachita Salina Greenwood •

El Dorado •

Yazoo

• Bastrap

Bossier City Minden Ruston • Monroe

Shreveport • Vicksburg ◉ Jackson

Natchitoches •

L o u i s i a n a

M i s s i s s i p p i

Alexandria • Red • Natchez Pearl

Mansura •

Bayou Teche Bogalusa •

Opelousas • Baton Rouge ◉

Orange • • Lake Charles • Lafayette Mississippi

• New Iberia ◉ New Orleans

Houma Bayou Lafourche

G u l f

o f   M e x i c o

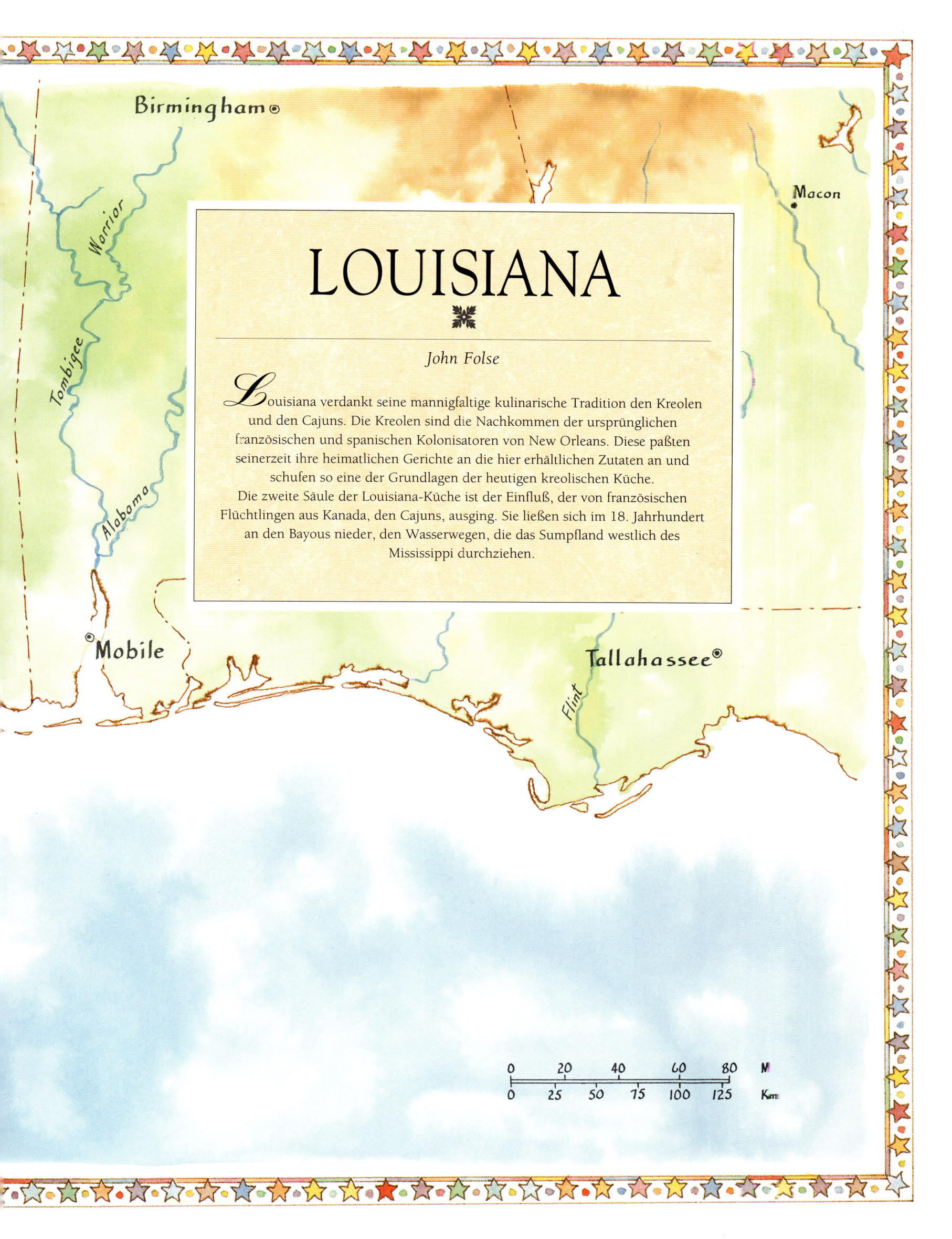

LOUISIANA

❈

John Folse

Louisiana verdankt seine mannigfaltige kulinarische Tradition den Kreolen und den Cajuns. Die Kreolen sind die Nachkommen der ursprünglichen französischen und spanischen Kolonisatoren von New Orleans. Diese paßten seinerzeit ihre heimatlichen Gerichte an die hier erhältlichen Zutaten an und schufen so eine der Grundlagen der heutigen kreolischen Küche.

Die zweite Säule der Louisiana-Küche ist der Einfluß, der von französischen Flüchtlingen aus Kanada, den Cajuns, ausging. Sie ließen sich im 18. Jahrhundert an den Bayous nieder, den Wasserwegen, die das Sumpfland westlich des Mississippi durchziehen.

ROUX

❦

Man kann Saucen mit vielem andicken: mit Reduktionen, Eiern, Butter, Gemüsepürees, *foie gras*, Stärkemehl oder auch Blut. In der klassischen französischen Küche ist der *roux*, eine mit Butter angerührte Mehlschwitze, das hauptsächliche Bindemittel. *Roux* spielt auch in der kreolischen und der Cajun-Küche eine herausragende Rolle. Man benutzt hier allerdings, um eine breite geschmackliche Palette und eine Fülle von Farbschattierungen zu erzielen, eine Vielzahl von Fetten: Butter, Schweineschmalz, Erdnußöl, Schinkenfett oder Geflügelschmalz.

Der braune *roux* der kreolischen Küche wird mit Butter oder Schinkenfett angerührt und zum Andicken von *gumbos* oder Eintöpfen verwendet, bei denen die Sauce nicht zu dunkel sein soll. Die Cajun-Küche hingegen ist durch ihren typischen dunklen *roux*, der den Gerichten einen besonders kräftigen Geschmack gibt, charakterisiert. Dieser *roux* gelingt am besten mit Pflanzenöl, obwohl man früher tierische Fette dafür vorschrieb. Man rührt das Mehl so lange im heißen Öl, bis es karamelfarben wird. Je dunkler der *roux* wird, um so geringer ist seine Bindungsfähigkeit. Deswegen werden bestimmte *gumbos* im Bayou-Gebiet zusätzlich mit Okraschoten oder *filé*-Pulver angedickt.

Auch für ihre hellbraunen *roux* zu Gemüsegerichten oder hellem Fleisch verwenden die Cajun-Köche lieber Pflanzenöl oder Schmalz anstelle von Butter. Man kann sich nichts Appetitlicheres und Aromatischeres vorstellen als einen hellen *roux*, in dem Zwiebeln, Sellerie, Paprikaschoten und Knoblauch schmoren. Ein wenig von diesem *roux*, auf ein Stück Baguette gestrichen, ist ein köstlicher Imbiß.

EIN STAAT WIRD VERKAUFT

Der Staat Louisiana verdankt seine Entstehung Europäern, genauer: dem französischen Forscher La Salle, der von den an der kanadischen Grenze im Norden gelegenen großen Seen aus eine Entdeckungsreise unternahm, die ihn den ganzen Lauf des Mississippi entlang südwärts führte. 1682 erreichte er die Küste des Golfs von Mexiko und nahm das gesamte Mississippi-Tal – das er zu Ehren seines Königs Ludwig XIV. Louisiana benannte – für Frankreich in Besitz. Nach und nach entstand in der Nähe der Mississippi-Mündung, einer von feuchtheißen Zypressensümpfen durchsetzten und von dichten Moskitoschwärmen heimgesuchten Region, eine Siedlung, aus der sich später New Orleans entwickelte. Mitte des 18. Jahrhunderts kam Louisiana unter die Herrschaft der Engländer und der Spanier, schließlich, am Ende des Jahrhunderts, jedoch wieder unter französische Oberhoheit. 1803 verkaufte Napoleon, dessen Finanzen einer dringenden Aufbesserung bedurften, den gesamten Staat für 15 Millionen Dollar an Präsident Jefferson. Durch diesen sogenannten Louisiana Purchase wurde Louisiana Teil der USA.

Obwohl New Orleans ständig durch den häufig Hochwasser führenden Mississippi bedroht war, dem man mit Dämmen und der Trockenlegung des Sumpflandes Herr zu werden versuchte, prosperierte die Stadt seit ihren Anfängen. Im Laufe der Zeit entwickelte sie sich zu einem Hafen, der den gesamten nordamerikanischen Kontinent bediente. Von hier aus liefen Dampfboote und Segelschiffe den Mississippi hinauf und hinunter, von hier aus handelte man mit der ganzen Welt. Auf den Plantagen, die die Kreolen auf den fruchtbaren Böden entlang des Mississippi angelegt hatten, wuchsen, von afrikanischen Sklaven gehegt, reiche Ernten an Reis, Zuckerrohr und Baumwolle.

New Orleans bot Glücksrittern und Flüchtlingen Unterschlupf. Mit der zunehmenden Zahl der Neusiedler, die sich hier eine neue Heimat schufen, entstand eine Küche, die einzigartig im Lande war. Heute kann man die Kochkunst von Louisiana in vielen Ländern der Welt kennenlernen, doch ihren Ausgang nahm sie hier, in den herrschaftlichen Stadthäusern der Kreolen und den bescheidenen Behausungen der Cajuns an den Bayous.

DIE ERSTE KOCHSCHULE DER USA

Die Ursprünge der kreolischen Küche lassen sich bis zu den letzten Jahren der Amtszeit von Gouverneur Bienville nach 1730 zurückverfolgen. Damals protestierten etwa fünfzig junge Frauen vor seiner Residenz. Sie erklärten, daß sie der ewigen Maisbreikocherei überdrüssig seien und man ihnen behilflich sein möge, ihre Familien mit interessanteren Gerichten zu verköstigen. Der einsichtige Gouverneur beauftragte seine Haushälterin, eine Madame Langlois, die rebellischen Damen mit den Erzeugnissen der heimischen Landwirtschaft vertraut zu machen. Madame Langlois, die so unversehens zur Gründerin der ersten Kochschule der USA wurde, hatte von den hier ansässigen Choctaw-Indianerinnen gelernt, wie man *hominy*, *grits* und Maisbrot macht, wie man *filé*-Pulver (getrocknete, zermahlene Sassafras-Blätter) verwendet und wie man die reichhaltigen Gaben der Flüsse und Sümpfe – Wild, Fisch, Krabben, Krebse und Garnelen – zubereitet.

Der nächste Gouverneur von New Orleans, der Marquis de Vaudreuil, führte ein luxuriöses Leben und gab große Bälle und Bankette. Er und seine Beamten hatten französische Köche mitgebracht, die bald ihre eleganten Rezepte mit lokalen Erzeugnissen anreicherten und so der kreolischen Küche neue Impulse gaben. In den neunziger Jahren des 18. Jahrhunderts ließen sich einige tausend französische Siedler, die vor blutigen Sklavenaufständen in der Karibik geflohen waren, in New Orleans nieder. Viele von ihnen brachten ihre Köche, sprich Sklaven, mit. Seitdem gibt es auch einen starken karibischen Einfluß in der Küche von New Orleans. Die Französische Revolution führte zu einer neuerlichen französischen Einwandererwelle ins südliche Louisiana. Es kamen vor allem Aristokraten, denen die Flucht vor der Guillotine geglückt war, und viele Herrschaftsköche, die ihrer wohlhabenden Dienstgeber verlustig gegangen waren. Die Küchenchefs fanden alsbald wieder Beschäftigung bei den Privilegierten in der Stadt oder eröffneten eigene Restaurants. Auch sie hatten entscheidenden Einfluß auf die Entwicklung der kreolischen Küche.

Vorhergehende Seite: Das Houmas House an der River Road von New Orleans wurde gegen Ende des 18. Jahrhunderts von einem französischen Zuckerrohrpflanzer erbaut. Die klassizistischen Elemente stammen aus den vierziger Jahren des 19. Jahrhunderts.

DALLAS AND JOHN HEATON/SCOOPIX

Tillandsien hängen in feinen Schleiern von den Bäumen, die in einem Sumpf in der Nähe von Cocodrie wachsen.

In der zweiten Hälfte des 18. Jahrhunderts gelangte das Territorium westlich des Mississippi für einen Zeitraum von rund dreißig Jahren unter spanische Herrschaft, und aus dieser Zeit stammt die Bezeichnung *criollo* für die ersten Siedler, die die Franzosen zu *créole* abwandelten, als man Louisiana wieder an sie abtreten mußte. Die Spanier, denen die kreolische Küche viel von ihrer Würze verdankt, brachten die *paella* mit, die Vorläuferin der louisianischen *jambalaya*. Die *paella* ist ein Reisgericht, das mit Gemüsen, Fleisch und Würsten angereichert wird, wobei man in den spanischen Küstenregionen das Fleisch häufig durch Fisch und Schaltiere ersetzte. Auch die *jambalaya*-Zubereitungen variieren je nach den erhältlichen Zutaten, zudem hat jeder Koch sein eigenes Rezept. Im Frühjahr dominieren in der *jambalaya* Gemüse, im Sommer Meerestiere, und im Herbst verleiht Wild dem Gericht einen unverwechselbaren jahreszeitlichen Charakter.

Vor dem amerikanischen Bürgerkrieg basierte die Wirtschaft Louisianas auf der Sklavenhaltung. Die männlichen Sklaven arbeiteten auf den Feldern und bauten die Herrschaftshäuser, die Frauen wurden für alles mögliche eingesetzt, in der Hauptsache aber mußten sie in Privathaushalten, Restaurants – und der eigenen Küche – kochen. Durch die Schwarzen erhielt die kreolische Küche ihre »Seele«; viele der heute existierenden erstklassigen Restaurants in New Orleans verdanken ihren Ruf dem Geschick ihrer schwarzen Küchenmeister.

So fanden viele verschiedene Einflüsse ihren Weg in den Schmelztiegel, der sich kreolische Küche nennt, nicht zuletzt eine Zutat mit dem Namen *joie de vivre*, Lebensfreude, die unabdingbar zum Leben in Louisiana gehört.

JERRY STEBBINS

DIE LEUTE AUS AKADIEN

Westlich des Mississippi liegt das Bayou-Gebiet. Hier sind die Cajuns von Louisiana zu Hause. Die Cajuns sind Abkömmlinge von Franzosen, die aus Akadien, ihrem ursprünglichen Siedlungsgebiet, einer Gegend in Kanada, die heute Neuschottland (Nova Scotia) genannt wird, fliehen mußten und 1755 Süd-Louisiana erreichten. Die Siedler, hauptsächlich Fischer und Bauern aus Nordwestfrankreich, waren im 17. Jahrhundert nach Kanada ausgewandert. Als die Briten das Land eroberten, wurden sie brutal vertrieben. Die Familien wurden auseinandergerissen, Männer von ihren Frauen, Frauen von den Kindern getrennt und in alle Winde zerstreut. Viele der Deportierten sahen einander nie wieder.

Während nur einige der Flüchtlinge später nach Kanada zurückkehrten, fand der Großteil von ihnen in Süd-Louisiana eine neue Heimat. Die Nachricht davon breitete sich bei den in Europa, Kanada und Südamerika verstreuten Exil-*Acadians* aus, und viele von ihnen machten sich auf den Weg in die Bayous von Louisiana, um Verwandte und Freunde wiederzusehen. Hier konnten die *Acadians* unbehelligt ihre Sprache sprechen, ihre Religion ausüben und ihr einfaches Leben leben.

So freundschaftlich, wie sie mit den Micmac-Indianern in den kanadischen Wäldern zusammengelebt hatten, war auch ihr Umgang mit den Choctaw-Indianern von Süd-Louisiana und den deutschen und spanischen Siedlern. Von den exotischen Gewürzen und Zutaten, die den Kreolen zur Verfügung standen, war in den Bayous nichts zu finden. Die Cajun-Küche verläßt sich daher fast ausschließlich auf heimische Produkte wie Wild, Meerestiere, Wildpflanzen und Kräuter, deren Zubereitung man den indianischen Ureinwohnern abschaute. Obwohl die Cajuns viele gleichartige Zutaten verwenden, ist die Variationsbreite dessen, was sie in ihren riesigen gußeisernen Töpfen kochen, beachtlich. Zu diesen Ein-Topf-Gerichten gehören *jambalaya*, Grillgerichte, *stews*, Frikassees, Suppen, *gumbos*, gefüllte Gemüse jeder Art und *sauce piquante*, ein sämiger, kräftig schmeckender *roux*, der mit Tomaten und Kräutern verfeinert wird.

Bis zur Mitte des 18. Jahrhunderts hatte sich in Louisiana auch eine namhafte Zahl von deutschen Siedlern niedergelassen, vor allem in der Cabanocey-Region im Herzen des Bayou-Gebiets und in Saint Charles Parish westlich von New Orleans. Sie waren leidenschaftliche Fleischesser und hatten Hühner, Schweine und Rinder mitgebracht, damit sie einen stetigen Vorrat an Fleisch, Milch und Butter hatten. Die Deutschen wußten, wie man Fleisch haltbar macht und Würste herstellt. Von ihnen lernten die Cajuns die *boucherie*, das Schlachtfest, bei dem alle Einwohner des Ortes zusammenkamen, um Schweine oder Kälber zu schlachten und zahllose Delikatessen zuzubereiten. Schweine wurden in Koteletts und Spareribs zerlegt, Schinken wurden geräuchert, andere Teile des Schweins gepökelt, und die Haut wurde zu *cracklings* gebraten. Mit besonderer Liebe widmete man sich den Würsten wie dem *boudin rouge*, einer Blutwurst, aber auch dem Schweinepreßkopf, zu dem man auch die Schweinefüße verwendete, die der gelatinösen Zubereitung die richtige Bindung gaben. Nicht ein Teil des Tieres wurde verschwendet.

KOCHEN ALS EVOLUTIONSPROZESS

Seit ihren Anfängen hat sich die Küche der Kreolen und Cajuns weiterentwickelt. Am besten läßt sich dies am *gumbo* demonstrieren, der entstand, als die französischen Siedler versuchten, *bouillabaisse* zu kochen. Die für diese berühmte Fischsuppe traditionell verwendeten Fische der französischen Felsenküste gab es im Bayou-Gebiet nicht, desgleichen weder Safran noch Olivenöl. Man behalf sich daher mit Schaltieren aus dem Golf von Mexiko und neuen einheimischen Zutaten wie *filé*-Pulver, das man bei den Indianern kennengelernt hatte, und der Zugabe von *andouille*, einer über Pekanholz geräucherten Wurst, die von den deutschen Siedlern stammte. Die Cajuns steuerten als Zutat den *roux* bei, der das originale Orange der Suppe zu Braun veränderte, und die Spanier Cayennepfeffer und Petersilie. Schließlich kamen noch Okraschoten, hier *gumbo* genannt, die von Negersklaven nach Louisiana mitgebracht worden waren, hinzu und gaben der Suppe ihren Namen. Später wurden die Meerestiere häufig durch Wild ersetzt oder durch eine Kombination aus Wild, Fleisch, Fisch und Schaltieren.

JERRY STEBBINS

Ein Cajun-Fischer bei der Arbeit mit seinen Netzen in Petite Calliou im Bayou-Gebiet

Seite 97: Zuschauer begrüßen einen der Festwagen des Mardi-gras-Umzugs in New Orleans. Die farbenfrohe Veranstaltung findet jährlich zu Beginn der Fastenzeit statt.

POBOYS UND MUFFULETTAS

❧

Für die Cajuns und Kreolen ist der *poboy* das, was die *muffuletta* für die Italiener von New Orleans ist. Für Nichteingeweihte scheinen beide Köstlichkeiten aus Louisiana schlicht Sandwiches zu sein, im Bayou-Gebiet gelten sie hingegen als Vorspeisen. Obwohl es in anderen Landesteilen ähnliche Zubereitungen – die dort *submarines* oder *hoagies* heißen – gibt, ist der *poboy* typisch für New Orleans. Man toastet Baguette-Brot und belegt es mit ausgebackenen Meeresfrüchten, Fleischscheiben oder Würsten, gibt Tomatenscheiben, kleingeschnittenen Salat, kreolischen Senf, Mayonnaise und Remoulade dazu und legt obenauf ein weiteres Stück getoastetes Baguette. Der Name der Zubereitung geht angeblich auf die Werftarbeiter am Mississippi zurück, die man als *poor boys*, arme Kerle, bezeichnete und die solche Sandwiches, in braunes Packpapier eingewickelt, zur Arbeit mitnahmen.

Die *muffuletta* ist ein belegtes Stück Brot und wurde gegen Ende des 19. Jahrhunderts erfunden. Sie entstand, als Italiener, die auf den Märkten von New Orleans arbeiteten, aus den unverkäuflichen zerdrückten grünen und schwarzen Oliven ein Mus zubereiteten und auf runde italienische Brotlaibe strichen, die man *muffs* nannte. Auf das Olivenmus kamen dann noch Schinkenscheiben, Salami und Provolone. Die berühmtesten *muffulettas* gibt es in der Central Grocery in der Decatur Street in New Orleans.

Grob gesprochen, könnte man die kreolische Küche als eine verfeinerte Küche der Städter bezeichnen, die sich aus klassischen europäischen Gerichten entwickelt hat, und die Cajun-Küche als ländlich-herzhaft und pikant gewürzt, doch verwischen sich diese Unterscheidungen heute mehr und mehr. In beiden Küchen ist der Reis eine Hauptzutat – man sagt den Louisianern nach, daß sie fünfmal soviel Reis wie der Rest der US-Einwohner verzehren. Die jungen Meisterköche von Louisiana nutzen die mannigfaltige kulinarische Tradition ihres Landes und entwickeln eigene Varianten der Regionalküche, wie zum Beispiel gefüllte Chayote oder Choko, die hier *mirliton* genannt werden, oder eine elegante *bisque* aus Krebsen.

NEW ORLEANS

Wer den authentischen Geschmack von Louisiana kennenlernen will, kommt nicht umhin, New Orleans zu besuchen, eine Stadt, deren Vitalität und kulturelle Vielfalt seit jeher Touristen anziehen. Die 66 Häuserblocks des French Quarter bilden das Herz der Stadt, dort, wo die Saint Louis Cathedral sich über dem Jackson Square erhebt, wo sich hinter schmiedeeisernen Gittern prächtige spanische Innenhöfe verbergen und die alten Gebäude noch den Schmuck ihrer filigranen Balkone tragen, die zum Symbol der Stadt geworden sind.

Der French Market mit seinen Ständen unter weit ausholenden Bögen wurde vor zweihundert Jahren gegründet. Die Vielfalt der Waren ist überwältigend. Sie reicht von heimischen Orangen, süßen Zwergbananen und Gemüsen aller Art bis hin zu Fleisch und Meerestieren, wie Krebsen, Schildkröten, *catfish* und Garnelen. Man findet Süßwarengeschäfte und Cafés, die den besten Kaffee auf dem ganzen Kontinent servieren. Zu den Favoriten gehört zu jeder Tages- und Nachtzeit *café au lait*, der zur Hälfte aus Kaffee und Zichorie und zur anderen Hälfte aus heißer Milch besteht. Dazu bestellt man sich ein *beignet*, einen quadratischen Krapfen, der mit reichlich Puderzucker bestäubt wird.

Kurz nach Weihnachten beginnt die Karnevalssaison, die ihren Höhepunkt in rauschenden Bällen und den Mardi-gras-Umzügen findet. Am Mardi gras quillt das French Quarter über von Menschen, die von überall angereist sind, um die Festwagen und Marschkapellen zu bestaunen. Doch Musik ist hier das ganze Jahr über zu hören. Die Erinnerung an Musikstars wie Louis Armstrong und Jelly Roll Morton, die ihre Jazzmusiker-Karriere in New Orleans begannen, ist in den zahllosen *honkey-tonks*, den Musikkneipen auf der Bourbon Street, allgegenwärtig.

DAS BAYOU-GEBIET

Westlich von Baton Rouge, etwas südlich vom Zentrum Louisianas, liegt das Bayou-Gebiet. Die Stadt Lafayette ist ihr Mittelpunkt und ebenfalls stolz auf ihren Mardi gras, doch nicht nur dann finden die Cajuns einen Anlaß zum Feiern. Ihr Wahlspruch ist: *Laissez les bons temps rouler*, machen wir uns eine schöne Zeit. In der Nähe von Lafayette kann man Acadian Village besuchen, eine restaurierte Museumsstadt, die ein Bild des Bayou-Lebens in früheren Zeiten vermittelt.

Crawfish-Liebhaber kommen in Breaux Bridge am Ufer des Bayou Teche auf ihre Kosten. Die Stadt, die sich selbst als *crawfish*-Hauptstadt der Welt bezeichnet, hält am ersten Wochenende im Mai ein *crawfish*-Festival ab, zu dem zahlreiche Besucher herbeiströmen, um *crawfish*-Delikatessen zu genießen. Eine solche Mahlzeit, am Ufer eines beschaulichen Bayous eingenommen, ist vielleicht die beste Möglichkeit für den Besucher, diesen schönen Landstrich von Louisiana kennenzulernen.

ℛEZEPTE AUS LOUISIANA

John Folse

River Road Seafood Gumbo

»River Road«-Meeresfrüchte-Gumbo

Dies ist die typischste Suppe der Cajuns, jeder Besucher Süd-Louisianas sollte sie unbedingt probieren. Für Meeresfrüchte-*gumbos* gibt es hier ebenso viele Rezepte, wie es Köche gibt.

1/4 l Pflanzenöl
125 g Mehl
4 Zwiebeln, gehackt
2 Stangen Sellerie, in kleine Würfel geschnitten
1 Paprikaschote, entkernt und in kleine Würfel
    geschnitten
4 Knoblauchzehen, gehackt
250 g andouille, chorizo oder eine andere
    würzige geräucherte Wurst, in dünne
    Scheiben geschnitten
1 kg Krebsfleisch, zerpflückt
3 l Schaltiersud
8 Frühlingszwiebeln, in Scheiben geschnitten
eine Handvoll Petersilie, gehackt
Salz
Cayennepfeffer
500 g kleine Garnelen, geschält und gesäubert
2 Dutzend ausgelöste Austern samt ihrer
    Flüssigkeit

In einem 8 Liter fassenden Suppentopf das Öl bei hoher Temperatur erhitzen. Das Mehl hineinstäuben und unter ständigem Rühren mit einem Schneebesen goldbraun werden lassen. Die Mehlschwitze darf auf keinen Fall anbrennen.

Zwiebeln, Sellerie, Paprikaschote und Knoblauch zugeben und 3 bis 5 Minuten anbraten. Die Wurst hineingeben, gut mit dem Gemüse vermischen und 2 bis 3 Minuten sautieren.

Die Hälfte des Krebsfleisches zugeben und unter ständigem Rühren schöpfkellenweise den heißen Schaltiersud zugießen. Dabei darauf achten, daß keine Klümpchen entstehen. Aufkochen lassen, die Hitze reduzieren und 30 Minuten köcheln lassen. Falls das Ganze zu dick wird, noch etwas Sud zugießen. Frühlingszwiebeln und Petersilie unterrühren und mit Salz und Cayennepfeffer abschmecken.

Garnelen, das restliche Krebsfleisch und Austern samt der Flüssigkeit unterheben. 5 Minuten köcheln lassen, nochmals abschmecken und heiß auftragen.

Für 12 Personen

Austern »Schöne Helene«, Garnelen mit würzigem Sirupüberzug, Austernsuppe »Rockefeller«, »River Road«-Meeresfrüchte-Gumbo

Syrup-peppered Shrimp

Garnelen mit würzigem Sirupüberzug

In Süd-Louisiana wird Zuckerrübensirup oft in Marinaden für Wild und zum Süßen von Kuchen und Puddings verwendet. Hier gibt er Garnelen eine besondere Note.

150 g Honig
1/8 l Zuckerrohr-, Ahorn- oder Maissirup
4 EL (60 ml) Weißwein
4 EL (60 ml) Sherry
1 EL frisch gemahlener schwarzer Pfeffer
2 Knoblauchzehen, gehackt
1 TL getrockneter Estragon
1 TL getrocknetes Basilikum
1 TL Thymian
1 EL gehackte Petersilie
3 Dutzend mittelgroße Garnelen, geschält und
*   gesäubert*

Den Backofen auf 190° C vorheizen. In einer großen Schüssel alle Zutaten mit Ausnahme der Garnelen mit einem Schneebesen gründlich miteinander verrühren. Sirup und Honig sollten sich gut mit den Kräutern verbunden haben.

Die Garnelen in einer etwa 23 x 33 cm großen feuerfesten Form nebeneinander auslegen und mit der Sirupmischung überziehen. Im vorgeheizten Ofen etwa 10 bis 15 Minuten backen, bis die Garnelen rosa und gar sind. Aus dem Ofen nehmen, pro Person sechs Garnelen auf einen Teller geben und mit etwas Garflüssigkeit beträufeln. Mit warmem Baguette servieren.

Für 6 Personen

Bisque of Oysters Rockefeller

Austernsuppe »Rockefeller«

Diese Suppe ist eine Variante des beliebtesten kreolischen Austerngerichts in New Orleans. Der Name Rockefeller ist zu einem Symbol für unbegrenzten Reichtum geworden und soll die Üppigkeit des Gerichts unterstreichen.

200 g Butter
2 Zwiebeln, gehackt
2 Stangen Sellerie, in kleine Würfel geschnitten
1/2 Paprikaschote, entkernt und in kleine Würfel
*   geschnitten*
4 Knoblauchzehen, fein gehackt
320 g tiefgefrorener gekochter Spinat, aufgetaut
125 g in kleine Würfel geschnittene andouille,
*   chorizo oder eine andere würzige geräucherte*
*   Wurst*
6 EL (90 g) Mehl
1 1/2 l Austernflüssigkeit oder Hühnerbrühe
1 l Crème double
6 Dutzend ausgelöste Austern
2 Frühlingszwiebeln, in Scheiben geschnitten
1 Handvoll gehackte Petersilie
Salz und weißer Pfeffer
1 EL Pernod oder Herbsaint

In einem Suppentopf von 8 Liter Inhalt die Butter bei mittlerer Temperatur erhitzen. Zwiebeln, Sellerie, Paprikaschote und Knoblauch hineingeben und 3 bis 5 Minuten sautieren, bis die Gemüse etwas weich sind. Spinat und *andouille* zugeben. Die Gemüse mit einem Mixstab pürieren. Mit Mehl bestäuben und unter Rühren anschwitzen lassen.

Schöpfkellenweise die Austernflüssigkeit unterrühren, kurz aufkochen lassen und bei niedriger Temperatur 30 Minuten köcheln lassen. Crème double, Austern, Frühlingszwiebeln und Petersilie zugeben und köcheln lassen, bis sich die Ränder der Austern kräuseln. Mit Salz und weißem Pfeffer abschmecken, den Pernod unterrühren und auftragen.

Für 12 Personen

Oysters »Belle Hélène«

Austern »Schöne Helene«

Dies ist ein gelungenes Beispiel für die Weiterentwicklung der kreolischen und Cajun-Küche. Die Aromen der Austern und der *andouille* mischen sich in einer klassischen Buttersauce, mit der dann Blätterteigquadrate gefüllt werden.

Blätterteig:
500 g Butter
1 Prise Salz
500 g Mehl
3/8 l Sahne oder Wasser
1 Ei, verquirlt

Füllung:
4 EL (60 g) Butter
125 g in kleine Würfel geschnittene andouille,
*   chorizo oder eine andere würzige geräucherte*
*   Wurst*
1 Knoblauchzehe, fein gehackt
30 g Pilze, in Scheiben geschnitten
2 Frühlingszwiebeln, gehackt
1 kleine Tomate, in Würfel geschnitten
1/4 rote Paprikaschote, entkernt und in kleine
*   Würfel geschnitten*
2 Dutzend ausgelöste Austern samt ihrer
*   Flüssigkeit*
4 EL (60 ml) Champagner
1/4 l Crème double
125 g kalte Butter, in kleine Stücke geschnitten
Salz und frisch gemahlener schwarzer Pfeffer

Für den Teig die Butter mit dem Handrührgerät oder in der Küchenmaschine schaumig rühren. Salz und 4 EL (60 g) Mehl unterrühren. Auf einem Stück eingebuttertem Wachspapier oder auf Backpapier zu einem Quadrat von 13 cm Länge und 3 cm Dicke auswalzen und kalt stellen.

In der Zwischenzeit die Sahne mit dem restlichen Mehl verrühren. Auf einer bemehlten Arbeitsfläche zu einem glatten Teig kneten, in Klarsichtfolie wickeln und für einige Minuten in den Kühlschrank legen.

Den Teig auf einer leicht bemehlten Arbeitsfläche zu einem Rechteck von etwa 16 x 30 cm ausrollen. Das Butterstück auf die eine Teighälfte setzen und die andere Hälfte des Teigs darüberschlagen. Die Teigränder rundherum gut zusammendrücken. Zu einem Rechteck von 1 cm Stärke ausrollen und den Teig zu drei Schichten übereinanderklappen. Den Teig nochmals zu einem Rechteck ausrollen und dies wiederum zu drei Schichten übereinanderschlagen. In Klarsichtfolie eingewickelt für etwa 1 Stunde in den Kühlschrank legen.

Aus dem Kühlschrank nehmen und den Teig ausrollen, übereinanderschlagen und wieder ausrollen. Diesen Vorgang einige Male wiederholen. Nachdem man den Teig zweimal ausgerollt und übereinandergeschlagen hat, wieder eine halbe Stunde im Kühlschrank ruhen lassen, bevor man ihn weiterverarbeitet.

Den Teig in zwei Portionen teilen und jede Hälfte in ein etwa 25 cm großes Quadrat ausrollen. Die beiden Teigquadrate aufeinanderlegen und die Ränder begradigen. Den Teig in sechs etwa 7 bis 8 cm große Quadrate schneiden. Den Backofen auf 200° C vorheizen. Die Teigquadrate auf ein großes Backblech setzen und mit dem verquirlten Ei bestreichen. In den vorgeheizten Ofen schieben und 10 bis 15 Minuten backen, bis der Blätterteig goldgelb ist. Aus dem Ofen nehmen und warm halten.

Für die Füllung die Butter bei Mittelhitze in einem schweren Topf zerlassen. Wurst, Knoblauch, Pilze, Frühlingszwiebeln, Tomate und Paprikaschote hineingeben und 3 bis 5 Minuten braten, bis die Gemüse etwas weich sind. Austern samt ihrer Flüssigkeit und den Champagner zugeben. Etwa 2 Minuten schmoren lassen, bis sich die Ränder der Austern zu wölben beginnen.

Crème double zugeben und um die Hälfte einkochen lassen. Nach und nach die Butterstückchen unterrühren und mit Salz und Pfeffer abschmecken.

Jeweils ein Blätterteigquadrat auf sechs vorgewärmte Teller setzen, Teigdeckel abnehmen und Austern und Sauce gleichmäßig auf den Teigböden verteilen. Die Teigdeckel daraufsetzen und servieren.

Für 6 Personen

Shrimp Rémoulade Bayou Teche

Garnelen mit Remouladensauce

Viele Restaurants im südlichen Louisiana stellen ihre eigene Remouladensauce in vielen Varianten her. Dies ist ein Rezept vom River Road, dem Gebiet, das zwischen New Orleans und Baton Rouge am Mississippi liegt.

Garnelen:
2 l Wasser
2 Zwiebeln, in Würfel geschnitten
2 Stangen Sellerie, in Würfel geschnitten
3 Lorbeerblätter
4 EL (60 ml) Zitronensaft
1 Zitrone, in Scheiben geschnitten
4 EL Salz
2 EL frisch gemahlener schwarzer Pfeffer
3 Dutzend mittelgroße Garnelen, geschält und
*   gesäubert*
grüne Salatblätter zum Garnieren

Remouladensauce:
³/₈ l Mayonnaise
2 Frühlingszwiebeln, in kleine Würfel
*   geschnitten*
¹/₂ Stange Sellerie, in kleine Würfel geschnitten
¹/₈ l kreolischer oder Dijon-Senf
4 Knoblauchzehen, fein gehackt
1 EL Worcestershire-Sauce
4 EL gehackte Petersilie
1 Spritzer Tabasco
¹/₂ EL Zitronensaft
Salz und zerstoßener schwarzer Pfeffer

Garnelen mit Remouladensauce

Für die Zubereitung der Garnelen alle Zutaten bis auf die Garnelen und die Salatblätter in einem 4 Liter fassenden Suppentopf bei mittlerer Temperatur zum Kochen bringen. Die Hitze reduzieren und 15 Minuten köcheln lassen. Den Sud wieder stark zum Kochen bringen und die Garnelen hineingeben. Umrühren und 3 bis 5 Minuten kochen lassen, bis die Garnelen rosa und gar sind. Darauf achten, daß die Garnelen nicht zu lange garen, weil ihr Fleisch sonst trocken wird. Den Sud abgießen und die Garnelen mit kaltem Wasser abschrecken, damit sie nicht weitergaren. Abtropfen lassen und in eine Schüssel geben. Mit Klarsichtfolie abgedeckt in den Kühlschrank stellen. Bis zu diesem Arbeitsgang lassen sich die Garnelen bereits einen Tag im voraus zubereiten.

Für die Remouladensauce alle Zutaten in einer Schüssel gut miteinander verrühren und zugedeckt mindestens 4 Stunden, am besten über Nacht im Kühlschrank ziehen lassen. Nochmals abschmecken.

Pro Person 6 Garnelen auf einem großen Salatblatt auf Tellern anrichten und mit Remouladensauce begießen. Sofort auftragen, damit die Garnelen ihren Biß nicht verlieren.

Für 6 Personen

Smoked Duck Breasts Castel

Geräucherte Entenbrust

In Salaten und Appetithappen verwendet man in Louisiana häufig geräuchertes Hühnerfleisch, im Bayou-Gebiet hingegen zieht man geräucherte Entenbrust vor.

0,2 l Pflanzenöl
¹/₈ l Zuckerrohr-, Ahorn- oder Maissirup
4 EL (60 ml) trockener Rotwein
2 EL Worcestershire-Sauce
1 Spritzer Tabasco
1 Zwiebel, in Würfel geschnitten
1 große Mohrrübe,
*   in Würfel geschnitten*
1 Knoblauchzehe, fein gehackt
2 EL frisch gemahlener schwarzer Pfeffer
1 TL Salz
1 TL getrockneter Thymian
1 TL getrockneter Estragon
6 Entenbrüste, entbeint

Ein Räuchergerät nach Anleitung des Herstellers vorheizen.

In einer großen Schüssel alle Zutaten für die Marinade vermischen. Die Entenbrüste hineinlegen und bei Zimmertemperatur eine Stunde marinieren. Die Entenbrüste aus der Marinade nehmen und 30 bis 45 Minuten räuchern; das Fleisch sollte noch rosa sein.

Aus dem Räuchergerät nehmen und in 5 mm dicke Scheiben schneiden. Heiß, lauwarm oder kalt mit kreolischem Senf (ersatzweise mit Dijon-Senf), den man mit etwas Zuckerrohrsirup süßt, auftragen.

Die Entenbrustscheiben kann man auch in einem Salat oder in einem *gumbo* verwenden.

Für 6 Personen

Chicken Bienville

Huhn »Bienville«

In den frühen Tagen von New Orleans war Huhn am häufigsten auf der Speisekarte zu finden. Der Name dieses Rezeptes geht auf den ersten Franzosen zurück, der die Mississippi-Mündung erreichte.

1 Brathuhn, etwa 1 ½ kg schwer
125 g Butter
2 große Zwiebeln, in kleine Würfel geschnitten
4 Stangen Sellerie, in Würfel geschnitten
¼ rote Paprikaschote, entkernt und in Würfel geschnitten
4 Knoblauchzehen, fein gehackt
3 Frühlingszwiebeln, in Scheiben geschnitten
4 EL (60 g) Mehl
½ l Hühnerbrühe
½ l Crème double
Salz
Cayennepfeffer
250 g gehackte Pekannüsse
¼ l Mayonnaise
1 EL Zitronensaft
6 hartgekochte Eier, gehackt
180 g Semmelbrösel, mit etwas Salz und Pfeffer vermischt

Den Backofen auf 180° C vorheizen. Mit einem spitzen scharfen Messer das Huhn ausbeinen.

In einem Topf von 2 Liter Inhalt die Butter bei mittlerer Temperatur zerlassen. Zwiebeln, Sellerie, Paprikaschote, Knoblauch und Frühlingszwiebeln hineingeben und 3 bis 5 Minuten sautieren, bis die Gemüse etwas weich sind. Mehl darüberstäuben und mit einem Schneebesen zu einer glatten Mehlschwitze rühren. Unter ständigem Rühren langsam Hühnerbrühe und Crème double zugießen. Aufkochen lassen, die Hitze reduzieren und 10 bis 15 Minuten köcheln lassen. Falls die Sauce zu dick sein sollte, etwas mehr Brühe oder Crème double zugeben. Mit Salz und Cayennepfeffer abschmecken.

Das Hühnerfleisch in eine 4 Liter fassende Kasserolle geben, Pekannüsse, Mayonnaise, Zitronensaft und hartgekochte Eier sowie die Sauce darüber verteilen und alles gründlich miteinander vermengen. Mit Semmelbröseln bestreuen und ohne Deckel im vorgeheizten Ofen etwa 45 Minuten backen. Heiß auftragen.

Für 6 Personen

Baked Game Hens Vacherie

Gebratene Wildvögel

Unter den ersten Siedlern in Süd-Louisiana waren viele Deutsche. Ihre erste Gemeinde errichteten sie in Saint Charles Parish westlich von New Orleans. Das folgende Gericht erfreut sich bei den Louisiana-Deutschen besonderer Beliebtheit.

6 Wildvögel, Wachteln, Tauben oder Stubenküken
Salz und frisch gemahlener schwarzer Pfeffer
3 Knoblauchzehen, gehackt
4 TL grüne Pfefferkörner
3 EL Worcestershire-Sauce
3 TL Tabasco
¼ l zerlassene Butter
2 TL getrockneter Thymian
2 TL getrocknetes Basilikum
2 TL Paprikapulver
2 EL trockener Weißwein
4 EL gehackte Petersilie

Den Backofen auf 180° C vorheizen. Die Vögel längs halbieren, Rückgrat und die Flügelspitzen entfernen. Mit Salz, Pfeffer und Knoblauch einreiben. Mit einem scharfen, spitzen Messer kleine Taschen in Brüste und Keulen schneiden und einige grüne Pfefferkörner hineingeben.

Die Vögel in eine Bratpfanne legen, Hautseite nach oben, und mit Worcestershire-Sauce, Tabasco, zwei Drittel der zerlassenen Butter, Thymian, Basilikum und Paprikapulver überziehen. Die restliche Butter und den Wein in die Bratpfanne gießen und in den Ofen schieben. Etwa 30 Minuten backen, dabei die Vögel gelegentlich mit dem Bratensaft bestreichen. Das Geflügel ist gar, wenn sich die Keulen leicht vom Körper lösen.

Aus dem Ofen nehmen und die Vögel auf einer vorgewärmten Platte anrichten. Die gehackte Petersilie unter den Bratensaft rühren und die Sauce über das Geflügel gießen.

Für 6 Personen

Gebratene Wildvögel, Huhn »Bienville«

Geräucherte Entenbrust
ALLAN ROSENBERG

ALLAN ROSENBERG

Jambalaya Acadian

Akadischer Reiseintopf

Jambalaya ist das bekannteste Reisgericht Amerikas. Als spanische Siedler Anfang des 18. Jahrhunderts nach New Orleans kamen, paßten sie ihr Rezept für die *paella* den hier erhältlichen Produkten an. Venus- und Miesmuscheln wurden durch Austern und Krebse ersetzt, und an die Stelle des Schinkens trat die *andouille*. Sie nannten ihr Gericht *jambon la yaya*, nach der afro-amerikanischen Bezeichnung *yaya* für Reis. Heute wird das Gericht mit allem, was gerade verfügbar ist, zubereitet. Die beliebteste Kombination ist Schweinefleisch, Huhn und *andouille*.

4 EL (60 ml) ausgelassener Speck
1 ½ kg Schweinefleisch, in Würfel geschnitten
1 kg andouille, chorizo *oder eine andere*
    würzige geräucherte Wurst, in dünne
    Scheiben geschnitten
4 Zwiebeln, gehackt
3 Stangen Sellerie, in kleine Würfel geschnitten
1 Paprikaschote, entkernt und in kleine Würfel
    geschnitten
6 Knoblauchzehen, fein gehackt
2 l Rinder- oder Hühnerbrühe
125 g Pilze, gehackt
4 Frühlingszwiebeln, in Scheiben geschnitten
1 Handvoll gehackte Petersilie
Salz
Cayennepfeffer
1 Spritzer Tabasco
750 g Langkornreis

In einem 9 Liter fassenden *Dutch oven* oder in einer Kasserolle das ausgelassene Fett bei mittlerer Temperatur erhitzen. Das Schweinefleisch darin etwa 30 Minuten anbraten, bis es von allen Seiten stark gebräunt ist und einige Fleischwürfel am Boden kleben bleiben. Das ist wichtig, weil die *jambalaya* dadurch ihre typische dunkle Farbe bekommt. Die Wurst zugeben und 10 bis 15 Minuten unter Rühren anbraten.

Den Topf etwas kippen und bis auf 2 EL alles Fett abschöpfen. Zwiebeln, Sellerie, Paprikaschote und Knoblauch in den Topf geben und bei mittlerer Temperatur 5 bis 10 Minuten kräftig anbraten, jedoch nicht zu dunkel werden lassen.

Die Brühe zugießen, aufkochen lassen, die Hitze reduzieren und das Ganze 15 Minuten köcheln lassen. Pilze, Frühlingszwiebeln und Petersilie unterrühren und mit Salz, Cayennepfeffer und Tabasco abschmecken. Den Reis zugeben und bei niedriger Temperatur 30 bis 45 Minuten köcheln lassen, dabei alle 15 Minuten umrühren. Der Reis sollte gar, aber nicht klebrig sein.

Für 10 Personen

Crawfish Stew Jean Lafitte

Eintopf aus Flußkrebsen »Jean Lafitte«

Dies ist das beliebteste Flußkrebsgericht in den Bayous. Es ist ähnlich leicht zuzubereiten wie Krebssuppe, benötigt aber nur die Hälfte der Zeit. Jean Lafitte war ein Pirat und mit Lafayette befreundet, der wiederum mit seinen Mannen Andrew Jackson bei seinem Sieg in der Schlacht von New Orleans 1814 unterstützte.

¼ l Pflanzenöl
125 g Mehl
4 Zwiebeln, gehackt
2 Stangen Sellerie, in kleine Würfel geschnitten
1 Paprikaschote, entkernt und in kleine Würfel
    geschnitten
2 Knoblauchzehen, fein gehackt
1 ½ kg Flußkrebsschwänze oder Garnelen
4 EL (60 ml) Tomatensauce, vorzugsweise
    hausgemacht
3 l Schaltiersud, Fischfond oder Wasser
12 Frühlingszwiebeln, gehackt
1 Handvoll gehackte Petersilie

Salz
Cayennepfeffer
1 Spritzer Tabasco

In einem 9 Liter fassenden Suppentopf das Öl bei mittlerer Temperatur erhitzen. Das Mehl hineinstäuben und mit einem Schneebesen in etwa 5 bis 10 Minuten zu einer dunkelbraunen Mehlschwitze rühren. Zwiebeln, Sellerie, Paprikaschote und Knoblauch zugeben und 3 bis 5 Minuten sautieren. Flußkrebsschwänze hineingeben und köcheln lassen, bis sie rosa und gar sind.

Die Tomatensauce und nach und nach den Sud unterrühren, aufkochen lassen, die Hitze reduzieren und bei niedriger Temperatur 30 Minuten köcheln lassen. Dabei gelegentlich umrühren. Frühlingszwiebeln und Petersilie unterrühren, mit Salz und Cayennepfeffer abschmecken und heiß mit Tabasco servieren.

Für 6 Personen

Eintopf aus Flußkrebsen »Jean Lafitte«, Akadischer Reiseintopf

ALLAN ROSENBERG

Schweinemedaillons »Bayou Lafourche«, Gefüllte Kaninchenkeulen »Cabanocey« (hier mit braunem und wildem Reis)

ALLAN ROSENBERG

Stuffed Leg of Rabbit Cabanocey

Gefüllte Kaninchenkeulen »Cabanocey«

Cabanocey ist ein Wort aus der Sprache der Houmas-Indianer, bedeutet »wo die Stockente nistet« und bezieht sich auf ein Gebiet im Herzen des Bayou-Landes, wo man gern Kaninchen ißt. Das Gericht wurde bei verschiedenen Kochwettbewerben in Louisiana mit Goldmedaillen ausgezeichnet.

500 g gekochte Flußkrebsschwänze oder
    Garnelen, gehackt
1 Zwiebel, in kleine Würfel geschnitten
1 Stange Sellerie, in kleine Würfel geschnitten
1/4 rote Paprikaschote, entkernt und in kleine
    Würfel geschnitten
2 Knoblauchzehen, gehackt
2 Frühlingszwiebeln, in Scheiben geschnitten
1/8 l Crème double
4 EL (60 g) Semmelbrösel, mit etwas Salz und
    Pfeffer vermischt
Salz
1 Prise Cayennepfeffer
6 hintere Kaninchenkeulen, ausgebeint

1/8 l zerlassene Butter
1/8 l Zuckerrohr-, Ahorn- oder Maissirup
1 EL getrockneter Thymian
1 EL getrocknetes Basilikum
1 EL getrockneter Estragon
1 EL frisch gemahlener schwarzer Pfeffer
1/8 l trockener Rotwein
1/2 l Rinderkraftbrühe

In einer großen Schüssel Flußkrebse, Zwiebel, Sellerie, Paprikaschote, Knoblauch, Frühlingszwiebeln und Crème double gründlich vermengen. Nach und nach die Semmelbrösel unterrühren und mit Salz und Cayennepfeffer würzen.

Die ausgebeinten Kaninchenkeulen gleichmäßig mit dieser Mischung füllen und in einer großen Kasserolle oder feuerfesten Form auslegen. Mit Butter, Sirup, Kräutern und schwarzem Pfeffer überziehen und 1 Stunde bei Zimmertemperatur ziehen lassen.

Den Backofen auf 230° C vorheizen. Die Kaninchenkeulen in etwa 15 bis 20 Minuten braten. Sie sollten goldbraun und die Füllung gar sein. Die Kaninchenkeulen aus der Form

nehmen und warm stellen. Den Bratensatz mit Rotwein löschen und in einen kleinen Topf gießen. Rinderkraftbrühe zugeßen und so lange köcheln lassen, bis die Sauce leicht eingedickt ist.

Zum Servieren die Kaninchenkeulen jeweils in drei Stücke schneiden und auf Tellern anrichten. Einen großzügigen Spiegel Sauce neben das Fleisch gießen und auftragen.

Für 6 Personen

Medallions of Pork
Bayou Lafourche

Schweinemedaillons »Bayou Lafourche«

Feigen gehören zu der ursprünglichen Flora von Louisiana und wurden schon von der Indianern als Kochzutat verwendet. Die ersten Cajun-Siedler lernten schnell, die Früchte mit Schweinefleisch zuzubereiten

4 EL (60 ml) Pflanzenöl
12 Schweinemedaillons von jeweils etwa 100 g
Salz
Cayennepfeffer
125 g Mehl
2 Frühlingszwiebeln, in Scheiben geschnitten
60 g Champignons oder Egerlinge, in Scheiben
   geschnitten
2 Knoblauchzehen, gehackt
2 EL Portwein
100 g Feigen aus der Dose oder getrocknete
   Feigen
1/2 l Rinderkraftbrühe
1 EL gehackte Petersilie

In einer Pfanne von etwa 25 cm Durchmesser
das Öl bei mittlerer Temperatur erhitzen. Die
Schweinemedaillons mit Salz und Cayennepfeffer würzen, mit Mehl bestäuben, in die Pfanne
geben und von beiden Seiten goldbraun braten.
Innen sollten sie allerdings noch rosa sein.
Frühlingszwiebeln, Champignons und Knoblauch zugeben und 1 bis 2 Minuten anbraten,
bis die Gemüse etwas weich sind.

   Mit Portwein ablöschen, Feigen und Rinderkraftbrühe zugeben und so lange köcheln
lassen, bis die Sauce leicht eingedickt und das
Fleisch durchgegart ist. Petersilie unterrühren
und mit Salz und Cayennepfeffer abschmecken.
Pro Person zwei Medaillons auf einem Teller
anrichten und großzügig mit der Sauce übergießen.

Für 6 Personen

Shrimp-stuffed Mirliton Kristine

Garnelengefüllte Chayote »Kristine«

Die anderswo als Chayote oder Choko bekannte
Gemüsebirne wird in Louisiana *mirliton* genannt. Sie wurde im 18. Jahrhundert aus Südamerika eingeführt und ist bei den Cajuns und
Kreolen das beliebteste Gemüse.

6 Chayotes, längs halbiert
125 g Butter
4 Zwiebeln, gehackt
2 Stangen Sellerie, in kleine Würfel geschnitten
1/2 Paprikaschote, entkernt und in kleine Würfel
   geschnitten
2 Frühlingszwiebeln, in Scheiben geschnitten
4 Knoblauchzehen, fein gehackt
125 g Schinken, in kleine Würfel geschnitten
1/4 l kräftige Hühnerbrühe
250 g kleine Garnelen, geschält und gesäubert
Salz und frisch gemahlener schwarzer Pfeffer
4 EL gehackte Petersilie
200 g Semmelbrösel, mit etwas Salz und Pfeffer
   vermischt
3 EL Butter, in kleine Stücke geschnitten

Den Backofen auf 190° C vorheizen. Die
Chayotes in leicht gesalzenem Wasser 30 Minuten kochen. Das Fleisch sollte gerade so weich
sein, daß man es mühelos aus der Schale lösen
kann. Die Eierkürbisse aus dem Wasser nehmen
und unter fließendem kaltem Wasser abkühlen
lassen. Mit einem Löffel die Samen herauskratzen und das Fleisch auslösen. Fleisch und
die sechs besten Schalen beiseite stellen.

In einem 4 Liter fassenden Topf die Butter
bei mittlerer Temperatur zerlassen. Zwiebeln,
Sellerie, Paprikaschote, Frühlingszwiebeln,
Knoblauch und Schinken etwa 15 Minuten
darin sautieren, bis die Gemüse etwas weich
geworden sind. Falls die Mischung zu trocken
wird, ein wenig Brühe zugießen.

   Das Chayotefleisch hacken und zusammen
mit den Garnelen zu den Zutaten in den Topf
geben. Etwa 30 Minuten schmoren lassen. Den
Topf vom Herd nehmen und die Mischung mit
Salz, schwarzem Pfeffer und Petersilie würzen.
Semmelbrösel unterrühren, um die Flüssigkeit
zu binden.

   Die sechs Kürbisschalen mit der Mischung
füllen, in eine feuerfeste Form setzen und
Butterflöckchen und restliche Semmelbrösel
darauf verteilen. Im Ofen etwa 15 Minuten
backen, bis die Oberfläche goldbraun ist, und
heiß servieren.

Für 6 Personen

Maque Choux

Cajun-Gemüsepfanne

Bei *maque choux* denkt man in den USA normalerweise an eine Maissuppe. Dies ist ein Gericht der Cajuns vom River Road, angereichert
mit Süßwasserkrebsen aus dem Mississippi.
Maque ist ein einheimisches Louisianer Wort für
Mais, *maque choux* läßt sich grob mit »falscher
Kohl« übersetzen. Der Ursprung des Namens ist
unbekannt.

8 zarte Maiskolben
1/8 l ausgelassener Speck
2 Zwiebeln, gehackt
1 Stange Sellerie, in kleine Würfel geschnitten
1/2 grüne Paprikaschote, entkernt und in kleine
   Würfel geschnitten
1/2 rote Paprikaschote, entkernt und in kleine
   Würfel geschnitten
4 Knoblauchzehen, fein gehackt
60 g andouille, chorizo oder eine andere
   würzige geräucherte Wurst, in kleine Würfel
   geschnitten
4 Tomaten, grob gehackt
2 EL Tomatensauce, vorzugsweise hausgemacht
400 g kleine Garnelen, geschält und gesäubert
6 Frühlingszwiebeln, in Scheiben geschnitten
Salz und frisch gemahlener schwarzer Pfeffer

Die Maiskolben aus den Blättern schälen und
mit einem kleinen scharfen Messer die Körner
von den Kolben lösen. Dabei Saft und Fruchtfleisch von den Kolben kratzen, denn sie geben
dem Gericht Gehalt.

   In einem Topf von 4 Liter Inhalt das ausge-
lassene Fett bei mittlerer Temperatur erhitzen.
Maiskörner, Zwiebeln, Sellerie, Paprikaschoten,
Knoblauch und Wurst hineingeben und 15
bis 20 Minuten schmoren lassen, bis die
Gemüse weich sind.

Garnelengefüllte Chayote »Kristine«

ALLAN ROSENBERG

Tomaten, Tomatensauce und Garnelen zugeben und weitere 30 Minuten köcheln lassen. Frühlingszwiebeln unterrühren und mit Salz und Pfeffer abschmecken. Weitere 15 Minuten köcheln lassen, dann servieren.

Für 8 Personen

Casserole of Summer Squash

Kürbisgemüse-Kasserolle

Dieses pfannengerührte Gemüsegericht paßt ideal zu Nudeln oder läßt sich als Füllung für Fisch, Geflügel oder Auberginen verwenden.

125 g Butter
60 g gehackte Pekannüsse
10 kleine Gemüsekürbisse oder Zucchini,
   in Würfel geschnitten
2 Zwiebeln, gehackt
1 Stange Sellerie, in kleine Würfel geschnitten
1/2 rote Paprikaschote, entkernt und in Würfel
   geschnitten
4 Knoblauchzehen, gehackt
150 g geräucherter Schinken, in Würfel
   geschnitten
1 kleine Tomate, in Würfel geschnitten
Salz
Cayennepfeffer
2 EL (30 g) Semmelbrösel, mit etwas Salz und
   Pfeffer vermischt
2 EL (30 g) frisch geriebener Parmesan

In einer schweren Pfanne von etwa 25 cm Durchmesser die Butter bei mittlerer Temperatur zerlassen. Die Pekannüsse hineingeben und goldbraun rösten. Die Nüsse mit einem Schaumlöffel herausnehmen und beiseite stellen.

Kürbis, Zwiebeln, Sellerie, Paprikaschote, Knoblauch und Schinken in die Pfanne geben und 5 bis 10 Minuten schmoren lassen, bis der Kürbis gar ist. Tomate zugeben und mit Salz und Cayennepfeffer würzen. Die Tomate heiß werden lassen, die Pfanne vom Herd nehmen und Semmelbrösel, Parmesan und Pekannüsse unterrühren. Sofort auftragen. (Für eine farbenfrohere Zusammenstellung kann man zusätzlich noch Erbsen oder frische Limabohnen in die Pfanne geben.)

Für 6 Personen

Braised Cabbage with Tasso Ham

Geschmorter Kohl mit Schinken

Dieses Gericht wird in den meisten Haushalten in Süd-Louisiana am Neujahrstag aufgetragen. Man glaubt, daß der Verzehr von Kohl am 1. Januar ein Jahr ohne Geldsorgen beschert. Der Kohl wird absichtlich länger geschmort, um sein Aroma zu verstärken.

Geschmorter Kohl mit Schinken, Kürbisgemüse-Kasserolle, Cajun-Gemüsepfanne

1 großer Kohlkopf, geputzt und geviertelt
1/8 l ausgelassener Speck
250 g geräucherter Schinken oder geräucherte
   Wurst, in Scheiben geschnitten
4 Zwiebeln, gehackt
1 Stange Sellerie, in kleine Würfel geschnitten
1/2 Paprikaschote, entkernt und in kleine Würfel
   geschnitten
4 Knoblauchzehen, fein gehackt
4 Frühlingszwiebeln, in Scheiben geschnitten
1/4 l Hühnerbrühe
Salz und frisch gemahlener schwarzer Pfeffer

Den geviertelten Kohl in jeweils 2 bis 3 Stücke schneiden und die Blätter lösen. In einem 4 Liter fassenden Topf das ausgelassene Fett bei mittlerer Temperatur erhitzen. Schinken, Zwiebeln, Sellerie, Paprikaschote, Knoblauch und Frühlingszwiebeln hineingeben und in etwa 5 Minuten etwas weich werden lassen. Die Kohlblätter untermischen und ebenfalls etwas anschmoren.

Hühnerbrühe zugießen und zugedeckt bei gelegentlichem Rühren etwa 45 Minuten köcheln lassen. Mit Salz und Pfeffer abschmecken und auf einem Reisbett oder zu Fleisch oder Fisch servieren.

Für 6 Personen

ALLAN ROSENBERG

Plantagen-Brotpudding

men und weitere 1 bis 2 Minuten aufschlagen.

Den Brotpudding vollkommen abkühlen lassen und mit warmem Mandelschaum servieren. (Der Mandelschaum läßt sich im voraus zubereiten und muß dann nur wieder aufgewärmt werden.)

Für 6 bis 8 Personen

Fig and Pecan Torte

Feigen-Pekannuß-Kuchen

Die ersten Cajun- und kreolischen Siedler fanden in Louisiana Feigen im Überfluß vor. Noch vor nicht allzu langer Zeit war es in den Haushalten im Spätsommer üblich, Feigen und sonstiges Obst und Gemüse für den Winter einzulegen.

Teig:
200 g Mehl
1 Prise Salz
3 EL (45 g) Zucker
125 g Butter
1 Ei
2 – 3 EL Eiswasser

Belag:
4 EL (60 g) Zucker
1 EL Maisstärke
1/4 l Maissirup
4 EL (60 ml) Zuckerrohr-, Ahorn- oder
*   Maissirup*
2 EL Vanille-Essenz
3 Eier, verquirlt
125 g gehackte Pekannüsse
125 g Feigen aus der Dose oder getrocknete
*   Feigen, zerkleinert*
1 Prise gemahlener Zimt
1 Prise geriebene Muskatnuß

Plantation Bread-pudding Cake

Plantagen-Brotpudding

Dieses Rezept stammt von einem begnadeten Experten für Brotpudding, Sharon Jesowshek. Man braucht Geduld, um dieses Gericht zuzubereiten. Das Ergebnis ist jedoch ein wahres kulinarisches Kunstwerk.

1 l Milch
8 Eier
180 g Zucker
4 EL (60 ml) Vanille-Essenz
1 EL gemahlener Zimt
1 EL gemahlene Muskatnuß
1 EL Pflanzenöl zum Ausstreichen der Form
2 Baguettes, in 1 cm dicke Scheiben geschnitten
125 g Rosinen
100 g gehackte Pekannnüsse
1 EL Zucker zum Bestreuen

Mandelschaum:
3 Eigelbe
0,2 l trockener Weißwein
1/8 l Mandel- oder Haselnußlikör
1/8 l Zuckerrohr-, Ahorn- oder Maissirup

In einer großen Schüssel Milch, Eier und Zukker gründlich mit einem Schneebesen verrühren. Vanille-Essenz, Zimt und Muskatnuß unterrühren.

Eine Springform von etwa 25 cm Durchmesser mit Öl ausstreichen und den Boden mit

Backpapier auslegen. Darauf dicht nebeneinander eine Lage Brotscheiben geben und mit einigen Rosinen und Pekannüssen bestreuen. Darüber gleichmäßig ein Drittel der Puddingmasse verteilen und das Brot damit tränken. Dabei auch mit den Fingerspitzen die Puddingmasse vorsichtig ins Brot drücken. Fortfahren, bis das Brot aufgebraucht ist. Auch von der Puddingmasse sollte nichts übrigbleiben. Behalten Sie dennoch einen Rest nach, diesen nach und nach in die Brotscheiben pressen. Das Schichten kann durchaus eine Stunde oder mehr in Anspruch nehmen. Die Form über Nacht in den Kühlschrank stellen.

Den Backofen auf 190° C vorheizen. Die Form gut zur Hälfte ins heiße Wasserbad stellen und den Brotpudding etwa 1 – 1½ Stunden garen. Zur Probe mit einem kleinen Metallspießchen hineinstechen; bleibt nichts daran haften, ist der Pudding gar und kann aus dem Ofen genommen werden. Mit Zucker bestreuen.

In der Zwischenzeit den Mandelschaum zubereiten. Für das Wasserbad einen 5 Liter fassenden Topf etwa 8 cm hoch mit Wasser füllen und bei mittlerer Temperatur leise zum Kochen bringen.

In einer Schüssel Eigelbe in 3 bis 5 Minuten schaumig schlagen und beiseite stellen. In einer Pfanne bei Mittelhitze Weißwein, Mandellikör und Sirup aufkochen lassen und langsam mit dem Schneebesen unter die Eimasse schlagen. Die Schüssel ins Wasserbad stellen und den Mandelschaum so lange aufschlagen, bis er das doppelte Volumen erreicht hat. Aus dem Wasserbad neh-

Für den Teig Mehl, Salz und Zucker in eine Schüssel geben. Die Butter in Stücke schneiden und mit dem Handrührgerät oder zwei Messern einarbeiten. Das Ei leicht mit 2 EL Wasser verquirlen und mit einer Gabel unter den Teig rühren. Den Teig mit den Händen zu einer Kugel formen. Eventuell tröpfchenweise Eiswasser zugeben, damit sich alle Zutaten gut miteinander verbinden. Den Teig in Klarsichtfolie wickeln und 1 Stunde im Kühlschrank ruhen lassen.

Den Backofen auf 165° C vorheizen. Den Teig auf einer bemehlten Arbeitsfläche ausrollen und eine Pie-Form von etwa 23 cm Durchmesser damit auslegen.

Für den Belag Zucker und Maisstärke in einer großen Schüssel miteinander vermischen. Mit dem Schneebesen Sirup, Vanille-Essenz und Eier unterrühren. Nicht zu lange und zu heftig aufschlagen, weil die Masse im Ofen sonst zu stark aufgeht.

Gehackte Pekannüsse und zerkleinerte Feigen untermischen und mit Zimt und Muskatnuß würzen. Die Masse in die Pie-Form gießen und im mittleren Einschub des Ofens 45 Minuten backen. Warm oder kalt servieren.

Für 6 bis 8 Personen

Cajun Floating Islands

Schnee-Eier auf Cajun-Art

Dies ist eines der ersten für Louisiana typischen Desserts. Die *isles flotantes* kamen im späten 17. Jahrhundert mit den französischen Siedlern ins Land.

2 l Crème double
10 Eier, getrennt
350 g Zucker
1 Prise gemahlener Zimt

1 Prise geriebene Muskatnuß
2 TL Maisstärke
3 EL Vanille-Essenz
125 g Zucker

Die Crème double bei mittlerer Temperatur erhitzen. In einer großen Schüssel Eigelbe, Zucker, Zimt, Muskatnuß, Maisstärke und Vanille-Essenz verrühren.

Von der leicht kochenden Crème double eine Schöpfkelle abnehmen und langsam unter Rühren zur Eimasse gießen. Danach die Eimasse langsam in den Topf zur heißen Crème double gießen. Dabei ständig rühren, weil sonst die Eier gerinnen.

Die Hitze reduzieren und die Eiercreme unter ständigem Rühren leicht eindicken lassen. In eine Servierschüssel gießen und abkühlen lassen.

In einer großen Rührschüssel die Eiweiße zu steifem Schnee aufschlagen. Nach und nach ingesamt 125 g Zucker hineinrieseln lassen und den Eischnee weitere 2 Minuten aufschlagen.

In einem großen Topf Wasser zum Kochen bringen. Mit einem Eßlöffel Schnee-Eier formen, ins siedende Wasser gleiten lassen und von beiden Seiten bei niedriger Temperatur ungefähr 2 Minuten pochieren. Die Schnee-Eier mit einem Schaumlöffel aus dem Topf nehmen, abtropfen und leicht abkühlen lassen und vorsichtig auf die Creme setzen. Pro Person rechnet man mit zwei Schnee-Eiern.

Für 6 bis 8 Personen

Feigen-Pekannuß-Kuchen, Schnee-Eier auf Cajun-Art

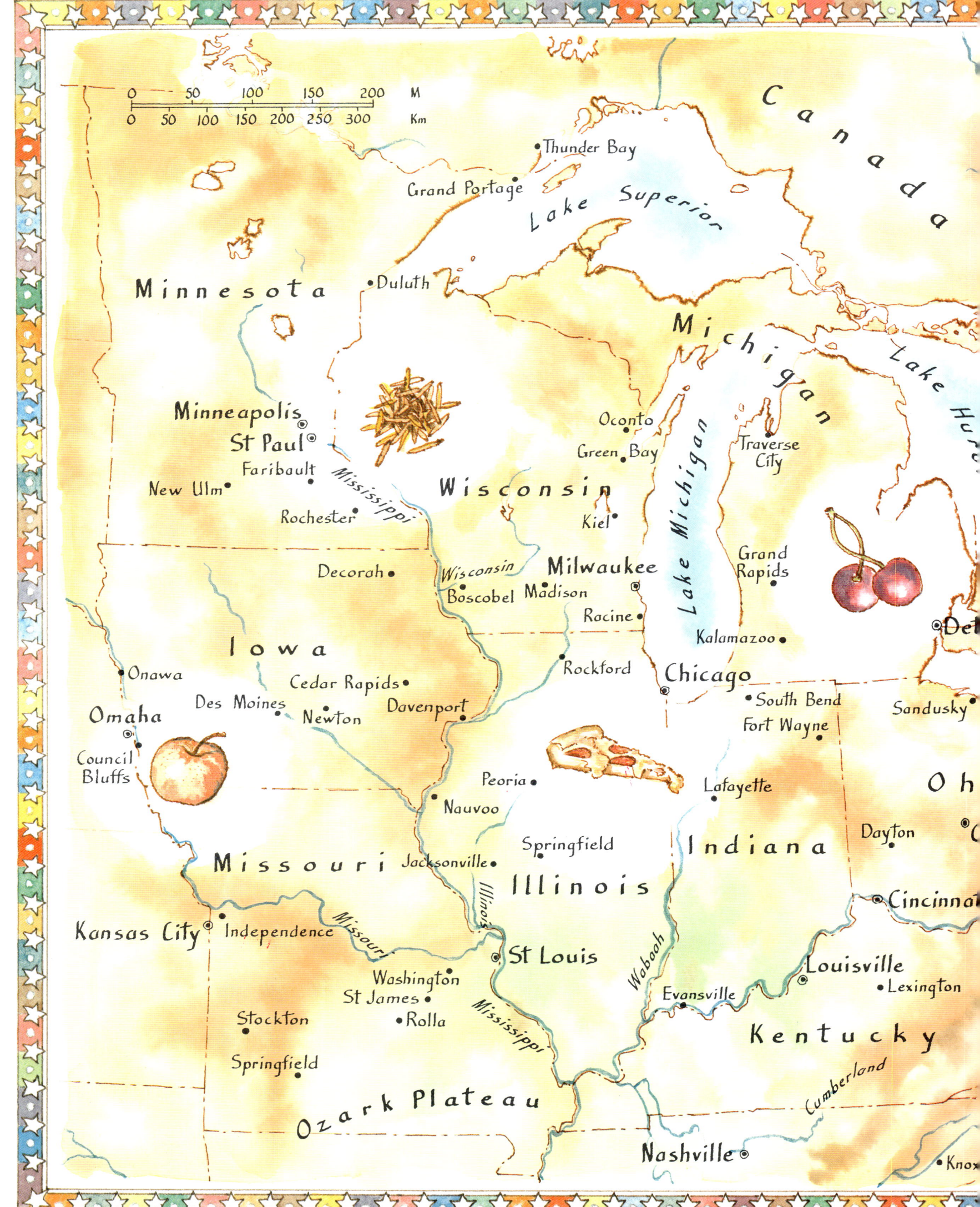

Canada

Thunder Bay

Grand Portage

Lake Superior

Minnesota

Duluth

Michigan

Oconto

Green Bay

Traverse City

Minneapolis
St Paul

Faribault

New Ulm

Rochester

Mississippi

Wisconsin

Kiel

Lake Michigan

Lake Huron

Grand Rapids

Decorah

Wisconsin

Boscobel

Milwaukee

Madison

Racine

De

Iowa

Cedar Rapids

Kalamazoo

Onawa

Des Moines

Newton

Davenport

Rockford

Chicago

Omaha

Council Bluffs

Peoria

Nauvoo

South Bend

Fort Wayne

Sandusky

Lafayette

O h i

Springfield

Indiana

Dayton

Missouri

Jacksonville

Illinois

Illinois

C

Cincinnat

Kansas City

Independence

Missouri

St Louis

Wabash

Louisville

Lexington

Washington
St James

Stockton

Rolla

Mississippi

Evansville

Kentucky

Springfield

Cumberland

Ozark Plateau

Nashville

Knox

0   50   100   150   200 M

0 50 100 150 200 250 300 Km

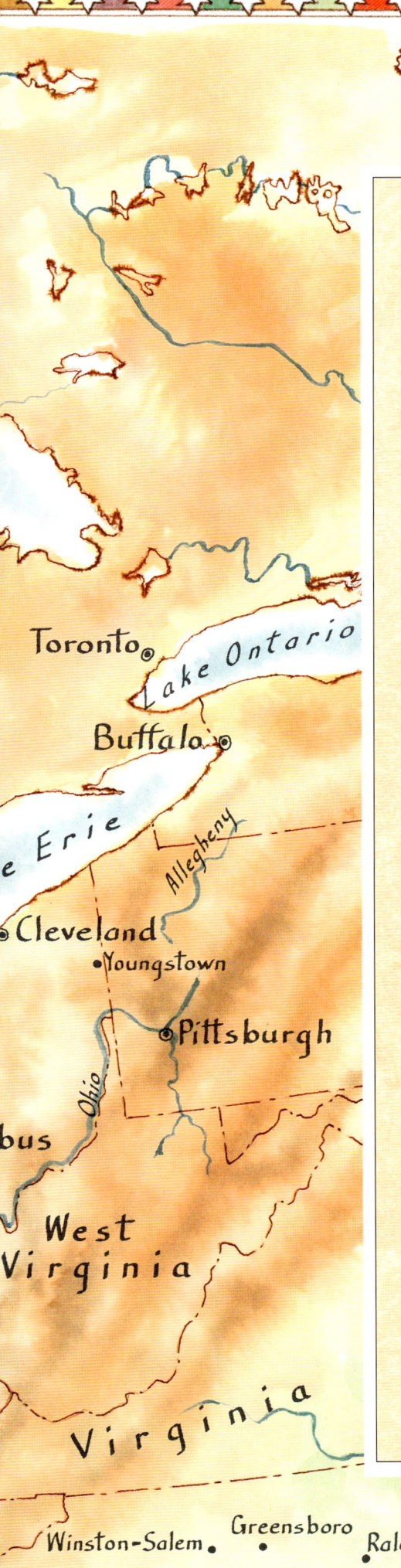

DER MITTLERE WESTEN

Art Siemering

Schon ein flüchtiger Blick auf die Landkarte zeigt, wie stark der Mittlere Westen von seinen beeindruckenden Wasserwegen geprägt ist. Im Norden fassen vier der fünf großen Seen die Region ein, der Ohio umrahmt weitgehend den südlichen Teil, und der schnell fließende Missouri bildet einen großen Teil der Westgrenze. Hier im nördlichen Minnesota entspringt auch der mächtige Mississippi, der quasi die »Hauptstraße« des Herzlandes bildet und ein vielbefahrener Schiffahrtsweg ist. An diesen großen Gewässern liegen viele der atemberaubenden landschaftlichen Schönheiten des Mittelwestens. Der Highway 61 windet sich auf seinem Weg von Duluth nach Grand Portage, Minnesota, sanft an den zerklüfteten Ufern des Lake Superior entlang, dem größten Süßwassersee der Welt. Die berühmte Dünenlandschaft von Michigan bietet sowohl sandige Seeufer wie steil aufragende, an die Sahara erinnernde Sandhügel am Sleeping Bear Dunes National Lakeshore, der am Lake Michigan nördlich von Frankfort liegt. Ein einmaliges Naturschauspiel ist, wenn das Jahr zur Neige geht, an den baumgesäumten Kalksteinklippen zu sehen, die sich einige hundert Meter hoch über den Mississippi erheben, der hier die Grenze zwischen Wisconsin und Illinois im Osten und Iowa im Westen bildet: Eine herrlichere Kulisse von Herbstlaub findet sich nirgendwo sonst in den USA. Als ob dieser Reichtum an Schönheit und Natur noch nicht genug wäre, sind die Staaten im Norden zudem mit Hunderten von Seen durchsetzt, von denen viele inmitten von Kiefern und Fichten liegen oder von Birken, Ahorn, Eichen oder anderen Hartholzwäldern umstanden sind. Michigan nimmt für sich in Anspruch, eine größere Vielfalt an Bäumen als ganz Europa zu besitzen, die eine Fläche von fast acht Millionen Hektar Land bedecken – mehr als die Hälfte des Bundesstaates. Die Einheimischen sagen von ihren Wäldern, sie seien so dicht, daß sie auch »während des Tages noch etwas von der Nacht zurückhalten«. Dennoch fanden seit jeher in diesen Dickichten die indianischen Ureinwohner wie auch die später ankommenden Siedler aus aller Herren Länder ihren Lebensraum. Der Wald war für Fallensteller, die auf Pelzjagd gingen, für Schürfer, die nach Gold und Bodenschätzen suchten, für Fischer und nicht zuletzt für Schmuggler in der Prohibitionszeit, die hier gefahrlos Whisky aus Kanada in die USA hineinschleusten, Unterschlupf und Lebensgrundlage zugleich.

JERRY STEBBINS

Zwei Angler genießen ihren Feierabend auf dem Mississippi in Nord-Minnesota.

JAGD UND FISCHFANG

Das Land bietet seit jeher eine überwältigende Fülle an Eßbarem. Von den Seen im nördlichen Minnesota und Wisconsin kommt eine gesuchte Delikatesse: der wilde Reis – der in Wirklichkeit gar kein echter Reis ist, sondern ein im Wasser wachsendes Gras, das schon seit Jahrhunderten von den hier ansässigen Indianerstämmen vom Kanu aus geerntet wurde. Die in jüngster Zeit gestiegene Nachfrage hat dazu geführt, daß man begonnen hat, wilden Reis auf künstlich angelegten bewässerten Feldern zu ziehen; doch wer im Mittleren Westen lebt, kann immer noch ohne Mühe natürlichen handgeernteten wilden Reis bekommen.

Die Wälder im Mittelwesten sind äußerst wildreich, doch es gibt Schonzeiten für Ochsenfrösche, deren Schenkel als Delikatesse geschätzt werden, Eselhasen, Fasane, Wachteln, Hirsche und wilde Truthähne. Es ist wohl Ansichtssache, ob man die mit der dortigen Jagd verbundenen Zahlen erstaunlich oder abstoßend findet: In Missouri allein schießen während der neun Tage dauernden Jagdsaison im November etwa 400 000 Jäger durchschnittlich 160 000 Hirsche. In einigen Gegenden erwirtschaften professionelle Wildhändler, die den Jägern das blutige Geschäft des Häutens und Zerlegens der Beute abnehmen, in dieser Zeit die Hälfte ihres jährlichen Einkommens.

Der Fischfang wird mit gleicher Leidenschaft betrieben. Der Muskalunge, ein aggressiver Kampffisch, der bis zu dreißig Kilogramm schwer wird, ist der Symbolfisch von Wisconsin. Der Pere-Marquette-Fluß in Michigan ist für seine Forellen berühmt und für seinen Pazifik-Lachs, den man vor 25 Jahren hier aussetzte, damit er bestimmten Schadfischen den Garaus machte, die im Lake Michigan überhandzunehmen drohten. Die Angler an den Flüssen und Seen im Ozark-Gebiet des Missouri sind gewöhnlich auf Barsche aus, obwohl manche auch dem *paddlefish*, dem nordamerikanischen Löffelstör, nachstellen, dessen Kaviar hoch geschätzt ist.

Auf vielen Speisekarten im Mittelwesten werden inzwischen nur noch Zuchtfische angeboten, aber die besseren Restaurants in der Region der großen Seen – die von den Einheimischen »die Nordküste« genannt wird – servieren weiter frisch gefangenen Fisch, zum Beispiel Flußbarsch, Hecht, Starauge und Stint. In Door County in Wisconsin bereitet man ein beliebtes Gericht zu, das hauptsächlich aus gewöhnlichen Weißfischen besteht, den *fish boil*. Hier Ansässige wie Besucher mögen gleichermaßen diese primitive Kochkunst, bei der jeder zuschauen kann: Die Fische kommen mit Zwiebeln und ungeschälten Kartoffeln in einen großen Kessel mit Wasser, der über ein offenes Feuer gehängt wird. Wenn der Topf mit theatralischem Zischen in die Flammen überschäumt, ist das Gericht fertig und wird mit reichlich zerlassener Butter serviert.

NAHRUNG AUS DEN WÄLDERN

In der Natur gesammelte Nahrungsmittel spielen eine kleine, doch für viele bedeutsame Rolle in der Küche des Mittleren Westens. Zu diesen »Fundsachen«, die hauptsächlich im Frühjahr und Frühsommer gesammelt werden können, gehören wohlschmeckende Blätter wie die des *fiddlehead*-Farns, die zarten Schößlinge von an Seeufern wachsenden Rohrkolben, die ein wenig nach Gurken schmecken, und *ramps*, intensiv schmeckender wilder Lauch. Die wahren Kenner jedoch sind auf der Suche nach Morcheln. Für Leute aus Michigan und andere von der Sammelleidenschaft Geplagte strebt die Saison in der zweiten Maiwoche dem Höhepunkt zu, wenn die National Morel Mushroom-hunting Championship in Boyne City stattfindet. Beim letzten Mal gelang es den Beteiligten dabei nicht, den bisherigen Rekord von 1122 Morcheln, die innerhalb von zwei Tagen gesammelt wurden, zu brechen.

Im Herbst gibt es Nüsse in Hülle und Fülle. Überall in Missouri gedeihen Pekan- und schwarze Walnußbäume. Die schwarze Walnuß ist weniger ertragreich als andere Walnußarten und die Nuß schwerer zu knacken, aber nichtsdestoweniger eine einheimische Delikatesse. Die Schalen der schwarzen Walnuß sind so hart, daß sie eine eigene Ware darstellen: Sie werden zum Säubern und Polieren für Düsenflugzeugteile verwendet. Der größte Teil der in Amerika geernteten schwarzen Walnüsse kommt aus dem kleinen Weiler Stockton, der in den Ozark-Bergen von Missouri liegt.

Gegenüberliegende Seite: Schwarz heben sich die Baumstämme gegen die lohenden Farben des Herbstlaubs in den Wäldern von Alger County, Michigan, ab.

JOHN GERLACH/TOM STACK & ASSOCIATES

Blühende Kirschbäume in einer Obstplantage bei
Ellison Bay, Wisconsin

TERRY DONNELLY/TOM STACK & ASSOCIATES

Eine der zahllosen Aushilfskräfte, die jeden Herbst
zu Tausenden in den fruchtbaren Obstgärten des
Mittleren Westens arbeiten

JOHN P. KELLY/THE IMAGE BANK

Die Siedler, die sich nach und nach im Mittelwesten niederließen, brachten eine Reihe ihrer heimischen Produkte mit. So kam es, daß man in Michigan anfing, Kirschen im großen Stil zu züchten. Die beste Gegend, um sie zu probieren, ist das Gebiet um die Grand Traverse Bay, nahe dem Nordost-Ufer des Michigan-Sees. Hier hat man vielerlei Zubereitungen zur Wahl, gängige wie Kirschkuchen, Kirschmarmelade oder Kirschmus, aber auch exotischere Leckerbissen wie Kirsch-Pekan-Wurst oder *cherry hot pepper jelly*, ein scharf gewürztes Aspik mit Kirschgeschmack.

Apfelliebhaber unter den Besuchern dieser Region wird vielleicht interessieren, daß ihre Lieblingsfrucht überall im Mittleren Westen im Überfluß wächst. Bei den regionalen Touristen-büros und Landwirtschaftsämtern liegen sogar Verzeichnisse mit den Adressen der Obstan-bauer aus. Zu den meistgezüchteten Apfelsorten in Iowa und Missouri gehören Jonathan, daneben Roter und Goldener Delicious. In den nördlichen und östlichen Bundesstaaten der Region zieht man die Sorten Rome, Golden Grimes und Northern Spy vor.

Eine der interessantesten Gründungen der letzten Jahre ist die des »Museumsobstgartens«. Man hat hier mit Engagement und Ausdauer versucht, alte Apfelsorten der Nachwelt zu er-halten. So kann man noch heute in den Obstgärten bei Chapin, Illinois, und Rochester, Wisconsin, so seltene Apfelsorten wie den Snow Apple, der etwa 1730 aus dem Gebiet des Champlain-Sees in Kanada herübergebracht wurde, und den Ben Davis, eine aus dem Süden stammende Art, die zu Beginn des 20. Jahrhunderts sehr beliebt war, probieren.

Viele Einwohner des Mittelwestens halten immer noch standhaft dem Sorghum die Treue, einem Sirup, der aus einem Gras, das wie ein Mittelding zwischen Zuckerrohr und Maisstaude aussieht, gewonnen wird. Sorghum findet ähnlich wie Melasse als Zutat für Backwaren wie Brot und Kuchen Verwendung. Darüber hinaus ist die Pflanze auch bei den Bauern am Missouri und bei den amischen Landwirten in den Oststaaten als exzellentes Viehfutter hoch geschätzt.

EINE KÜCHE AUS VIELEN KULTUREN

Die Küche des Mittelwestens würde man normalerweise wohl kaum als kosmopolitisch empfinden – dabei entstand sie tatsächlich aus dem Zusammentreffen von Dutzenden ethnischen Gruppen im neubesiedelten Herzland der USA. Diese Region war beileibe kein Schmelztiegel, wo Kulturen aufeinanderprallten und sich gezwungenermaßen vermengten, wie in den großen Städten des Ostens, sondern eher ein Treffpunkt, an dem Kulturen aufeinander zugingen. Auf ihre freundliche nachbarliche Weise haben die Menschen des Mittleren Westens eine friedliche multikulturelle Gesellschaft geschaffen.

Gegen Ende des 19. Jahrhunderts lebten in den weiten Gebieten des Mittelwestens vor allem US-Bürger, die im Ausland geboren waren. In vielen Teilen Wisconsins, Michigans und Minnesotas war ein Drittel der Einwohner in einem anderen Land zur Welt gekommen. Seit 1820 sind zum Beispiel fast 900 000 Norweger in die USA eingewandert, eine Zahl, die die Gesamtbevölkerung von Norwegen zur Zeit des Auswanderungsbeginns übertrifft. Die meisten dieser Leute fanden sich im Mittleren Westen wieder, in Siedlungen, die fast ausschließlich norwegisch geprägt sind, wie Mount Horeb, Wisconsin, und Decorah, Iowa. Beim »Nordischen Fest«, das jedes Jahr am letzten Wochenende im Juli in Decorah stattfindet, müssen sich die Besucher ihren Weg an Straßenständen und Wohlfahrtsküchen vorbei bahnen, die ein wahres Schlaraffenland an skandinavischen Delikatessen feilbieten, darunter *kringles*, Süßigkeiten aus Teig, die wie eine Brezel oder eine Acht geformt sind und bei den norwegischen Einwohnern wie Besuchern gleichermaßen beliebt sind.

Überall im Mittelwesten spielte sich ähnliches ab: Die mit den Wellen der europäischen Einwanderer ins Land strömenden Bauern, Kaufleute und Handwerker ließen sich am liebsten dort nieder, wo die Landschaft sie an ihre Heimat erinnerte. In der winzigen Ortschaft Elk Horn, Iowa, machen immer noch dänische Familien den größten Teil der Einwohner aus. Eine der beliebtesten Spezialitäten ist hier *rullepolse*, ein würziges Frühstücksfleisch, das aus Rinderhüfte besteht, die eine Woche lang gepökelt und dann nochmals sieben Tage lang mit Gewichten beschwert und flach gepreßt wird.

Über die Felder eines Bauernguts im üppigen Milchgürtel von Wisconsin fallen die langen Schatten des frühen Morgens.

CHICAGO-PIZZA

Wie das berühmte Sauerteigbrot von San Francisco schmeckt die berühmte Chicago-Pizza am besten dort, wo sie zu Hause ist. Chicago, *the Windy City*, wie die Stadt von den Amerikanern genannt wird, ist der Geburtsort der schüsselförmigen Pizza, um deren Entstehung sich eine Reihe von Legenden ranken.

Die Chicago-Pizza wurde 1947 kreiert, als Ike Sewell und Ric Riccardo, die eigentlich ein neues mexikanisches Restaurant planten, sich eines Besseren besannen: Nach einer Italienreise begann Sewell mit einer dickbödigen Pizza zu experimentieren. Schon bald darauf wurde die nach ihrer Geburtsstadt benannte Pizza im neuen Restaurant der beiden Partner, der »Pizzeria Uno«, kreiert.

Das Geheimnis der echten Chicago-Pizza liegt in der Anordnung der Zutaten: Als erstes kommen direkt auf den Pizza-Boden Mozzarella-Scheiben, auf die man dann zerdrückte frische Tomaten, reichlich Origano, frisch geriebenen Parmesan und beste italienische Salami gibt. Gute italienische Wurst in Chicago zu finden ist kein Problem.

Doch auch die Konkurrenz der Chicago-Pizza-Erfinder schlief nicht: Sie entwickelte andere Pizza-Abwandlungen, unter denen die »gefüllte« Pizza am bekanntesten wurde. Dafür wird ein dünnerer Pizza-Boden mit italienischer Wurst, klein geschnittenem Mozzarella und Pilzen bedeckt, dann mit einem zweiten Boden belegt, der mit einer nicht zu glatten Tomatensauce überzogen wird, über die schließlich noch geriebener Parmesan und Pecorino kommen.

Das deutsche Element ist im Mittleren Westen durch die weithin bekannten Gemeinden New Ulm/Minnesota, Frankenmuth/Michigan und Hermann/Missouri vertreten. 1836 machten sich die Gründer von Hermann daran, eine Stadt zu bauen, die »in jeder Hinsicht deutsch« sein sollte. Das Ergebnis ist ein schmuckes Städtchen mit sauberen Ziegelhäusern, die an Straßen liegen, die nach Goethe und Schiller benannt sind. Die Reihe der jährlich stattfindenden Veranstaltungen beginnt hier mit dem Wurstfest im März und findet ihren Höhepunkt in dem einen Monat dauernden Oktoberfest, bei dem es mit Bratwurst, warmem Kartoffelsalat, Apfelstrudel und Weinen aus den heimischen Weingärten, die angeblich Rheinweinen nachempfunden sind, hoch hergeht.

Nachbarn der auch über den gesamten Mittelwesten versprengten amischen und mennonitischen Gemeinden hatten das Glück, von diesen zu lernen, wie man einen Bauernhof richtig bewirtschaftet und vor allem, wie man gut kocht und backt. Eine der größten touristischen Attraktionen der Region sind die Amana Colonies, eine Ansammlung von sieben Dörfern mitten in Iowa. Diese Siedlungen wurden 1859 von deutschen und schweizerischen Anhängern einer Sekte gegründet, die sich »Gemeinschaft der wahren Erleuchtung« nannte und bis 1932 gemeinschaftlich kochte und aß. Heute servieren in den sieben Dörfern mehr als dreißig Restaurants Gerichte, die einen Hosenbund zum Platzen bringen können: zum Beispiel Kasseler Rippchen und Jägerschnitzel, das sich hier mittels einer Panade in eine Art Wiener Schnitzel verwandelt hat.

Etwa südöstlich von hier, in Kalona, stößt man auf die größte Ansiedlung der Amischen westlich des Mississippi, auf Leute, die schwarze Hüte und Häubchen tragen und statt Autos kleine Pferdewagen zur Fortbewegung benutzen.

VON DER GREEKTOWN ZUM POLISH BROADWAY

Einen großen Prozentsatz der europäischen Einwanderer zog es in Städte, wo man Leute suchte, die sich nicht zu schade waren, die harte und schmutzige Arbeit in Fabriken, Spinnereien, Metallhütten, Raffinerien und Lagerhäusern zu übernehmen. Solche Jobs waren vor allem bei Leuten gefragt, die kein Englisch sprachen und sich meist in den »Heimat«-Enklaven in Chicago und den anderen großen Städten der Region niederließen. Chicago stellt ein wahres Flickwerk von völkischen Nachbarschaften dar, in denen der Besucher zum Beispiel althergebrachte Spezialitäten wie *taramosalata*, griechische Fischrogenpaste, oder *kota riganati*, Brathuhn mit Origano, kosten kann; dies natürlich in den vielen Restaurants von Greektown, westlich der Schleife auf der South Halsted Street. Man kann sich auch aus einem der italienischen Restaurants oder Bäckereien, die sich in der Taylor Street im Südosten der Stadt aneinanderreihen, etwas zum Essen holen und unterwegs verzehren.

Nach diesen »Amuse-gueules« sollte man sich zur Milwaukee Avenue, einer der Hauptdurchgangsstraßen im Nordwesten von Chicago, begeben, die zwischen der Diversey Street und der Belmont Street auch als »Polish Broadway« bekannt ist wegen der Vielzahl von Restaurants, Clubs und Geschäften. Hier geht es zu deftigen Hauptgerichten über: Man serviert *kielbasa*, eine würzige, kalorienreiche Wurst, *pierogi*, mit Käse oder Kartoffeln gefüllte Teigtaschen, sowie Schweinshaxen mit Sauerkraut.

St. Louis, Missouri, besitzt einen großen italienischen Bevölkerungsanteil, der sich vor allem auf die südliche Stadtmitte, die »The Hill« genannt wird, konzentriert. In den ausgezeichneten Restaurants und Bäckereien dieses Viertels herrscht das ganze Jahr über Feststimmung; hierher kommen die Einwohner der Stadt und des Umlandes, um etwas zu erleben. Das gleiche gilt für die ethnisch geprägten Viertel anderer großer Städte wie Little Italy in Cleveland, Ohio, und Greektown in Detroit, Michigan.

In Cleveland hat sich eine einflußreiche ungarische Gemeinde niedergelassen, in deren Cafés, die sich mit den besten Ungarns messen können, man hervorragendes Hühner-*paprikás* serviert, daneben *dobos torta* und Palatschinken – süße Crêpes, mit Aprikosenmarmelade oder anderem gefüllt, die zusammengerollt und mit Puderzucker bestäubt werden.

Einwanderer aus Cornwall, die sich in den siebziger Jahren des letzten Jahrhunderts auf der Upper Peninsula von Michigan niederließen und in den dortigen Eisen- und Kupferminen arbeiteten, brachten ihren traditionellen Proviant mit zur Arbeit, die *Cornish pasties*.

Aufgestapelte Olivenöldosen in einem Lebensmittel-
geschäft in Little Italy in Cleveland

Heute sind diese wohlschmeckenden Teigpasteten ein beliebtes »fast food« in der ganzen Gegend. Wirklich authentisch ist eine *pastie* allerdings nur, wenn sie neben der üblichen Steak-Kartoffel-und-Zwiebel-Füllung ein Stück weißer oder Kohlrübe enthält.

St. Louis, Milwaukee, Wisconsin und Cincinnati, Ohio, sind Hochburgen der Deutschen und daher, nicht verwunderlich, wichtige Zentren der Bierbraukunst. Viele große Brauereien des Landes haben hier im Mittleren Westen ihre Stammhäuser. Deren Ausstoß wird von kleineren Filialbrauereien in Städten wie Stevens Point, Wisconsin, und New Ulm, Minnesota, ergänzt. Hinzu kommen noch Mini-Brauereien, die weniger als 18000 Hektoliter Bier pro Jahr herstellen, und die winzigen Pub-Brauereien, die ihr Bier meist nur im eigenen Haus verkaufen und vor allem in Hochschulstädten wie Madison, Wisconsin, aber auch in größeren Kommunen wie Kansas City, Missouri, zu finden sind. Biere von kleinen und kleinsten Brauereien finden wegen ihrer Frische und ihres besonderen Geschmacks immer mehr treue Liebhaber.

Die heutigen Bewohner des Mittelwestens sind, ungeachtet ihrer eigenen ethnischen und sozialen Herkunft, im allgemeinen stark an den kulturellen und kulinarischen Eigenheiten ihrer Nachbarn interessiert. Die Holiday Folk Fair von Milwaukee, ein riesiger Jahrmarkt, auf dem die Küche und das Kunsthandwerk von mehr als fünfzig verschiedenen ethnischen Gruppen dargeboten werden, behauptet von sich, die größte Veranstaltung ihrer Art in den USA zu sein. Der Geist guter Nachbarschaft ist auch auf dem International Food Bazaar, der jedes Jahr im April um die Universitätskirche auf dem Purdue Campus in West Lafayette, Indiana, abgehalten wird, zu spüren, desgleichen auf Dutzenden von kleineren Veranstaltungen im Mittleren Westen, in deren Mittelpunkt ebenfalls ethnische Themen stehen.

Ein Mittelding zwischen Pizza und Fladenbrot, *lahmahjune*, ein mit gewürztem Lammhack belegtes Teigstück, steht im Mittelpunkt des Festes, das die armenische Gemeinde von Racine, Wisconsin, jährlich abhält. *Tulip Time*, Zeit der Tulpen, ist Mitte Mai in Pella, Iowa, wo die Nachkommen holländischer Einwanderer ihrer alten Heimat mit einem im Munde zergehenden, mit Mandelpaste gefüllten Strudel, *Dutch letters* genannt, und mit einer anderen lokalen Spezialität, einer groben, über Hickory-Scheiten geräucherten Bologneser Wurst, gedenken. Wer nicht rechtzeitig zum Fest kommt, kann diese Spezialitäten auch das ganze Jahr über in den örtlichen Bäckereien und Metzgereien erstehen.

RUNDREISEN ZUM KÄSE-KOSTEN

Soziologen meinen, daß die Küche der Amerikaner ihre Wurzeln in den Ernährungsgewohnheiten des Mittelwestens hat, wo man noch ganz erdverbunden kocht. Ungeachtet der manchmal fast zwanghaften Neigung vieler Amerikaner zu Küchenexperimenten und ihrer stetigen Suche nach neuen Geschmacksrichtungen kehren doch die meisten von ihnen immer wieder reumütig zu den verläßlichen althergebrachten Erzeugnissen der amerikanischen Küche zurück. Zu dieser Tradition gehört zum Beispiel auch Käse aus Wisconsin, mit dem der Mittelwesten bis in die entferntesten Winkel des gesamten Landes vertreten ist. Das nimmt nicht wunder, denn in diesem Bundesstaat gibt es 33000 milcherzeugende Bauernhöfe, die rund 1,7 Millionen Kühe halten – auf jeden Bewohner von Wisconsin kommt mithin eine halbe Kuh. Es überrascht daher auch nicht, daß in Wisconsin 188 Käsereien beheimatet sind, von denen einige Dutzend Führungen für Besucher veranstalten – Wisconsins Antwort auf die Weinprobe-Rundreisen in Kaliforniens Napa Valley. Die staatlichen Behörden haben Führer herausgebracht, die eine Reihe solcher Besuchstouren beschreiben, angefangen von Großunternehmen in Boscobel, Comstock, Kiel und Oconto bis hin zu kleinen Bauernkäsereien, deren handgemalte Schilder Autofahrer von der Straße und zum Kauf locken sollen.

Die meisten Besucher wollen vor allem Cheddar in allen seinen Varianten probieren, andere wiederum möchten vornehmlich die Käsespezialitäten, die aus der Alten Welt stammen, kennenlernen, wie Asiago, Brie, Camembert, Provolone und Pecorino. Wagemutige werden entdecken, daß viele der kleinen Käsehersteller besonders auf ihren Backsteinkäse stolz sind, der, wie Cheddar, in allen Reifestadien angeboten wird.

Besucher, die nur einen einzigen Einkaufsstopp einlegen wollen, können sich ihre Wünsche in New Glarus erfüllen, das sich als »Amerikas kleine Schweiz« betitelt und im Herzen

Vorhergehende Seite: Der Water Tower und
Geschäftshäuser auf der Michigan Avenue, Chicago,
im Geschäftsviertel der Stadt. Die entlaubten Bäume
im Park sind mit Weihnachtslichtern verziert.

WOODWARD PAYNE/MILL VALLEY

Glückliche Kühe in der Nähe einer Milchfarm bei Rochester, Minnesota

des Käselandes südlich von Madison liegt. Die Käseläden des Städtchens versuchen, ebenso wie die anderen hier ansässigen Geschäfte und Restaurants, die Fondue und Zwiebelkäsekuchen anbieten, sich ein schweizerisch anmutendes Aussehen zu geben. Alles erinnert ein wenig an eine Lebkuchenhäuschen-Kulisse für einen Heimatfilm.

Ein pikanter Blauschimmelkäse wird in Fairibault, Minnesota, und einer historischen Mormonensiedlung, Nauvoo in Illinois, hergestellt, aber Meisterköche und Gastronomiekritiker halten den Maytag Blue, der von den fruchtbaren Böden Newtons, Iowa, stammt, für den besten seiner Art in den USA.

HAMBURGERS, HOT DOGS UND ESKIMO PIE

Die Tatsache, daß der Hamburger und der Hot dog zur Weltausstellung 1904 in St. Louis eingeführt wurden, wird nur von einigen wenigen Außenseitern bestritten. Und von da an war der Siegeszug, den die gastronomischen Hervorbringungen des Mittelwestens durch ganz Amerika antraten, nicht mehr aufzuhalten. Man bedenke nur, daß ständig Dutzende von Eiscreme-Novitäten die Tiefkühltruhen der Supermärkte von Portland, Maine, bis Portland, Oregon, überquellen lassen. Laut *The Great American Ice Cream Book* begann alles damit, daß 1919 in Onawa, Iowa, ein aus Dänemark stammender Inhaber eines Süßigkeitenladens namens Christian Nelson herausfand, wie man Schokolade dazu bringen konnte, auf Eis zu haften. Er nannte seine Erfindung »I-Scream Bar« – ein werbepsychologischer Mißgriff, der jedoch den Erfolg des Produkts nicht verhindern konnte. 1921 tat sich Nelson mit Russell Stover, der es im Süßwarengeschäft zu Ruhm und Ehren bringen sollte, zusammen. Dieser benannte den Eiscreme-Riegel in Eskimo Pie um, und innerhalb eines Jahres waren 1500 Lizenznehmer damit beschäftigt, den Eisriegel im ganzen Land herzustellen. 1922 wurden durchschnittlich eine Million Eskimo Pies pro Tag verkauft. Auch heute noch ist Eskimo Pie der bekannteste Eiscreme-Riegel in den USA.

Hinter der Redewendung »the greatest thing since sliced bread«, wörtlich »die größte Erfindung nach Brot in Scheiben«, steckt eine weitere gastronomische Großtat aus dem Mittelwesten. Anfang der dreißiger Jahre wurde in Kansas City, Missouri, eine wundervolle Maschine namens »Wonder Bread« entwickelt. Diese machte erstmals die Produktion von Brot in Scheiben in großem Stil möglich.

Ein Schweinezüchter aus Minnesota mit einem Ferkel. In diesem Bundesstaat ließen sich viele Deutsche nieder. Zu den kulinarischen Mitbringsel aus ihrer alten Heimat gehören Schinken und Würste aller Art.

JERRY STEBBINS

Die Weine des Mittelwestens

Die Weine des Mittelwestens erreichen nur selten die Qualität der kalifornischen Gewächse, aber die meisten von ihnen lassen sich dennoch gut trinken, und einige wenige konnten sich sogar auf anspruchsvollen Weinverkostungen durchsetzen. Die besten Weine des Mittleren Westens stammen im allgemeinen von französisch-amerikanischen Hybridreben wie Seyval Blanc und Vidal Blanc. Aber es gibt auch vereinzelte Anpflanzungen europäischer Arten in der Region – Chardonnay, Riesling und Cabernet Sauvignon.

Dabei handelt es sich jedoch um relativ neue Entwicklungen. Die traditionellen Weine des Mittelwestens werden aus einheimischen Trauben vergoren, die die Siedler schon bei ihrer Ankunft vorfanden. Man kann diesen Weinen durchaus etwas abgewinnen, obwohl sie ein starkes Traubensaft-Aroma haben, das gern als »foxy«, dumpf-säuerlich, charakterisiert wird.

Einige der ältesten Weingärten der Region liegen in Ohio, am Ufer des Erie-Sees und auf den vorgelagerten Inseln, die zur Nordostküste hin wie große Trittsteine im Wasser liegen. Ohio hat mehr als 35 Kellereien, die meisten davon liegen am Ufer des Erie-Sees oder in der Südwestecke des Staates, im Tal des Ohio-Flusses. In den fünfziger Jahren des letzten Jahrhunderts war Ohio der größte Weinerzeuger des Landes. Heute umfaßt das Weinanbaugebiet nur noch 1200 Hektar – einen Bruchteil seiner einstigen Größe –, dennoch ist Ohio immer noch der größte Weinproduzent im Mittelwesten.

Auch die anderen Staaten des Mittleren Westens haben ihre eigenen Weinanbaugebiete, aber die Zahl der Kellereien ist vergleichsweise gering, außer in Missouri und Michigan, wo es jeweils dreißig beziehungsweise fünfzehn Kellereien gibt. Die besten Weine von Michigan sind die Johannisberg-Rieslinge und Vignoles aus den Weingärten der Leelanau-Halbinsel nahe Traverse City im Nordwesten des Bundesstaates. Auch in der Nähe von Paw Paw, südwestlich von Kalamazoo, konzentrieren sich einige Kellereien.

In Missouri liegt das Herz der Weinherstellung entlang des Missouri-Flusses in der Nähe der von Deutschen gegründeten Siedlungen Augusta, Hermann und Washington, westlich von St. Louis. In dieser Region werden hauptsächlich einheimische amerikanische Rebsorten angebaut (Catawba, Niagara, Concord) und einige Hybriden (Seyval Blanc, Vignoles, Vidal Blanc). Zu den örtlichen Spezialitäten gehört der Missouri-Riesling, der Weine mit nur wenig spürbarer »foxiness« hervorbringt, und Norton, eine rote Traube, die vollaromatische Weine liefert. 1980 wurde Augusta das erste Weinanbaugebiet der USA, das sich kraft Bundesgesetz als kontrolliertes Anbaugebiet oder als »Appellation« bezeichnen durfte.

Gegenüberliegende Seite: Der Miner's Castle Point ragt in die klaren grünen Gewässer des Lake Superior im Rocks National Lakeshore Park, Michigan, hinaus.

TERRY DONNELLY/TOM STACK & ASSOCIATES

OHIO

WEISSWEIN:

Chardonnay

ROTWEINE:

Cabernet Sauvignon

Chambourcin

WEINKELLEREIEN:

Firelands Winery (1)

Debonné Vineyards (2)

MICHIGAN

WEISSWEINE:

Gewürztraminer

Johannisberg Riesling

Vignoles

ROTWEINE:

Chambourcin

Chancellor

WEINKELLEREIEN:

Château Grand Traverse (3)

L. Mawby Vineyards (3)

Saint Julian (4)

MINNESOTA

ROTWEIN:

Marechal Foch

WEINKELLEREI:

Alexis Bailly Vineyard (5)

MISSOURI

WEISSWEINE:

Missouri Riesling

Seyval Blanc

Vidal Blanc

ROTWEIN:

Norton

WEINKELLEREIEN:

Mount Pleasant Vineyard (6)

Stone Hill Winery (6)

REZEPTE AUS DEM MITTLEREN WESTEN

Art Siemering

Lentil Soup

Linsensuppe

Linsen sind ein wichtiges Produkt des Nordens und gedeihen hier im kühleren Klima besonders gut. Obwohl dieses Rezept eigentlich Schinken oder Rindfleisch verlangt, läßt sich diese kräftige Suppe auch ohne weiteres mit Lammfleisch oder Würsten kochen.

500 g Linsen
2 l Brühe oder Wasser
1 Lorbeerblatt
2 Zwiebeln, in Scheiben geschnitten
2 Mohrrüben, in Würfel geschnitten
2 Stangen Bleichsellerie, in Würfel geschnitten
1 Schinken- oder Rinderknochen (nach Belieben)
400 g Schinken oder Rindfleisch, gekocht und in
*   Würfel geschnitten*
Salz und frisch gemahlener Pfeffer
Joghurt oder saure Sahne zum Garnieren

Die Linsen abspülen und abtropfen lassen. Zusammen mit der Brühe, Lorbeerblatt, Zwiebeln, Mohrrüben, Bleichsellerie und Schinkenknochen in einen großen Topf geben und zugedeckt etwa 2 Stunden köcheln lassen.

Das Fleisch vom Knochen lösen, wieder in den Topf geben und den Knochen entfernen. Die zusätzlichen Fleischwürfel in die Suppe geben, das Lorbeerblatt entfernen. Mit Salz und Pfeffer abschmecken und die Suppe ohne Dekkel weitere 10 Minuten köcheln lassen.

Jede Portion Linsensuppe mit einem gehäuften Teelöffel Joghurt oder saurer Sahne garnieren und auftragen.

Für 6 bis 8 Personen

Czech Style Liver Dumpling Soup

Lebernockensuppe nach tschechischer Art

Diese Suppe erfreut sich unter den Tschechen in ihren Hauptenklaven im Mittleren Westen, wie zum Beispiel in Cedar Rapids, Iowa, besonderer Beliebtheit. Ein oder zwei Scheiben böhmisches Roggenbrot schmecken gut dazu.

250 g Hühnerlebern, abgespült, abgetropft und
*   trockengetupft*
1 Zwiebel
1 Knoblauchzehe
1 Ei, verquirlt
125 g Zwieback, zerrieben
3 TL feingehackte Petersilie
1/2 TL getrockneter Majoran
1/2 TL Salz
1/2 TL frisch gemahlener Pfeffer
1 – 2 EL Mehl
2 l Hühnerbrühe
Schnittlauchröllchen (nach Belieben)

Linsensuppe, Lebernockensuppe nach tschechischer Art, Rindfleisch-Pastete

Hühnerlebern, Zwiebel und Knoblauch in der Küchenmaschine oder im Mixer pürieren und mit dem Ei sowie mit Zwieback, Petersilie, Majoran, Salz und Pfeffer gründlich vermengen. Falls erforderlich, etwas Mehl zugeben, damit der Fleischteig die richtige Konsistenz bekommt und sich leicht mit einem Teelöffel zu Nocken formen läßt.

Die Brühe aufkochen lassen, die Hitze reduzieren und nach und nach gehäufte Teelöffel Fleischteig hineingleiten lassen. Zugedeckt etwa 15 Minuten ziehen lassen. Die Suppe auf einzelne Teller oder Suppentassen verteilen, jeweils 3 oder mehr Lebernocken hineingeben und nach Belieben mit Schnittlauchröllchen bestreuen.

Für 6 bis 8 Personen

Potted Beef

Rindfleisch-Pastete

Rezepte wie dieses erfreuen das Herz jeder ökonomisch denkenden Hausfrau. Reste vom Rindfleisch schmecken, wenn sie wie im folgenden zubereitet werden, besser als manche hochfeine Pastete. In einem Keramiktöpfchen aufgetragen, bildet *potted beef* den attraktiven Mittelpunkt einer Vorspeisenauswahl.

500 g Rinderlende
1/2 l trockener Weißwein
1/4 l Rinderbrühe
3 Nelken
1/4 TL Muskatblüte
1 TL Worcestershire-Sauce
Salz und frisch gemahlener Pfeffer
2 EL Weinbrand
190 g Butter

Das Rindfleisch in 2 1/2 cm große Würfel schneiden und in eine flache, ofenfeste Form legen. Wein, Brühe, Nelken und Muskatblüte, Worcestershire-Sauce und eine Prise Salz und Pfeffer zugeben. Mit einem Deckel oder einem Stück Alufolie bedecken und 2 Stunden im 120° C heißen Ofen garen lassen.

Das Fleisch aus der Form nehmen und in der Küchenmaschine oder im Mixer zu einer glatten Masse pürieren. Die Nelken entfernen und die Garflüssigkeit auf 3 Eßlöffel einkochen lassen. Die Reduktion, Weinbrand und 4 Eßlöffel Butter zum pürierten Fleisch geben und alles gründlich miteinander vermischen. Die Mischung in ein oder zwei kleine bis mittlere Keramikschüsselchen oder -kasserollen füllen.

Die restliche Butter in einem schweren Topf bei niedriger Temperatur zerlassen und den Schaum entfernen. Die geklärte Butter vorsichtig in die Schüsselchen über das Fleisch gießen, dabei darauf achten, daß Butterrückstände am Topfboden zurückbleiben. Einige Stunden vor dem Auftragen im Kühlschrank fest werden lassen.

Für 6 bis 8 Personen

Michigan Bean Salad

Bohnensalat nach Michigan-Art

Die Einwohner Michigans sind stolz auf ihre hervorragenden getrockneten Bohnen. Auf heimischen Speisekarten findet man immer eine große Auswahl an Bohnengerichten. Dieser Salat, der gut gekühlt aufgetragen werden sollte, ist besonders bei sommerlichen Picknicks und Partys beliebt.

Bohnensalat nach Michigan-Art

Geschmortes Huhn, Hühnerfleisch-Pastete

500 g getrocknete weiße Bohnen
1 ¹/₂ l Wasser
¹/₂ TL Salz
2 große Stangen Bleichsellerie, in Würfel
    geschnitten
1 Zwiebel, gehackt
1 kleine grüne Paprikaschote, in Würfel
    geschnitten
¹/₈ l Pflanzenöl
¹/₈ l Essig
125 g Zucker
1 TL Senfpulver
1 kleine Knoblauchzehe, zerdrückt
¹/₄ TL Paprikapulver

Die Bohnen abspülen und verlesen. In einen
Topf geben, mit Wasser bedecken und über
Nacht einweichen lassen. Die Bohnen zum
Kochen bringen und etwa 2 Stunden köcheln
lassen, bis sie gar sind. Eventuell noch etwas
Wasser zufügen. Das Wasser abgießen und die
Bohnen abtropfen lassen.

Sellerie, Zwiebel, grüne Paprikaschote, Öl,
Essig, Zucker, Senfpulver, Knoblauch, Paprikapulver und Salz vermengen und alles vorsichtig
mit den Bohnen vermischen. Den Salat vor dem
Auftragen mindestens 4 Stunden im Kühlschrank ziehen lassen. Portionsweise auf Tellern
oder in einer Schüssel anrichten.

Für 10 bis 12 Personen

Smothered Chicken

Geschmortes Huhn

Dieses Gericht, das in fast allen Wohltätigkeits-
kochbüchern auftaucht, die unermüdlich von
gemeinnützigen Vereinigungen veröffentlicht
werden, gehört zu den Grundpfeilern der Küche
des Mittleren Westens. Diese »städtische«
Variante wird mit Pilzen und Sherry zubereitet.

2 Brathühner, jeweils etwa 1 ¹/₂ kg schwer, in
    Portionsstücke zerteilt
2 EL pflanzliches Fett
Salz und frisch gemahlener Pfeffer
500 g Champignons oder Egerlinge, halbiert
1 kleine Zwiebel, gehackt
6 EL (90 g) Mehl
¹/₂ TL Salz
¹/₂ TL Pfeffer
¹/₄ TL Paprikapulver
1 ¹/₂ l Milch
4 EL (60 ml) trockener Sherry

In einer großen Pfanne die Hühnerstücke im
Pflanzenfett von allen Seiten braun anbraten,
mit Salz und Pfeffer würzen. Die Hühnerstücke
aus der Pfanne nehmen und in eine ovale Kasserolle legen. Überschüssiges Fett aus der Pfanne
abgießen und im verbleibenden Fett Pilze und
Zwiebel sautieren, bis sie weich werden und
leicht Farbe annehmen.

Den Backofen auf 165° C vorheizen. Mehl,
Salz, Pfeffer und Paprikapulver vermischen und
zu den Pilzen in die Pfanne geben. Gründlich
rühren, damit keine Klumpen entstehen. Dann

die Milch unterrühren und so lange köcheln
lassen, bis die Mischung glatt und leicht
angedickt ist. Den Sherry unterrühren und die
Sauce über die Hühnerstücke gießen. Zugedeckt
im Ofen etwa 1 Stunde garen lassen. Das Huhn
sollte jetzt so zart sein, daß es sich leicht von
den Knochen lösen läßt.

Zum Servieren die Hühnerstücke auf einem
Nudel-»Bett« oder auf Reis anrichten. Die Sauce
in eine vorgewärmte Schüssel füllen und leicht
aufschlagen. Etwas davon über die Hühnerstücke geben, die restliche Sauce getrennt in der
Schüssel auftragen.

Für 6 bis 8 Personen

Open-face Pot Pie

Hühnerfleisch-Pastete

Dieses Gericht ist eine Variante der traditionellen *chicken pot pie*, einer Hühnerfleisch-Pastete
im Teigmantel. Die Sauce wird hier mit Joghurt
angedickt, im Original-Rezept wird dagegen
saure Sahne empfohlen.

Füllung:
1 Huhn, etwa 1 ¹/₂ kg schwer
125 g Butter oder Margarine
4 EL (60 g) Mehl
¹/₄ l Milch
125 g geriebener Emmentaler
1 EL geriebene Zwiebel
¹/₄ TL getrockneter Thymian
¹/₄ TL Gelbwurz
¹/₂ TL Salz
125 g frische Champignons oder Egerlinge,
    in Scheiben geschnitten und sautiert
250 g Joghurt

Teig:
200 g Mehl, durchgesiebt
3 TL Backpulver
¹/₂ TL Salz
4 EL (60 g) Butter
0,2 l Milch

Das Huhn in einen großen Suppentopf geben.
So viel Wasser zugießen, daß das Huhn halb
davon bedeckt ist. Zugedeckt 50 bis 60 Minuten
köcheln lassen, bis das Huhn gar ist. Den Topf
vom Herd nehmen und das Huhn abkühlen
lassen. Das Hühnerfleisch von den Knochen
lösen und in mundgerechte Stücke zerpflücken.
Haut und Knochen entfernen.

Knapp ¹/₂ Liter Brühe beiseite stellen. Die
restliche Brühe für eine andere Zubereitung
aufbewahren. Die Butter in einem großen Topf
zerlassen, das Mehl hineinstäuben und unter
Rühren anschwitzen lassen. Nach und nach
Hühnerbrühe und Milch unterrühren. Die Sauce
unter ständigem Rühren glatt und sämig werden
lassen. Käse, Zwiebel, Thymian, Gelbwurz und
Salz zugeben und so lange rühren, bis der Käse
geschmolzen ist. Hühnerfleisch, Pilze und Joghurt untermischen und das Ganze in eine flache, etwa 2 ¹/₂ Liter fassende feuerfeste Form

gießen. Den Backofen auf 180° C vorheizen.

Für die Biskuits Mehl, Backpulver und Salz in eine Schüssel sieben. Die Butter und das Mehl zu groben Krumen verkneten. Langsam die Milch unterrühren. Auf einer leicht bemehlten Arbeitsfläche einige Male zu einem glatten Teig kneten. Zu einer Stärke von 1 cm ausrollen und den Teigfladen mit einem Plätzchenausstecher zu Biskuits von einem Durchmesser von 7 ¹/₂ cm ausstechen. Die Pastete mit den Biskuits belegen und im Ofen 25 bis 30 Minuten backen, bis die Biskuits goldbraun sind.

Für 6 Personen

Italian Short Ribs

Rinderrippen nach italienischer Art

Gerichte wie dieses entsprangen der Verbindung verschiedener Kulturen. Italienische Einwanderer ließen sich in Städten wie Kansas City und Chicago nieder und nutzten den Vorteil, den die Nähe der Fleisch-Lagerhäuser bot.

4 EL (60 g) Mehl
1 TL Salz
¹/₂ TL Pfeffer
¹/₂ TL getrockneter Origano
2 kg Rinderrippe, in 7 ¹/₂ cm große Stücke
    geschnitten
1 EL Butter
1 EL Olivenöl
1 große Zwiebel, gehackt
4 EL (60 g) Melasse
4 EL (60 ml) hausgemachte Tomatensauce oder
    Tomatensauce aus der Dose
3 EL Rotweinessig
³/₈ l Bier
¹/₂ TL Tabasco
6 Mohrrüben, in große Stücke zerteilt

Mehl, Salz, Pfeffer und Origano miteinander vermischen. Die Rinderrippen in der Mischung wenden. Butter und Olivenöl in einem großen, flachen Bratentopf erhitzen, die Rippen hineingeben und von allen Seiten anbräunen. Das Fleisch aus dem Topf nehmen und das überschüssige Fett abgießen.

Die Zwiebel hineingeben und weich, aber nicht braun werden lassen. Melasse, Tomatensauce, Essig, Bier und Tabasco-Sauce zugeben und gründlich vermischen. Die Rinderrippen wieder in den Bratentopf geben und zugedeckt etwa 1 ¹/₂ bis 2 Stunden schmoren lassen, bis das Fleisch gar ist. Die Rinderrippen herausnehmen und das Fett von der Flüssigkeit abschöpfen. Die Rinderrippen zusammen mit den Mohrrüben wieder in den Topf geben und etwa 30 Minuten zugedeckt weiterdünsten, bis die Mohrrüben gar sind. Die Rinderrippen auf einer großen Platte anrichten, mit den Mohrrüben umlegen, die Sauce durch ein Sieb passieren und getrennt dazu reichen.

Für 6 Personen

Cheese-crowned Pork Chops

Schweinekoteletts mit Käsehäubchen

Schweinefleisch und Käse, die beiden Produkte, auf die man in der Region besonders stolz ist, sind in diesem Rezept zu einem wohlschmeckenden Gericht kombiniert.

6 Schweinekoteletts, 1 cm dick
Pflanzenöl zum Braten
2 EL Butter
2 EL (30 g) Mehl
1 TL Salz
¹/₄ TL Pfeffer
0,15 l Milch
1 Ei, verquirlt
125 g geriebener Cheddar
1 kleine Zwiebel, fein gehackt

In einer großen Pfanne die Schweinekoteletts in etwas Öl braun anbraten. Gut abtropfen lassen und in einer großen feuerfesten Form auslegen. Den Backofen auf 180° C vorheizen.

Die Butter in einem Topf bei niedriger Temperatur zerlassen. Mehl, Salz und Pfeffer hineingeben, anschwitzen lassen und unter ständigem Rühren nach und nach die Milch zugießen. Etwas von der Sauce unter das verquirlte Ei rühren, dann das Ei zur Mehlschwitze geben. Das Ganze unter Rühren dick werden lassen, dabei darauf achten, daß das Ei nicht gerinnt. Käse und Zwiebel hineinrühren und den Käse schmelzen lassen.

Auf jedes Schweinekotelett eine großzügige Portion Käsesauce geben. In den Ofen schieben und 40 Minuten backen, bis die Käsehaube leicht gebräunt und aufgegangen ist. Die Schweinekoteletts sofort auftragen.

Für 6 Personen

Rinderrippen nach italienischer Art, Schweinekoteletts mit Käsehäubchen

ALLAN ROSENBERG

Finnish Meatballs

Fleischbällchen nach finnischer Art

Die Finnen waren den anderen ethnischen
Gruppen aus Skandinavien, die sich ebenfalls in
dieser Gegend niederließen, zahlenmäßig immer
weit unterlegen, dennoch ist ihr Einfluß in Gemeinden wie Duluth, Minnesota, stark spürbar.
Ebenso wie sein bekannterer schwedischer
Vetter kann dieses Gericht aus Miniaturfleisch-
bällchen sowohl als Vorspeise wie auch als
Hauptgericht aufgetragen werden.

50 g frische Brotkrumen
etwa 1/2 l Milch
750 g Rinderhack
1 Zwiebel, fein gehackt oder in kleine Würfel
    geschnitten
1 Ei, leicht verquirlt
1 1/2 TL Salz
1/2 TL gemahlener Piment
2 EL Butter zum Braten
2 EL Mehl

Die Brotkrumen in 1/8 l Milch einweichen. Mit
dem Rinderhack, Zwiebel, Ei, Salz und dem
gemahlenen Piment gründlich vermengen. Aus
dem Fleischteig Bällchen von 2 1/2 cm Durchmesser formen. Die Butter in einer großen Pfanne zerlassen. Fleischbällchen hineingeben –
immer nur einige auf einmal – und von allen
Seiten braten, bis sie gleichmäßig braun sind.

Die gebratenen Fleischbällchen aus der Pfanne nehmen. Sind alle Fleischbällchen gebraten,
überschüssiges Fett abgießen und das Mehl in
die Pfanne stäuben. Bei mittlerer Temperatur
kurz anbräunen und langsam unter ständigem
Rühren die restliche Milch (etwa 1/8 l) zugießen.
Die Sauce muß glatt und leicht angedickt sein.

Die Fleischbällchen wieder in die Pfanne
geben und zugedeckt bei niedriger Temperatur
etwa 25 Minuten köcheln lassen. Serviert man
die Fleischbällchen als Vorspeise, werden sie auf
kleine Spießchen gesteckt und in der Sauce
warm gehalten. Man kann sie aber auch als
Hauptgericht auf Butternudeln anrichten.

Für 6 bis 12 Personen

Fleischbällchen nach finnischer Art, Chili nach Art von Cincinnati

ALLAN ROSENBERG

Cincinnati Chili

Chili nach Art von Cincinnati

Chili-Gerichte nach Art von Cincinnati sind
Zubereitungen, die vermutlich aus der Balkan-
küche stammen und auf ihrem Weg durch die
Imbißstuben der Stadt jeden Bezug zu ihren
Ursprüngen verloren haben. Die geringe Variationsbreite des Gerichts wird durch diverse
Bestellrituale ausgeglichen: Verlangt man »two-
way«, bekommt man Fleischsauce auf Spaghetti.
Bei »three-way« kommt darüber noch etwas
geriebener Käse; »four-way« führt zur zusätzlichen Garnierung mit Zwiebeln, die wiederum bei »five-way« mit einem Schlag Bohnen
bedeckt werden.

1/2 l Wasser
1/2 l starker Kaffee
1/2 l hausgemachte Tomatensauce oder
    Tomatensauce aus der Dose
2 Zwiebeln, gehackt
1 EL Rotweinessig
2 TL Worcestershire-Sauce
1 EL Zucker
2 EL gemahlene Chilischoten
1 TL gemahlener Kreuzkümmel
1 kleine Knoblauchzehe, zerdrückt
2 TL gemahlener Zimt
1/2 TL gemahlener Piment
1/4 TL gemahlene Nelken
1 TL Salz
1/4 TL Cayennepfeffer
1 kg mageres Rinderhack
1 großes Lorbeerblatt
125 g geriebener Cheddar zum Garnieren (nach
    Belieben)
1 Zwiebel, fein gehackt, zum Garnieren (nach
    Belieben)
400 g gekochte Kidney-Bohnen zum Garnieren
    (nach Belieben)

Wasser, Kaffee und Tomatensauce in einem
großen Topf bei hoher Temperatur heiß werden
lassen. Zwiebeln, Essig, Worcestershire-Sauce
und Zucker hineinrühren. Während das Ganze
zum Kochen gebracht wird, gemahlene
Chilischoten, Kreuzkümmel, Knoblauch, Zimt,
Piment, Nelken, Salz und Cayennepfeffer in
einer kleinen Schüssel vermengen. Die Gewürzmischung in die kochende Brühe geben. Das
Rinderhack zerpflücken und ebenfalls langsam
in die Brühe geben. Das Lorbeerblatt zugeben
und das Ganze nochmals aufkochen lassen.

Die Hitze reduzieren und das Chili ohne
Deckel 2 1/2 bis 3 Stunden köcheln lassen, bis
es die richtige Konsistenz hat. Gelegentlich
umrühren, um größere Fleischbrocken zu
zerkleinern.

Das Lorbeerblatt entfernen. Falls erforderlich,
überschüssiges Fett abschöpfen. Das Chili auf
Spaghetti anrichten und nach Belieben jede Portion mit geriebenem Cheddar, gehackter Zwiebel oder Kidney-Bohnen garnieren.

Für 6 Personen

ALLAN ROSENBERG

Blauschimmelkäse-Auflauf nach Wisconsin-Art, Kandierte Süßkartoffeln, Kartoffel-Gratin

Candied Sweet Potatoes

Kandierte Süßkartoffeln

Apfelsaft ist das bestimmende Element in diesem Gericht. Am besten ist frisch gepreßter Apfelsaft, wie man ihn im Herbst in den USA an kleinen Straßenständen bekommt.

3 große Süßkartoffeln (Yams)
0,2 l Apfelsaft
6 EL (90 g) brauner Zucker
3 EL Butter
1 EL Mehl
1 Prise geriebene Muskatnuß (nach Belieben)

Die Süßkartoffeln in kochendem Wasser gar werden lassen, dann schälen und längs halbieren.

Den Backofen auf 190° C vorheizen. Die Süßkartoffeln mit der Schnittfläche nach oben in einer eingefetteten feuerfesten Form auslegen. In einem Topf Apfelsaft mit 4 EL braunem Zucker und 2 EL Butter zum Kochen bringen, die Hitze herunterschalten und 10 Minuten köcheln lassen.

Die Mischung über die Süßkartoffeln gießen und im vorgeheizten Ofen etwa 45 Minuten backen. Dabei die Kartoffeln gelegentlich mit dem Apfelsirup bestreichen. Den restlichen Zucker mit dem Mehl und der restlichen Butter vermengen und nach Belieben mit geriebener Muskatnuß abschmecken. Über den Süßkartoffeln verteilen und diese in etwa 15 Minuten im Ofen braun werden lassen. Sofort auftragen.

Für 6 Personen

Potluck Potatoes

Kartoffel-Gratin

Dieses Gericht ist häufig auf informellen gemeinschaftlichen Abendessen, wie sie von der Bürgerschaft oder der Kirchengemeinde veranstaltet werden, anzutreffen, wo sich auch gute Gelegenheit bietet, die Kochkünste der Nachbarn unauffällig einzuschätzen. Routiniers, die regelmäßig an solchen Anlässen teilnehmen, wissen, daß ihre Schüsseln mit mitgebrachtem Essen gut eine Stunde heiß bleiben, wenn man sie in einige Lagen Zeitungspapier einschlägt.

1/8 l Sahne
1/8 l Milch
4 EL (60 g) Butter
1 EL geriebene Zwiebel
1 1/2 TL Salz
1/2 TL frisch gemahlener Pfeffer
125 g geriebener Cheddar
750 g Kartoffeln, in dünne Scheiben geschnitten

Milch, Sahne, Butter, Zwiebel, Salz und Pfeffer in einen großen Topf geben. Aufkochen lassen und 2 EL Käse hineinrühren.

Die Kartoffeln in den Topf geben und alles in eine eingefettete Auflaufform füllen. Gleichmäßig mit dem restlichen Käse bestreuen.

In den auf 180° C vorgeheizten Ofen schieben und etwa 1 Stunde garen, bis die Oberfläche leicht gebräunt ist und eine schöne Kruste hat.

Für 6 bis 8 Personen

Wisconsin Blue Cheese Spoon Bread

Blauschimmelkäse-Auflauf nach Wisconsin-Art

Die Küche des Mittleren Westens hat diese Variante eines traditionellen Südstaaten-Gerichts entwickelt. Je stärker die Blauschimmeladern im Käse sind, um so pikanter schmeckt er.

6 Scheiben Speck
1/2 l Wasser
200 g Maismehl
200 g Blauschimmelkäse, zerbröckelt
4 EL (60 g) weiche Butter
1/4 TL schwarzer Pfeffer
1/4 l Milch
4 Eier, getrennt
125 g Maiskörner

In einer großen Pfanne den Speck knusprig werden lassen. Gut abtropfen lassen, zerkleinern und beiseite stellen. Das Wasser in einem mittleren Topf aufkochen lassen. Die Temperatur herunterschalten und das Maismehl hineinrühren. Unter ständigem Rühren etwa 10 Minuten köcheln lassen. Der Brei sollte glatt und dick sein. Den Topf vom Herd nehmen.

Käse, Butter und Pfeffer zugeben und so lange rühren, bis der Käse geschmolzen ist. Dann nach und nach unter Rühren die Milch zugießen. Die Eigelbe schaumig schlagen, Maiskörner und Speck zugeben und unter die Käse-Maismehl-Mischung rühren.

Die Eiweiße zu Schnee aufschlagen und vorsichtig unter die anderen Zutaten heben. Die Mischung in eine eingefettete, 2 Liter fassende Auflaufform füllen und im vorgeheizten Ofen etwa 50 Minuten backen, bis der Auflauf fest und goldbraun ist. Heiß auftragen.

Für 6 Personen

Ham in a Blanket

Schinken im Brotteig

Dieses Rezept stammt aus Zeiten, als man Gerichte noch mit bildhaften Namen belegte. Aus Gründen der Bequemlichkeit ist im folgenden Rezept Fertigteig angegeben, es kann jedoch mit jedem frisch hergestellten Brotteig aus Weizen- oder Roggenmehl zubereitet werden.

500 g tiefgefrorener Weißbrotteig
1 Ei, gut verquirlt
2 EL Milch
1 gekochter Schinken ohne Knochen, etwa
    1 3/4 kg schwer

Den tiefgefrorenen Brotteig auftauen und einmal gehen lassen. Den Teig flach drücken und etwa 1 cm dick zu einem großen Oval ausrollen. Das verquirlte Ei mit der Milch vermischen und den Teig damit bestreichen. Den Schinken in der Mitte des Teigs plazieren und die Enden des Teigs darüberschlagen. Die Teigränder mit dem Ei bestreichen und fest zusammendrücken.

Das mit der Milch verquirlte Ei bis zur weiteren Verwendung im Kühlschrank aufbewahren. Den Schinken auf ein leicht eingefettetes und bemehltes Backblech setzen, mit einem sauberen Küchentuch abdecken und an einem warmen, zugfreien Ort etwa 1 Stunde gehen lassen. Den Backofen auf 200° C vorheizen. Nochmals überprüfen, ob die Teighülle fest verschlossen ist, und von allen Seiten mit dem restlichen Ei bestreichen. Den Schinken in den Ofen schieben, die Temperatur auf 120° C reduzieren und den Schinken etwa 1 Stunde backen, bis der Teig knusprig und goldbraun ist.

Den Schinken aus dem Ofen nehmen und 15 Minuten ruhen lassen. Man kann den sehr appetitlich aussehenden Schinken durchaus im Speisezimmer abkühlen lassen, so daß die Gäste ihn bereits sehen. Den Schinken im Brotteig mit einem scharfen Messer in Scheiben schneiden und servieren.

Für 6 bis 8 Personen

Frisch geerntete Maiskolben liegen in der Sonne zum Trocknen.

Schinken im Brotteig

Bread and Sorghum Pudding

Brotpudding mit Sorghum

Sorghum dient ähnlich wie Melasse zum Süßen und wird aus einer Hirseart, dem Zucker-sorghum, gewonnen. Früher füllten die Bauern Sorghum in Dosen ab oder in jedes beliebige Gefäß, das der Kunde mitbrachte. Heute gibt es Sorghum in Gläsern im Supermarkt.

8 mittelgroße Scheiben altbackenes Brot, in
    Würfel geschnitten
200 g Rosinen
2 Eier
1/2 TL Salz
3 EL Sorghum oder Melasse
3 TL Zucker
2 EL Butter
etwa 1/2 l aufgekochte Milch

Die Brotwürfel in eine gut eingebutterte quadratische Form von etwa 23 cm Kantenlänge geben. Rosinen gleichmäßig darüber verteilen. In einer mittelgroßen Rührschüssel Eier, Salz, Sorghum und Zucker miteinander vermischen. Die Butter in der aufgekochten Milch schmelzen lassen und beides mit den Zutaten in der Rührschüssel vermischen. Die Mischung dann über Brotwürfel und Rosinen in der Form gießen.

Den Backofen auf 180° C vorheizen. Die Form in ein heißes Wasserbad stellen, dabei sollte die Form nicht höher als bis zur Hälfte im Wasser stehen. Den Brotpudding etwa 1 Stunde unbedeckt im Ofen garen lassen, bis er fest geworden ist. Nach etwa 40 Minuten Backzeit prüfen, ob eventuell noch etwas Wasser nachgefüllt werden muß. Den fertigen Pudding 10 Minuten ruhen lassen, dann in Stücke schneiden und warm mit geschlagener Sahne auftragen.

Für 6 Personen

Von oben: Brotpudding mit Sorghum, Apfelmus-Kuchen, Schokoladenschnittchen aus den Ozarks

ALLAN ROSENBERG

Ozark Brownies

Schokoladenschnittchen aus den Ozarks

Das besondere Aroma dieser *brownies* rührt von den schwarzen Walnüssen her, die vor allem in den Ozark-Bergen wachsen. Bei uns wird man sich mit normalen Walnüssen behelfen müssen. Die Glasur sollte mit sehr starkem Kaffee angerührt werden; einige Köche verfeinern sie noch mit einigen Tropfen Ahorn-Aroma.

Schokoladenschnittchen:
125 g Butter
60 g zartbittere Schokolade
180 g dunkelbrauner Zucker
2 Eier
1/2 TL Salz
4 EL (60 g) Mehl
60 g gehackte Walnüsse, falls erhältlich
    vorzugsweise schwarze Walnüsse
1 TL Vanille-Essenz

Glasur:
6 EL (90 g) Butter
500 g Puderzucker
1 TL Vanille-Essenz
2 EL heißer, starker Kaffee

Den Backofen auf 165° C vorheizen.
    Für die Schokoladenschnittchen Butter und Schokolade in einem schweren Topf bei niedriger Temperatur schmelzen lassen. Den Topf vom Herd nehmen, braunen Zucker, Eier, Salz, Mehl, Walnüsse und Vanille-Essenz unterrühren. Den Teig in eine gut eingebutterte quadratische Form von etwa 23 cm Kantenlänge gießen und im vorgeheizten Ofen etwa 20 Minuten backen, bis er gar und bei Druck elastisch ist. In der Form abkühlen lassen.
    Für die Glasur Butter und Puderzucker miteinander schaumig rühren. Vanille-Essenz und heißen Kaffee untermischen. Eventuell noch etwas von beidem zugeben, bis die Glasur die richtige streichfähige Konsistenz hat. Den Kuchen damit bestreichen, dann in Stücke schneiden.

Für 8 Personen

Apple Butter Cake

Apfelmus-Kuchen

Gewürztes Apfelmus ist ein beliebtes Nebenprodukt der jährlichen Apfelernte der Region. Im Herbst findet eine Reihe von Festlichkeiten statt, in deren Mittelpunkt das Kochen von Apfelmus steht und bei dem das Rühren in den riesigen Kesseln fast rituellen Charakter hat.

125 g Pflanzenfett
250 g Zucker
4 Eier, verquirlt
320 g Mehl, durchgesiebt
1 1/2 TL Natron
1/2 TL Salz
1 TL gemahlener Zimt

½ TL geriebene Muskatnuß
½ TL gemahlene Nelken
¼ l Buttermilch
200 g Apfelmus (Rezept auf Seite 60)

Den Backofen auf 180° C vorheizen. In einer
großen Rührschüssel das Pflanzenfett mit dem
Zucker schaumig rühren. Die Eier gründlich
unterrühren. Das Mehl mit Backpulver, Salz,
Zimt, Muskatnuß und Nelken durchsieben.
Abwechselnd das Mehl und die Buttermilch
unter die Fett-Eier-Mischung rühren. Das Apfelmus zugeben und alles gut vermengen. Den Teig
in eine eingefettete und bemehlte Form von
20 cm Kantenlänge gießen. In den vorgeheizten
Ofen schieben und etwa 55 Minuten backen.
Zur Garprobe mit einem Metallspießchen in die
Mitte des Kuchens stechen; wenn kein Teig daran kleben bleibt, kann man ihn aus dem Ofen
nehmen. Den Kuchen in der Form auskühlen
lassen. Zum Servieren den Kuchen in Stücke
schneiden und nach Belieben mit einem Sahne-
häubchen garnieren.

Für 6 bis 8 Personen

Streusel-topped Apple Pie

Apfel-Streusel-Kuchen

Bei diesem würzigen Apfelkuchen wird eine
Streuselgarnierung verwendet, die man im Mittelwesten normalerweise eher für Kaffeekuchen
verwendet. Um den Kuchen besonders locker zu
machen, bereitet man ihn im Mittelwesten mit
Schmalz statt mit Pflanzenfett zu.

Boden:
4 EL (60 ml) kochendes Wasser
125 g Pflanzenfett
180 g Mehl, durchgesiebt
½ TL Salz

Füllung:
400 g Äpfel, in etwa 5 mm dicke Scheiben
    geschnitten
2 EL Zitronensaft
300 g Zucker
4 EL (60 g) dunkelbrauner Zucker
1 EL Mehl
1 TL gemahlener Zimt
½ TL geriebene Muskatnuß
1 EL zerlassene Butter
2 EL kaltes Wasser

Streuselbelag:
4 EL (60 g) weiche Butter
6 EL (90 g) Mehl
4 EL (60 g) Zucker
4 EL (60 g) dunkelbrauner Zucker
½ TL gemahlener Zimt
¼ TL geriebene Muskatnuß

Glasur:
150 g Puderzucker
2 EL Zitronensaft

Apfel-Streusel-Kuchen

Für den Kuchenboden das Pflanzenfett in eine
Rührschüssel geben, das kochende Wasser zugießen und glattrühren. Das Mehl mit dem Salz
in die Rührschüssel sieben und zu einem glatten
Teig verkneten. Eine Kugel daraus formen und
im Kühlschrank fest werden lassen. Den Teig zu
einem Fladen ausrollen und eine Pie- oder
Springform von etwa 25 cm Durchmesser damit
auskleiden. Genügend Teig überstehen lassen
und die Ränder dekorativ fälteln. Die Form beiseite stellen.

Für die Füllung die Äpfel in eine große
Schüssel geben und mit dem Zitronensaft beträufeln. Zucker, braunen Zucker, Mehl, Zimt
und Muskatnuß in einer kleinen Schüssel miteinander vermischen, zu den Äpfeln geben und
diese gleichmäßig damit überziehen. Zerlassene
Butter und Wasser zugießen, alles noch einmal
miteinander verrühren und gleichmäßig auf
dem Kuchenboden verteilen. Den Backofen auf
220° C vorheizen.

Für den Streuselbelag die Butter mit dem
Mehl zu Krumen verkneten und mit dem Zukker, braunen Zucker, Zimt und Muskatnuß vermengen. Die Äpfel gleichmäßig mit dem
Streuselbelag bedecken.

Den Apfelkuchen in den Ofen schieben und
10 Minuten backen, dann die Hitze auf 165° C
reduzieren und eine weitere Stunde garen las-

sen. Den Kuchen aus dem Ofen nehmen und
abkühlen lassen.

Für die Glasur den Puderzucker mit dem
Zitronensaft glattrühren und den noch warmen
Kuchen damit beträufeln. Vor dem Aufschneiden den Apfel-Streusel-Kuchen vollständig auskühlen lassen.

Für 6 bis 8 Personen

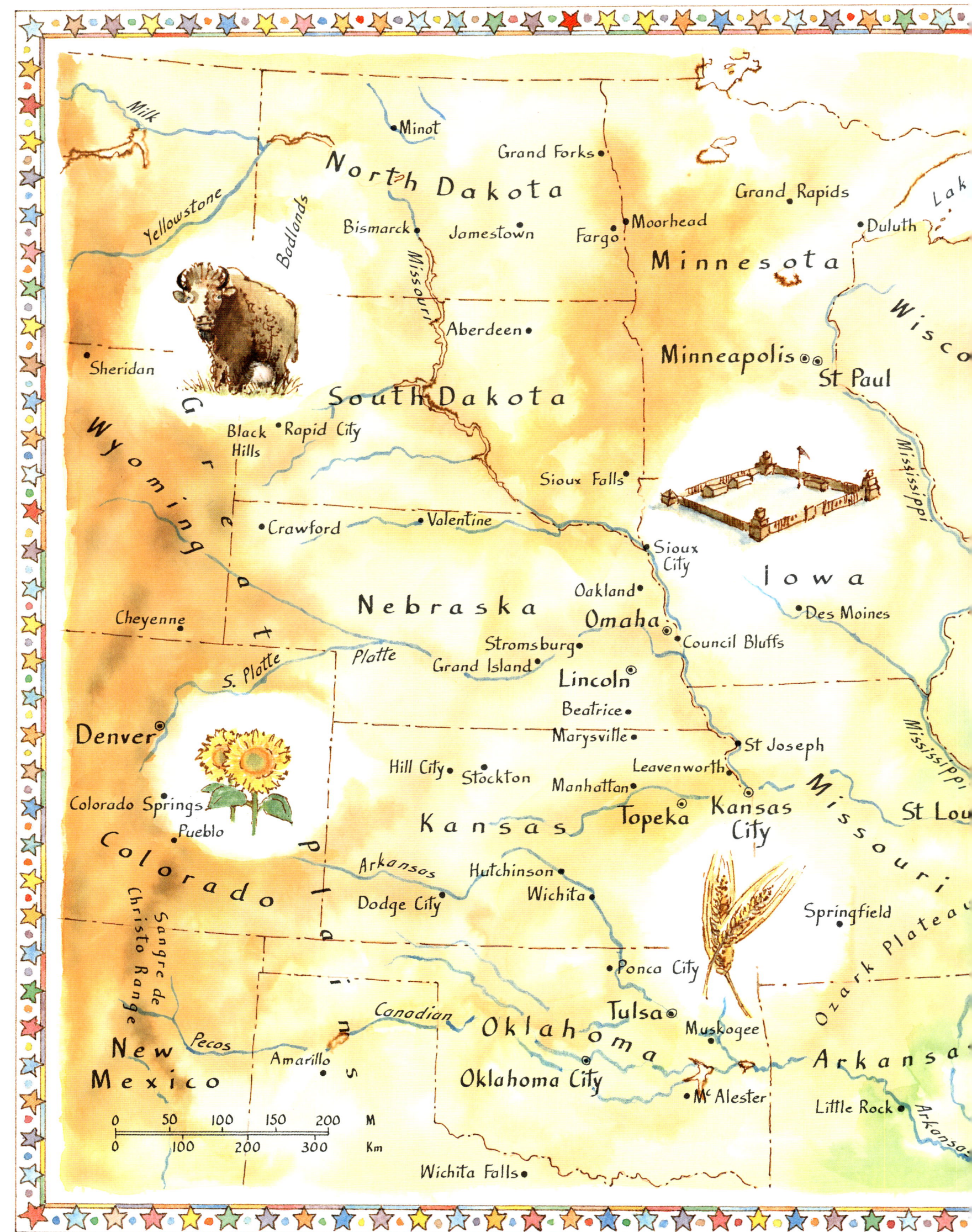

Milk

North Dakota

Minot

Grand Forks

Grand Rapids

Yellowstone

Badlands

Bismarck

Jamestown

Fargo

Moorhead

Duluth

Lak

Minnesota

Missouri

Aberdeen

Minneapolis

St Paul

Wisco

Sheridan

South Dakota

Wyoming

G

r

e

a

t

Black Hills

Rapid City

Sioux Falls

Mississippi

Crawford

Valentine

Sioux City

Iowa

Oakland

Nebraska

Des Moines

Cheyenne

Stromsburg

Omaha

Council Bluffs

S. Platte

Platte

Grand Island

Lincoln

Missouri

Beatrice

Denver

Marysville

St Joseph

Hill City

Stockton

Manhattan

Leavenworth

Colorado Springs

Pueblo

Colorado

Topeka

Kansas City

Missouri

St Lou

Sangre de Christo Range

P

l

a

i

n

s

Kansas

Arkansas

Hutchinson

Wichita

Springfield

Dodge City

Ozark Plateau

Canadian

Ponca City

New Mexico

Pecos

Amarillo

Oklahoma

Tulsa

Muskogee

Arkansa

Oklahoma City

McAlester

Little Rock

Arkansa

Wichita Falls

0   50   100   150   200   M

0   100   200   300   Km

DIE STAATEN DER GREAT PLAINS

✦

Art Siemering

Viele halten die etwa in der Mitte zwischen Atlantik- und Pazifikküste gelegenen Plains States für ein einziges unermeßlich weites, flaches Land. Das mag für den großen Weizengürtel gelten, der sich von Kansas durch South und North Dakota Richtung Norden erstreckt, und auch für den mittleren und östlichen Teil von Nebraska, die aus der Luft wie ein endloses Maisfeld aussehen; doch wer näher hinschaut, entdeckt interessante Details: An der Grenze von North Dakota zu Kanada liegen die Turtle Mountains, Berge, auf denen lockerer Waldbewuchs mit dichten Hartholzwäldern abwechselt, und die Region der Black Hills an der Westgrenze von Dakota besteht aus einem Mittelgebirge mit üppig wachsenden Kiefernwäldern. Der Niobrara-Fluß in Nebraska ist ein bekannter Anziehungspunkt für Kanuten. Die pittoresken Flint Hills nehmen einen großen Teil des östlichen Kansas ein, und in Oklahoma gibt es die längste Kette von Stauseen in den USA. Die künstlichen Gewässer wurden zur Verhütung von Überschwemmungen angelegt.

Zu Beginn des 19. Jahrhunderts durchquerten die westwärts drängenden Pioniere eilends die großen Ebenen und ließen ihre – zum Teil noch heute sichtbaren – Spuren, den Oregon und Santa Fe Trail, über die ihre Planwagen-Kolonnen rollten, zurück. Als jedoch 1862 der Homestead Act in Kraft trat, ein Gesetz, das den Siedlern Land gratis zur Verfügung stellte, brachen viele Durchziehende ihren Treck ab und ließen sich in den Plains States nieder. Hinzu kamen Familien aus dem Süden und Osten, die alle in den Genuß der Standardzuteilung von 65 Hektar Grund – in den bevorzugten Gebieten gab es nur die Hälfte – kommen wollten. Das Landeigentum mußte dennoch hart erarbeitet werden. Bevor man die ersehnte Eigentumsurkunde in den Händen halten konnte, galt es, den harten und von den zähen Wurzeln des Präriegrases durchwachsenen Boden urbar zu machen und ihn fünf Jahre lang erfolgreich zu bestellen sowie ein einigermaßen wohnliches Haus darauf zu errichten.

MICHAEL SALAS/THE IMAGE BANK

Maispflücker mit gefüllten Körben zwischen den Maisstauden auf den Feldern einer Farm in Nebraska

EINE WÜSTE BEVÖLKERT SICH

Zur gleichen Zeit lockten Bodenspekulanten, die ihre günstig erworbenen Grundstücke schnell wieder loswerden wollten, sowie Eisenbahn-Manager, die daran interessiert waren, möglichst viel Menschen, Handel und Industrie entlang der Schienenwege anzusiedeln, mit aggressiven Werbemethoden europäische Siedler, vor allem Deutsche und Skandinavier, ins Land. So kam es, daß Rußlanddeutsche die karge Prärielandschaft in North und South Dakota besiedelten, während sich Tschechen im östlichen Nebraska niederließen. Ukrainische Mennoniten brachten Saatgut einer dürreresistenten Winterweizenart mit, die nach und nach Kansas in die Kornkammer Amerikas verwandelte. Polnische, italienische, serbische und kroatische Einwanderer fanden Arbeit in den Lagerhäusern und Fabriken in Omaha, Nebraska, und in Kansas City. Tausende von Siedlern zogen wetteifernd in mehreren Wanderungswellen, die 1890 ihren Höhepunkt erreichten, nach Oklahoma, um dort Land zugeteilt zu bekommen. Dennoch hat dieser Bundesstaat bis heute den größten Anteil an indianischer Urbevölkerung.

In diesem Jahrhundert vollendeten die Siedler die Umwandlung eines Teils der »Großen amerikanischen Wüste«, die man früher für nicht nutzbar hielt, in ausgedehnte Mais- und Weizengürtel eines neuen landwirtschaftlichen Herzlandes. Der heutige Überfluß mußte jedoch hart erkämpft werden. Das Hauptproblem für die neuen Siedler war der anfängliche Mangel an Brennmaterial, so daß sie dazu gezwungen waren, mit Dungfladen der Büffel und Rinder oder Sonnenblumenstengeln zu kochen und zu heizen. Einige Siedler schafften sich auch Herde an, die man mit Heu befeuern konnte.

Das Grundnahrungsmittel dieser Pioniere war Mais, Mais und noch einmal Mais. In einer 1862 erschienenen Ausgabe des *Nebraska Farmer* findet sich ein Versuch, diese ewige Monotonie zu durchbrechen: Das Blatt stellte »33 Arten, Mais zuzubereiten« vor, die vom *samp*, zerstoßenem, gemahlenem Mais, bis hin zu einem »Indianer-Laib«, der aus Mais, Melasse und Kürbis gebacken wurde, reichten. Den Siedlern scheinen die Vorschläge kein großer Trost gewesen zu sein. Einer von ihnen kommentierte: »Egal wie du das Zeug kochst, es bleibt doch immer Mais.«

Die Lebensumstände sollten sich jedoch schnell bessern. Man legte Obstgärten an, widmete sich der Viehzucht und entwickelte Saatgut, das der meist vorherrschenden Hitze und Trockenheit trotzte. Diejenigen, die es sich leisten konnten, ergänzten ihre Hausmacherprodukte mit »Luxusimporten aus dem Osten«, die in überraschender Menge verfügbar waren, darunter so ausgefallene Dinge wie Rosinen und Sardinen bis hin zu in Weinbrand eingelegten Pfirsichen und Champagner, die mit Missouri-Dampfern oder der neu gebauten Eisenbahn in den Westen gelangten.

Am besten läßt sich ein Eindruck, wie die ersten Siedler in der Prärie lebten, im Homestead National Monument in der Nähe von Beatrice, Nebraska, gewinnen. Das Museum steht auf einem Stück Land, das ein gewisser Daniel Freeman 1862 als einer der ersten nach dem neuen Homestead-Gesetz beanspruchte. Ein Transportweg führt durch urwüchsigen Nutzwald entlang des Cub Creek, der diesen Landstrich so begehrt machte, und durch unverfälschte grasbestandene Prärieflächen. Zu den Ausstellungsstücken des Museums gehören unter anderem Küchenutensilien, von denen einige mit der Hand aus Holzstücken gehauen wurden, und zeitgenössische bäuerliche Gerätschaften.

FORTS ALS VORPOSTEN DER ZIVILISATION

Eine andere Möglichkeit, die Lebensbedingungen in diesem Landstrich vor einem Jahrhundert oder mehr zu studieren, ist der Besuch eines der wichtigen militärischen Vorposten, die in der Geschichte dieser Region eine bedeutsame Rolle gespielt haben. Einige der noch existierenden Forts sind sehr beeindruckend, wie Fort Leavenworth in der Nähe von Kansas City und Fort Robinson im »Pfannenstiel« von Nebraska; sie haben mit den von Hollywood erfundenen kleinen Palisadenquadraten mit Beobachtungsholztürmen in den vier Ecken nichts gemeinsam. Diese großen Forts waren Vorposten, von denen man zur Attacke ausschwärmte, und besaßen Kasernen und Reitställe aus Ziegel- oder Sandsteinmauerwerk. Die Offiziersunterkünfte waren mit allem Komfort ausgestattet und konnten sich durchaus mit einigen der schönsten Wohnungen der »Städter« messen. Ein Eindruck von Beständigkeit, der sich im Laufe der Zeit ja auch bewahrheitet hat, geht von diesen Bauten aus.

Das scheinbar unveränderliche Szenarium der Plains-Staaten änderte sich abrupt in den dreißiger Jahren dieses Jahrhunderts, als einer langen Dürreperiode heftige Sandstürme folgten, die den Himmel regelrecht verdunkelten. Diese Umweltkatastrophe war hervorgerufen durch das Umpflügen der Randzonen landwirtschaftlicher Gebiete. Der trockene, sandige Boden dieser Ländereien war bis dahin durch den ursprünglichen Grasbewuchs und die traditionelle Bepflanzung mit Baumwollstauden zusammengehalten worden. Um den Folgen entgegenzusteuern, propagierte die Regierung Maßnahmen wie Fruchtwechsel und vorsorgliche Bodenerhaltung. Heute ist ein großer Teil der sogenannten *dust bowl*, der Staubschüssel, wieder fruchtbares Land, dank eines Bewässerungssystems, das aus der riesigen Ogallala-Zisterne, einem unterirdischen Wasserreservoir in Nebraska, gespeist wird.

Bis in unsere Tage ist die ungekünstelte Küche der Plains-Staaten ihren Wurzeln treu geblieben. Man verwendet das, was hier leicht zu haben ist: Rind- und Schweinefleisch, Geflügel, Wild, Molkereiprodukte, Eier, Mehl aus dem hier angebauten Getreide, Gartengemüse im Sommer und Wurzelgemüse im Winter. In den spärlicher besiedelten Gebieten findet man wild wachsende Beeren, und in den Bergen, die den Missouri-Fluß in Nebraska und Kansas säumen, wächst jedes Jahr zum Spätsommer eine reiche Apfelernte heran. Im Missouri wird noch fleißig gefischt, obwohl dies wiederholt wegen der Wasserverschmutzung für gewisse Zeit verboten werden mußte. Die Restaurants an den Ufern haben sich daher darauf verlegt, ihren *catfish* von Züchtern zu beziehen, deren jährliche Ausbeute mittlerweile auf rund neunzig Millionen Kilogramm gestiegen ist.

DER BISON

Der nordamerikanische Büffel, der Bison, gehört zu den ursprünglichsten Nahrungsmitteln Amerikas. Nachdem er fast ausgerottet war, feiert er heute eine Art Comeback. Man schätzt, daß etwa sechzig Millionen Tiere die Prärie bevölkerten, bevor sie mit dem weißen Mann und seinen Flinten Bekanntschaft machten. 1895 hatten jagdbesessene Abenteurer und profitgierige Fellhändler es beinahe geschafft, die Wildtiere gänzlich auszurotten.

Als schließlich Gesetze zum Schutz der Bisons in Kraft traten, gab es nur noch etwa sechzig Präriebüffel – heute zählt man in den gesamten USA wieder rund 100 000. Die größte Herde der Welt, mit etwa 1400 Tieren, lebt im Custer State Park in den Black Hills von South Dakota. Eine weitere große Herde gibt es im staatlichen Wildreservat von Fort Niobrara in der Nähe von Valentine, Nebraska, und eine zunehmende Zahl von Bisons durchzieht in kleineren Herden die Plains States und den Mittleren Westen.

Gastronomisches Interesse findet ein Bison, wenn er etwa zwei Jahre alt ist und um die 625 Kilogramm wiegt. Dann liefert er Steaks, Bratenstücke und Hackfleisch bester Qualität, wie sie häufig in den regionalen Läden und Restaurants angeboten werden, aber auch solche Delikatessen wie Wurst.

Bisonfleisch ist hinsichtlich seines höheren Eiweiß- und niedrigeren Fettgehalts dem Rindfleisch überlegen; seine dunkelrote Farbe verrät einen hohen Anteil an Eisen.

KANSAS CITY BARBECUE

Der Stadtbereich von Kansas City, der sich über fünf Verwaltungsbezirke in Kansas und Missouri erstreckt, ist eine Art Brutstätte des *barbecue* – des Grillens über oder an offenem Feuer. Hier existieren mehr als sechzig kommerzielle Unternehmen, die sich damit beschäftigen; daneben gibt es eine unübersehbare Zahl von Amateurköchen, die ihr daheim erlerntes Können in zahllosen Wettbewerben immer wieder zur Schau stellen und auf diese Weise das *barbecue* zu einer echten Volkskunst entwickelt haben. Die *barbecue*-Gesellschaft von Kansas City hat Mitglieder in aller Welt, sowohl Amateure als auch Berufsköche.

In Kansas City treffen der südliche und der westliche *barbecue*-Stil aufeinander. Das Resultat dieser Begegnung ist, daß die hiesigen *barbecue joints* (die Bezeichnung »Restaurant« gilt hier als Beleidigung) sowohl Schweinerippchen als auch Rinderbrust grillen. Einige der Grillstationen stellen ihre eigenen geräucherten Würste her, und einige wenige auf der anderen Seite der Grenze, in Missouri, bereiten noch Lammfleisch zu.

Die besten Fleischsorten werden über Hickory-Scheiten trocken geräuchert. Die Sauce kommt erst beim Servieren über das Fleisch oder wird extra gereicht. Die typische Kansas-City-Sauce ist mit einer spürbaren Prise Cayennepfeffer gewürzt, eine andere, auch sehr beliebte Variante, mit Melasse gesüßt.

SONNENBLUMEN UND STEAKS

Die Sonnenblume ist das offizielle Wahrzeichen von Kansas, aber im Tal des Red River in North und South Dakota taucht sie als Agrarpflanze jedes Jahr im Juli und August über 100000 Hektar Land in leuchtendes Gold. Ebenso wie Mais und Kürbis ist die Sonnenblume eine einheimische Pflanze, die schon von den Indianern seit Jahrhunderten gezüchtet wurde. Während man Sonnenblumenkerne früher lediglich als gesundes Knabberwerk betrachtete, findet man sie heute in jeder Salat- oder Vollwertkost-Bar, zudem sind sie sehr gefragt bei der Back- und Cornflakes-Industrie in den USA und Europa.

Einwohner von Oklahoma, die in Tulsa, Muskogee und Ponca City leben, bezeichnen das Steak als wesentliches Element ihrer heimischen Küche, gefolgt von *fried chicken*, *catfish* sowie gegrilltem Bruststück oder Hochrippe vom Rind. All das findet sich daher natürlich auf allen Speisekarten der lokalen Restaurants, die sich auch beim Dekor bemühen, den Publikumswünschen Rechnung zu tragen – bevorzugt wird ein vom Zahn der Zeit leicht angenagter Country- und Western-Look.

Doch Omaha, Nebraska, nimmt für sich in Anspruch, das Steak-Zentrum der Nation zu sein, und untermauert diesen Ehrgeiz mit Dutzenden von Steak-Häusern, die ihr saftiges Rindfleisch direkt aus den örtlichen Lagerhäusern beziehen, von denen die besten das Fleisch vor dem Verkauf so lange abhängen lassen, bis es den richtigen Reifegrad besitzt. Die Steak-Restaurants in Omaha sind größtenteils in italienischer Hand, weswegen sich der Brauch eingebürgert hat, neben der sonst üblichen Suppe oder Salat- beziehungsweise Gemüsebeilage eine Portion Spaghetti zu servieren.

Keinen Streit gibt es darüber, welches die beste Schnittführung für ein Steak ist. Ob man es nun »Omaha strip« oder »Kansas City strip« oder seiner Herkunft nach »boneless strip loin« nennt, es ist immer ein hervorragendes Rindersteak mit einer feinen weißen Marmorierung. Für Kenner ist die beste Zubereitungsart für solch ein Steak, es über Holzkohle zu grillen und noch blutig zu servieren.

Polnische Würste, darunter Bratwurst, sind die Spezialitäten des Strawberry-Hill-Viertels von Kansas City. Wer sich hier auskennt, wählt zu seiner Wurst *povatica*, ein aus Osteuropa stammendes Brot mit Nüssen. Geräucherter Schinken wird in der historischen deutschen Gemeinde Marysville, Kansas, hergestellt, wo man auch noch einen Stall des Pony Express aus dem Jahre 1859 bewundern kann. In jedem Ort, der eindeutig schwedischen Ursprungs ist, von Oakland über Stromsburg, Nebraska, bis hin nach Lindsborg, Kansas, findet man die typische Kartoffelwurst. Krebs, eine kleine Gemeinde in der Nähe von McAlester, östlich der Mitte von Oklahoma, scheint dem Namen nach nicht gerade ein Ort mit einer italienischen Tradition zu sein, dennoch sind seine Gründerväter aus Italien Anfang des 20. Jahrhunderts hierher eingewandert, um in den Kohlenbergwerken zu arbeiten. Heutzutage findet man auf dem örtlichen Markt italienische Wurstspezialitäten und eine Reihe italienischer Restaurants.

DIE TRADITIONEN DER SCHWEDEN UND TSCHECHEN

Der Stolz der Einwanderer auf ihre Herkunft zeigt sich in den vielen farbenfrohen Festivitäten, die überall in der Region veranstaltet werden und zu deren Hauptattraktion die jeweiligen Spezialitäten der alten Heimatküchen gehören. So feiert die zahlreiche schwedische Gemeinde von Lindsborg jedes Jahr am dritten Samstag im Juni ihr Mittsommernachtsfest mit Volkstänzen und einem authentischen *smörgåsbord*, und Anfang Dezember eröffnen sie mit dem Santa-Lucia-Fest die Weihnachtssaison, so wie sie es traditionell seit dem 18. Jahrhundert tun.

Aber auch in der übrigen Zeit des Jahres zeigt Lindsborg seine Zuneigung zur früheren Heimat. Vor den Eingangstüren der Häuser der kleinen Stadt stehen hübsche hölzerne *dala*-Pferdchen, die Grußbotschaften oder Familiennamen tragen. In den Geschäftsstraßen sieht man Schilder in Schwedisch, auf denen *apotek* steht oder *stuga*, Gasthaus. Die örtliche Bäckerei, die schwedisches Roggenbrot und einen Hefekuchen fürs Kaffeekränzchen, *jast krans* genannt, führt, serviert auch Mahlzeiten und steht ganz im Dienst der Tradition des Morgens- und Nachmittagskaffees. Die Märkte bieten »ganz alltägliche« Leckerbissen an, zum Beispiel

eingelegte Heringe aus dem Eimer und den milden, mit Kümmel gewürzten Käse, den die Schweden so sehr mögen.

Das jährliche Fest der Tschechen in Wilber, Nebraska, zieht im August Tausende von Besuchern an, die tschechisches Essen, eine Parade und zwei Tage mit Volkstanz und Polkamusik erleben wollen. Aber auch das tägliche Leben in der Stadt ist von böhmischer Atmosphäre geprägt. Immer ist die Luft erfüllt mit dem kräftigen Aroma geräucherter Wurst. Die Metzgereien in Wilber führen auch *jaternice*, eine grobe Schweineleberwurst, und *jelita*, eine dunkle Blutgrützwurst. In ihrer Liebe zu Backwaren lassen sich die Tschechen von niemandem übertreffen. Unter den lokalen Spezialitäten ragen vor allem das böhmische Roggenbrot, Kolatschen, die mit süßem Quark, einem Klacks Kirsch-, Aprikosen- oder Pflaumenmarmelade oder mit Mohnsamen gefüllt sind, und *houska*, das traditionelle Feiertagsbrot, heraus.

Trotz einer solch großen Auswahl an kulinarischen Genüssen ist das Leben in diesen Breiten oft schwer. In der Prärie herrschen heiße, staubtrockene Sommer und bitterkalte Winter vor. Immer wieder hatten die Einwohner dieser Regionen unter Blizzards, Sandstürmen, Tornados und dem unvermeidlichen Auf und Ab der Ernteerträge zu leiden. Dennoch haben sie ihren unverwüstlichen Humor nie verloren.

Aufmerksame Teilnehmer einer Versteigerung im Viehhof von Oklahoma City

Seiten 136 und 137: Die Schönheit des Bildes trügt – zwar hüllt der bei Sonnenuntergang heraufziehende Sturm die Weizenfelder einer Farm in Kansas in rosafarbenes Licht, gleichzeitig droht er aber die Ernte zu vernichten.

HARALD SUND/THE IMAGE BANK

REZEPTE AUS DEN STAATEN DER GREAT PLAINS

Art Siemering

Corn Fritters

Maispuffer

Im Hochsommer, wenn der Mais am schnellsten reift, brauchen die Farmer, der Maiskolben-esserei bald überdrüssig, hin und wieder Abwechslung. Dieses Gericht kann als Frühstück, Mittag- oder Abendessen zubereitet werden.

2 Eier, getrennt
400 g Maiskörner
4 EL (60 ml) Milch
1 EL Mehl
1 TL Zucker
2 EL zerlassene Butter
1 TL Salz
2 Tropfen Vanille-Essenz

Die Eigelbe leicht aufschlagen und die Maiskörner hineingeben. Milch, Mehl, Zucker, Butter, Salz und Vanille-Essenz verrühren, zu der Eigelb-Maiskorn-Mischung geben und zu einem flüssigen Teig verarbeiten. Eventuell noch mit etwas Milch verdünnen.

Die Eiweiße zu Schnee aufschlagen und unter den Teig heben. Jeweils einen Eßlöffel Teig in die leicht eingefettete Pfanne geben und die Maispuffer von beiden Seiten braun und knusprig braten. Gut auf Küchenpapier abtropfen lassen und heiß servieren.

Für 6 Personen

Steak Soup

Steak-Suppe

Viele glauben, daß diese Suppe aus Kansas City stammt, aber man trifft sie überall in den Great Plains an. Sie erinnert eher an einen Eintopf als an eine Suppe und schmeckt auch so.

250 g Rinderlende, in Würfel geschnitten oder
    grob gehackt
1 1/2 TL Butter
1 Stange Bleichsellerie, gehackt
1 Zwiebel, gehackt
1 Knoblauchzehe, zerdrückt
4 EL (60 g) Butter
4 EL (60 g) Mehl
1 1/4 l Rinderbrühe
1/4 l Tomatensauce
1 TL Chilipulver
Salz und frisch gemahlener Pfeffer
200 g verschiedene Gemüse wie Erbsen, in
    Stücke geschnittene grüne Bohnen und
    Mohrrüben

Die Rinderlende in einem schweren Topf oder in einer Kasserolle in 1 1/2 Eßlöffel Butter bei mittlerer Temperatur anbraten. Sellerie, Zwiebel und Knoblauch zugeben und die Zwiebel glasig werden lassen. Mit einem Schaumlöffel aus dem Topf nehmen und beiseite stellen.

Maispuffer, Blumenkohl-Käse-Suppe, Steak-Suppe

Die restliche Butter im Topf zerlassen, das Mehl hineinstäuben und gut verrühren. Brühe und Tomatensauce zugießen und unter Rühren leicht andicken. Das Chilipulver zugeben und unter ständigem Rühren eine Minute köcheln lassen. Mit Salz und Pfeffer abschmecken.

Fleisch und die verschiedenen Gemüse in den Topf geben und leise 30 Minuten köcheln lassen. Gut umrühren und in tiefe Teller oder kleine Schüsselchen füllen.

Für 6 bis 8 Personen

Cauliflower Cheese Soup

Blumenkohl-Käse-Suppe

Blumenkohl ist die meiste Zeit des Jahres erhältlich und wird entsprechend häufig und gern auf den Tisch gebracht. Besonderer Beliebtheit erfreut er sich in Kansas und Nebraska.

1 l Hühnerbrühe
1 1/2 TL Salz
2 Kartoffeln, in Würfel geschnitten
1 Zwiebel, gehackt
1 Mohrrübe, gehackt
3 Knoblauchzehen, fein gehackt
400 g Blumenkohlröschen
200 g Cheddar, gerieben
1/4 TL Dill
1/4 TL Senf
1 Prise weißer Pfeffer
0,2 l Milch
2 EL Butter

Brühe, Salz, Kartoffeln, Zwiebel, Knoblauch, Mohrrübe und etwa zwei Drittel der Blumenkohlröschen in einen großen Topf geben. Langsam zum Kochen bringen und 15 Minuten köcheln lassen. Den Topf vom Herd nehmen und die Suppe etwa 20 Minuten abkühlen lassen.

Die Gemüse herausnehmen, mit einem Mixstab pürieren und wieder in den Topf geben. Bei mittlerer Hitze nach und nach den Käse, Dill, Senf und Pfeffer zugeben und bei niedriger Temperatur so lange rühren, bis der Käse geschmolzen ist. Die Milch zugießen.

Während die Suppe köchelt, die restlichen Blumenkohlröschen in der Butter knusprig und gar sautieren. In die Suppe rühren und nochmals abschmecken. Eventuell noch etwas Salz zufügen. Die Suppe und Blumenkohlröschen gleichmäßig auf tiefe Teller oder Suppentassen verteilen.

Für 6 bis 8 Personen

Upriver Catfish

Überbackene Catfish-Filets

Wer in den USA die Möglichkeit hat, sich frei lebende Katzenfische aus Flüssen wie dem Missouri zu besorgen, schaut vielleicht naserümpfend auf Zuchtexemplare herab. Nichtsdestoweniger werden letztere immer beliebter, und das folgende Rezept trägt diesem Umstand Rechnung. Bei uns wird man den *catfish* durch einen anderen festfleischigen Süßwasserfisch ersetzen müssen.

1 kg Filets von einem festfleischigen
    Süßwasserfisch
Salz und frisch gemahlener Pfeffer
5 – 6 Frühlingszwiebeln, fein gehackt
0,2 l Apfelsaft
4 EL (60 ml) Likör auf Whiskey- oder
    Brandy-Basis
4 EL (60 ml) Zitronensaft
2 EL Butter
2 EL Mehl
4 EL (60 ml) Sahne
60 g geriebener Schweizer Käse

Den Backofen auf 180° C vorheizen. Die Fischfilets in einer großen, gut eingefetteten feuerfesten Form auslegen. Mit Salz und Pfeffer würzen und mit Frühlingszwiebeln bestreuen. Einige Frühlingszwiebeln zum Garnieren zurückbehalten. Apfelsaft, Likör und Zitronensaft vermischen und über die Fischfilets gießen.

Überbackene Catfish-Filets

Den Fisch zugedeckt im Ofen in etwa 15 Minuten gar werden lassen.

Den Fisch aus dem Ofen nehmen und warm halten. Die Garflüssigkeit durch ein Sieb gießen und beiseite stellen. Die Butter in einem kleinen Topf zerlassen, das Mehl zugeben und unter Rühren bei mittlerer Temperatur etwa 2 Minuten anbräunen. Das Mehl darf aber nicht anbrennen. Die Garflüssigkeit zugießen, die Sahne unterrühren und die Sauce köcheln lassen, bis sie leicht angedickt ist.

Die Fischfilets zurück in die feuerfeste Form geben, mit der Sauce bedecken und mit dem Käse bestreuen. Die Oberfläche unter dem Grill goldbraun werden lassen, mit den restlichen Frühlingszwiebeln bestreuen und mit neuen Salzkartoffeln oder mit Reis auftragen.

Für 4 bis 6 Personen

Chicken Pilaf

Hühner-Pilaw

Dieses Gericht wird in vielen Variationen in den von Griechen betriebenen Restaurants der Kleinstädte in Nebraska und anderswo in den Plains serviert.

4 EL (60 ml) Olivenöl
1 Huhn, etwa 1 ½ kg schwer, in mundgerechte
    Stücke zerteilt
1 Zwiebel, fein gehackt

½ TL gemahlener Zimt
¼ l Tomatensauce
1 TL Salz
½ TL frisch gemahlener Pfeffer
¼ l Wasser
150 g Langkornreis
½ l kochendes Wasser
250 g Champignons oder Egerlinge, halbiert

Das Olivenöl in einem flachen Bratentopf oder in einer großen Pfanne erhitzen und die Hühnerstücke von allen Seiten darin anbräunen. Überschüssiges Fett abgießen. Zwiebel, Zimt, Tomatensauce, Salz, Pfeffer und ¼ l Wasser in einer Schüssel vermischen und über das Huhn gießen. Zugedeckt bei niedriger Temperatur etwa 25 Minuten köcheln lassen, bis das Huhn gar ist. Die Hühnerstücke aus dem Topf nehmen und warm stellen.

Reis und kochendes Wasser in den Topf geben und zugedeckt bei Mittelhitze 15 Minuten kochen lassen, umrühren und die Pilze zugeben. Nochmals zugedeckt etwa 15 Minuten garen lassen, der Reis sollte jetzt relativ trocken sein. Zum Servieren den Reis auf eine Platte geben und das Huhn darauf anrichten.

Für 4 Personen

Party Pot Roast

Rinderkamm aus dem Ofen

Dieses Gericht »für besondere Gelegenheiten« ist überall im Herzland der Vereinigten Staaten zu finden. Die Auswahl an Zutaten, die eigentlich alle im Supermarkt erhältlich sind, läßt darauf schließen, daß das Rezept für einen Kochkurs der vielen lokalen Radio- und Fernsehsender ausgedacht wurde.

1 Zwiebel, in dünne Scheiben geschnitten
1 ½ – 2 kg Rinderkamm oder Fehlrippe
4 EL (60 ml) Sojasauce
4 EL (60 ml) Bourbon-Whiskey
4 EL (60 g) brauner Zucker
½ TL gemahlener Ingwer
1 Knoblauchzehe, zerdrückt
2 EL Melasse
2 EL Rotweinessig
0,2 l Orangensaft
2 EL (30 g) Mehl
⅛ l Wasser

Das Fleischstück in eine große Glas- oder Keramikschüssel legen und mit den Zwiebelscheiben bedecken. Sojasauce, Whiskey, braunen Zucker, Ingwer, Knoblauch, Melasse, Essig und Orangensaft miteinander verrühren und über das Rindfleisch gießen. Die Schüssel mit Klarsichtfolie abdecken und für mindestens 4 Stunden in den Kühlschrank stellen, dabei das Fleisch häufig in der Marinade wenden.

Den Backofen auf 165° C vorheizen. Das Fleisch aus der Marinade nehmen und in einen flachen Bratentopf legen. Die Marinade beiseite

Rinderkamm aus dem Ofen, Beefsteak in Pilzsauce, Hühner-Pilav

stellen. Das Fleisch ohne Deckel 2 Stunden im Ofen braten. Die Zwiebelscheiben mit einem Schaumlöffel aus der Marinade nehmen, das Fleisch damit umlegen und weitere 30 Minuten braten lassen.

Das Fleisch aus dem Ofen nehmen, in Scheiben schneiden und mit den Zwiebeln auf einer Platte anrichten. Den Fleischsaft aus dem Bratentopf in eine Schüssel gießen. 1/8 l Fleischsaft abmessen und wieder zurück in den Bratentopf geben. Das Mehl hineinstäuben und bei niedriger Temperatur zu einer glatten Mehlschwitze verrühren. Nach und nach die Marinade und das Wasser zugießen und die Sauce bei niedriger Temperatur unter ständigem Rühren andicken lassen. Die Sauce über das Fleisch geben oder separat dazu auftragen.

Für 6 bis 8 Personen

Steak in Mushroom Sauce

Steak in Pilzsauce

In den Plains-Staaten ist es seit langem Brauch, Kochrezepte untereinander auszutauschen. Diese Tradition wird von Zeitungen, Radio- und Fernsehstationen durch spezielle Sendungen, aber auch durch Berater der örtlichen Gas- und Elektrizitätswerke und zahlreiche Marketing-Agenturen unterstützt, die den Verkauf einer bestimmten Ware, wie zum Beispiel Rindfleisch, durch solche Rezepte fördern wollen.

1 kg Rinderlende oder -filet, in Scheiben
  geschnitten
3 EL (45 g) Mehl
1 TL Salz
1/2 TL Pfeffer
1 kleine Zwiebel, gehackt
3 EL Butter
250 g Champignons oder Egerlinge
1/8 l Apfelsaft
1/8 l Rinderbrühe
1/2 TL Soßenwürze (nach Belieben)

Das Rindfleisch in gleichmäßig große Scheiben schneiden. Mehl, Salz und Pfeffer in einer flachen Schüssel miteinander vermengen, die Steaks darin wenden und bei Zimmertemperatur 10 Minuten ruhen lassen.

In der Zwischenzeit in einer Pfanne von etwa 20 cm Durchmesser bei mittlerer Temperatur die Zwiebel in 1 1/2 EL Butter in etwa 5 Minuten weich werden lassen. Die Pilze zugeben und bei Mittelhitze 3 bis 4 Minuten schmoren lassen, bis sie ihren Saft abgegeben haben. Apfelsaft, Brühe und nach Belieben Soßenwürze zugeben und bei mittlerer Temperatur auf die Hälfte einkochen lassen.

In einer großen Pfanne die Steaks in der restlichen Butter bei mittlerer Temperatur von beiden Seiten etwa 3 Minuten braten. Die Sauce über die Steaks gießen, die Hitze reduzieren und nochmals 4 Minuten köcheln lassen, bis die Sauce sämig ist. Sofort auftragen.

Für 6 Personen

Roast Duckling with Wild Rice Stuffing

Gebratene junge Ente, mit wildem Reis gefüllt

Ursprünglich mußten die Hauptzutaten zu diesem traditionellen Rezept – Ente, wilder Reis, Preiselbeeren und Pilze – selbst erjagt oder gesammelt werden.

60 g wilder Reis
90 g Langkornreis
1/2 l Hühnerbrühe
1/8 l Wasser
250 g Pilze, gehackt
2 Frühlingszwiebeln, fein gehackt
2 EL Butter
4 EL (60 g) Preiselbeeren, grob zerdrückt
1/2 TL Salz
1/4 TL Pfeffer
1 junge Ente, etwa 2 1/2 kg schwer
6 EL (90 g) Orangenmarmelade
1 EL Zitronensaft

In einen Topf von 2 Liter Inhalt wilden Reis, Langkornreis, Hühnerbrühe und Wasser geben, zum Kochen bringen und die Hitze herunterschalten. Zugedeckt bei niedriger Temperatur etwa 30 Minuten köcheln lassen, bis der Reis gar und alle Flüssigkeit aufgenommen ist.

In einer Pfanne von 25 cm Durchmesser Pilze und Zwiebeln bei mittlerer Temperatur in der Butter braten, bis sie weich sind und die Flüssigkeit verdampft ist. Die Pfanne vom Herd nehmen, gekochten Reis, Preiselbeeren, Salz und Pfeffer unterrühren.

Hals und Innereien aus dem Bauch der Ente nehmen und nach Belieben anderweitig verwenden. Überflüssiges Entenfett und den Hautlappen des Halses entfernen. Die Ente unter fließendem kaltem Wasser gründlich abspülen und anschließend gut trockentupfen. Den Backofen auf 180° C vorheizen.

Die Ente mit dem Reis füllen und die Öffnung mit Spießen verschließen. Die Ente auf den Rücken legen und die Flügel hinter dem Hals verschränken. Die Keulen zusammenbinden. Mit einer Gabel die Haut des Vogels an mehreren Stellen einstechen.

Die Ente, Brustseite nach oben, auf ein Rost in die Bratpfanne legen. Ein Fleischthermometer in das Fleisch zwischen Brust und Keule der Ente stecken, darauf achten, daß es keinen Knochen berührt, und den Vogel etwa 2 Stunden im Ofen braten. Das Entenfleisch sollte jetzt eine Temperatur zwischen 80° und 90° C erreicht haben, und Flügel und Keulen sollten sich leicht lösen lassen.

In der Zwischenzeit die Glasur zubereiten. Die Marmelade in einen kleinen Topf geben und bei niedriger Temperatur im Zitronensaft auflösen. Die Ente in den letzten 30 Minuten Bratzeit häufig damit bestreichen. Die Ente aus dem Ofen nehmen und 15 Minuten vor dem Tranchieren ruhen lassen.

Für 4 Personen

Gebratene junge Ente, mit wildem Reis gefüllt

Kartoffelsalat auf deutsche Art, Schweinehacksteaks, Eingelegte rote Bete mit Meerrettich

Pork Burgers

Schweinehacksteaks

Dies ist eine Abwandlung des *Hamburgers*. Im Vergleich zu den bratfertig erhältlichen *Hamburger*-Portionen ist Schweinehack relativ fettarm. Die *pork burgers* können auch in der Pfanne in Olivenöl gebraten werden. Als Würze bieten sich Senf, Ketchup oder fertige *barbecue*-Sauce an.

2 Eier, verquirlt
3 Frühlingszwiebeln, einschließlich des Grüns,
   fein gehackt
750 g Schweinehack
6 EL (90 g) geriebener Parmesan oder Pecorino
6 EL (90 g) Semmelbrösel
1/2 TL Majoran
1 Knoblauchzehe, zerdrückt
1 TL Salz
1/2 TL frisch gemahlener Pfeffer

Den Holzkohlengrill anheizen. In einer Schüssel Eier und Zwiebeln verrühren. Schweinehack, Käse, Semmelbrösel, Majoran, Knoblauch, Salz und Pfeffer zugeben und gründlich miteinander vermengen. Den Fleischteig in 6 gleichmäßige Portionen aufteilen und diese zu Fladen formen.

Die Hacksteaks im Abstand von 7 1/2 bis 10 cm zu den Holzkohlen grillen, bis sie gut gebräunt sind. Wenden und auf der anderen Seite ebenfalls braun werden lassen. Die durchgebratenen Hacksteaks auf einfachen Brötchen, Zwiebelbrötchen oder Brotscheiben servieren.

Für 6 Personen

Beet and Horseradish Relish

Eingelegte rote Bete mit Meerrettich

Früher bereitete man diese Beilage aus im Keller eingelagerten Wintergemüsen zu. Da das *relish* viel Essig enthält, läßt es sich lange im Kühlschrank aufbewahren.

2 gekochte rote Beten, in Stücke geschnitten
2 Stangen Bleichsellerie, in Stücke geschnitten
1 grüne Paprikaschote, in Stücke geschnitten
4 EL (60 ml) Pflanzenöl
1/8 l Essig
4 EL (60 g) Zucker
2 EL vorbereiteter Meerrettich
2 TL geriebene Zwiebeln
1 TL Salz

Rote Bete, Sellerie und grünen Paprika in eine Glas- oder Keramikschüssel geben. Pflanzenöl, Essig, Zucker, Meerrettich, Zwiebel und Salz in einer anderen Schüssel miteinander verrühren und über die Gemüse gießen. Gut vermischen.

Das *relish* mit Klarsichtfolie abdecken und einige Stunden im Kühlschrank ziehen lassen. Die Gemüse vor dem Servieren abtropfen lassen.

Für 6 Personen

German Potato Salad

Kartoffelsalat auf deutsche Art

Diese herzhafte und wohlschmeckende Beilage paßt hervorragend zu anderen deutschen Spezialitäten wie Würstchen, Sauerbraten, Schmorbraten oder Geräuchertem wie Kasseler Rippchen.

125 g Schmalz aus ausgelassenem Schinkenspeck
2 EL Mehl
3 EL Zucker
1 TL Salz
1/8 l Essig
1/8 l Wasser
6 Scheiben Speck, in Würfel geschnitten und
     knusprig gebraten
8 Salatkartoffeln, in der Schale gekocht, geschält
     und in Scheiben geschnitten
1 Zwiebel, fein gehackt
2 Stangen Bleichsellerie, gehackt

Das ausgelassene Schmalz in einem großen Topf bei mittlerer Temperatur erhitzen. Mehl, Zucker und Salz hineingeben und unter ständigem Rühren köcheln lassen, bis die Mischung Blasen wirft und glatt ist.

Essig und Wasser zugießen und die Sauce unter ständigem Rühren andicken lassen. Die Hitze reduzieren und die Sauce weitere 10 Minuten köcheln lassen, bis sie ziemlich dick ist.

Den Topf vom Herd nehmen, Speck, Kartoffeln, Zwiebel und Sellerie unterrühren und noch warm servieren.

Für 6 Personen

Danish Puff

Dänischer Butterkuchen

Dieses ausgezeichnete Gebäck wurde von dänischen Siedlern aus ihrer Heimat mitgebracht.

Teig:
125 g Mehl, gesiebt
125 g Butter
2 EL Wasser

Belag:
125 g Butter
1/4 l Wasser
1 TL Mandel-Essenz
125 g Mehl, gesiebt
3 Eier

Glasur:
450 g Puderzucker
2 EL weiche Butter
1 EL leichter Maissirup, ersatzweise anderer
     heller Sirup
1 – 2 EL Milch
1 TL Vanille-Essenz
1/2 TL Mandel-Essenz
100 g Mandelblättchen

Für den Teig Mehl und Butter in eine große Schüssel geben und gut miteinander verkneten. Das Wasser zugeben und mit einer Gabel oder mit den Händen zu einem glatten Teig verarbeiten. Den Teig zu einer Kugel formen, dann halbieren. Den Teig auf einem großen Stück Backpapier zu zwei Streifen von 30 x 7 1/2 cm auswalzen, dazwischen einen Abstand von etwa 8 cm lassen.

Für den Belag Butter und Zucker in einen Topf geben und köcheln lassen. Mandel-Essenz zugeben und den Topf vom Herd nehmen. Das Mehl auf einmal hineinschütten und schnell verrühren; es dürfen sich keine Klumpen bilden. Wenn die Mischung glatt und dick ist, nacheinander die Eier unterrühren. Dabei mit der Zugabe immer so lange warten, bis das Ei gründlich eingearbeitet ist. Die Mischung je zur Hälfte gleichmäßig auf die beiden Teigstreifen verteilen und in dem auf 180° C vorgeheizten Ofen etwa 60 Minuten backen, bis der Belag knusprig und leicht gebräunt ist.

Für die Glasur Puderzucker, Butter, Maissirup, Milch, Vanille- und Mandel-Essenz vermischen. Eventuell noch etwas Milch zugießen – die Glasur sollte sich leicht auf den abgekühlten Kuchen verstreichen lassen. Großzügig mit Mandelblättchen bestreuen und die Kuchen quer in etwa 5 cm breite Streifen schneiden.

Für 10 bis 12 Personen

Irish Chocolate Cake

Schokoladenkuchen nach irischer Art

Dies ist eine modernisierte Version eines Rezepts, das häufig viel Applaus bei Banketten und Buffets bekommen hat, die von gemeinnützigen Clubs und Logen in den Kleinstädten der Great Plains veranstaltet werden. Irischer Whiskey, vor der Prohibition der meistgetrunkene Schnaps in Amerika, ist heute in den USA nur noch selten zu finden,

400 g zartbittere Schokolade
250 g Mehl
1 TL Backpulver
1 Prise Salz
3/8 l starker Kaffee
1/8 l irischer Whiskey
200 g weiche Butter
350 g Zucker
1 TL Vanille-Essenz
3 Eier
Puderzucker zum Bestäuben (nach Belieben)

Den Backofen auf 165° C vorheizen. Die Schokolade in Stücke zerteilen und in einem schweren Topf oder im Wasserbad bei mittlerer Temperatur schmelzen lassen. Beiseite stellen. In einer Schüssel Mehl, Backpulver und Salz vermengen und beiseite stellen. In einem Meßbecher Kaffee und Whiskey verrühren.

In einer großen Schüssel Butter, Zucker und Vanille-Essenz schaumig schlagen. Nacheinander die Eier unterrühren. Die geschmolzene Schokolade zugießen und gründlich verrühren. Dann abwechselnd je die Hälfte der Mehlmischung einarbeiten und des Kaffee-Whiskey-Gemischs unterrühren, den Vorgang wiederholen und das Ganze zu einem glatten Teig verarbeiten, der jetzt eine ziemlich dünnflüssige Konsistenz haben sollte.

Den Teig in eine gut eingefettete und bemehlte Kastenform von 25 cm Länge gießen und den Kuchen im vorgeheizten Ofen 50 bis 60 Minuten backen. Zur Garprobe mit einem Metallspießchen in die Mitte des Kuchens stechen; bleibt kein Teig daran kleben, ist der Kuchen gar. Den Kuchen aus dem Ofen nehmen und in der Form 15 Minuten abkühlen lassen. Vorsichtig aus der Form stürzen und vor dem Anschneiden nach Belieben mit Puderzucker bestäuben.

Für 10 bis 12 Personen

Schokoladenkuchen nach irischer Art,
Dänischer Butterkuchen

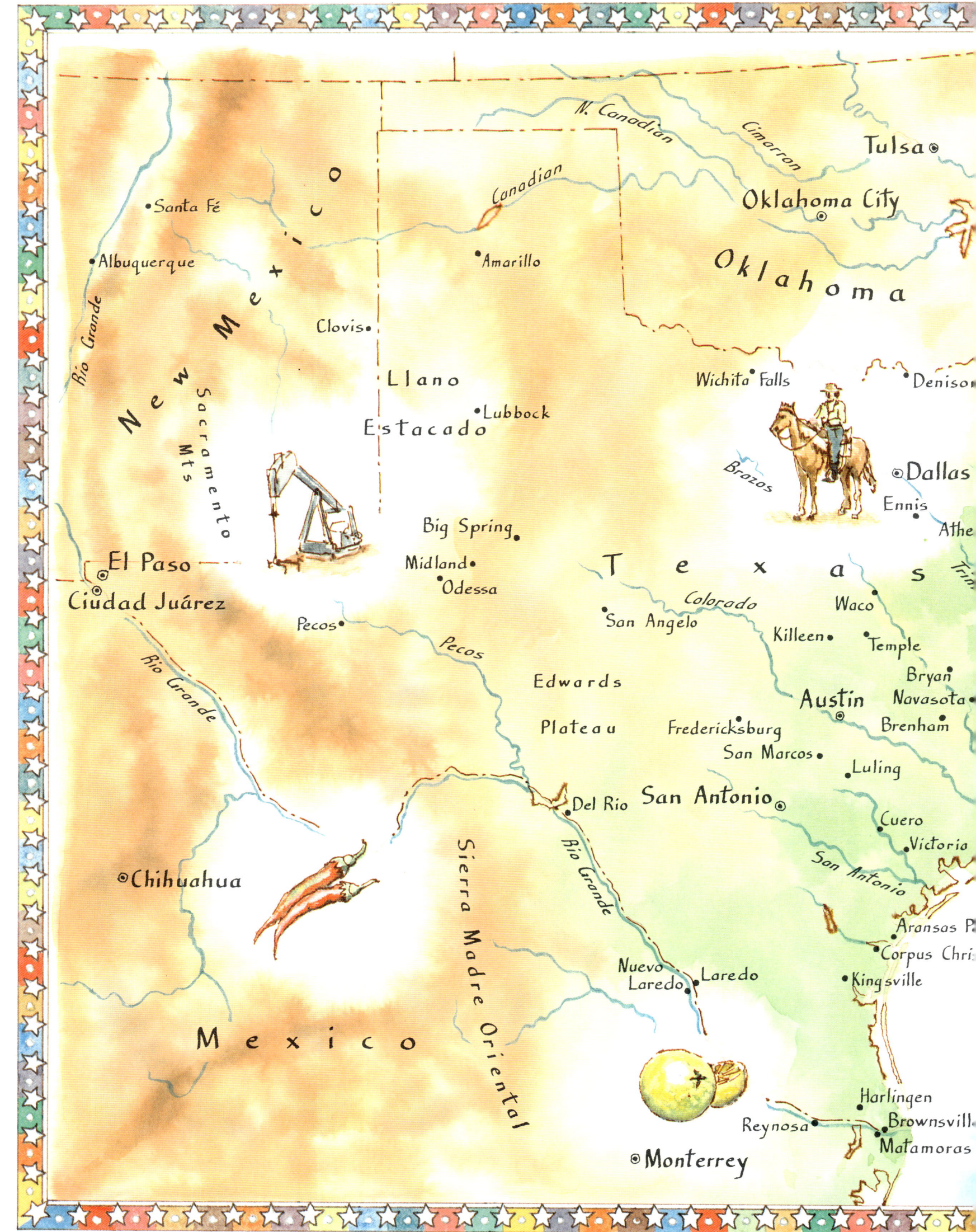

Tulsa

N. Canadian

Cimarron

Oklahoma City

Santa Fé

Canadian

Oklahoma

Albuquerque

Amarillo

Rio Grande

Clovis

New Mexico

Wichita Falls

Denison

Llano

Sacramento Mts

Lubbock

Estacado

Brazos

Dallas

Ennis

Athe

El Paso

Big Spring

Texas

Trin

Ciudad Juárez

Midland

Odessa

Colorado

Waco

Pecos

San Angelo

Killeen

Temple

Rio Grande

Pecos

Bryan

Edwards

Austin

Navasota

Plateau

Fredericksburg

Brenham

San Marcos

Del Rio

San Antonio

Luling

Chihuahua

Rio Grande

Sierra Madre Oriental

San Antonio

Cuero

Victoria

Aransas P.

Corpus Chris

Nuevo Laredo

Laredo

Kingsville

Mexico

Harlingen

Reynosa

Brownsvill

Matamoras

Monterrey

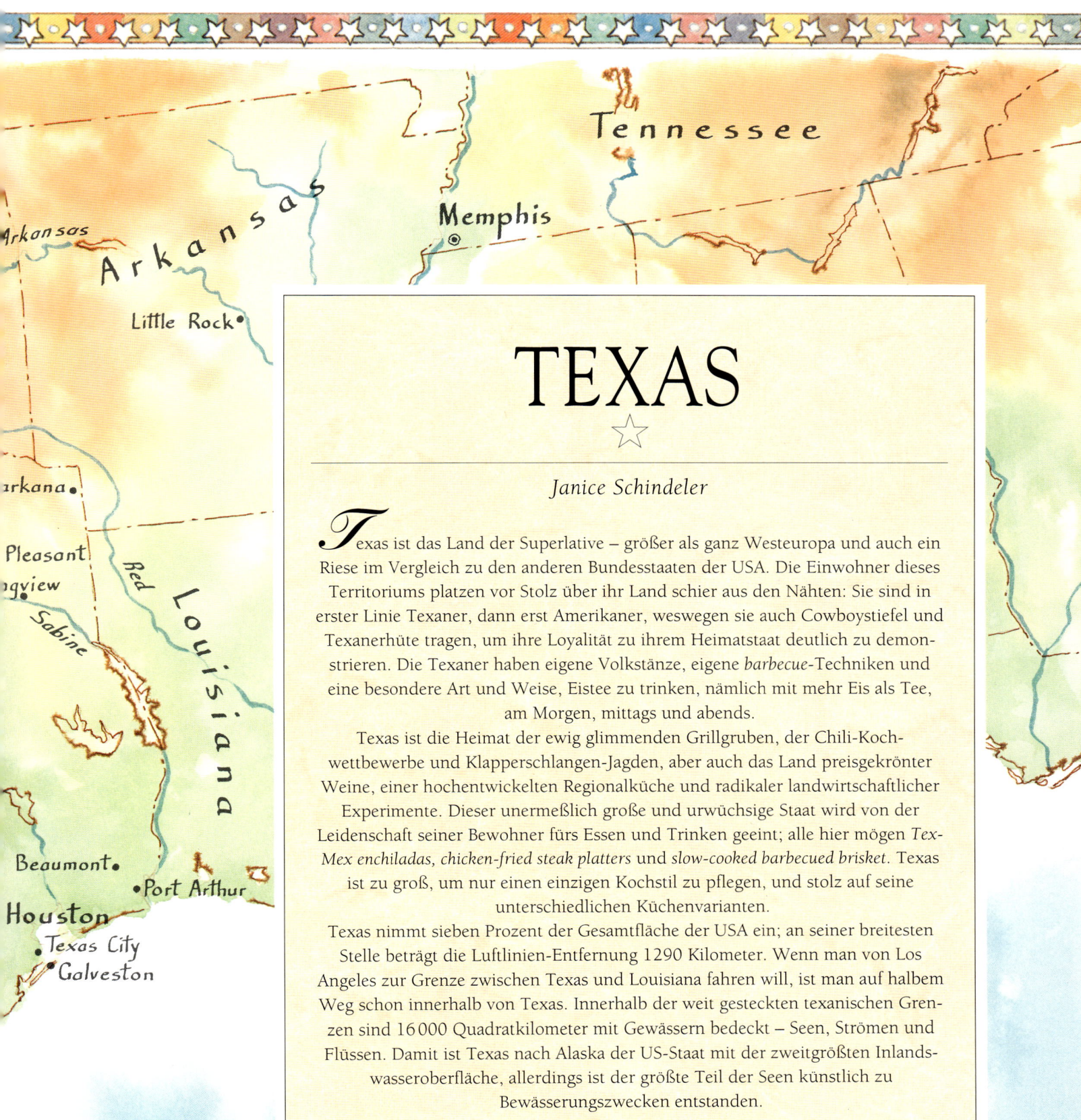

TEXAS

☆

Janice Schindeler

Texas ist das Land der Superlative – größer als ganz Westeuropa und auch ein Riese im Vergleich zu den anderen Bundesstaaten der USA. Die Einwohner dieses Territoriums platzen vor Stolz über ihr Land schier aus den Nähten: Sie sind in erster Linie Texaner, dann erst Amerikaner, weswegen sie auch Cowboystiefel und Texanerhüte tragen, um ihre Loyalität zu ihrem Heimatstaat deutlich zu demonstrieren. Die Texaner haben eigene Volkstänze, eigene *barbecue*-Techniken und eine besondere Art und Weise, Eistee zu trinken, nämlich mit mehr Eis als Tee, am Morgen, mittags und abends.

Texas ist die Heimat der ewig glimmenden Grillgruben, der Chili-Koch-wettbewerbe und Klapperschlangen-Jagden, aber auch das Land preisgekrönter Weine, einer hochentwickelten Regionalküche und radikaler landwirtschaftlicher Experimente. Dieser unermeßlich große und urwüchsige Staat wird von der Leidenschaft seiner Bewohner fürs Essen und Trinken geeint; alle hier mögen *Tex-Mex enchiladas, chicken-fried steak platters* und *slow-cooked barbecued brisket*. Texas ist zu groß, um nur einen einzigen Kochstil zu pflegen, und stolz auf seine unterschiedlichen Küchenvarianten.

Texas nimmt sieben Prozent der Gesamtfläche der USA ein; an seiner breitesten Stelle beträgt die Luftlinien-Entfernung 1290 Kilometer. Wenn man von Los Angeles zur Grenze zwischen Texas und Louisiana fahren will, ist man auf halbem Weg schon innerhalb von Texas. Innerhalb der weit gesteckten texanischen Grenzen sind 16000 Quadratkilometer mit Gewässern bedeckt – Seen, Strömen und Flüssen. Damit ist Texas nach Alaska der US-Staat mit der zweitgrößten Inlands-wasseroberfläche, allerdings ist der größte Teil der Seen künstlich zu Bewässerungszwecken entstanden.

Ein Ladenbesitzer in San Antonio ruht sich inmitten aufgestapelter Töpfe in seinem Schaukelstuhl aus.

SÜDLICH DES RIO GRANDE

Das östliche Texas ist vergleichsweise feucht, man findet dort Kiefernwälder, üppige Gärten und gemächlich dahinfließende Flüsse. Die Landesmitte mit ihren sanft gewellten Hügeln, die im Frühling grün, im Sommer von der Sonne braun versengt und im kurzen, aber harten Winter eisig kalt ist, erfreut sich bei Ferienreisenden einer gewissen, doch zurückhaltenden Beliebtheit. Auf den ausgedörrten Ebenen des weiten, offenen Westens wachsen zähe, windfeste Steppenpflanzen wie der Mesquitstrauch, der Brennmaterial fürs *barbecue* liefert – Pflanzen mit Dornen oder stacheligen Blättern, die mit minimalen Mengen Wasser auskommen. Weiter nach Süden, in der Gegend von Brownsville an der Mündung des Rio Grande, bekommt die Landschaft dann tropischen Charakter; hier wachsen Bougainvilleen und hektarweise frisches Gemüse. Die heiße, feuchte Küste des Golfs von Mexiko bildet die Südgrenze von Texas, sie erstreckt sich von den Reisfeldern an der Grenze zu Louisiana bis hin zur »Salatschüssel« des Rio-Grande-Tals.

Von den wogenden Weizenfeldern, den Melonenpflanzungen im Westen, den Grapefruit-Plantagen im Rio-Grande-Tal, den riesigen Viehherden im »Pfannenstiel« und den ergiebigen Fischgründen an der Küste kommen die frischen Zutaten, die so verschwenderisch in der texanischen Küche verwendet werden. Die Vielfalt der Böden bringt eine Vielfalt von Erzeugnissen hervor: rote Pampelmusen, Honigmelonen, Sellerie, Zwiebeln, Erdnüsse, Weizen, Mais, Reis, Kartoffeln, Erdbeeren, Blaubeeren, Brombeeren, Trauben, Kohl, Paprikaschoten, Auberginen, Okra, Tomaten, Pfirsiche, Äpfel, Nektarinen und Pflaumen.

Gegenüberliegende Seite: Ein Budenbesitzer versucht, die Besucher der State Fair, einer landesweiten Messe, zu überreden, ihr Glück bei ihm zu versuchen, um einen der bunten Teddybären zu gewinnen.

Wegen der großen Klimaunterschiede dauert es einige Monate, bis Texas von einem Ende zum anderen abgeerntet ist. Wenn im Rio-Grande-Tal die Ernte der Cantaloupe-, Honig- und Wassermelonen, die im Mai beginnt, gerade zu Ende geht, fangen die Melonen in Westtexas gerade an, reif zu werden. Eine Spezialität von Texas sind seine saftigen Feigen und seine Pfirsiche, die größer als Honigmelonen werden, und die milden »Jumbo 1015«-Zwiebeln, die nach dem Stichtag, an dem sie gesetzt werden, dem 15. Oktober, benannt sind.

CHILI-CHAMPIONS UND TURKEYFESTE

Generationen von Texanern haben aus allem, was ihr Land hervorbringt, eine faszinierende Küche geschaffen, voller Aromen und geschichtlicher Anspielungen. Texanisch kochen bedeutet aber nicht nur Tradition, sondern auch Wettbewerb. Nirgendwo sonst gibt es so viele Kochwettkämpfe. Texaner fahren meilenweit, um an *barbecue*-Wettbewerben teilzunehmen, stehen mit den Hühnern auf, um bei einer *chili challenge*, einem Championat im Chili-Kochen, dabeizusein, und nehmen alle möglichen Speisen zum Anlaß, ein Fest zu veranstalten. So entstanden das Barbecue Anything Cook-off in Holland, das Turkeyfest von Cuero, die East Texas Yamboree in Gilmer und die Shrimporee in Aransas Pass.

Andere Festivals sind landwirtschaftlichen Produkten gewidmet, wie die Texas Citrus Fiesta in Mission oder das Black-eyed Pea Festival in Athens. Bei wieder anderen Festivitäten steht das kulturelle Erbe im Vordergrund, wie beim Kolache Festival von Caldwell oder der Viva-Cinco-de-Mayo-Feier von San Marcus, wo man *menudo*, einen Eintopf aus Kutteln und Maisgrütze, und geräucherte Würste aus der Schüssel ißt. Wieder andere Veranstaltungen gedenken in der Natur lebender Tiere – so das dem Barsch gewidmete Mount Pleasant Bass Festival und das sich um Klapperschlangen rankende Rattlesnake Roundup in Big Spring. Was auch immer der Anlaß für ein solches Fest sein mag – es gibt auf jeden Fall immer *tacos*, *tamales*, *barbecue*, *chili* und viel, viel eiskaltes Bier.

MICHAEL SALAS/THE IMAGE BANK

Chili, der Inbegriff der Cowboy-Verköstigung, wurde von den texanischen Gesetzgebern 1977 zur offiziellen Staatsspeise erklärt. Chili, anderswo als Chili con Carne bekannt, hat mit dem, was außerhalb der Grenzen Texas' unter diesem Namen zusammengekocht wird, wenig zu tun. Chili, hier auch *Texas red* genannt, besteht nur aus Fleisch und Gewürzen, allerdings werden Bohnen und Reis als Beilagen akzeptiert. Tomaten sind verpönt, Zwiebeln nur geduldet, wenn sie kleingehackt und roh dazu serviert werden.

Chili sollte aus gewürfeltem, möglichst zähem Fleisch gekocht werden. Rindfleisch wird am häufigsten verwendet, aber auch Klapperschlange, Haarwild und Lamm finden ab und zu ihren Weg in den Topf. Für je anderthalb Kilogramm Fleisch benötigt man zwölf getrocknete Chilischoten.

Seit ihrer Gründung 1951 setzt sich die Chili Appreciation Society International (CASI), eine Gruppe von Texanern, dafür ein, daß gewisse Standards bei der Zubereitung eines Chilis gewahrt werden.

Die *chili cook-offs*, Chili-Kochwettbewerbe, sind regelmäßige Treffpunkte für die *chili heads*, Chili-Kochexperten, die von einem von der CASI anerkannten Chili-Wettbewerb zum nächsten reisen, um durch Siege Punkte zu sammeln und sich damit zu qualifizieren für das große *chili-cook-off*-Finale, das im November in der abgelegenen Geisterstadt Terlingua stattfindet. Die CASI-Regeln für ein Chili sind einfach: Keine Zutaten zum Strecken, keine Gewürzmischungen; und von Anfang bis zum Ende muß vor den Augen des Publikums gekocht werden.

LEO MEIER

Die leuchtenden Blüten eines Kaktus bilden einen farbigen Kontrast zu den Felsen im Hintergrund.

EINFLÜSSE AUS MEXIKO

Obwohl im Laufe der Geschichte die Flaggen von sechs Ländern über Texas wehten – die von Frankreich, Spanien, Mexiko, der Republik Texas, die der Konföderation und bis heute die der USA –, hat nur Mexiko einen unverkennbaren Einfluß auf die texanische Küche ausgeübt. Im Laufe der letzten Jahre hat sich dieser Einfluß durch die Zuwanderung aus Mexiko noch immens verstärkt, aber das Hauptcharakteristikum dieser Regionalküche, die Verwendung von Chilischoten, geht sogar auf Zeiten vor der Ankunft der Spanier zurück. Schon die Indianer pflückten die wie Beeren aussehenden *chiltecpin*-Chilischoten, die immer noch wild in der Gegend wachsen, zerstießen sie zu Pulver und marinierten darin Bisonfleischstreifen, die sie dann in der Sonne trockneten. Die Köche der Eisenbahn-Proviantwagen und die Cowboys hatten diese Technik den Indianern bald abgeschaut und nannten ihr neues Produkt *beef jerky*.

Die großzügige Verwendung von Chilischoten griff auch bald auf typisch englische Speisen über. So entstanden die *Tex-Mex*-Gerichte, wie *soft beef tacos* und *King Ranch chicken* – das seinen Namen der größten Ranch in Texas verdankt –, eine Kasserolle mit Huhn, Tortillas, grünen Chilischoten und Pilzen, die auf jedem dritten Buffet westlich der South-Pacific-Eisenbahn anzutreffen ist. Tex-Mex-Essen ist nicht mexikanisch, auch nicht richtig texanisch, sondern eine Mischung unterschiedlichster Zutaten, aus denen Bohnen, Käse, Chilischoten und Mehl-Tortillas herausragen.

Während man den mexikanischen Einfluß an der langen Grenze zwischen Texas und Mexiko, die von El Paso bis Brownsville reicht, deutlich spürt, ist die Hochburg des Tex-Mex-Essens im historischen San Antonio zu finden. Hier wurde die berühmte Schlacht von Alamo geschlagen, bei der es um die Unabhängigkeit Texas' von Mexiko ging. Noch heute legt die Stadt von ihrer hispanischen Geschichte und Küchentradition beredtes Zeugnis ab. Die Mariachi-Musiker, die immer noch traditionelle mexikanische Musik spielen, sind nicht zu überhören. Überall riecht man das süßliche Aroma von *chalupas* (ausgebackene Tortillas mit Bohnen, Käse und Salatstreifen), *buñuelos* (große runde Kuchen, mit Zucker und Zimt bestreut), *empanadillas* (ausgebackene Honigküchlein), *huevos rancheros*, gerösteten Chilischoten und frisch angerührten *salsas*.

MARC ST GIL/THE IMAGE BANK

Auf einer Straße in San Antonio spielen Mariachi-Musikanten in mexikanischen Kostümen für die Vorbeigehenden auf.

Gegenüberliegende Seite: Dieser Felsgipfel im Guadaloupe Mountains National Park trägt den Namen El Capitán.

CHICKEN-FRIED STEAK

Mag der Rest der Welt ruhig glauben, daß Texas nur von Chili und *barbecue* lebt – jeder Cowboy, ob aus der Stadt oder vom Lande, weiß es besser: Da gibt es noch das *chicken-fried steak*, das seinem Herzen genauso nahesteht. *Chicken-fried steak* darf auf keiner Speisekarte eines *truck stop*, eines Fernfahrerlokals, oder eines Kleinstadtcafés fehlen. Es handelt sich dabei um ein dünn geklopftes Rindersteak, das in Mehl gewendet und wie Huhn in der Pfanne knusprig gebraten wird.

Auch Texaner, so die Legende, beschlich früher ab und an der Appetit auf Huhn, damals eine Rarität auf dem Speisezettel, so daß man versuchte, das überall erhältliche Rindfleisch so zuzubereiten, daß es wie Huhn schmeckte. Andere wiederum behaupten, daß das Steak Opfer der Südstaaten-Philosophie »Wenn du nicht weißt, wie man es zubereitet, back es einfach aus« wurde; eine dritte Erklärung geht darauf hinaus, daß das Fleisch der im Freien lebenden Rinder so zäh war, daß man es mit Gewalt mürbe klopfen mußte.

In Texas hält man dies für die beste Art, das *chicken-fried steak* zu servieren: mit viel schwarzem Pfeffer und einer Sahnesauce, die absichtlich klumpig ist, Kartoffelbrei, grünem Kohl, Schwarzaugenbohnen, die zusammen mit einer Schweinshaxe gekocht wurden, und einer Art Maispudding. Diese Zusammenstellung wird *CFS with the works*, wörtlich »mit dem ganzen Krempel«, genannt.

BARBECUES, KOLACHES UND DIE CAJUN-KÜCHE

Die nicht weit von San Antonio gelegenen Landstädtchen New Braunfels, Fredericksburg und Schulenburg sind eindeutig deutsch geprägt. Die Deutschen, die sich hier 1880 niederließen, waren robuste Menschen, die eine Vorliebe für kräftige Nahrung mitbrachten. Sie wußten, wie man Wurst macht und wie man sie langsam und sanft räuchert. Ihre Techniken, kombiniert mit der des mexikanischen *barbacoa*, bildeten die Grundlage des texanischen *barbecue*. Überall in den ländlichen Gebieten von Zentraltexas stößt man heute auf Räucherschuppen und halbierte Ölfässer, die zu *barbecue*-Grills umfunktioniert worden sind. In Städten wie Navasota, Brenham oder Luling werden einem Riesenscheiben gegrillten Rindfleisches, das schier in Sauce ertrinkt, auf echt texanische Weise serviert – auf Einwickelpapier und mit vielleicht gerade einem scharfen Messer pro Tisch. Das Fleisch wird vor dem Grillen in einer trockenen Gewürzmarinade gebeizt und während des zeitaufwendigen Garens ab und zu mit einer Art Vinaigrette bestrichen. Die leicht süße, mit schwarzem Pfeffer kräftig gewürzte Sauce kommt erst dazu, wenn das Stück Fleisch vom Grill genommen wird.

Weiter nördlich, in der Nähe von Ennis, siedelten sich Tschechen an und begannen, Kolatschen zu backen, ein süßes Gebäck, das mit Obst, Wurst oder Käse gefüllt ist und zum Frühstück gegessen wird. Die tschechische Bevölkerung von Caldwell feiert jährlich im September ein Kolatschen-Festival, auf dem es auch würzige Wurst und scharfes Gulasch zu verkosten gibt, die auch den Gaumen der Cowboys und Mexikaner munden.

Vor dem Bürgerkrieg siedelten einige reiche Südstaatler ins östliche Texas um und brachten ihre Vorliebe für Ausgebackenes, Reis, Biskuits, geschmorte Okraschoten und Tomaten mit. Auf die beiden letzten Gemüse brauchten sie hier nicht zu verzichten, da sie – neben Auberginen, Erbsen, Bohnen und Mais – im östlichen Texas gut gedeihen. Manche der Herrschaften hatten auch ihre talentierten Cajun-Köche mitgenommen. So kamen auch deren Gumbo-Zubereitungen und die Vorliebe für zerstoßene Pfefferschoten nach Texas, und so nahm die Liebesgeschichte der Texaner mit der Cajun- und der kreolischen Küche des Nachbarstaates Louisiana ihren Anfang – mit Gerichten wie *fried oysters*, *duck gumbo* und *crawfish étoufée*, ausgebackenen Austern, Enten-Gumbo und Krebsragout.

Andere Siedler, die sich früh in der Mitte oder im Westen von Texas niederließen, kamen aus weniger aristokratischen Grenzstaaten. Es waren meist Menschen mit einem Hang zum Abenteuer, die sich in Texas nun der Viehzucht widmeten und oft im harten Kampf mit den Komantschen lagen, durch deren Stammesgebiet sie ihre Rinderherden zu treiben pflegten. Wenn diese Rancher ihre Viehherden draußen auf den Prärien hüteten, bestand ihr Essen meist nur aus Pintobohnen und Maisbrot. Da man damals noch keine Kühlschränke kannte, schlachtete man Vieh nur für Fiestas und andere seltene festliche Gelegenheiten. Kam ein Tier durch ein Unglück oder auf andere Weise zu Tode, wurde das Fleisch mit Gewürzen mariniert – die berühmte *bowl of Texas red*, kurz gesagt das Chili, war geboren: riesige Töpfe mit Fleisch, das verschwenderisch mit Kreuzkümmel und Chilischoten gewürzt war. Jeder Proviantwagen-Koch hatte sein eigenes Rezept, und manch einer pflanzte Chilistauden und Kräuter entlang der Strecke, die er beim nächsten Mal zu ernten hoffte.

Zu Beginn dieses Jahrhunderts kamen viele Einwanderer aus Südeuropa über den Hafen von Galveston ins Land, und so entstanden hier kleine Gemeinden von Griechen und Italienern. Auch ihre Küche fand Eingang in die texanische, wie ein Gericht namens *chicken spaghetti* beweist – eine Kasserolle mit Huhn, Nudeln und Sellerie, die auf vielen Buffet-Tischen zwischen Huntsville und Marfa zu finden ist.

Wie ißt man heute in Texas? Man muß sich nur ins Auto setzen und die Landstraße hinunterfahren, durch die wogenden Sorghumfelder und das satte Grün der Reispflanzungen, um schließlich an einem *country café* anzukommen. Ein *country café* ist eine Institution, wo man so essen kann, wie Muttern früher kochte – hier gibt es Riesen-*burgers*, *chicken pot pie*, eine Hühnerfleisch-Pastete, und Hackbraten. An der Küste des Golfs von Mexiko lebt eine der größten vietnamesischen Kolonien der USA. Ihre Krabbensuppe, mit Korianderblättern und *jalapeño*-Chilischoten gewürzt, die mit reichlich Reis serviert wird, entspricht genau den Ansprüchen der texanischen Gaumen. Aus den politischen Unruheherden Mittel- und Südamerikas kommt ein ständiger Strom von Flüchtlingen, die faszinierende Rezepte ihrer Heimatküche mitbringen.

In den großen Städten Dallas, Houston, Austin und San Antonio macht die texanische Küche im Moment eine Weiterentwicklung durch. Eine Reihe von Meisterköchen ist dabei, traditionelle texanische Rezepte aufzupolieren, sie haben das Wild für die Regionalküche wiederentdeckt, verwenden alte Techniken des Trockenmarinierens in der Kombination mit neu kreierten Frucht-*salsas* und verwenden unterschiedliche Varianten von Chilischoten zur Abstufung der Aromen. Unter ihren Händen werden alltägliche texanische Lebensmittel zu kulinarischen Wunderwerken.

Texanische Weine – eine 300jährige Tradition

Manchen beschleicht beim Begriff »texanischer Wein« die Vorstellung von einem Extrakt aus bitteren Steppenpflanzen oder rohölähnlichen Flüssigkeiten. Um so überraschter ist man, wenn man beim Entkorken einer Flasche Wein aus Texas feststellt, daß es sich um einen aromatischen und charaktervollen Wein handelt. Das ist nicht verwunderlich, denn Texas hat eine mehr als dreihundert Jahre alte Weintradition. In der Mitte des 17. Jahrhunderts legten Franziskanermönche Weingärten in der Nähe von El Paso an, mindestens ein Jahrhundert, bevor die ersten Reben im heutigen Kalifornien angepflanzt wurden. Gegen Ende des 19. Jahrhunderts stand die Weinerzeugung in Texas in voller Blüte; einige der texanischen Weine fanden sogar ihren Weg nach Europa.

Die Prohibition machte der Weinindustrie in Texas gründlich den Garaus; noch im Jahre 1975 existierte nur eine einzige Kellerei, die Val Verde Winery in der Nähe von Del Rio. Nachdem jedoch eine 1974 von der Texas A and M University durchgeführte Studie zum Ergebnis gekommen war, daß Texas für den Rebenanbau hervorragend geeignet sei, setzte ein Boom in der Weinerzeugung ein. Innerhalb von achtzehn Jahren wuchs die Zahl der Kellereien auf dreißig, die Anbaufläche beträgt heute 1300 Hektar.

Die wichtigsten Weinanbaugebiete liegen in den High Plains um Lubbock und das Hill Country, das sich nördlich und westlich von San Antonio und Austin erstreckt. Die meisten texanischen Weine werden aus europäischen Traubensorten gekeltert und ähneln in Stil und Geschmack den kalifornischen Weinen. Man neigt in Texas – wie in Kalifornien – dazu, die ganze Bandbreite zu produzieren: von Schaumweinen bis zu Spätlesen und von Chenin Blanc bis hin zum Cabernet Sauvignon. Texanische Weine sind auf vielen Wettbewerben in den USA preisgekrönt worden, doch für viele Winzer sind diese Erfolge erst der Anfang. Sie möchten zukünftig Weine herstellen, die so groß sind wie ihr Herkunftsstaat.

Eine baufällige Holzhütte an einer Hauptverkehrsstraße in den Trockenebenen im westlichen Texas

TEXAS

WEISSWEINE:

Chardonnay
Chenin Blanc
Gewürztraminer
Johannisberg Riesling
Sauvignon Blanc

ROTWEIN:

Cabernet Sauvignon

WEINKELLEREIEN:

Fall Creek (1)
Llano Estacado (2)
Pheasant Ridge Winery (2)
Slaughter Leftwich Vineyards (3)
Ste Genevieve Vineyards (4)
Teysha Cellars Winery (2)
Val Verde Winery (5)

REZEPTE AUS TEXAS

Janice Schindeler

Tortilla Soup

Tortilla-Suppe

Das richtige Ausbacken der Tortillas im heißen Öl ist für das Gelingen des Gerichts sehr wichtig und erfordert einiges Geschick. Durch die Tortillas bekommt die Suppe ein nussiges Aroma.

3 – 4 Mais-Tortillas, in 5 mm dicke Streifen geschnitten
Pflanzenöl zum Braten
1 Zwiebel, gehackt
1 grüne Paprikaschote, entkernt und in Stücke geschnitten
4 Knoblauchzehen, gehackt
1 l hausgemachte Hühnerbrühe
1 Tomate, geschält, entkernt und gehackt
2 TL gemahlener Kreuzkümmel
Salz und frisch gemahlener schwarzer Pfeffer
2 EL (30 g) geriebener Monterey Jack, ersatzweise junger Cheddar
6 kleine Zweige frischer Koriander
1 Avocado, das Fleisch in Würfel geschnitten
1 kleine Tomate, in Würfel geschnitten

In einem schweren Topf in ausreichend heißem Öl die Tortilla-Streifen goldbraun und knusprig ausbacken. Auf Küchenpapier abtropfen lassen und beiseite stellen. Bis auf 2 Teelöffel das Öl abgießen.

In den verbliebenen 2 TL Öl Zwiebeln, grüne Paprikaschote und Knoblauch bei mittlerer Temperatur etwa 5 bis 7 Minuten sautieren, bis sie weich sind. Wenn die Mischung etwas trockener geworden ist, einige Teelöffel Hühnerbrühe zugießen.

Kreuzkümmel unterrühren und 1 Minute köcheln lassen. Brühe und Tomate zugeben, aufkochen lassen, die Hitze reduzieren und 15 Minuten köcheln lassen. Mit Salz und Pfeffer abschmecken.

Den Käse gleichmäßig auf 6 Suppenschüsselchen verteilen. Die heiße Suppe darübergeben und jede Portion mit einem Korianderzweig, Avocado- und Tomatenwürfeln sowie Tortilla-Streifen garnieren.

Für 6 Personen

Pimento Cheese

Pikanter Käseaufstrich

Frisch zubereitet, schmeckt *pimento cheese* himmlisch, was erklärt, daß er eine Zeitlang beliebter als Erdnußbutter war. Die im Supermarkt erhältlichen Zubereitungen sind aber oft so scheußlich, daß man sie von den meisten Buffet-Tischen verbannt hat. Der Aufstrich schmeckt gut mit Tomaten auf Sandwiches, eignet sich zum Überbacken von *burgers* oder als Füllung für eingelegte *jalapeño*-Chilischoten.

Salat von schwarzen Bohnen und Mais, Tortilla-Suppe, Maisbrot-Salat, Pikanter Käseaufstrich

500 g frisch geriebener weißer Cheddar
1/2 l Mayonnaise
6 Frühlingszwiebeln, in dünne Scheiben
   geschnitten
1 rote Zwiebel, in kleine Würfel geschnitten
125 g eingelegte Chilischoten aus dem Glas,
   abgetropft und in Stücke geschnitten
3 Knoblauchzehen, gehackt
2 EL grob gemahlener schwarzer Pfeffer

Alle Zutaten miteinander verrühren. Der *pimento cheese* sollte möglichst sofort gegessen werden. Man kann ihn aber bis zu zwei Tage im Kühlschrank aufbewahren beziehungsweise so lange, wie die Zwiebeln Biß behalten.

Ergibt etwa 1 1/2 Liter

Cornbread Salad

Maisbrot-Salat

Dieser Salat, der aus der Gegend der Städte Schulenburg und Comfort stammt, sollte einen Tag im voraus zubereitet werden.

500 g Maisbrot, zerpflückt
1 Prise getrockneter Salbei
125 g geräucherter Speck in Scheiben, knusprig
   gebraten und zerkleinert

Huhn auf King-Ranch-Art

1 große Tomate, geschält und gehackt
4 Frühlingszwiebeln, gehackt
1 grüne Paprikaschote, entkernt und in kleine
   Würfel geschnitten
Maiskörner von 2 Kolben
0,2 l saure Sahne
2 TL grobkörniger Senf
125 – 180 ml Mayonnaise
Salz und frisch gemahlener Pfeffer
6 – 8 Blätter grüner Salat, zum Beispiel Kopf-
   oder Römischer Salat

Alle Zutaten, bis auf die Salatblätter, miteinander vermischen. So viel Mayonnaise hineingeben, daß sich die Zutaten gut miteinander verbinden und der Salat cremig wird. Einen Tag im Kühlschrank durchziehen lassen. Portionsweise auf Salatblättern anrichten und servieren.

Für 6 bis 8 Personen

Black Bean and Corn Salad

Salat von schwarzen Bohnen und Mais

Eine Küche gewinnt an Originalität, wenn man Zutaten auf unorthodoxe Weise verwendet. Hier werden schwarze Bohnen mit frischen Maiskörnern und einer Zitronen-Ingwer-Vinaigrette kombiniert.

200 g getrocknete schwarze Bohnen
Maiskörner von 4 Kolben
1 rote Paprikaschote, entkernt und in Würfel
   geschnitten
5 Frühlingszwiebeln, in Scheiben geschnitten
3 Stangen Bleichsellerie, in dünne Scheiben
   geschnitten
1 rote Zwiebel, in Würfel geschnitten
1 jalapeño-Chilischote (scharfe, dickfleischige
   grüne Chilischote), entkernt, weiße Rippen
   entfernt und gehackt (nach Belieben)
Saft und geriebene Schale von 2 Limonen
Saft und geriebene Schale von 2 Zitronen
1/8 l Orangensaft
1/8 l Rotweinessig
4 Knoblauchzehen, gehackt
1 TL geriebener frischer Ingwer
4 EL (60 ml) Olivenöl
Salz und frisch gemahlener schwarzer Pfeffer

Die Bohnen verlesen und über Nacht in kaltem Wasser einweichen. Abtropfen lassen und die Bohnen in frischem Wasser etwa 1 1/2 Stunden kochen lassen. Sie sollten gar sein, aber nicht zerfallen. Die Bohnen abtropfen und abkühlen lassen. Alle Zutaten miteinander vermischen, abschmecken und eventuell nachwürzen und als Salatgang oder Beilage servieren.

Für 6 bis 8 Personen

King Ranch Chicken

Huhn auf King-Ranch-Art

Die King Ranch, größer als einige Bundesstaaten der USA, erstreckt sich über die Hälfte von Südtexas. Obwohl es hier Rinder in Hülle und Fülle gibt, erfreut sich gerade dieses Hühnergericht bei den Rancharbeitern größter Beliebtheit.

125 g Butter
125 g Pilze, in Scheiben geschnitten
4 EL (60 g) Mehl
0,7 l Hühnerbrühe
Salz und frisch gemahlener Pfeffer
2 TL gemahlener Kreuzkümmel
1/2 l saure Sahne
125 g eingelegte milde grüne Chilischoten aus
   dem Glas, in Würfel geschnitten
1 frische jalapeño-Chilischote (scharfe,
   dickfleischige grüne Chilischote), entkernt,
   die weißen Rippen entfernt und grob gehackt
6 Mais-Tortillas von 15 cm Durchmesser
2 Hühner, jeweils etwa 1 1/4 kg schwer, gekocht,
   entbeint und in feine Streifen geschnitten
250 g frisch geriebener Cheddar

In einer großen Pfanne die Butter bei mittlerer Temperatur zerlassen und die Pilze darin 5 bis 8 Minuten sautieren, bis sie leicht gebräunt sind. Das Mehl darüberstäuben und gut mit den Pilzen verrühren. Die Hühnerbrühe zugießen und unter ständigem Rühren 3 bis 5 Minuten köcheln lassen, bis die Sauce angedickt ist. Mit Salz und Pfeffer abschmecken und beiseite stellen.

   Den Backofen auf 190° C vorheizen. Den

Porterhouse-Steaks mit kräftiger Würze, Warmer Pfirsich-Salat

Kreuzkümmel unter die saure Sahne rühren und die Chilischoten zugeben. Eine flache Kasserolle von 3 Liter Inhalt ausbuttern und den Boden mit 2 Tortillas belegen. Darüber ein Drittel des Hühnerfleisches geben, darauf ein Drittel der Pilzsauce verteilen, mit einem Drittel saurer Sahne bedecken und mit einem Drittel des geriebenen Cheddar bestreuen. Diesen Vorgang noch zweimal wiederholen, bis die Zutaten aufgebraucht sind, und mit einer Lage Käse abschließen. Im vorgeheizten Ofen 30 bis 40 Minuten backen, bis das Gericht heiß ist und Blasen wirft.

Für 6 bis 8 Personen

Porterhouse Steaks with Dry Spice Rub

Porterhouse-Steaks mit kräftiger Würze

Dieses Rezept besticht durch seine ausgewogene Balance zwischen modernem Geschmack und traditioneller texanischer Küche. Dicke Porterhouse-Steaks werden mit einer scharfen Trockenmarinade aus Zitronenschale und Chilischoten eingerieben und gegrillt. Dazu paßt ein warmer Pfirsich-Salat (siehe Seite 160), der ebenfalls mit Chilischoten gewürzt wird.

2 Zwiebeln, in hauchdünne Scheiben geschnitten
geriebene Schale von 6 Zitronen
4 EL grobes Salz
2 ancho-Chilischoten (große getrocknete
  Chilischoten), entkernt und fein gehackt
4 EL grob gemahlener schwarzer Pfeffer
1 EL Pflanzenöl
6 Porterhouse-Steaks

Den Backofen auf 110° C vorheizen. Die Zwiebelscheiben auf einem Rost auslegen, den Rost über Backpapier oder Alufolie plazieren und die Zwiebeln im Ofen etwa 30 Minuten trocknen lassen. Die getrockneten Zwiebeln zerkleinern. Auf Backpapier oder Alufolie die Zitronenschale ausbreiten und etwa 5 bis 10 Minuten im Ofen trocknen lassen. Zerkleinerte Zwiebeln, Zitronenschale, Salz, gehackte Chilischoten und schwarzen Pfeffer miteinander vermischen.

Von dieser Gewürzmischung 8 Eßlöffel abmessen. Den Rest in einem luftdicht verschlossenen Glas für eine weitere Verwendung aufbewahren. Die Steaks rundherum mit einem dünnen Ölfilm überziehen, auf beiden Seiten mit der Gewürzmischung bestreuen und 1 Stunde marinieren.

Den Holzkohlengrill anheizen. Den Rost mit etwas Pflanzenöl abreiben. Die Steaks von jeder Seite erst einmal 1 Minute grillen, um die Fleischporen zu schließen, dann insgesamt 5 bis 7 Minuten grillen, wenn man sie noch blutig mag, oder bis zu 9 Minuten, wenn sie medium sein sollen .

Für 6 Personen

ALLAN ROSENBERG

Maisbrot, Chili

2 – 4 ancho-Chilischoten (große getrocknete
     Chilischoten) oder 4 – 8 japone-Chilischoten
     (ersatzweise 2 – 4 EL gemahlene
     Chilischoten)
4 EL (60 g) Nierenfett vom Rind oder Pflanzenöl
1 ¹/₂ kg magerer Rinderkamm oder Fehlrippe,
     in mundgerechte Stücke geschnitten
¹/₄ l Rinderbrühe
10 Knoblauchzehen, fein gehackt
2 EL gemahlener Kreuzkümmel
1 EL getrockneter Origano
8 EL Paprikapulver
1 Zweig Koriander, gehackt

Die Stengel von den Chilischoten entfernen.
Die Chilischoten im Mixer mit etwas Wasser zu
einem Püree verarbeiten und beiseite stellen.
Das Nierenfett auslassen.
    In einer großen Pfanne das Rindfleisch in der
Hälfte des ausgelassenen Nierenfetts bei mittlerer Temperatur anbraten. Die Hälfte des Knoblauchs zugeben. Wenn das Fleisch seine rote
Farbe verloren hat, die Flüssigkeit aus der Pfanne in einen hohen, schweren, vorzugsweise
gußeisernen Topf gießen. Das restliche Nierenfett ebenfalls in die Pfanne geben und das
Fleisch so lange braten, bis es von allen Seiten
gebräunt und in der Pfanne kaum noch Flüssigkeit ist. Fleischbrühe und pürierte Chilischoten
in den Topf geben und 30 Minuten schmoren
lassen.
    Kreuzkümmel, Origano, restlichen Knob-
lauch und Paprikapulver unterrühren und
nochmals 30 Minuten schmoren lassen, beziehungsweise bis das Fleisch weich ist. Nach
Möglichkeit das Chili über Nacht im Kühlschrank stehenlassen; so können sich die
Aromen noch besser entfalten. Das Fett abschöpfen, das Chili erhitzen und den Koriander
unterrühren. Mit Maisbrot auftragen.

Für 6 bis 8 Personen

Warm Peach Salad

Warmer Pfirsich-Salat

Die Pfirsiche sollten vorsichtig gekocht werden,
damit sie nicht zerfallen. Man könnte diesen
Salat auch als texanisches Chutney bezeichnen.

1 ¹/₂ poblano-Chilischoten (große, mittelscharfe
     grüne Chilischoten) oder 1 grüne Paprika-
     schote und 1 jalapeño-Chilischote
     (scharfe, dickfleischige grüne Chilischote),
     entkernt und in Würfel geschnitten
1 rote Paprikaschote, entkernt und in Würfel
     geschnitten
2 EL Olivenöl
6 Pfirsiche, in Scheiben geschnitten
3 EL gehackte Korianderblätter
4 EL (60 ml) frischer Limonensaft
Salz und grob gemahlener
     schwarzer Pfeffer

Chili- und Paprikaschoten 2 Minuten im
heißen Öl sautieren. Die Pfirsiche zugeben
und in 2 Minuten heiß werden lassen. Den
gehackten Koriander unterrühren und den
Topf vom Herd nehmen. Mit Limonensaft, Salz
und Pfeffer abschmecken und den Salat sofort
auftragen.

Für 6 Personen

Chili

Chili wurde 1977 von den texanischen Gesetzgebern in den Rang einer Staatsspeise erhoben.
In ein echtes Chili gehören weder Tomaten
noch Bohnen: Das Chili in den riesigen Koch-
kesseln erhält seine Farbe allein durch gemahlene Chilischoten und Paprika.

Cornbread

Maisbrot

Was die Texaner in ihr Maisbrot tun, unterliegt
keiner Kontrolle. Gegrillte grüne Chilischoten,
gehackte *jalapeño*-Chilischoten, *Monterey-Jack*-
Käse und vieles andere mehr findet seinen Weg
in den Teig. Das folgende Grundrezept stammt
aus der Gegend von Goldthwaite im westlichen
Texas, wo die Kinder das Brot in Milch brocken,
um es vor dem Schlafengehen mit dem Löffel zu
essen. Die Bewohner des östlichen Texas rühren
Maisbrotstücke fürs Sonntagabendessen unter
ihre Bohnen.

250 g Maismehl
2 EL Mehl
1 TL Backpulver
1 TL Salz
¹/₄ l Buttermilch
2 Eier
2 EL Fett von ausgelassenem Speck

ALLAN ROSENBERG

Die trockenen Zutaten in einer Schüssel miteinander vermischen. Buttermilch und Eier unterrühren und zu einem Teig verarbeiten. Das Fett von ausgelassenem Speck in einer Pie-Form von etwa 23 cm Durchmesser oder in einer gußeisernen Pfanne zerlassen. Dabei die Pie-Form oder die Pfanne schwenken, damit auch die Wände vom Fett überzogen werden. Das überschüssige Fett in den Teig gießen und umrühren. Den Teig in die Pie-Form füllen und in dem auf 180° C vorgeheizten Ofen etwa 25 Minuten backen, bis die Oberfläche goldbraun ist.

Für 6 Personen

Chicken-Fried Steak with Cream Gravy and the Works

Panierte Rindersteaks mit einer cremigen Sauce und »allem Drum und Dran«

Ein auf diese Art zubereitetes Steak ist ein texanischer Klassiker und wird unabänderlich with the works, »allem Drum und Dran« – das sind Kartoffelbrei, Schwarzaugenbohnen, grüner Kohl und Maispudding – serviert. Huhn wird in dieser Gegend auf die gleiche Art und Weise zubereitet, daher der Name des Gerichts.

6 Steaks aus der Fehlrippe, jeweils 250 g schwer und 1 cm dick
375 g Mehl
Salz und frisch gemahlener Pfeffer
1 l Milch
2 Eier
Erdnußöl zum Ausbacken

Mit einem Fleischklopfer oder einer Glasflasche mit dickem Boden die Steaks gleichmäßig von beiden Seiten klopfen. Sie sollten danach fast doppelt so groß und nur noch halb so dick sein. Beiseite stellen.

In einer Schüssel Mehl, Salz und Pfeffer vermischen. In einer anderen Schüssel 1/2 l Milch mit den Eiern verklöppeln.

Das Öl in einer gußeisernen Pfanne von 30 cm Durchmesser so stark erhitzen, daß es raucht. Zur Probe eine Prise Mehl in die Pfanne geben, wenn es aufschäumt, ist das Öl heiß genug.

Während das Öl auf die richtige Temperatur gebracht wird, die Steaks in Mehl wenden, dann in die Eimasse tauchen und wieder im Mehl wenden. Die Steaks sollten vollständig mit einer Hülle aus Ei und Mehl überzogen sein.

Die Steaks, jeweils ein bis zwei auf einmal, auf jeder Seite etwa 3 Minuten goldbraun ausbacken. Die Steaks aus der Pfanne nehmen, aber nicht auf Küchenpapier oder dergleichen abtropfen lassen. Die Hülle sollte fest und knusprig sein. Die Steaks warm stellen.

Nun die Sauce zubereiten. Alles Fett aus der Pfanne abgießen, die braunen Bratenrückstände zurückbehalten. Von der restlichen Mehlmischung – es macht nichts, wenn sie etwas klumpig ist – 4 EL in die Pfanne geben und unter Rühren 5 Minuten bei mittlerer Temperatur anschwitzen lassen. 1/4 l Milch unterrühren und so lange köcheln lassen, bis die Sauce etwas eingedickt ist. Falls sie zu dick geworden ist, noch etwas Milch zugeben. Die Sauce abschmecken, sie sollte kräftig nach Pfeffer schmecken.

Die Steaks auf einzelnen Tellern mit Kartoffelbrei, Schwarzaugenbohnen, grünem Kohl und Maispudding anrichten. Die Sauce über Kartoffelbrei und Steaks gießen und servieren.

Für 6 Personen

Panierte Rindersteaks mit einer cremigen Sauce und »allem Drum und Dran«

Mashed potatoes

Kartoffelbrei

Gehen Sie großzügig mit dem schwarzen Pfeffer um, und machen Sie sich nichts aus Klumpen im Brei – dies ist nun mal ein Hausmacher-gericht. Kartoffelbrei paßt auch gut zu Huhn und Hackbraten.

5 große Kartoffeln, geschält und in 5 cm große
    Stücke geschnitten
0,3 l heiße Milch
125 g Butter
Salz und frisch gemahlener Pfeffer

Kartoffeln in ausreichend Salzwasser in etwa 35 Minuten gar kochen. Das Wasser abgießen, Milch und Butter zugeben und die Kartoffeln mit einem Kartoffelstampfer zu einem glatten Püree verarbeiten. Mit Salz und Pfeffer abschmecken und zu panierten Rindersteaks servieren.

Für 6 Personen

Collard Greens

Grünes Kohlgemüse

Leute mit abgehärtetem Gaumen besprenkeln ihren Kohl mit einer Chili-Essig-Mischung, weniger Tapfere begnügen sich damit, ihn auf Maisbrotbrocken zu betten, die vorher mit der Kochflüssigkeit des Kohls, dem sogenannten *pot likker*, getränkt wurden.

250 g Speck, in kleine Würfel geschnitten
2 kg grüner Kohl oder Wirsing, geviertelt und
    harte weiße Rippen entfernt, klein geschnitten
4 EL (60 ml) Apfelessig
Tabasco
Salz und frisch gemahlener Pfeffer

In einem großen schweren Topf den Speck auslassen, den grünen Kohl und 6 l Wasser hineingeben. Aufkochen lassen, die Hitze redu-zieren und etwa 2 Stunden köcheln lassen (Wirsing braucht nur etwa 45 Minuten). Ab und zu nachschauen, ob genügend Wasser im Topf ist. Eventuell etwas Wasser nachgießen, um den Kohl zu bedecken.

Nach Ende der Garzeit sollte noch reichlich Flüssigkeit im Topf sein; diese vor dem Auftra-gen mit Essig, Tabasco, Salz und Pfeffer würzen. Den Kohl abtropfen lassen, die Garflüssigkeit zum Eintauchen von Maisbrot oder als Suppen-grundlage beiseite stellen. Das grüne Kohl-gemüse mit panierten Rindersteaks servieren. (Man kann den Kohl ohne weiteres einen Tag im voraus zubereiten, im Kühlschrank aufbe-wahren und wieder heiß machen.)

Für 6 Personen

Black-eyed Peas

Schwarzaugenbohnen

Dieses Gericht wird gern am Sonntagabend mit scharf gewürztem Maisbrot und einer Schüssel mit grünem Kohl aufgetragen. Wenn man am Neujahrstag Schwarzaugenbohnen ißt, so die Legende, bringt das im neuen Jahr Glück.

500 g getrocknete Schwarzaugenbohnen
2 l Wasser
1 Schinkenknochen
Tabasco
Salz und frisch gemahlener schwarzer Pfeffer

Bohnen und Wasser in einen Suppentopf geben. Das Wasser zum Kochen bringen und 2 Minuten kochen lassen. Den Topf vom Herd nehmen und die Bohnen eine Stunde darin ziehen lassen.

Den Schinkenknochen zu den Bohnen geben und 45 bis 60 Minuten köcheln lassen, bis die Bohnen gar und kurz vor dem Zerfallen sind. Den Schinkenknochen aus dem Topf nehmen und abkühlen lassen. Das Fleisch vom Knochen lösen und zu den Bohnen geben.

Die Bohnen mit Tabasco, Salz und Pfeffer abschmecken. Eventuell noch etwas Wasser zugeben, falls das Bohnengemüse zu trocken ist. Es sollte eine dickflüssige Konsistenz haben. Die Schwarzaugenbohnen mit panierten Rinder-steaks auftragen. Das Gericht läßt sich ohne weiteres im voraus zubereiten und muß dann nur noch erhitzt werden.

Für 6 Personen

Corn Pudding

Maispudding

Maispudding ist leichter als eine *quiche lorraine*, und kann dennoch eine vollständige Mahlzeit ersetzen. Das Geheimnis der Zubereitung liegt darin, die Maissauce gekonnt unter die geschla-genen Eier zu mischen.

4 EL (60 g) Butter
2 EL (30 g) Mehl
2 TL Salz
2 EL Zucker
0,4 l Milch
375 g frische Maiskörner oder Maiskörner aus
    der Dose
3 Eier
1/4 l Sahne

Den Backofen auf 165° C vorheizen. Die Butter in einem Topf zerlassen. Mehl, Salz und Zucker hineingeben und unter Rühren anschwitzen lassen. Nach und nach die Milch unterrühren und 3 bis 5 Minuten zu einer dicken Sauce köcheln lassen. Die Maiskörner unterrühren.

Die Eier schaumig aufschlagen und die Sahne unterrühren. Die Maissauce schnell unter die Eimasse heben und die Masse in eine gut ausgebutterte, 3 Liter fassende feuerfeste Form gießen. Den Maispudding im Wasserbad etwa

45 Minuten im Ofen backen, bis er fest gewor-den und seine Oberfläche leicht gebräunt ist.

Für 6 Personen

Eggplant Stuffed with Gulf Coast Crab

Gefüllte Auberginen mit Krebsfleisch

Obwohl die Aufzucht von Gemüsen im heißen Sommer von Texas nicht leicht ist, gedeihen Auberginen prächtig. Statt Krebsfleisch können auch Garnelen oder Austern verwendet werden.

3 kleine Auberginen
4 EL (60 ml) Pflanzenöl
3 große Knoblauchzehen, gehackt
5 Frühlingszwiebeln, gehackt
2 Stangen Bleichsellerie, in kleine Würfel
    geschnitten
1 grüne Paprikaschote, entkernt und in kleine
    Würfel geschnitten
1 Handvoll Petersilie, gehackt
4 EL (60 g) frische Brotkrumen
1 TL getrockneter Thymian
2 Eier, verquirlt
Salz und frisch gemahlener schwarzer Pfeffer
1 Spritzer Tabasco
1/4 TL Cayennepfeffer
500 g Krebsfleisch, zerpflückt
125 g geriebener Emmentaler
4 EL (60 g) zerbröselte Cracker
gehackte Petersilie zum Garnieren

Den Backofen auf 180° C vorheizen. Die Auberginen im ganzen 30 bis 40 Minuten im Ofen garen. Aus dem Backofen nehmen und abkühlen lassen.

Während die Auberginen abkühlen, 2 EL Öl in einer Pfanne erhitzen und Knoblauch, Zwie-beln, Sellerie, Paprikaschote und Petersilie etwa 4 Minuten darin weich werden lassen.

Die Auberginen längs halbieren und das Fruchtfleisch bis auf einen 1 cm dicken Rand vorsichtig auslösen. Das Auberginenfleisch hak-ken und mit den sautierten Gemüsen, Brot-krumen, Gewürzen, Eiern und Krebsfleisch vermischen.

Die Auberginenhälften mit der Farce füllen und in ausreichendem Abstand in eine niedrige, großzügig bemessene feuerfeste Form setzen. Gleichmäßig mit geriebenem Käse und zerbrö-selten Crackern bestreuen und im auf 180° C vorgeheizten Ofen 20 bis 25 Minuten backen, bis die Oberfläche leicht gebräunt ist. Mit ge-hackter Petersilie bestreuen und servieren.

Für 6 Personen

Taubenbrust mit Süßkartoffelpuffern und Mango-Yamsbohnen-Sauce, Gefüllte Auberginen mit Krebsfleisch, Grüne Hühner-Enchiladas

Dove with Sweet Potato Pancakes and Mango Jícama Salsa

Taubenbrust mit Süßkartoffelpuffern und Mango-Yamsbohnen-Sauce

Die Taubenjagd ist von Dallas bis zur mexikanischen Grenze ein beliebtes Freizeitvergnügen. Alte texanische Kochbücher empfehlen, die Taubenbrüste einige Tage lang zu marinieren und dann stundenlang zu garen. Heute schätzt man den milden Wildgeschmack der Tiere und brät das Fleisch nur kurz in Olivenöl an oder grillt es leicht. Die Kartoffelpuffer und die Mango-Yamsbohnen-Sauce sollten schon fertig sein, bevor die Taubenbrüste zubereitet werden.

24 Taubenbrüste oder 6 Hühnerbrüste
3 EL Pflanzenöl
Salz und frisch gemahlener Pfeffer
6 Süßkartoffelpuffer (Rezept auf dieser Seite)
Mango-Yamsbohnen-Sauce (siehe folgendes Rezept)

Den Holzkohlengrill anheizen. Den Rost und die Taubenbrüste mit Öl bestreichen. Das Fleisch großzügig mit Salz und Pfeffer würzen und, Brustfleisch nach unten, 3 Minuten grillen. Die Taubenbrüste wenden und auf der anderen Seite 2 Minuten grillen. Auf heißen Süßkartoffelpuffern und mit Mango-Yamsbohnen-Sauce servieren.

Für 6 Personen

Mango and Jícama Salsa

Mango-Yamsbohnen-Sauce

Früher wurden *salsas* nur aus Tomaten, Zwiebeln und Chilischoten gekocht, heute findet man in ihnen auch Obst und Gemüse, wie die *jícama*, eine knackige weißfleischige Knolle aus Mexiko. Diese Sauce paßt gut zu Wild- und Geflügelgerichten.

1 mittelgroße Yamsbohne (jícama), geschält und in 5 mm große Würfel geschnitten
1 EL in Würfel geschnittene rote Paprikaschote
1 EL in Würfel geschnittene gelbe Paprikaschote
1 EL rote Zwiebel, in Würfel geschnitten
1 serrano-Chilischote (kleine frische grüne Chilischote), entkernt und in kleine Würfel geschnitten
1/2 reife Mango, in Würfel geschnitten
1 TL gehackte frische Minze
Saft von 1 Limone
Saft von 1 Orange
Salz

Alle Zutaten in einer Schüssel miteinander vermengen, mit Salz abschmecken und 1 Stunde ziehen lassen.

Ergibt ungefähr 0,6 Liter

Sweet Potato Pancakes

Süßkartoffelpuffer

Diese Pfannkuchen werden gewöhnlich zu gegrilltem Wild gereicht, sie passen aber auch gut zu gegrilltem Huhn und geräucherter Wurst. Und – belegt mit einer Mischung aus angebratenen Maiskörnern und Apfelstückchen, über die Ahornsirup geträufelt wird, und mit einigen dicken Scheiben gut gepfefferten Specks umlegt, – schmecken sie wunderbar zum Frühstück.

1 große Süßkartoffel, geschält und gerieben
1 große rotschalige Kartoffel, gerieben
1/4 Zwiebel, gehackt
1 Ei, leicht verquirlt
2 EL Semmelbrösel
1 Prise Salz
3 EL Honig
1/4 TL frisch gemahlener schwarzer Pfeffer
2 EL Mehl
2 EL Pflanzenöl

Die geriebenen Kartoffeln kräftig ausdrücken und mit den anderen Zutaten vermengen. Aus dem Kartoffelteig sechs gleich große Fladen formen. In einer Pfanne das Öl erhitzen und die Kartoffelpuffer bei mittlerer Temperatur von beiden Seiten 3 bis 4 Minuten goldbraun braten. Heiß servieren.

Für 6 Personen

Chicken Enchiladas Verdes

Grüne Hühner-Enchiladas

Enchiladas, die mit Mais-Tortillas zubereitet werden, sind authentischer, aber Mehl-Tortillas sind leichter zu verarbeiten. Dieses Gericht kann vorgekocht und kurz vor dem Servieren heiß gemacht werden. Die Enchiladas lassen sich auch gut einfrieren.

2 Hühner, jeweils etwa 1 1/4 kg schwer
1 Zwiebel, grob gehackt
1 grüne Paprikaschote, entkernt und grob gehackt
1 Lorbeerblatt
2 EL gemahlener Kreuzkümmel
1 TL gemahlener Zimt
12 Mehl- oder Mais-Tortillas
3/4 l tomatillo-Sauce (siehe folgendes Rezept)
250 g frisch geriebener Monterey-Jack-Käse, ersatzweise junger Cheddar
1/4 l saure Sahne, zum Garnieren

Die Hühner in einem großen Suppentopf in Wasser, das mit Zwiebel, Paprika, Lorbeerblatt, Kreuzkümmel und Zimt gewürzt ist, in etwa 45 Minuten gar werden lassen. Die Hühner aus dem Topf nehmen und abkühlen lassen. Haut und Knochen entfernen. Das Fleisch in Streifen schneiden und beiseite stellen. Den Backofen auf 180° C vorheizen.

Jede Tortilla mit etwa 60 g Hühnerfleisch, 1–2 EL Käse und 1 EL *tomatillo salsa* füllen und die Enchiladas nicht zu eng nebeneinander in eine feuerfeste Form legen. Eventuell noch eine

zweite Form benutzen. Die restliche *tomatillo*-Sauce über die Enchiladas verteilen und mit dem restlichen Käse bestreuen.

Im vorgeheizten Ofen in etwa 25 Minuten heiß werden und den Käse schmelzen lassen. Vor dem Auftragen auf jede Enchilada einen Löffel saure Sahne geben und mit heiß gemachten Bohnen, Reis und *tomatillo salsa* servieren.

Für 6 Personen

Tomatillo Salsa

Tomatillo-Sauce

Der *tomatillo*, auch als mexikanische grüne Tomate bezeichnet, wird kirsch- bis pflaumengroß. Man kann aus ihm eine ausgezeichnete Sauce für Enchiladas herstellen, die aber auch sehr gut zu Fischfilets oder Rühreiern paßt. Verrührt man sie mit einem oder zwei Klacks saurer Sahne, erhält man einen wohlschmeckenden Dip für Tortilla-Chips.

10 – 15 frische oder eingelegte tomatillos (mexikanische grüne Tomaten), geschält und geviertelt
1 Zwiebel, grob gehackt
1/8 l Wasser
4 Knoblauchzehen
2 frische jalapeño-Chilischoten (scharfe, dickfleischige grüne Chilischoten), entkernt
1 große Handvoll Korianderblätter

Tomatillos und Zwiebel etwa 10 Minuten im Wasser köcheln lassen, bis sie weich sind. Knoblauch und Chilischoten zugeben und weitere 5 Minuten simmern lassen. Den Topf vom Herd nehmen und abkühlen lassen. Korianderblätter zugeben und im Mixer zu einer glatten Sauce pürieren.

Ergibt etwa 3/4 Liter

Buttermilk Pie

Buttermilchkuchen

Buttermilk pie ist eines der ältesten texanischen Desserts und wurde immer dann zubereitet, wenn die Speisekammer leer war und es auch kein Obst gab.

Teig:
*wie für Pekannuß-Schokoladen-Kuchen
(Rezept siehe unten)*

Belag:
*125 g zimmerwarme Butter
500 g Zucker
1/2 TL Vanille-Essenz
1 EL Zitronensaft
3 Eier
2 EL Mehl
1/2 TL geriebene Muskatnuß
1/4 l Buttermilch
geriebene Schale von 1 Zitrone*

Den Teig nach dem Rezept für den Pekannuß-Schokoladen-Kuchen herstellen und eine Pie-Form von etwa 23 cm Durchmesser damit auslegen.

Den Backofen auf 150° C vorheizen. Die Butter schaumig rühren und nach und nach den Zucker einarbeiten. Vanille-Essenz und Zitronensaft zugeben. Nacheinander die Eier einarbeiten. Das Mehl mit der geriebenen Muskatnuß würzen und nach und nach in kleinen Mengen unter die Butter-Zucker-Eier-Masse rühren. Buttermilch und geriebene Zitronenschale unterrühren und die Masse in die Pie-Form füllen. Im vorgeheizten Ofen etwa 1 1/2 Stunden backen, bis der Belag fest geworden ist. Aufschneiden und zimmerwarm servieren.

Für 6 bis 8 Personen

Pecan Chocolate Pie

Pekannuß-Schokoladen-Kuchen

Kein *barbecue joint* oder *country café* in Texas würde es wagen, keine *pecan pie* auf der Speisekarte zu führen. Die Verwendung von Schokolade verleiht der *pie* einen Anflug von Luxus und Eleganz.

Teig:
*125 g Mehl
1/2 TL Salz
6 EL (90 g) Butter
4 EL (60 ml) Eiswasser*

Belag:
*4 Eier, zuzüglich 2 Eigelbe
1 Prise Salz
1 TL Vanille-Essenz
6 EL (90 g) brauner Zucker
125 g Zucker
180 ml dunkler Maissirup
180 ml heller Maissirup
2 EL zerlassene Butter
200 g gehackte Pekannüsse
125 g zartbittere Schokolade, in kleine Stücke
   geschnitten*

Pekannuß-Schokaladen-Kuchen, Buttermilchkuchen

Zum Servieren:
*geschlagene Sahne, aromatisiert mit Vanille-
   Essenz
Schokoladenkringel
Puderzucker*

Für den Teig Mehl und Salz in einer Schüssel vermengen. Die Butter mit einem Messer oder mit den Händen einarbeiten und das Eiswasser zugeben. Schnell vorgehen. Den Teig zu einer Kugel formen. Flach drücken und in Klarsichtfolie eingewickelt etwa 20 Minuten im Kühlschrank ruhen lassen. Den Teig auf einer bemehlten Arbeitsfläche ausrollen und eine Pie-Form von 23 cm Durchmesser damit auskleiden.

Für den Belag Eier, Eigelbe und Vanille-Essenz verquirlen, die beiden Zuckersorten zugeben und so lange rühren, bis sich der Zuk-

ker aufgelöst hat. Dunklen und hellen Maissirup, die zerlassene Butter und die gehackten Pekannüsse unterrühren.

Den Teig mit den Schokoladenstückchen bestreuen und den Belag darübergießen. In den auf 190° C vorgeheizten Ofen schieben und die *pecan chocolate pie* 20 Minuten backen. Die Hitze auf 150° C reduzieren und den Kuchen weitere 35 Minuten backen oder so lange, bis er gar und der Belag fest geworden ist.

Vor dem Aufschneiden abkühlen lassen. In Stücke schneiden und mit geschlagener Vanille-Sahne und Schokoladenkringeln garnieren und mit Puderzucker bestäuben.

Für 8 Personen

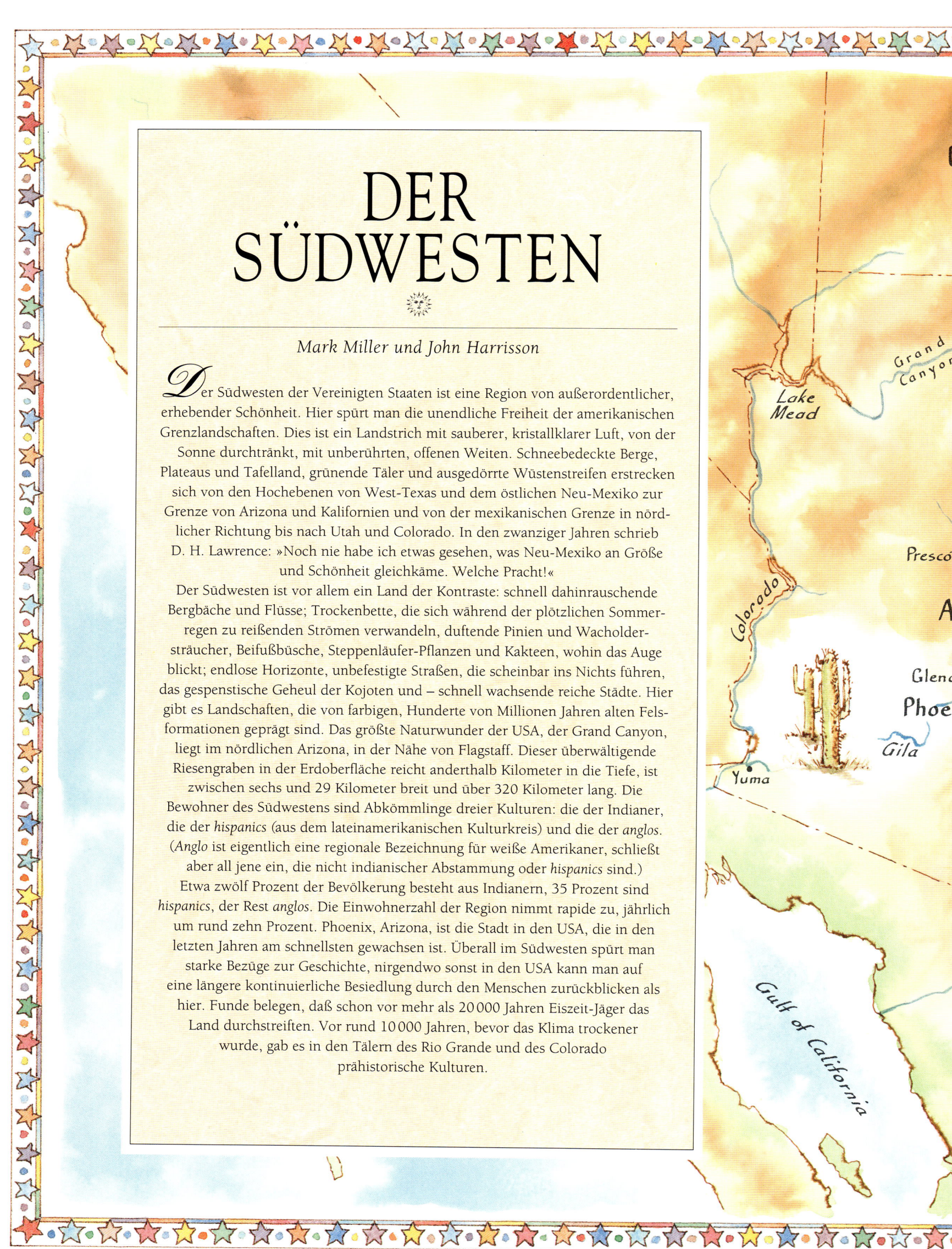

DER SÜDWESTEN

Mark Miller und John Harrisson

Der Südwesten der Vereinigten Staaten ist eine Region von außerordentlicher, erhebender Schönheit. Hier spürt man die unendliche Freiheit der amerikanischen Grenzlandschaften. Dies ist ein Landstrich mit sauberer, kristallklarer Luft, von der Sonne durchtränkt, mit unberührten, offenen Weiten. Schneebedeckte Berge, Plateaus und Tafelland, grünende Täler und ausgedörrte Wüstenstreifen erstrecken sich von den Hochebenen von West-Texas und dem östlichen Neu-Mexiko zur Grenze von Arizona und Kalifornien und von der mexikanischen Grenze in nördlicher Richtung bis nach Utah und Colorado. In den zwanziger Jahren schrieb D. H. Lawrence: »Noch nie habe ich etwas gesehen, was Neu-Mexiko an Größe und Schönheit gleichkäme. Welche Pracht!«

Der Südwesten ist vor allem ein Land der Kontraste: schnell dahinrauschende Bergbäche und Flüsse; Trockenbette, die sich während der plötzlichen Sommerregen zu reißenden Strömen verwandeln, duftende Pinien und Wacholdersträucher, Beifußbüsche, Steppenläufer-Pflanzen und Kakteen, wohin das Auge blickt; endlose Horizonte, unbefestigte Straßen, die scheinbar ins Nichts führen, das gespenstische Geheul der Kojoten und – schnell wachsende reiche Städte. Hier gibt es Landschaften, die von farbigen, Hunderte von Millionen Jahren alten Felsformationen geprägt sind. Das größte Naturwunder der USA, der Grand Canyon, liegt im nördlichen Arizona, in der Nähe von Flagstaff. Dieser überwältigende Riesengraben in der Erdoberfläche reicht anderthalb Kilometer in die Tiefe, ist zwischen sechs und 29 Kilometer breit und über 320 Kilometer lang. Die Bewohner des Südwestens sind Abkömmlinge dreier Kulturen: die der Indianer, die der *hispanics* (aus dem lateinamerikanischen Kulturkreis) und die der *anglos*. (Anglo ist eigentlich eine regionale Bezeichnung für weiße Amerikaner, schließt aber all jene ein, die nicht indianischer Abstammung oder *hispanics* sind.) Etwa zwölf Prozent der Bevölkerung besteht aus Indianern, 35 Prozent sind *hispanics*, der Rest *anglos*. Die Einwohnerzahl der Region nimmt rapide zu, jährlich um rund zehn Prozent. Phoenix, Arizona, ist die Stadt in den USA, die in den letzten Jahren am schnellsten gewachsen ist. Überall im Südwesten spürt man starke Bezüge zur Geschichte, nirgendwo sonst in den USA kann man auf eine längere kontinuierliche Besiedlung durch den Menschen zurückblicken als hier. Funde belegen, daß schon vor mehr als 20 000 Jahren Eiszeit-Jäger das Land durchstreiften. Vor rund 10 000 Jahren, bevor das Klima trockener wurde, gab es in den Tälern des Rio Grande und des Colorado prähistorische Kulturen.

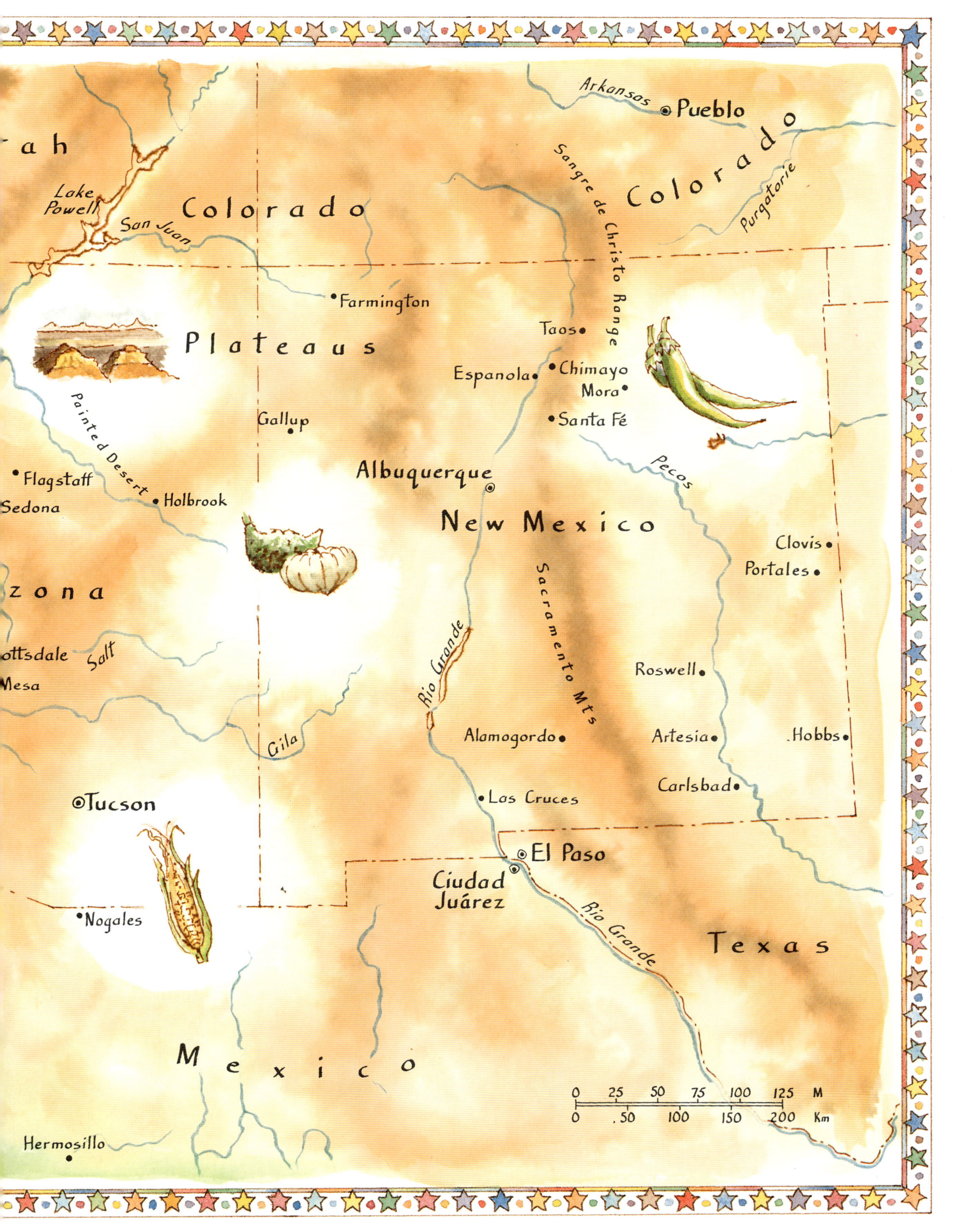

ah

Lake
Powell

San Juan

Colorado

Plateaus

Painted Desert

Flagstaff
Sedona

Holbrook

zona

ttsdale

Salt

Mesa

Gila

Tucson

Nogales

Arkansas • Pueblo

Sangre de Christo Range

Colorado

Purgatorie

Farmington

Taos •

Espanola • Chimayo
Mora •

• Santa Fé

Pecos

Gallup •

Albuquerque

New Mexico

Clovis •

Portales •

Sacramento Mts

Rio Grande

Roswell •

Alamogordo •

Artesia •

Hobbs •

• Las Cruces

Carlsbad •

El Paso

Ciudad
Juárez

Rio Grande

Texas

Mexico

Hermosillo

| 0 | 25 | 50 | 75 | 100 | 125 | M |
| 0 | 50 | 100 | 150 | 200 | Km |

DIE FRÜHEN KULTUREN

Die Vorfahren der Pueblo-Indianer, die den Südwesten seit den letzten 500 Jahren bevölkern, waren die Anasazis (»die Uralten«), die Hohokam- und die Mogollon-Kulturen, deren Blütezeit vom 1. bis zum 13. Jahrhundert n. Chr. reichte. Man nimmt an, daß diese Kulturen infolge der zunehmenden Trockenheit, von Krankheiten oder von Überfällen und Plünderungen der Navajos und Apachen untergingen. Diese frühen Kulturen hatten schon ausgefeilte Agrartechniken entwickelt, wie zum Beispiel den Anbau von Mais, Baumwolle, Chilischoten, Bohnen und Kürbis. Ihre Felder bewässerten sie mit Hilfe eines ausgeklügelten Kanalnetzes. War zu Beginn ihrer Kulturepoche noch das Korbmachen die meistgepflegte Kunst, so entwickelten sie sich im Laufe der Zeit zu geschickten Schmuckherstellern und Töpfern.

Diese friedfertigen Ackerbauern lebten anfangs in kleinen Dörfern, später in Lehmterrassenbauten und Felsenwohnungen zusammen. Die Überbleibsel dieser Siedlungen – alles Örtlichkeiten von außerordentlicher und metaphysischer Schönheit – kann man heute noch in Mesa Verde, Chaco Canyon, Canyon de Chelly und Bandalier besichtigen. Diesen hochentwickelten Gesellschaften folgten die zerstreut lebenden Pueblo-Indianer des Rio-Grande-Tals und ihre kulturellen Verwandten, die Hopi und Zuni, die weiter westlich lebten. Das gemeinsame kulturelle Erbe und die gleichartige Lebensweise dieser Indianerstämme prägten die Geschichte des Südwestens und verliehen ihr eine gewisse Kontinuität. Die anderen in der Region lebenden Indianerstämme, hauptsächlich die Navajos und die Apachen, waren in erster Linie Jäger, Viehhirten und Sammler und betrieben nur wenig Ackerbau. Sie waren vom Norden her langsam in die Nordregionen des Südwestens eingewandert.

DIE ANKUNFT DER SPANIER

Der erste Eroberungsfeldzug der Spanier in den Südwesten und ins Rio-Grande-Tal fand 1540 unter der Leitung von Francisco Vásquez de Coronado von Mexiko aus statt. Dieser Expedition folgte noch eine Reihe weiterer Raubzüge. Die Spanier waren darauf aus, Gold und andere Schätze zu finden, und zugleich bestrebt, das spanische Herrschaftsgebiet zu erweitern. Dabei gingen sie mit äußerster Brutalität vor. Im späten 16. Jahrhundert gründete der Generalkommandant Juan de Oñate Santa Fe. Der dortige Gouverneurspalast, der noch immer auf dem Hauptplatz der Stadt steht, wurde zehn Jahre vor der Landung der Pilgerväter bei Plymouth Rock erbaut.

Die jahrzehntelange Unterdrückung durch die Spanier entlud sich schließlich im Pueblo-Aufstand von 1680, der zu den wenigen erfolgreichen Indianerrevolten gegen fremde Usurpatoren zählt. Die Spanier sahen sich gezwungen, das Land für einige Zeit zu verlassen, kehrten aber 1692 unter der Führung von Don Diego de Vargas zurück. In der Folgezeit besiedelten die Spanier das Land nach und nach und errichteten Missionsstationen und Niederlassungen. Teilweise kam es zu einer Vermischung katholischer Rituale mit indianischen – diese regionale Abart des Katholizismus findet sich noch heute in einigen Teilen des Südwestens. Andererseits übernahmen die spanischen Siedler auch einige Traditionen und Bräuche der hier ansässigen Ureinwohner.

Die Spanier installierten in den von ihnen beherrschten Gebieten ein System von Militärstützpunkten und Garnisonen, die sowohl Schutzfunktion hatten als auch den Kern neuer Ansiedlungen bildeten. Mit der Zeit bröckelte die Herrschaft der Spanier, und als Mexiko 1821 unabhängig wurde, geriet der gesamte Südwesten unter mexikanische Verwaltung. Im selben Jahr wurde der Santa Fe Trail eröffnet, dessen Ausgangspunkt fast 1300 Kilometer weiter östlich, in Independence, Missouri, lag. Immer neue Wellen von Händlern brachten Waren aus den Nordstaaten in den Südwesten und über den Camino Real von Santa Fe aus nach Süden, nach Mexiko, was dazu führte, daß der amerikanische Einfluß in der Region stärker wurde.

Eine Tür in einem Adobe-Haus, der traditionellen Wohnung der hier ansässigen Indianer, im Pueblo von Santa Fe

Gegenüberliegende Seite: Bewohner des Taos Pueblo nehmen an einem christlichen Fest teil.

EIGENSTAATLICHKEIT – AUS DEM KRIEG GEBOREN

1846 erhoben die USA Anspruch auf Neu-Mexiko, was zum zwei Jahre während den Mexikanischen Krieg führte, an dessen Ende Neu-Mexiko und der größte Teil Arizonas zu US-Gebieten wurden. 1853 kam der Rest Arizonas durch den Gadsden Purchase, also durch Kauf, dazu. In der Folge ergoß sich ein Strom von amerikanischen Zivilisten, Soldaten, Händlern und sonstigen Abenteuerlustigen von Osten her in das Land, weswegen ein Netz militärischer Vorposten und Forts errichtet wurde, die die Zuwanderer vor den Überfällen der Apachen schützen sollten und die im Bürgerkrieg dazu dienten, die Truppen der Konföderierten von diesem Territorium fernzuhalten.

Nachdem die wachsende Zahl der Siedler die einst riesigen Bisonherden fast ausgerottet hatte und sich Land aneignete, das den Indianern durch Vertrag zustand, brachen in den siebziger Jahren des 19. Jahrhunderts die sogenannten Indianer-Kriege aus, die für die Ureinwohner mit der Niederlage endeten. Danach setzte der große Goldrausch ein, der eine Zeit der Gesetzlosigkeit mit sich brachte. Auch die Wirtschaft der Region änderte sich durch die Gründung von Minen- und Viehzuchtkonzernen, vor allem aber durch den Bau der Eisenbahn in den achtziger Jahren, die die Region fest mit dem übrigen Amerika verband. 1912 wurden Neu-Mexiko und Arizona als 47. und 48. Staat in die Union aufgenommen.

Das besondere Licht und die klare Luft des Südwestens zogen in den zwanziger und dreißiger Jahren unseres Jahrhunderts eine Reihe bekannter Künstler an, wie Georgia O'Keeffe, Edward Hopper, Edward Weston, Ansel Adams und Paul Strand. Auch heute lebt die künstlerische Tradition fort – Orte wie Santa Fe, Sedona und Bisbee besitzen blühende Künstlerkolonien. Das milde Klima – Städte wie Albuquerque und Phoenix haben über dreihundert Sonnentage pro Jahr – und die im Aufwind befindliche Wirtschaft sorgen dafür, daß der Strom der Zuwanderer aus dem Norden nicht abreißt.

Ein traditionelles Adobe-Haus im Pueblo von Taos, Neu-Mexiko, hebt sich gegen einen bewaldeten Berghang ab.

WOODWARD PAYNE/MILL VALLEY

VIER ZAUBERPFLANZEN

Landwirtschaft und Nahrungsmittelproduktion standen für die Bewohner des Südwestens immer an vorderster Stelle, was mit den einstigen unsicheren Lebensumständen zusammenhängt. Es war ein bedeutender historischer Schritt von der Sammler- und Jäger-Existenz der nomadisierenden Stämme zu den komplexen landwirtschaftlichen Systemen der Anasazi-, Hohokam- und Mogollon-Kulturen. Herzstück dieser Systeme waren die vier Zauberpflanzen: Mais, Chilischoten, Bohnen und Kürbis. Diese Nahrungsmittel sind den Indianern der Region immer noch heilig und spielen in ihrer Ernährung eine äußerst wichtige Rolle. Auch die später eingewanderten Siedler spanischen und amerikanischen Ursprungs fanden an diesen Gemüsen Gefallen.

In Neu-Mexiko ist der Anbau von Chilischoten finanziell am ertragreichsten. Die Hauptanbaugebiete liegen im südlichen Teil des Bundesstaates um Hatch und Las Cruces herum und im Bergland nördlich von Santa Fe, in Chimayo, Española, Dixon und Truchas. Die Chilischoten von Neu-Mexiko haben einen einzigartigen Geschmack, mild und erdig, ein Aroma, das den Himmel und die Landschaft widerzuspiegeln scheint. Im Herbst bieten Straßenstände frisch geerntete Chilischoten an oder sogenannte *ristras*, getrocknete Chilischoten, auf einer Schnur aufgereiht. Die Luft ist angefüllt vom Aroma der Chilischoten, die in großen Trockentrommeln über Propangasfeuer geröstet werden und deren ätherische Öle in die Nase steigen, den Kopf klar machen und den Appetit anregen. Jedes Jahr im September wird in Santa Fe eine Chili- und Wein-Fiesta abgehalten, auch Hatch organisiert ein Chili-Festival.

Ein weiteres wichtiges Erzeugnis dieser Gegend ist Obst. Auch hier bevorzugt man Sorten, die, wie die Chilis, dem Klima und der kurzen Wachstumsperiode angepaßt sind. Die Spanier brachten aus Mexiko Obstbäume mit, weshalb das Rio-Grande-Tal voller Obstgärten ist. Eine besondere Spezialität des nördlichen Neu-Mexiko sind die Äpfel von Velarde, Chimayo und Umgebung. Im September sind die Straßenstände voll mit den besten und frischesten Äpfeln, die es weit und breit gibt; man schenkt selbstgepreßten Apfelmost aus, und in Velarde, das zwischen Santa Fe und Taos liegt, findet ein Apfel-Festival statt. Auch Weichobst gehört zu den regionalen Spezialitäten, besonders Himbeeren, die um Mora, Neu-Mexiko, herum gezüchtet werden.

Die Pekannüsse, die im Mesilla-Tal im Süden Neu-Mexikos wachsen, gehören zu den besten in den USA. Pinienkerne sind ein weiteres wichtiges Erzeugnis der Gegend. Die Landschaft im nördlichen Neu-Mexiko und in Teilen Nord-Arizonas ist stellenweise mit den typi-

MAIS

Mais, Bohnen, Kürbis und Chilischoten gelten im Südwesten als heilig. Mais wird hier schon seit Jahrtausenden angebaut und spielt eine zentrale Rolle bei den religiösen Zeremonien der Indianer.

Mais ist eine Züchtung aus einem Wildgras und stammt aus Zentralmexiko, von wo aus er sich in der präkolumbianischen Zeit in ganz Nordamerika verbreitete. Zu der Zeit, als Kolumbus bei seiner Rückkehr nach Europa Mais mitnahm, hatten die Indianer schon mehr als zweihundert verschiedene Arten gezüchtet, eine äußerst bemerkenswerte Leistung in der Geschichte der Menschheit.

Die Präkolumbianer kreuzten Maispflanzen so lange, bis sie jeweils verschiedenfarbige Körner trugen, die die Richtungen des Universums repräsentierten. Noch heute findet man im Südwesten Mais mit blauen, roten, weißen, purpurnen und bunten Körnern. Der blaue Mais gilt als Besonderheit des Südwestens. Schon die Indianer pflegten den größten Teil der Maisernte für den Winter zu trocknen. Im Herbst bietet der Südwesten deswegen ein typisches Bild: Überall sieht man Maiskolben neben Ketten von Chilischoten in der Sonne zum Trocknen hängen.

Für die Zubereitung von Mais hat man im Südwesten eine Vielzahl von Methoden entwickelt: Man kocht die Maiskörner samt Kolben oder ohne; man trocknet sie und mahlt sie zu Maisgrütze oder zu Maismehl; man bereitet *hominy* daraus, der dann zu *masa harina*, dem Mehl für Mais-Tortillas, gemahlen wird. Man kann auch Öl aus ihnen pressen, und die getrockneten Maisblätter dienen als Hülle für *tamales*.

CATHERINE KARNOW/WOODFIN CAMP

Während Café-Besucher auf ihr Essen warten, verkürzen sie sich die Zeit mit einem Gespräch und einem großen Becher Kaffee.

schen gedrungenen immergrünen Pinien bestanden, und im Spätherbst ist es kein seltener Anblick, ganze Familien beim Nüssesammeln zu sehen. Man legt Tücher unter den Bäumen aus und schüttelt die Nüsse darauf. Die kleinen, würzig schmeckenden Nüsse werden dann aus der Schale gebrochen und geröstet.

Überall pflanzt man Bohnen, Kürbis und Mais an. Bestimmte Maisarten, die besonders gut an die Höhenlage und die kurze Wachstumsperiode angepaßt sind, wie Platinum Lady und verschiedene Varianten von blauem Mais, gehören zu den regionalen Spezialitäten. Ein weiteres landwirtschaftliches Hauptprodukt, das seit Jahrhunderten in der Region angebaut wird, ist Baumwolle; auch Kopfsalat, Melonen und Weizen spielen eine wichtige Rolle in der Agrarproduktion von Arizona.

In den letzten Jahren ist eine Zunahme bei der Erzeugung organisch-biologischer Produkte zu verzeichnen, besonders in der Umgebung von Städten mit gehobener Gastronomie wie Santa Fe. Auch die Zahl der Wochenmärkte, die von den Farmern beliefert werden, nimmt laufend zu; hier findet man die besten und frischesten Produkte der Gegend. So bietet man im Herbst an den Marktständen in Santa Fe oder auch direkt von der Ladeklappe der Lieferwagen eine bunte Auswahl an Chilis, Äpfeln und anderem Obst an, daneben Eimer voll Mais, frischen Honig im Glas, Blumen und Nüsse. Der Besuch solcher Märkte ist ein wahres Vergnügen – oft bieten die Verkäufer ein ebenso buntes Bild wie ihre Erzeugnisse.

Die Weideviehhaltung bestimmt immer noch einen wichtigen Teil des Lebens im ganzen Südwesten. Obwohl Rinder dabei den weitaus größten Teil ausmachen, werden auch überall Schafe und Ziegen gezüchtet. Die landwirtschaftliche Abteilung der Utah State University hat

BOHNEN

Man könnte Bohnen als ein Symbol des Südwestens ansehen, ebenso wie dessen zeitlose und urwüchsige Landschaft. Obwohl sie ein einfaches, billiges Nahrungsmittel sind, entfalten sie doch ein reiches Repertoire unterschiedlichster Geschmacksnuancen.

Bohnen und Mais waren seit jeher die Hauptnahrungsmittel der im Südwesten lebenden Indianer. Bohnen sind für traditionelle Gerichte wie Navajo-Eintöpfe und *burritos* unabdingbar und eine willkommene Zutat in Beilagen, *salsas*, Saucen, Salaten, Broten und Pfannkuchen und nicht selten Ingredienz gefeierter Gerichte von Drei-Sterne-Restaurants.

Archäologische Funde zeigen, daß Bohnen in einigen Gegenden Südamerikas schon vor mindestens 7000 Jahren angebaut wurden und über Mittelamerika in den Norden des Kontinents gelangten. In den Felswohnungen im Südwesten der USA wurden sie mit Sicherheit schon vor 1500 Jahren verzehrt.

Die nordamerikanischen Indianerstämme züchteten bereits eine Vielzahl unterschiedlicher Bohnenarten, je nach den örtlichen Wachstumsbedingungen. Man kreuzte verschiedenfarbige Bohnen, so wie man es beim Mais tat, um Bohnen in den Farben zu erhalten, die die Grundrichtungen des Universums symbolisierten: Blau (Westen), Weiß (Osten), Gelb (Norden), Rot (Süden), Bunt (Zenit) und Schwarz (Nadir).

Die Ureinwohner des Südwestens verwendeten Bohnen in Suppen, Eintöpfen, Kuchen, Salaten und mahlten sie zu Mehl. Für den Winter bewahrte man die Bohnen in besonderen Tonkrügen und -schüsseln auf, um sie bei zeremoniellen Anlässen, als Geschenk oder Handelsware zu verwenden. Die folgenden Bohnenarten sind die heute am häufigsten in der südwestlichen Küche gebräuchlichen.

Pintobohnen stammen aus dem Südwesten und sind eine Abart der gewöhnlichen Kidneybohne. Der aus dem Spanischen stammende Name bedeutet »bemalt«. In ungekochtem Zustand hat die Pintobohne eine beige Grundfärbung, die von bräunlich-rosa Streifen durchzogen wird. Nach dem Kochen färbt sich die Schale zu einem einheitlichen Rosa. Die Pintobohne ist die beliebteste Bohnenart in Nordamerika und zudem eine der nahrhaftesten. Ungewürzt schmeckt sie ein wenig fade, so daß man sie am besten mit kräftigen Aromen wie Knoblauch, Chilischoten und Kräutern zusammen kocht.

Auch die *Teparybohnen* wurden von den im Südwesten lebenden Indianern gezüchtet und spielten bei den Zeremonien der Zunis eine wichtige Rolle. Sie werden auch als

Mexican haricot beans bezeichnet. Sie sind bunt gefleckt und von unterschiedlicher Form und Größe und besitzen einen kräftigen Geschmack, der sich gut in einen Eintopf mit grünen Chilischoten einfügt.

Anasazibohnen haben einen etwas süßlichen Geschmack und eine mit dunklem Preiselbeerrot und Weiß gescheckte Schale. Wie ihr Name verrät, wurden sie vom Indianerstamm der Anasazi gezüchtet.

Schwarze Bohnen, auch *turtle beans* genannt, haben tatsächlich eine dunkle Purpurfarbe. Sie stammen ursprünglich aus Mittelamerika, wo sie sich immer noch großer Beliebtheit erfreuen. Sie haben ein kräftiges, rauchiges Aroma und einen leichten Anklang an den Geschmack von Pilzen, weshalb sie besonders gut zu anderen Produkten aus dem Südwesten passen.

Bohnen sind sehr nährstoffreich und für viele Indianer und Einwanderer aus Lateinamerika – nicht nur im Südwesten – Haupteiweißquelle. Bohnen sind eine gute Ergänzung zu Mais. Sie liefern essentielle Aminosäuren, Ballaststoffe, Mineralien und Vitamine, sind cholesterinfrei und enthalten keine gesättigten Fettsäuren.

Getrocknete Bohnen sollten in luftdichten Behältern aufbewahrt und im allgemeinen vor dem Kochen eingeweicht werden. Man spült sie unter fließendem Wasser ab, läßt sie gut abtropfen und entfernt alle Verunreinigungen und Steine. Die Bohnen werden dann mit reichlich Wasser bedeckt und sollten mindestens vier bis fünf Stunden, besser noch über Nacht, einweichen. Danach wird das Einweichwasser durch ein Sieb abgegossen, und die Bohnen werden gründlich abgespült. Sie sind dann kochfertig.

Eine bunte Mischung getrockneter Bohnen und Erbsen. Getrocknete Bohnen sind sehr nahrhaft und lassen sich in vielen Gerichten verwenden, von Suppen bis hin zu »salsas«.

CHILISCHOTEN

CATHERINE KARNOW/WOODFIN CAMP

Chili-Pflücker bei der Ernte in Neu-Mexiko

Die bescheidene Chilischote vereint in sich sowohl Draufgängertum wie Eleganz und Raffinesse und wird von allen Einwohnergruppen im Südwesten – von den Indianern, den *hispanics* und den *anglos* – geschätzt. Wo sonst fände man ein Bowlingbahn-Lokal, das für sein scharf-würziges Essen berühmt ist? In fast jedem Imbiß wird man gefragt »Rot oder grün?« und meint damit die Farbe der Chilisauce, die es zu den bestellten Eiern, Bohnen, *tamales*, *enchiladas*, *burritos*, Suppen, Steaks oder *posole* (ein Gericht aus Schweinefleisch und Maisbrei) gibt. Mit Chilischoten würzt man *salsas*, *jerky*, Popcorn, Nüsse, Honig und Bier. Selbst *burgers* werden gewöhnlich mit in Scheiben geschnittenen grünen Chilischoten serviert.

Chilis, von denen es etwa 150 verschiedene Arten gibt, stellen ein verbindendes Element der Küche auf dem gesamten amerikanischen Kontinent dar. Sie gehören zur Spezies Capsicum, einem Mitglied der Nacht-schattenfamilie, zu der auch die Aubergine, die Tomate, die Kartoffel und der Tabak gehören, und sind das am weitesten verbreitete Gewürz auf der Welt. Die ersten Chilipflanzen, die von Menschen angebaut wurden, stammen von Gewächsen aus den Dschungeln des Amazonas. Archäologische Funde belegen, daß man sie in Zentral- und Südamerika schon vor mindestens 8000 Jahren aß. In den alten Küchen von Mittelamerika stellten sie ein Grundnahrungsmittel dar und kamen auf dem Handelsweg nach Norden.

Für die Pueblo-Indianer des Südwestens waren Chilischoten schon vor rund 2000 Jahren eine wichtige Zutat in ihrer Küche, um Mais, Bohnen und Kürbis zu würzen. Wilde Chilis wachsen noch in der Sonora- und Chihuahua-Wüste im Süden Neu-Mexikos und Arizonas und werden von den dort lebenden Indianern gesammelt.

Kolumbus entdeckte die Chilischote in der Karibik. Da die dort wachsenden Arten ihn an schwarze Pfefferkörner erinnerten, benannte er seinen Fund auch so. Pfeffer und Chilipflanze sind nicht miteinander verwandt, dennoch ist die fälschliche Bezeichnung für letztere geblieben. Kolumbus nahm getrocknete Chilischoten und -samen mit nach Europa, wo die Pflanze großen Anklang fand, als sich herausstellte, daß sie sich leicht ziehen ließ und einen exzellenten Ersatz für den teuren schwarzen Pfeffer lieferte. Spanische und portugiesische Forschungsreisende nahmen Chilisamen auf ihre Fahrten mit, und so verbreitete sich die Chilischote innerhalb eines Jahrhunderts auch über Westafrika, Indien, China und Südostasien.

Chilis werden auf vielerlei Art angeboten: frisch, getrocknet, gefroren, in der Dose und gemahlen. Beim Kauf von frischen Chilischoten sollte man darauf achten, daß sie fest, trocken, glänzend und unversehrt sind und schwer in der Hand liegen. Wer gegen das Capsaicin, den Wirkstoff, der den Chilischoten ihre Schärfe verleiht, empfindlich ist, sollte bei der Zubereitung möglichst Gummihandschuhe tragen, tunlichst nicht Augen oder Gesichtshaut berühren und sich anschließend die Hände gründlich waschen.

In der Küche der Südweststaaten ist es üblich, frische Chilis zu braten oder zu grillen, was ihnen ein besonderes Aroma verleiht und das Abziehen der Haut, die oft bitter schmecken kann, erleichtert.

Getrocknete Chilischoten verwendet man meist für Saucen; der Trocknungsprozeß intensiviert ihren Geschmack. Es ist ratsam, intakte getrocknete Chilischoten auszusuchen, die von einheitlicher Farbe und noch etwas elastisch sind. Auch getrocknete Chilis werden in der Küche der Südweststaaten vor der Verwendung meist geröstet und dann vor dem Gebrauch in warmem Wasser eingeweicht.

Tiefgefrorene Chilischoten sollte man nur dann verwenden, wenn frische nicht erhältlich sind. Chilischoten aus der Dose sind meist von minderer Qualität und sollten, mit Ausnahme von *chipotles en escabeche*, gemieden werden.

Chilipulver sollte keine anderen Zutaten enthalten. In den USA werden die Sorten *New Mexico, ancho* oder *molido* bevorzugt. Das Pulver sollte kräftig gefärbt sein, ein intensives Aroma haben und ein wenig klumpen, was ein Zeichen dafür ist, daß es noch geschmackstragende ätherische Öle enthält.

ein interessantes Projekt gestartet, das sie weiter ermutigt, nämlich die Wiederaufzucht des *churro* im Südwesten. Dieses ausdauernde Schaf wurde von den Spaniern in die Neue Welt gebracht und von den Navajos wegen seiner Wolle und seines Fleisches gehalten. Aber Anfang des 20. Jahrhunderts war es in ganz Nordamerika praktisch ausgestorben, nur in Teilen Mexikos zog man es noch auf. Die *churro*-Schafe sind hervorragend an das rauhe Terrain und Klima dieses Landstrichs angepaßt und haben ein dunkleres Fleisch als andere Schafarten.

Weite Gebiete des Südwestens sind noch reich an Wild, und in der Jagdzeit geht man auf Hirsch- und Elchpirsch. Diese Tiere leben in der Hauptsache von den jungen Trieben des Wacholders und der Pinien sowie von Wildgräsern und Kräutern, was ihrem Fleisch einen unvergleichlich aromatischen Geschmack verleiht. Unter den Kakteenstauden trippeln Wachteln, und im Dickicht der Zwergeichen hausen Wildtruthähne, die laut schreien, wenn man sie stört.

Forstwirtschaft ist ein wichtiger Erwerbszweig in dieser Gegend. Daneben gibt es reichlich Bodenschätze: Öl, Gas, Pottasche, Kohle, Uran, Gips und sogar Gold und Silber. Viele Indianer-Reservate liegen in Gebieten, die reich an diesen Bodenschätzen sind. Die Bewohner haben sich bisher der Begehrlichkeit derer, die diese Schätze ausbeuten wollen, zu erwehren gewußt. Für die Ureinwohner Amerikas ist die Mutter Erde, *Mother Earth*, heilig.

Saguaro- und Cholla-Kakteen leuchten in der frühen Morgensonne der Wüste von Arizona.

BENN MITCHELL/THE IMAGE BANK

Von der Frühlingssonne angelockte Besucher eines Cafés in Santa Fe verzehren ihr Mittagessen im Freien.

TOURISTISCHE ATTRAKTIONEN

Der Tourismus wird im ganzen Südwesten großgeschrieben und nimmt laufend an Umfang zu. Zwar übertrifft nichts die majestätische Pracht des Grand Canyon, aber in der Gegend von Tucson findet man viele Ferien-Ranches und Urlaubsorte, darüber hinaus ist Santa Fe ein bedeutendes Touristenzentrum – die Stadt mit 55000 Einwohnern wird jährlich von 1,5 Millionen Besuchern überschwemmt. Weitere Touristenzentren sind Sedona, Flagstaff, Lake Powell und Taos; zu Abertausenden zieht es die staunenden Besucher zu den Naturwundern wie Monument Valley, Meteor Crater, dem Petrified Forest und den vielen Geisterstädten von Neu-Mexiko und Arizona, die einst von den Edelmetallschürfern erbaut wurden. Das Angebot an Freizeitvergnügungen ist sehr umfangreich, man kann wandern, campen und fischen, jagen, Floß und Ski fahren.

Während der Sommermonate finden zahllose Veranstaltungen und Festivals statt, von den rituellen Tänzen in Pueblo und Rodeos bis hin zum Sommerfestival der eindrucksvollen Oper von Santa Fe, deren Auditorium nur teilweise überdacht ist – in der Mitte sieht man die Sterne. Gegen Ende August wird der größte Indianermarkt des Landes auf der Plaza von Santa Fe abgehalten, auf dem man die Schöpfungen der amerikanischen Ureinwohner bewundern und kaufen kann: alle Arten von Keramik, Schmuck, Perlenstickerei, Handwerkserzeugnisse und Kunst.

Die meisten Touristen bereisen den Südwesten in den Sommermonaten; Frühjahr und Herbst sind jedoch angenehmere Jahreszeiten für einen Besuch. Es ist dann nicht nur ruhiger, sondern auch die Zeit, in der milde Temperaturen herrschen, in der Flieder und Wildblumen blühen und der Frühling sein junges Grün präsentiert, oder die Zeit der kräftigen Herbst-

farben und der Ernte auf den Feldern. Gegen Ende September erreicht der herbstliche Laub-
fall seinen Höhepunkt, und die Espen und Pappeln verfärben sich leuchtend gelb, ocker und
golden. Dies ist auch die Zeit der Erntefeste, wie zum Beispiel die Santa Fe Chili Fiesta, die
Whole Enchilada Fiesta in Las Cruces und die verschiedenen Erntefeste, die man in den
Pueblos feiert. Eine besondere Touristenattraktion ist die Balloon Fiesta von Albuquerque,
die Anfang Oktober eine ganze Woche lang stattfindet.

Zur Weihnachtszeit verwandeln sich die Straßen von Santa Fe und der Altstadt von
Albuquerque in ein Wunderland – sie sind mit *farolitos* geschmückt, Kerzen, die in braunen
Papiersäcken stecken. Der Duft glimmenden Pinienholzes liegt in der klaren Nachtluft, so wie
eine Vorahnung des ersten Winterschnees, der bald die nahen Berge bedecken wird.

Wo Touristen sind, blüht die Gastronomie. In den großen Städten der Region wie
Albuquerque, Phoenix und Tucson findet man hervorragende Restaurants, aber gastronomische Spitzenleistungen bietet Santa Fe, das zur Pilgerstätte von Gourmets aus nah und fern
geworden ist. Gerichte aus der Küche der Südweststaaten sind wegen ihrer prägnanten starken Aromen, ihrer Bekömmlichkeit, ihrem ansprechenden Aussehen und ihrer Einfachheit
überall in den USA beliebt.

Die Wurzeln der Südwest-Küche sind vielfältig; in ihr vereinigen sich unterschiedliche
Kochstile: indianische, nordmexikanische und die der Tex-Mex-, der *hispanic*- und der
angloamerikanischen Küche. Dennoch bedient sie sich fast ausschließlich der regionalen Erzeugnisse. Ihre Grundlagen sind seit Jahrhunderten Chilischoten, Kräuter, Gewürze, Mais
und Bohnen. Zur alltäglichen Verpflegung gehören *tortillas* und *tamales*, die man am einfachen Straßenimbiß ebenso wie in den feinen Restaurants bekommt. Eine Reihe regionaler
Spezialitäten spiegelt die Vermischung der unterschiedlichen Kulturen wider, wie die *sopapillas*,
die lateinamerikanische Version des Indianerbrotes, oder *posole*, ein Eintopf aus *hominy*-Mais,
Schweinefleisch und Chilischoten, oder *rellenos* mit blauem Mais und schwarzen Bohnen.

Weitere Spezialitäten aus Neu-Mexiko sind *carne adobada*, Schweinefleisch, das mariniert
und dann mit roten Chilischoten geschmort wird; *empanaditas*, kleine fleischgefüllte
Teigtaschen; *natilla*, eine Eiercreme, die mit Meringue gekrönt wird, und *biscochitos*, ein mit
Aniszucker gesüßtes Weihnachtsgebäck. Die für Arizona typischen Gerichte zeigen deutlich
den Einfluß der nordmexikanischen Provinz Sonora. Bekannte Spezialitäten sind *menudo*, ein
Eintopf mit Kutteln und Chilischoten; *chimichangas*, ausgebackene *burritos*, und junge
Kaktussprossen, die als Salat oder Gemüse serviert werden.

*Die Katze eines Ladenbesitzers in Santa Fe hat
es sich inmitten der Waren auf einem Stuhl
bequem gemacht.*

*Grelle Schilder und die Nachbildung dreier Pferde
sollen Vorbeifahrende in dieses Warenhaus in
Arizona locken.*

DIE WEINE VON ARIZONA UND NEU-MEXIKO

Die Landschaft von Neu-Mexiko und Arizona, so anregend und unendlich weitläufig sie auch sein mag, läßt nicht vermuten, daß hier Wein wächst und gekeltert wird. Nichtsdestoweniger stellt man im Bergland von Südostarizona und im nordsüdlich durch Neu-Mexiko verlaufenden Rio-Grande-Tal eine Reihe von Weinen her, die nicht nur gut sind, sondern jedes Jahr besser werden.

Obwohl Arizona schon immer – wenn auch in überschaubarem Maße – Tafeltrauben auf den Markt brachte, verband man seinen Namen nie mit der Weinherstellung. Im letzten Jahrzehnt haben jedoch nach dem Erlaß der neuen staatlichen Weingesetze viele Umwälzungen stattgefunden. Diese Gesetze, ähnlich den neuen Weingesetzen einer Reihe von anderen US-Staaten, haben das Aufkommen einer Weinindustrie im Südwesten wesentlich gefördert. Etliche neue Weinkellereien haben sich mittlerweile etabliert und werden, falls die Nachfrage groß genug sein wird, Arizona in ein ernst zu nehmendes Weinproduktionsgebiet der USA verwandeln.

Neu-Mexiko versucht, wieder an seine Vergangenheit als Weinerzeuger anzuknüpfen. Schon im 17. Jahrhundert legten die Spanier überall im Rio-Grande-Tal Weingärten an. Gegen Ende des 19. Jahrhunderts hatte Neu-Mexiko, so wie Texas, eine florierende Weinindustrie, die heute zu neuem Leben erwacht ist. Heute gibt es an die zwanzig Kellereien, die hauptsächlich europäische Rebsorten verarbeiten. Die Anderson Valley Vineyards von Albuquerque sind führend in der Erzeugung von Cabernet Sauvignon, und die Domaine Cheurlin, die in einer Stadt mit dem beziehungsreichen Namen Truth or Consequences (Wahrheit oder Konsequenzen) angesiedelt ist, füllt hervorragenden nach der Champagnermethode erzeugten Schaumwein ab. *(Die Informationen zu den Weinen verdanken wir Ronn Wiegand, MW, MS.)*

Gegenüberliegende Seite: Mohnblumen und Lupinen blühen nach einem Regenguß in der Wüste von Arizona.

TOM ALGIRE/TOM STACK & ASSOCIATES

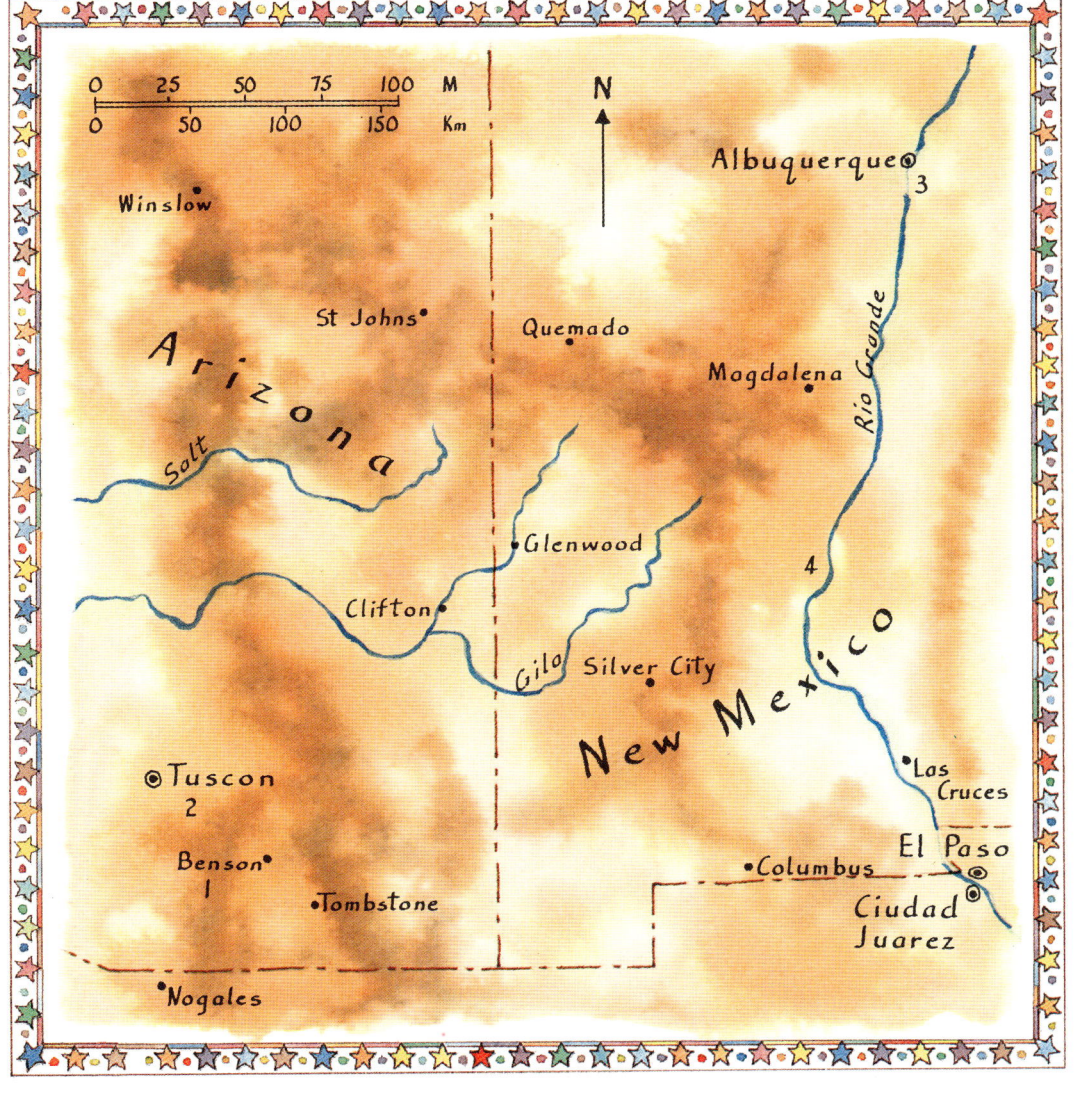

ARIZONA

ROTWEIN:

Cabernet Sauvignon

WEINKELLEREIEN:

Sonoita Vineyards (1)
R.W. Webb Winery (2)

NEU-MEXIKO

WEISSWEINE:

Brut und Extra Dry (Schaumwein)
Chardonnay

ROTWEIN:

Cabernet Sauvignon

WEINKELLEREIEN:

Anderson Valley Vineyards (3)
Domaine Cheurlin (4)

REZEPTE AUS DEM SÜDWESTEN

Mark Miller
in Zusammenarbeit mit Mark Kiffin und John Harrisson

Die ersten sechs Zutaten in einer Schüssel miteinander vermischen. Die Entenbrüste in einer flachen Form auslegen und mit der Marinade begießen. Über Nacht im Kühlschrank ziehen lassen.

Den Holzkohlengrill vorheizen. Die Entenbrüste aus der Marinade nehmen, die Marinade beiseite stellen. Die Entenbrüste bei niedriger Temperatur grillen, damit Honig und Melasse das Fleisch nicht zu stark bräunen, dabei gelegentlich mit etwas Marinade bestreichen. Die Entenbrüste auf jeder Seite etwa 7 Minuten garen lassen, damit ihr Fleisch saftig und rosa bleibt. Längeres Grillen würde das Fleisch austrocknen.

Für den Reis die Pinienkerne im 180° C heißen Ofen etwa 15 Minuten goldgelb rösten. Beiseite stellen. Die Butter in einer Pfanne erhitzen und Zwiebeln und Knoblauch darin bei mittlerer Temperatur in etwa 6 bis 8 Minuten weich werden lassen. In einen Topf gießen, die restlichen Zutaten zugeben und aufkochen lassen. 2 Minuten kochen lassen, Temperatur auf niedrigste Stufe reduzieren und zugedeckt

20 bis 25 Minuten köcheln lassen, bis das Wasser aufgenommen ist. Die Pinienkerne zugeben und den Reis mit einem Hölzlöffel auflockern. Nach Belieben etwas Butter unterrühren. (Der Reis läßt sich bis zu 2 Stunden warm halten.)

Zum Servieren den Reis auf sechs Teller verteilen, die Entenbrüste fächerförmig aufschneiden und auf dem Reisbett anrichten. Etwas Sauce neben den Reis gießen und auftragen.

Für 6 Personen

Roast Pork Tenderloin with Ancho and Sun-dried Cherry Barbecue Sauce and Wild Mushroom Chilaquiles

Gegrillte Schweinelende mit einer Barbecue-Sauce aus Chilischoten und getrockneten Kirschen und Waldpilz-Chilaquiles

Die Schweinelende sollte bei mäßiger Tempera-

tur vorsichtig glasiert werden, damit der Zucker in der Sauce nicht karamelisiert oder gar schwarz wird.

Chilaquiles:
4 EL (60 ml) Olivenöl
1/2 mittelgroße Zwiebel, gehackt
4 Knoblauchzehen, fein gehackt
500 g Waldpilze, geputzt und in Scheiben geschnitten
1/2 l Crème double
Salz und frisch gemahlener schwarzer Pfeffer
12 Mais-Tortillas, in Streifen geschnitten und knusprig gebraten
4 EL (60 g) frisch geriebener Parmesan

Schweinelende:
1 1/2 kg Schweinelende
Salz und frisch gemahlener schwarzer Pfeffer
1/8 l Olivenöl
500 g Radicchio-Blätter
3/4 l barbecue-Sauce aus Chilischoten und getrockneten Kirschen (siehe folgendes Rezept)

Gegrillte Schweinelende mit einer Barbecue-Sauce aus Chilischoten und getrockneten Kirschen und Waldpilz-Chilaquiles

Den Backofen auf 180° C und den Holzkohlengrill vorheizen.

Für die *chilaquiles* das Öl in einer großen Pfanne erhitzen und Zwiebel und Knoblauch darin 5 Minuten anbraten. Die Pilze zugeben und weitere 5 Minuten sautieren. Crème double unterrühren, aufkochen lassen und mit Salz und Pfeffer würzen. Die Tortilla-Streifen in einer feuerfesten Form ausbreiten, die Pilzmischung darüber verteilen und mit Parmesan bestreuen. Im vorgeheizten Ofen 20 Minuten backen, bis der Käse leicht gebräunt ist und Blasen wirft.

In der Zwischenzeit das Schweinefleisch mit Salz und Pfeffer würzen. Über Holzkohlenfeuer insgesamt 20 Minuten grillen, dabei das Fleisch alle 5 Minuten wenden. Beiseite stellen und warm halten.

Das Olivenöl in einer großen Pfanne erhitzen und die Radicchio-Blätter darin etwa 5 Minuten bei mittlerer Temperatur sautieren. Sie sollten noch Biß haben.

Zum Servieren die Radicchio-Blätter auf Teller verteilen, die *chilaquiles* daneben anrichten. Die Schweinelende in Scheiben schneiden und auf den Radicchio-Blättern auslegen. Mit der *barbecue*-Sauce umgießen.

Für 6 Personen

Gebratene Forelle in Apfelwein-Schalotten-Butter

Ancho and Sundried Cherry Barbecue Sauce

Barbecue-Sauce aus Chilischoten und getrockneten Kirschen

Der milde Geschmack der *ancho*-Chilis in der *barbecue*-Sauce wird von den getrockneten Kirschen noch unterstrichen. Diese Sauce ist eine willkommene Abwechslung zu den häufig übersüßten Fabrikprodukten und paßt gut zu Schweinefleisch, Würsten und Wildgeflügel, aber auch zu Sandwiches.

1 Knoblauchknolle
1/4 l Reisessig
1/4 l Apfelessig
2 TL gemahlene Nelken
1 TL gemahlener Piment
2 EL gemahlener Koriander
4 EL (60 ml) Olivenöl
1 Zwiebel, gehackt
250 g brauner Zucker
4 EL (60 g) Melasse
200 g sonnengetrocknete Kirschen
1/2 l ancho-Chili-Püree (Zubereitung wie rotes
    Chili-Püree aus New Mexico auf Seite 182)
650 ml Ketchup oder Tomatensauce
1 EL Worcestershire-Sauce
Salz

Die Knoblauchknolle in Zehen zerteilen und ungeschält ohne Fettzugabe in einer gußeisernen Pfanne oder in einem gußeisernen Topf 45 Minuten rösten, dabei die Pfanne oder den Topf gelegentlich rütteln. Abkühlen lassen, die Zehen schälen und zu Püree zerstampfen. In

einem anderen Topf die beiden Essigsorten und die Gewürze zum Kochen bringen und bei mittlerer Temperatur um die Hälfte reduzieren. Durch ein Sieb gießen und beiseite stellen.

In einer großen Pfanne oder in einem Topf das Öl erhitzen, Zwiebel und Knoblauch hineingeben und bei Mittelhitze in etwa 8 Minuten leicht anbräunen. Braunen Zucker und Melasse unterrühren und mit der Essigreduktion ablöschen. Leicht einkochen lassen, Kirschen, Chili-Püree, Ketchup beziehungsweise Tomatensauce und Worcestershire-Sauce zugeben und etwa 1 Stunde leise köcheln lassen. Mit Salz abschmecken und durch ein Sieb passieren.

Ergibt etwa 3/4 Liter

Pan-roasted Pecos Trout in Cider Shallot Butter

Gebratene Forelle in Apfelwein-Schalotten-Butter

Im Gebiet der San-Juan-Berge in Südcolorado, in der Pecos Wilderness von Neu-Mexiko und der Gila Wilderness in Arizona sind zahllose Flüsse voller Forellen.

6 Scheiben (125 g) Speck
6 Forellen, jeweils etwa 320 – 380 g schwer,
    ausgenommen und gesäubert
250 g Mehl
1/2 TL Salz
1/2 TL frisch gemahlener schwarzer Pfeffer
250 g »blaues« Maismehl (aus blauen Mais-
    körnern), ersatzweise normales Maismehl

9 Eier, leicht verquirlt
1/8 l Olivenöl
500 g Senfkohl, Mangold oder Spinat

Apfelwein-Schalotten-Butter:
250 g Butter
2 EL feingehackte Schalotten
1 EL gehackter Salbei
1 EL ungefilterter Apfelwein
1 EL Sherry

Um jeden Fischbauch eine Scheibe Speck wickeln und mit einem Zahnstocher befestigen. In einer Schüssel Mehl, Salz und Pfeffer vermengen. Die Forellen in Mehl wenden, durch die Eimasse ziehen und dann mit Maismehl bedecken.

Die Hälfte des Öls in einer großen Pfanne erhitzen und die Forellen bei mittlerer Temperatur so lange braten, bis sie braun und gar sind. Darauf achten, daß ihr Fleisch nicht trocken wird. In einer zweiten Pfanne oder in einem Topf das restliche Öl heiß werden lassen, das grüne Gemüse hineingeben und in etwa 7 Minuten bei Mittelhitze zusammenfallen, aber nicht zu weich werden lassen. Warm stellen.

Für die Zubereitung der Sauce die Butter in einer Pfanne erhitzen. Schalotten und Salbei zugeben und bei mittlerer Temperatur 1 Minute braten. Apfelwein und Sherry unterrühren. Die Forellen auf Tellern anrichten und die Sauce sofort über die Fische gießen. Etwas Gemüse daneben plazieren und auftragen.

Für 6 Personen

ALLAN ROSENBERG

Ancho and Black Bean Bread

Brot mit schwarzen Bohnen und Chilischoten

Ein Rezept für ein kräftig schmeckendes,
nahrhaftes Brot, das eine Fülle ungeahnter
Geschmacksrichtungen birgt.

100 g getrocknete schwarze Bohnen
3 – 4 getrocknete rote ancho- oder pasilla-
  Chilischoten oder 3 getrocknete rote New-
  Mexico-Chilischoten
1 mittelgroße getrocknete chipotle-Chilischote
  (siehe Einleitung zu Barbecue-Sauce mit
  Raucharoma)
1/8 l Bohnen-Kochwasser
1 TL gemahlener Kreuzkümmel, geröstet
2 TL Salz
2 1/2 EL Erdnußöl
1/4 l warmes Einweichwasser der Chilischoten
1 1/2 EL Melasse
7 g Trockenhefe
625 g Vollweizenmehl
625 g Mehl zum Brotbacken oder ungebleichtes
  Klebermehl (Mehl mit hohem Glutengehalt)
1 Ei, gründlich verquirlt
2 EL Maismehl

Die Bohnen in einen Topf geben und mit ausreichend Wasser bedecken. Aufkochen lassen,
die Hitze reduzieren und die Bohnen ohne Dekkel etwa 2 bis 3 Stunden gerade weich werden
lassen. Die Kochzeit hängt von der Frische der
Bohnen ab. Die Bohnen sollten immer mit ausreichend Wasser bedeckt sein. Gelegentlich
umrühren. Die Kochflüssigkeit der Bohnen
abgießen und beiseite stellen, die Bohnen in
einem Sieb abtropfen und lauwarm werden
lassen.

Die Chilischoten in einer gußeisernen Pfanne
bei Mittelhitze oder im 120° C heißen Ofen
3 bis 4 Minuten rösten. Ein- bis zweimal rütteln
und darauf achten, daß die Chilischoten nicht
zu dunkel werden. Die Chilischoten in eine
Schüssel geben und mit ausreichend Wasser
bedecken. Zugedeckt 20 Minuten einweichen
lassen. 1/4 l Einweichwasser abmessen und beiseite stellen. Die Chilischoten pürieren und
ebenfalls beiseite stellen.

Die schwarzen Bohnen mit etwas Kochwasser
zu einer Paste pürieren. Chili-Püree und Bohnen-Püree miteinander vermischen, Kreuzkümmel, Salz und Öl unterrühren und beiseite
stellen.

In einer anderen Schüssel das restliche
Chilischoten-Einweichwasser und Melasse vermischen. Nach und nach die Hefe unterrühren.
Darauf achten, daß das Einweichwasser nicht
wärmer als 45° C ist. Abwechselnd gleiche Mengen Vollweizenmehl und Klebermehl zu einem
dickflüssigen Vorteig verarbeiten. Zugedeckt bei
Zimmertemperatur etwa 20 Minuten gehen
lassen.

Chili- und Bohnen-Püree unter den Vorteig
rühren und nach und nach abwechselnd die
beiden Mehlsorten zu einem festen Teig einarbeiten. Der Teig sollte aber nicht hart sein.
Den Teig mit den Händen auf einer bemehlten
Arbeitsfläche 15 bis 20 Minuten gründlich

durchkneten, bis er weich und geschmeidig ist.
Den Teig in einer leicht eingeölten Schüssel mit
einem Tuch bedeckt an einem warmen, nicht
zugigen Ort 1 bis 1 1/4 Stunden gehen lassen.

Den Backofen auf 200° C vorheizen.
Den Teig flach drücken, gründlich durchkneten
und nochmals gehen lassen. Wenn er gut
auf-gegangen ist, nochmals flach drücken, in
2 runde Laibe formen und auf ein bemehltes
Blech setzen. Mit einem Tuch bedeckt noch
einmal etwa 20 Minuten gehen lassen; die Brotlaibe sollten bei Berührung nicht zusammenfallen. In der Zwischenzeit ein Backblech im
Ofen heiß werden lassen.

Die Brotlaibe mit dem verquirlten Ei bestreichen. Das heiße Backblech mit Maismehl
bestreuen und die Laibe in ausreichendem
Abstand darauf plazieren. Im Ofen 20 bis
25 Minuten backen. Klopft man gegen ihren
Boden, sollten die Brote hohl klingen. Die Brote
werden besonders knusprig, wenn man in den
ersten 10 Minuten der Backzeit zwei- bis drei-
mal etwas Wasser in den Ofen sprüht. Die Brotlaibe aus dem Ofen nehmen und auf einem
Gitter abkühlen lassen.

Ergibt 2 Brotlaibe

Chorizo

Chorizo

Dieses gewürzte Mett ist typisch für die spa-
nisch- und portugiesischsprechenden Länder
und auch im Südwesten der USA äußerst beliebt. Es wird häufig zu Würsten verarbeitet und
eignet sich zu allen möglichen anderen Zwek-
ken, zum Beispiel als Füllung von Geflügel,
burritos, tacos, enchiladas oder *empanadas* sowie
als Beilage zu Rühreiern und als Garnierung zu
ausgebackenen Austern. Wenn man *chorizo* brät,
sollte man immer etwas Wasser dazugeben,
damit das Hack nicht zäh und trocken wird.

500 g frisches Schweinehack
250 g frisches mageres Rinderhack
2 Knoblauchzehen, fein gehackt
4 EL (60 g) ancho-Chilipulver oder New-
  Mexico-Chilipulver
1/2 TL Cayennepfeffer (bei Verwendung von New-
  Mexico-Chilipulver weglassen)
1/4 TL gemahlene Nelken
1/2 TL frisch gemahlener schwarzer Pfeffer
1/2 EL gemahlener Zimt
1 TL gemahlener Kreuzkümmel
1 TL Salz
3/4 l Wasser

In einer großen gußeisernen Pfanne Schweine-
und Rinderhack bei mittlerer Hitze anbraten.
Dabei die Fleischmasse mit einem Holzlöffel
zerkleinern und darauf achten, daß das Fleisch
nicht anbräunt. Knoblauch, Gewürze, Salz und
1/4 l Wasser zugeben.

Langsam bei niedriger Temperatur etwa
1 Stunde garen lassen, eventuell gelegentlich bei

Bedarf etwas Wasser zugeben. Alles Wasser sollte zum Schluß verdampft und die fertig gegarte Mischung trocken sein. Nach Geschmack würzen.

Ergibt etwa 750 Gramm

Huevos Revueltos con Chorizo

Rührei mit Chorizo

Dieses Rezept für ein Frühstücks- oder Brunch-Gericht ist ein Beispiel für das typische herzhafte Essen, das auf einer Ranch gekocht wird und das ganz in der Tradition der Küche des Südwestens steht.

Pflanzenöl
12 Mais-Tortillas
12 Eier
4 EL (60 ml) Milch
Salz und frisch gemahlener schwarzer Pfeffer
2 EL Butter
500 g chorizo (siehe vorhergehendes Rezept)
500 g frisch geriebener Cheddar
8 Frühlingszwiebeln, fein gehackt
1/2 l salsa fresca (rohe Sauce, Rezept Seite 185)

So viel Öl in einer Pfanne erhitzen, daß es 1 cm hoch den Boden bedeckt. Die Tortillas hineintauchen und weich werden lassen, auf Küchenpapier abtropfen lassen und warm stellen.

In einer Schüssel die Eier mit der Milch verklöppeln und mit Salz und Pfeffer würzen. In einer großen Pfanne die Butter erhitzen, die Eimasse hineingießen und bei mittlerer Temperatur unter ständigem Rühren braten, bis sie die gewünschte Konsistenz erreicht hat.

Zum Servieren jeweils eine Tortilla auf einen Teller geben und mit dem zerdrückten *chorizo* belegen. Darauf die Rühreier anrichten und mit geriebenem Käse bestreuen. Mit Frühlingszwiebeln garnieren und mit *salsa fresca* servieren.

Für 6 Personen

Krautsalat mit Chilischoten, Rührei mit Chorizo

Serrano Chili Slaw

Krautsalat mit Chilischoten

Dieser Salat paßt gut zu Huhn und Wildgeflügel, als Beilage zu *burgers*, Hot dogs und
Fisch, und ist ein ideales Picknick-Gericht.

6 Eigelbe
3 EL Senf
3 EL Zitronensaft
10 serrano- (kleine, frische grüne Chilischoten)
 oder jalapeño-Chilischoten (scharfe,
 dickfleischige grüne Chilischoten),
 fein gehackt
3/8 l bestes kaltgepreßtes Olivenöl
Salz und frisch gemahlener schwarzer Pfeffer
750 g Weißkohl, in feine Streifen geschnitten
4 Mohrrüben, gerieben

Eigelbe, Senf, Zitronensaft und Chilischoten in
einer Schüssel miteinander vermischen. Nach
und nach das Olivenöl langsam zugießen, dabei
mit der weiteren Zugabe immer so lange warten,
bis das Öl ganz aufgenommen ist, und mit Salz
und Pfeffer abschmecken. Das Kraut und die
Mohrrüben mit der Mayonnaise anmachen und
den Salat im Kühlschrank durchziehen lassen.

Für 6 Personen

Ibarra Chocolate Cake

Schokoladenkuchen auf mexikanische Art

Ibarra ist eine klassische mexikanische Schokolade, die aus Kakao, Mandeln, Zimt und Zucker
hergestellt wird. Aus ihr, so wird behauptet,
läßt sich die beste heiße Schokolade der Welt
herstellen.

375 g Butter
750 g Zucker
5 Eier
1 1/2 TL Mandel-Essenz
220 g ungesüßter Kakao
500 g Mehl
1 EL gemahlener Zimt
1/2 TL Backpulver
1 TL Salz
1/4 l Milch
4 EL (60 ml) Wasser
125 g Mandelblättchen

Schokoladenglasur:
1/8 l Crème double
90 g Ibarra-Schokolade oder eine andere mit
 Mandeln und Zimt hergestellte Schokolade
30 g zartbittere Schokolade
3 EL Butter
1 EL Honig
1 EL Maissirup
3 EL geröstete Mandelblättchen zum Garnieren

Schokoladenkuchen auf mexikanische Art,
Vanille-Eis mit Karamelsauce und Pinienkernen,
Ziegenmilch-Karamelpudding,
Ziegenmilch-Karamel

Den Backofen auf 180° C vorheizen. Eine Kuchenform gut einfetten.

In einer Schüssel Butter und Zucker schaumig aufschlagen. Eier und Mandel-Essenz zugeben und gut verrühren. In eine zweite Schüssel Kakao, Mehl, Zimt, Backpulver und Salz sieben. In eine andere Schüssel Milch und Wasser gießen. Die trockenen Zutaten sowie das Milch-Wasser-Gemisch abwechselnd unter die Butter rühren, dabei mit den trockenen Zutaten beginnen und auch aufhören. Den Teig gründlich verrühren und die Mandeln untermischen. In die vorbereitete Form füllen und im vorgeheizten Ofen etwa 1 Stunde backen. Zur Garprobe mit einem kleinen Metallspießchen in den Kuchen stechen; bleibt kein Teig daran kleben, kann man den Kuchen aus dem Ofen nehmen. Vor dem Glasieren abkühlen lassen.

Für die Glasur die Crème double aufkochen lassen und beiseite stellen. Die restlichen Zutaten im Wasserbad zum Schmelzen bringen und unter die Crème double rühren. Die Glasur 10 Minuten abkühlen lassen und über den Kuchen gießen. Mit gerösteten Mandelblättchen garnieren.

Für 8 bis 10 Personen

Cajeta Caramel

Ziegenmilch-Karamel

Cajeta ist ein mexikanischer Karamel, der aus Ziegenmilch hergestellt wird und einen süßsäuerlichen Geschmack hat. *Cajeta caramel* hält sich einige Tage im Kühlschrank.

1 l Kondensmilch aus Ziegenmilch
1/2 l Milch
1 1/2 EL Maisstärke
1/2 TL Natron
375 g Zucker
6 EL (90 ml) Wasser
Saft von 1/2 Zitrone

Die beiden Milchsorten zusammen in einem Topf zum Kochen bringen, die Hitze reduzieren und die Milch köcheln lassen. In einer kleinen Schüssel Maisstärke und Natron vermischen, in etwas heißer Milch auflösen und mit einem Schneebesen in die heiße Milch rühren. Unter ständigem Rühren köcheln lassen.

Zucker, Wasser und Zitronensaft in einen Topf geben und bei hoher Temperatur hellbraun karamelisieren. Dabei die Topfinnenseite mit einem feuchten Pinsel benetzen, um die Bildung von Zuckerkristallen zu vermeiden. Die Hitze etwas reduzieren und, wenn der Zucker nicht mehr so stark Blasen wirft, langsam die Hälfte der Milch-Mischung zugießen. Umrühren und die restliche Milch zugießen. Etwa 1 Stunde köcheln lassen, bis die Karamelmasse dick und dunkelbraun ist. Vom Herd nehmen und abkühlen lassen.

Ergibt etwa 1/2 Liter

Piñon Cajeta Ice-cream Sundaes

Vanille-Eis mit Karamelsauce und Pinienkernen

Die Verwendung von Pinienkernen und *cajeta*-Karamel verleiht diesem klassischen amerikanischen Eisrezept eine spezifische südwestliche Note. Wenn man fertigen *cajeta*-Karamel im Kühlschrank hat, läßt sich dieser Nachtisch einfach zubereiten.

Vanille-Eis:
3/4 l Milch
1/4 l Sahne
250 g Zucker
1 Vanilleschote, längs halbiert und die Samen
    herausgekratzt
8 Eigelbe

Garnitur:
100 g Pinienkerne
1/2 l Karamelsauce (siehe vorhergehendes Rezept)

Für die Eis-Zubereitung Milch, Sahne, Zucker und Vanilleschote in einem mittleren Topf zum Kochen bringen. Vom Herd nehmen und 30 Minuten ziehen lassen. Durch ein feines Sieb in einen anderen Topf gießen und die Vanilleschote entfernen. Die Mischung aufkochen lassen. In der Zwischenzeit die Eigelbe in einer Schüssel leicht aufschlagen. Etwa ein Drittel der heißen Milch langsam unter die Eigelbe rühren. Die Hitze reduzieren und die mit der Milch verquirlten Eigelbe unter ständigem Rühren in den Topf zur restlichen Milch gießen. Etwa 1 bis 2 Minuten köcheln lassen, bis die Masse leicht angedickt ist und den Rücken eines Löffels überzieht. Durch ein Sieb in eine Schüssel gießen und auf Eis abkühlen lassen. In einer Eismaschine nach Anleitung des Herstellers gefrieren lassen.

Den Backofen auf 150° C vorheizen. Die Pinienkerne auf einem Backblech ausbreiten und in etwa 15 Minuten goldbraun rösten.

Jeweils etwas Karamelsauce in 6 Gläser gießen und eine oder zwei Kugeln Vanille-Eis hineingeben. Über die Eiskugeln wieder etwas Karamelsauce gießen, darauf wiederum eine Kugel Vanille-Eis setzen. Mit Karamelsauce begießen und mit Pinienkernen bestreuen.

Für 6 Personen

Cajeta Flan

Ziegenmilch-Karamelpudding

Flans wie dieser – einfach, gehaltvoll und sättigend – gehören zu den klassischen Desserts. Wie die Eiscreme im vorherigen Rezept erhält auch der Flan sein besonderes Aroma durch die Verwendung von Ziegenmilch-Karamel (Rezept auf dieser Seite).

Karamel:
400 g Zucker
3/8 l Wasser
1 1/2 EL Zitronensaft

Pudding:
2 Eier und 4 Eigelbe
0,45 l Sahne
1/8 l Milch
6 EL (90 g) Zucker
0,2 l Karamelsauce (Rezept auf dieser Seite)

Den Backofen auf 165° C vorheizen. Für den Karamel in einem Topf Zucker, Wasser und Zitronensaft zum Kochen bringen. Bei mittlerer Temperatur zu dunklem Karamel köcheln lassen, dabei den Topf gelegentlich rütteln und mit einem feuchten Pinsel den Zucker vom Topfrand lösen. Mit dem Karamel den Boden von 6 Puddingförmchen 1 cm hoch bedecken.

Für die Zubereitung des Puddings Eier und Eigelbe miteinander in einer Schüssel verquirlen. Sahne, Milch und Zucker in einem Topf aufkochen lassen. Den Topf vom Herd nehmen und etwa ein Drittel davon unter die Eier rühren. Die Eimasse unter ständigem Rühren in den Topf gießen und die Karamelsauce zugeben. Die Mischung durch ein feines Sieb gießen und auf die Puddingförmchen verteilen.

Die Förmchen ins heiße Wasserbad stellen, sie sollten etwa 2 1/2 cm tief im Wasser stehen, und den Pudding mit Aluminiumfolie bedeckt im vorgeheizten Ofen in 45 bis 60 Minuten fest werden lassen. Abkühlen und im Kühlschrank kalt werden lassen.

Mit einem spitzen Messer den Pudding aus der Form lösen, auf Teller stürzen und auftragen.

Für 6 Personen

Plum and Pecan Tart with Fresh Berry Sauce and Canela Ice-cream

Pflaumen-und-Pekannuß-Kuchen mit frischer Beerensauce und Zimteis

Im Südwesten mangelt es nicht an Pekannüssen, die sich aufs beste mit Früchten kombinieren lassen. Einen Teil seiner kulinarischen Vielfalt verdankt der Südwesten den ehemaligen spanischen Siedlern, die hier Obstgärten anlegten. *Canela* ist eine weniger intensiv schmeckende Variante des Zimts, die in Mexiko häufig verwendet wird, bei uns aber kaum erhältlich ist.

Zimteis:
3/4 l Milch
1/4 l Sahne
250 g Zucker
3 Stangen Zimt
8 Eigelbe

Teig:
375 g Mehl
1 Prise Salz
250 g kalte Butter, in Stücke geschnitten
1 Ei
4 EL (60 ml) Eiswasser

Belag:
125 g Pekannüsse, gemahlen
4 EL (60 g) Zucker
4 EL (60 g) Mehl
750 g Pflaumen
4 EL (60 g) Butter, in Stücke geschnitten

Beerensauce:
500 g gemischte Beeren, wie Himbeeren,
*   Blaubeeren und Brombeeren*
2 EL Zucker
Saft von 1 Zitrone

Für das Zimteis Milch, Sahne, Zucker und Zimt in einen mittleren Topf geben und aufkochen lassen. Den Topf vom Herd nehmen und 30 Minuten ziehen lassen. Die Mischung durch ein feines Sieb in einen anderen Topf gießen und die Zimtstangen entfernen. Die Mischung zum Kochen bringen.

In der Zwischenzeit die Eigelbe in einer Schüssel leicht aufschlagen. Unter ständigem Rühren etwa ein Drittel der heißen Milch-Sahne-Mischung zugießen. Die Hitze reduzieren und die Eimasse in den Topf zur Milch gießen. Etwa 1 bis 2 Minuten köcheln lassen, bis die Masse etwas angedickt ist und den Rücken eines Löffels überzieht. Durch ein Sieb in eine Schüssel gießen und auf Eis abkühlen lassen. Nach Anleitung des Herstellers in der Eismaschine gefrieren lassen.

Für den Kuchenboden Mehl und Salz in einer Schüssel miteinander vermengen. Die Butter mit den Händen zu groben Krümeln einarbeiten. In einer zweiten Schüssel das Ei mit dem Eiswasser verquirlen und langsam so viel davon unter den Teig rühren, daß sich die Zutaten gut verbinden. Den Teig ein- oder zweimal durchkneten, in Klarsichtfolie wickeln und 30 Minuten im Kühlschrank ruhen lassen. Den Teig zu einem Fladen von etwa 23 cm Durchmesser ausrollen und den Boden einer gut eingefetteten Springform damit belegen. Den Backofen auf 200° C vorheizen.

Für den Belag gemahlene Pekannüsse, Zucker und Mehl in einer Schüssel vermischen und gleichmäßig auf dem Teig verteilen. Die Pflaumen längs halbieren (oder vierteln, falls es große Früchte sind) und die Steine entfernen. Die Pflaumen, Schnittfläche nach unten, auf dem Teig auslegen und Butterflöckchen darauf setzen. In den vorgeheizten Ofen schieben und etwa 45 Minuten backen, bis der Kuchen gar und die Kruste goldbraun ist.

Für die Beerensauce alle Zutaten in einer Schüssel vermischen und 15 bis 20 Minuten ziehen lassen, bis die Beeren Saft abgeben. Abschmecken und eventuell noch etwas Zucker oder Zitronensaft zugeben.

Zum Servieren einen Spiegel Beerensauce auf Teller gießen, ein Stück Pflaumenkuchen darauf setzen, mit etwas Sauce beträufeln und mit Zimteis, das man auf oder neben dem Kuchen anrichtet, auftragen.

Für 8 Personen

Pflaumen-und-Pekannuß-Kuchen mit frischer Beerensauce und Zimteis

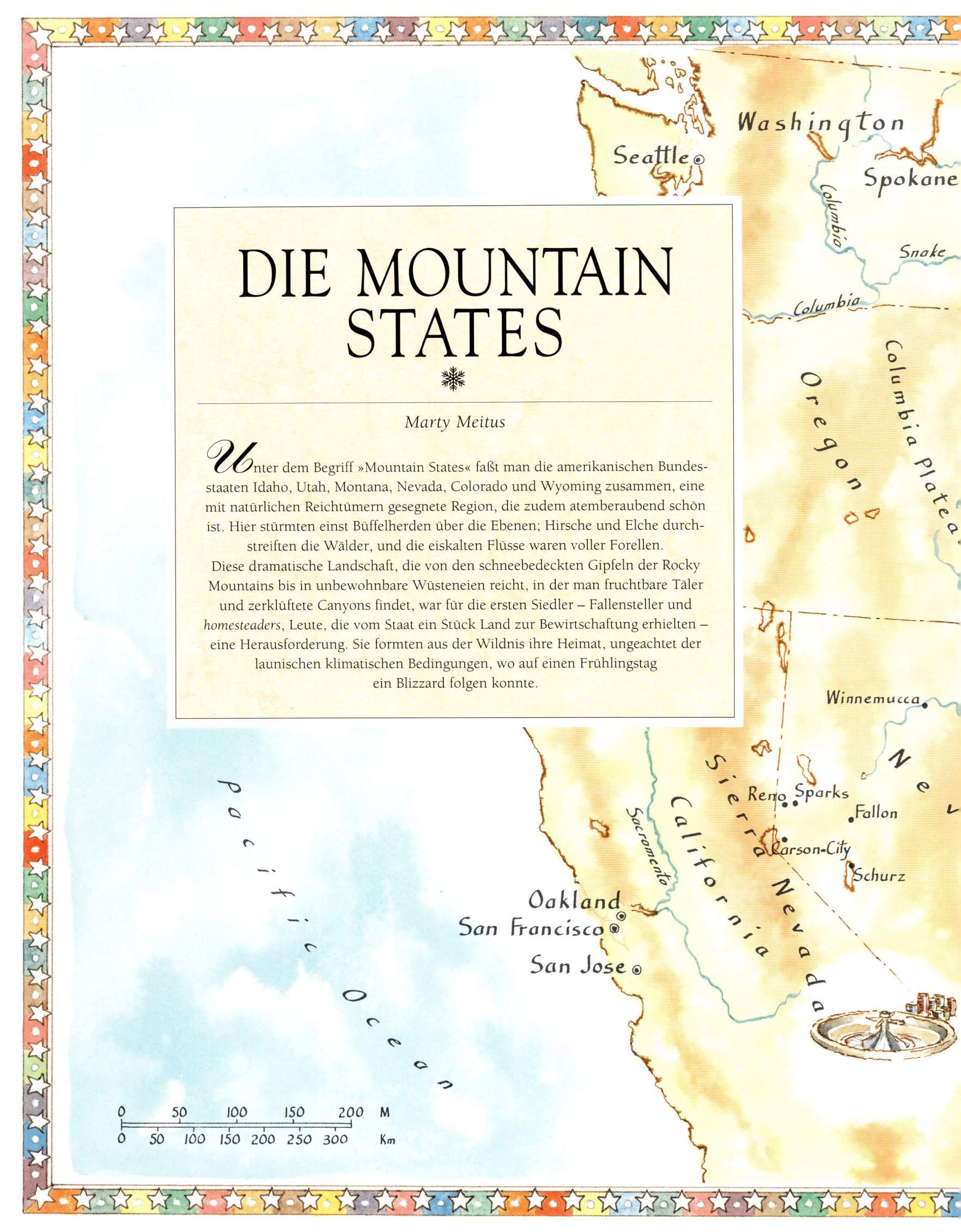

DIE MOUNTAIN STATES

❄

Marty Meitus

𝒰nter dem Begriff »Mountain States« faßt man die amerikanischen Bundesstaaten Idaho, Utah, Montana, Nevada, Colorado und Wyoming zusammen, eine mit natürlichen Reichtümern gesegnete Region, die zudem atemberaubend schön ist. Hier stürmten einst Büffelherden über die Ebenen; Hirsche und Elche durchstreiften die Wälder, und die eiskalten Flüsse waren voller Forellen. Diese dramatische Landschaft, die von den schneebedeckten Gipfeln der Rocky Mountains bis in unbewohnbare Wüsteneien reicht, in der man fruchtbare Täler und zerklüftete Canyons findet, war für die ersten Siedler – Fallensteller und *homesteaders*, Leute, die vom Staat ein Stück Land zur Bewirtschaftung erhielten – eine Herausforderung. Sie formten aus der Wildnis ihre Heimat, ungeachtet der launischen klimatischen Bedingungen, wo auf einen Frühlingstag ein Blizzard folgen konnte.

Seattle

Washington

Spokane

Columbia

Snake

Columbia

Oregon

Columbia Plateau

Winnemucca

N

Sierra

Reno Sparks

Fallon

Sacramento

Carson-City

Schurz

California

Nevada

Oakland

San Francisco

San Jose

Pacific Ocean

0	50	100	150	200	M
0	50	100 150 200 250	300		Km

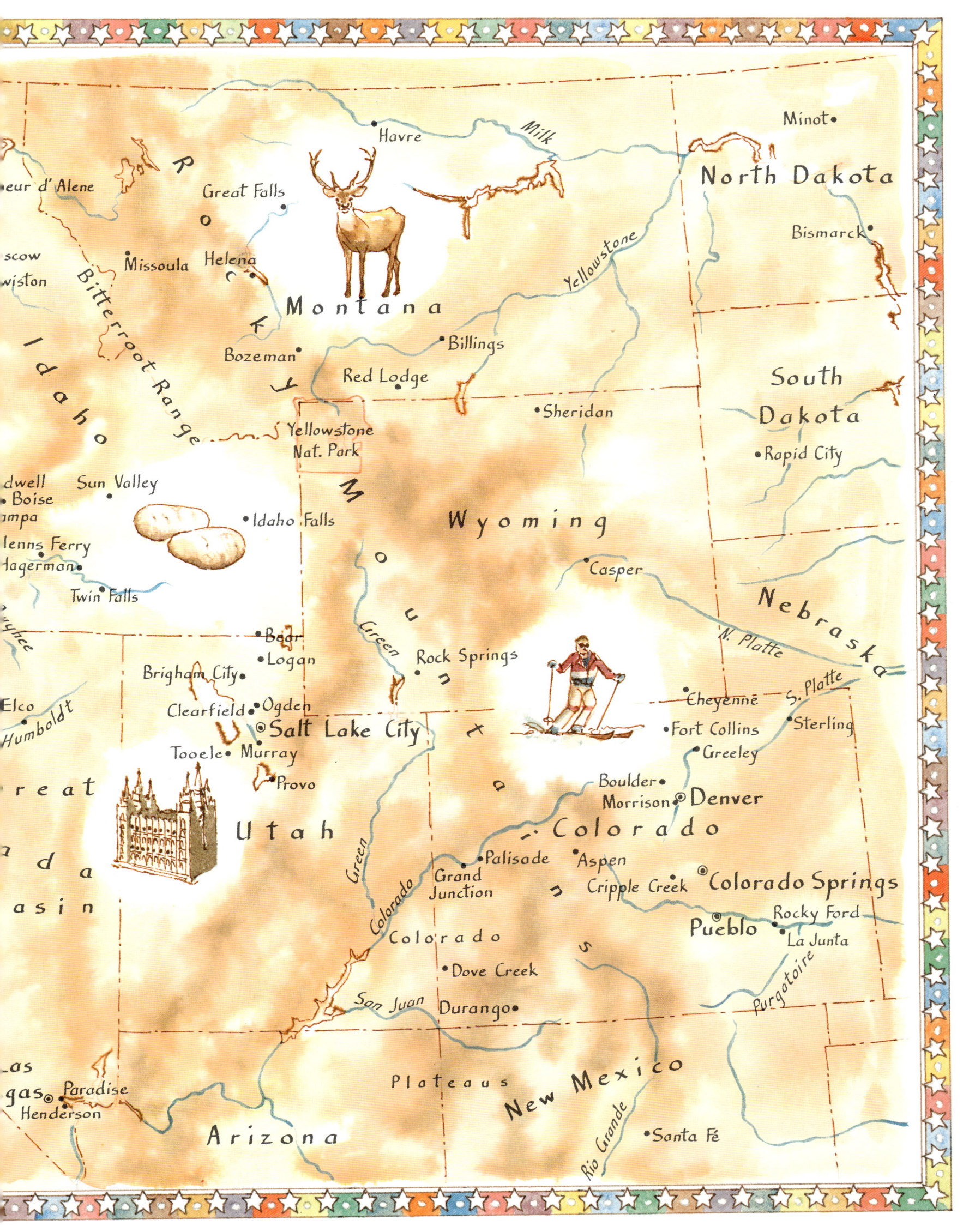

Minot •

North Dakota

Havre •   Milk

• Great Falls   Bismarck •

eur d'Alene

scow   • Missoula   Helena •
wiston

Bitterroot Range

R
O
C
K
Y

Montana

Yellowstone

• Bozeman   • Billings   South
                    • Red Lodge   Dakota
                                    • Sheridan
Idaho
                Yellowstone   • Rapid City
                Nat. Park

M
dwell   • Sun Valley   o
• Boise   u   Wyoming
ampa   • Idaho Falls   n
                                      t   • Casper
lenns Ferry   a
Hagerman   i   N. Platte
         • Twin Falls   n
ayhee   s   • Rock Springs
                • Bear   • Cheyenne   S. Platte
                • Logan   • Sterling
Elco   Brigham City •   • Fort Collins
Humboldt   • Greeley
        Clearfield • • Ogden
                    ⊚ Salt Lake City   Boulder •
        Tooele • • Murray   Morrison • ⊚ Denver
                  • Provo

                            Utah   Green   Colorado

reat   • Palisade   • Aspen
                                                      Grand   Cripple Creek ⊚ Colorado Springs
a   Colorado   Junction   Rocky Ford •
                                                                              Pueblo •   • La Junta
asin   Colorado
                                              • Dove Creek   Purgatoire

                                    San Juan Durango •

as   Plateaus   New Mexico
gas ⊚ • Paradise
• Henderson

        Arizona   Rio Grande   • Santa Fé

Great Basin · Nebraska · Green · Colorado (river) · Mountains

PINIENKERNE

In den Gebieten, in denen Nahrung knapp war, es aber nicht an Pinien fehlte, nützten die Indianer die Früchte dieses Baumes, die Pinienkerne, um ihre karge Kost aufzubessern. Sie aßen die Pinienkerne gemahlen, geröstet oder auch roh.

Die Bewohner des Walker-River-Paiute-Reservats in Schurz, Nevada, feiern die jährliche Pinienkern-Ernte im September mit einem Fest. Die Pinie genießt in der Kultur dieser Indianer eine so hohe Achtung, daß es niemand wagen würde, eine Pinie innerhalb des Reservats zu fällen.

Vor dem Fest werden die Pinienzapfen von den Bäumen gepflückt und über Nacht in einer geschlossenen Grube über einem Holzkohlenfeuer geröstet. Am nächsten Tag öffnet man die Grube und holt die Pinienzapfen, die sich durch die Hitze geöffnet haben, heraus. Die Pinienkerne lassen sich nun leicht aus den Zapfen ziehen und schälen.

Während des Festes halten Sänger eine traditionelle Zeremonie ab, mit der für die reiche Ernte gedankt wird. Jeder Teilnehmer dieser Feier erhält eine Tüte mit Pinienkernen und hat die Möglichkeit, traditionelle Gerichte, wie gemahlenes Rindfleisch, Bohnen auf ausgebackenem Brot oder eine Pinienkernsuppe, zu probieren.

Pinienkerne sind ein wesentlicher Bestandteil der Küche des Südwestens, sie werden für Salate, Hauptgerichte und Desserts verwendet. Sie sind auch ein wichtiges Ingrediens in der weltweit bekannten italienischen *pesto*-Sauce, die aus Basilikum, Olivenöl, Parmesan und Pinienkernen zubereitet wird.

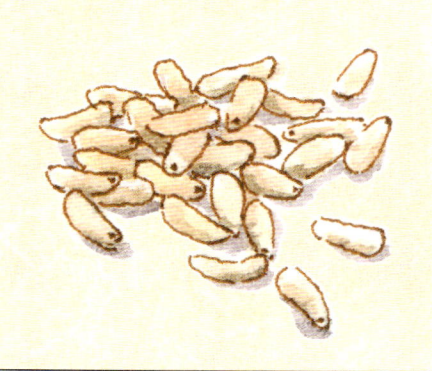

Der unbeugsame Wille und der stark im Religiösen verankerte Geist dieser Menschen spiegelt sich noch heute in der Küche und der Kultur der Mountain States wider. Die Gerichte, in denen sich das Beste, was die Berge und Ebenen hervorbringen, vereinigt, sind herzhaft und verraten sowohl den Einfluß der ersten hier ansässigen Siedler, der Indianer, wie den der später hinzugekommenen, der Spanier und Mormonen. Die Küche ist dem Leben im Freien angepaßt, denn hier sind Jagd und Fischfang ein beliebter Zeitvertreib. In den sich stürmisch entwickelnden städtisch geprägten Gebieten, die immer mehr hervorragende Köche anziehen, hat sich eine Küche herausgebildet, die durch kühne Kombinationen von Zutaten Aufsehen erregt.

Die Anasazi-Indianer, die »Uralten«, erkannten als erste die Vorzüge des Lebens in den Rocky Mountains. Sie bauten ihre Wohnstätten in die hohen Felshänge im südlichen Utah und Colorado. Sie betrieben Ackerbau, erfanden Bewässerungstechniken und lagerten ihr Getreide in Gruben, die sie neben ihren Lehmhäusern aushoben. In Zion, Utah und Mesa Verde, Colorado, kann der Besucher noch die Überbleibsel der Anasazi-Felsenwohnungen und den Einfallsreichtum dieses Indianerstammes bewundern. Die Anasazibohnen, die man heute im südlichen Colorado züchtet, sind eine beliebte »Neuerung« in der Regionalküche.

Der Stamm der Anasazi starb zwischen 1300 und 1500 n. Chr. aus, möglicherweise infolge einer großen Dürre, welche die Gegend damals heimsuchte. Als die Dürrezeit zu Ende war, kehrten die Bisons in die Ebenen zurück. Ihnen folgten neue Indianerstämme, die auf die Büffeljagd gingen: Dabei trieben sie die aufgeschreckten Tiere bis an den Rand steiler Felsenklippen, von wo aus die Büffel zu Tode stürzten. Einige dieser *buffalo jumps* sind in Montana, Wyoming und Colorado noch heute zu sehen. Kein Teil des Bisons blieb ungenutzt – er lieferte Nahrung und Felle für Kleidung und Behausung. Die Indianer und die Bergbewohner pflegten das Bisonfleisch auf kleinem Feuer langsam zu schmoren und dann zu trocknen. Oft wurde das Trockenfleisch zu Pulver zerstampft oder mit ausgelassenem Talg und Würg-Kirschen zu Pemmikan, einer besonders haltbaren Art von Dörrfleisch, verarbeitet.

In den trockeneren Gebieten, wo es weniger Wild zu jagen gab, pflegten die Indianer Pinienkerne, eßbare Wurzeln und Beeren zu sammeln. Noch heute werden in den Mountain States von passionierten Beerensammlern Büffelbeeren, Würg-Kirschen, Holunderbeeren und Stachelbeeren für Marmeladen und Gelees gepflückt. In Idaho und Montana erfreut sich die Heidelbeere besonderer Beliebtheit und wird, wo es nur geht, in Kuchen, Marmeladen und Milch-Shakes verwendet.

AUF DER SUCHE NACH GOLD UND PELZEN

Die ersten Europäer, die in diese Region kamen, waren die Spanier, wie immer auf der Suche nach Gold. Doch erst die amerikanischen Forscher Lewis und Clark, die das Territorium im Auftrag von Präsident Thomas Jefferson kartographierten, machten das Land für andere Europäer zugänglich. Als sich im Osten die Nachricht verbreitete, daß das Bergland reich an Pelztieren war, begann eine regelrechte Invasion von Fallenstellern und Pelzhändlern, die hier alle ihr Glück machen wollten. Der legendäre *mountain man*, der vor allem den Bibern nachstellte, weil zu Beginn des 19. Jahrhunderts Biberhüte in Mode gekommen waren, lebte ganz auf sich gestellt in den Bergen – nur von dem, was er sammeln, erjagen, einhandeln und mit sich tragen konnte. Glücklich konnte sich schon schätzen, wer ein Stück Sauerteig mit sich herumtrug, das ihm erlaubte, Brötchen oder Pfannkuchen zu backen. Sehr beliebt bei den Trappern war auch *bannock*, ein in der Pfanne gebratenes Brot, das mit Trockenobst oder Beeren verfeinert wurde.

In der Blütezeit der Fallenstellerei entstanden eine Reihe von Handelsniederlassungen in der Wildnis, die gleichsam die Funktion kultureller Vorposten mit übernahmen. Eine der wichtigsten davon war Bent's Fort in der Südostecke von Colorado, das von William Bent 1834 errichtet und 1849 zerstört wurde. Es heißt, daß Bent das Fort entweder gesprengt oder niedergebrannt hat, als die Tage des Pelzhandels gezählt waren und eine Cholera-Epidemie die Region bedrohte. Inzwischen steht eine Nachbildung des Forts an der alten Stelle und Touristen zum Besuch offen. In einer weiteren Nachbildung dieses berühmten Forts, in Morrison, Colorado, am Fuße der Rocky Mountains, kann man typische Gerichte der Gegend im Restaurant des Forts verkosten.

Vorhergehende Seite: Ein einsames Motorboot
durchpflügt den Lake Powell in Utah.
LEO MEIER

Rechts: Eine Büffelherde labt sich am Wasser des
Yellowstone River im Yellowstone National Park.

© BRUCE HANDS

Das Restaurant wurde von dem Gastronomen Sam Arnold 1962 erbaut und beschränkt sich auf traditionelle regionale Gerichte. Zu seinen Spezialitäten gehört der *hailstorm*, wörtlich: Hagelsturm, ein süßes Getränk aus Whiskey und Minze, das in einem Einmachglas serviert wird, Bisonrücken und die berühmten *Rocky Mountain oysters*, die in Wirklichkeit gebratene Kalbshoden sind. Büffelfleisch, das von den kalorienbewußten Amerikanern wegen seines geringen Fettgehalts sehr geschätzt wird, steht im Mittelpunkt der Speisekarte. Um das Jahr 1883 waren die Bisons, die einst millionenfach die Prärien bevölkerten, fast ausgerottet; heute werden sie von Ranchern der Gegend für die Restauranttafel gezüchtet und geben zarteres Fleisch als ihre frei lebenden Vorfahren.

DAS VERMÄCHTNIS DER MORMONEN

Als die Biberfell-Kopfbedeckungen in den dreißiger Jahren des letzten Jahrhunderts aus der Mode kamen, ging es mit der Fallenstellerei bergab, aber der kalifornische Goldrausch von 1849 schwemmte Tausende von Abenteurern durch die Mountain States. Viele von ihnen scheuten die Beschwerlichkeiten der Weiterreise und ließen sich an der Route nach Kalifornien nieder. Sie erkannten bald, daß die Goldsucher und andere Durchreisende Proviant, Waren und Dienstleistungen benötigten, und begannen damit ihren Lebensunterhalt zu verdienen, anstatt einem launischen Glück nachzujagen. Sie wurden Ladenbesitzer, Farmer und Gemeindevorsteher.

Von trockenem Gras getarnt, beäugt ein Fasan
aufmerksam seine Umgebung.

WENDY SHATTIL/BOB ROZINSKI/TOM STACK & ASSOCIATES

Die geschlossenste Gruppe unter den westwärts strebenden Pionieren waren die Mormonen, die sich selbst als Angehörige der Kirche Jesu Christi der Heiligen der letzten Tage bezeichnen. Die Mormonen, eine zielbewußte und ideenreiche religiöse Gruppe, kamen auf der Suche nach Religionsfreiheit zwei Jahre vor Beginn des kalifornischen Goldrausches in Utah an. Seit der Gründung ihrer Glaubensgemeinschaft, die zwei Jahrzehnte zurücklag, waren sie oft wegen ihres Glaubens, der ihnen die Vielweiberei gestattete, verfolgt worden und gezwungen gewesen, sich eine neue Heimat zu suchen. 1844 war ihr Führer Joseph Smith von einem wütenden Mob erschossen worden. Sein Nachfolger, der dynamische Brigham Young, kam zu der Überzeugung, daß die Mormonen in ihrer Religionsausübung niemals frei sein würden, wenn sie nicht ein eigenes Gemeinwesen gründeten. 1847 führte er eine Schar von 148 Mormonen in das Tal des Großen Salzsees und sprach die berühmten Worte: »Dies hier ist der Ort.«

Die Mormonen gingen daran, das Tal urbar zu machen, und pflanzten Weizen, Gerste und Kartoffeln. Kaum sprossen aber die ersten Triebe aus der Erde, nahte das Verhängnis in Form von riesigen Heuschreckenschwärmen, die alles auf ihrem Weg aufzufressen drohten.

Wunderbarerweise tauchte gerade noch rechtzeitig ein Schwarm Seemöwen auf, die die Heu-
schrecken vertilgten und die Ernte retteten. Zum Dank dafür wurde die Seemöwe das Wappen-
tier des Staates Utah.

Die Nachricht von der blühenden Mormonen-Kolonie in Utah verbreitete sich schnell,
und Tausende von Einwanderern kamen nach Amerika und machten sich auf den mühe-
vollen Weg nach Westen. Brigham Young, der wegen einer Dürre mit Schwierigkeiten zu
kämpfen hatte, konnte nur ihren Eisenbahntransport bis Iowa organisieren. Von dort aus
mußten die Pioniere ihre Habseligkeiten auf Handkarren bis nach Salt Lake City ziehen. Viele
von ihnen überlebten die Strapazen nicht, doch 4 000 Menschen, die zum Teil von den
Britischen Inseln und Skandinavien kamen, erreichten ihr gelobtes Land.

Die Mormonen spielten eine wichtige Rolle bei der Besiedlung benachbarter Staaten, wo
sie mehr als 200 Gemeinden gründeten, und bei der Organisation der Goldgräber-Trecks
durch die Ebenen. Damals wie heute ist Genügsamkeit ein verbreitetes Charakteristikum
unter den Mormonen; traditionell haben sie einen Jahresvorrat an Grundnahrungsmitteln im
Haus – Honig, Weizen, Hülsenfrüchte, Samen, Trockenmilch – und pflegen alte Sitten wie
das Brotbacken und die Bestellung des eigenen Gartens. Die beliebtesten Mormonen-Gerichte
sind ein Vermächtnis aus der Pionierzeit – herzhaft und nahrhaft –, Vollkornbrot und ein
kräftiger Eintopf gehören dazu oder von Einwanderern mitgebrachte Gerichte wie skandina-
vische Fruchtsuppe.

In Logan, Utah, wird der alte Pioniergeist beim Festival of the American West immer
wieder beschworen; es gibt Kunst, Kunsthandwerk und Indianertänze zu sehen, und man
kann Geschichtenerzählern zuhören. Ein wichtiges Ereignis im Sommer ist die Weltmeister-
schaft im Dutch Oven Cook-off. Der *Dutch oven* ist ein gußeiserner Kessel auf drei Beinen, der
einst für jeden, vom *mountain man* bis zum Pionier, ein unverzichtbares Kochutensil darstellte und noch heute von Campern, Floßfahrern und Leuten, die ein Picknick veranstalten,
über alles geschätzt wird. Die Teilnehmer dieses Kochwettbewerbs zaubern alles mögliche
aus ihrem Gerät: vom Brathuhn bis hin zum Zitronenkuchen.

*In einem Obstgarten in Utah laden Obstpflücker
Körbe voller Pfirsiche auf einen Lastwagen.*

Gegenüberliegende Seite: Eine Herde von Hereford-Rindern wird über das hochliegende Wüstenland in der Nähe von Smith, Nevada, getrieben.

War die Region bis dahin großenteils nur Durchzugsgebiet für Abenteurer auf der Gold-suche gewesen, änderte sich das mit einem Schlage. Zum einen fand man in den Mountain States selbst Gold und Silber; zum anderen fand auch die Eisenbahn ihren Weg hierher. So wurden aus winzigen Vorposten *booming towns*, Städte, die durch den Zuzug zwielichtiger Gestalten von heute auf morgen aus allen Nähten platzten und in denen das Gesetz kaum Geltung hatte – wo eben der Wilde Westen herrschte.

Wer zu Geld kam, lebte auf großem Fuß. Das »Teller House«, das 1872 in der Goldgräber-stadt Central City, Colorado, entstand, bot auf seiner Speisekarte zwölf verschiedene Wild-arten an, darunter Wachtel mit Buttersauce, Stockente mit Äpfeln und Antilopenrücken mit Nelkensauce. Weiterhin gab es Delikatessen wie Bisonzunge, Lammkeule mit Kapern, Forelle, Barsch und Ochsenrippe. Seit einiger Zeit sind in den alten Goldsucherstädten Central City, Black Hawk und Cripple Creek Spielcasinos in Betrieb, und so ist auch das »Teller House« zu neuem Wohlstand gekommen und zu einer etwas moderneren Speisekarte.

Auch das »Brown Palace Hotel« in Denver, das 1892 eröffnet wurde, ist ein berühmtes Überbleibsel aus dem späten 19. Jahrhundert. Das Hotel, das der Immobilien-Magnat Henry C. Brown in vier Jahren Bauzeit errichten ließ, kostete ihn die damals astronomische Summe von 1 600 000 Dollar. Es besteht aus rotem Colorado-Granit und Arizona-Sandstein und besitzt einen eindrucksvollen achtstöckigen Lichthof. Die Eröffnung war Tagesgespräch: Im achten Stock befanden sich ein Speisesaal für 250 Gäste, ein Bankettsaal, sechs Speise-zimmer für geschlossene Gesellschaften und eine Küche. Die beliebtesten Gerichte auf der Speisekarte waren *littleneck*-Muscheln, Consommé, Forelle, Rinderfilet, Schildkröte und Goldregenpfeifer, ein kleiner Wildvogel. Das »Brown Palace Hotel« ist bis heute eine Bastion gepflegter Gastronomie und längst vergangen geglaubter Eleganz.

Die Comstock-Ader in Nevada, eine der ergiebigsten Gold- und Silberfundstätten, verwan-delte Virginia City in eine lebenslustige Metropole, deren kulturelles und gastronomisches Leben seinerzeit mit dem von San Francisco verglichen wurde. Heute kennt man Virginia City fast nur noch als den Ort, an dem Mark Twain seine Karriere als Journalist begann. Die Stadt steht längst im Schatten der prunkvollen Spielerparadiese Reno und Las Vegas, wo man 24 Stunden am Tag jede x-beliebige Küche der Welt serviert bekommt.

Nachdem die Goldgräber von den Bergwerksgesellschaften verdrängt worden waren, strömte eine bunte Völkerschar in die Region, um in den Minen zu arbeiten. Die Nachkommen dieser Minenarbeiter aus Jugoslawien, Deutschland, England, Irland, Skandinavien, Finnland, Italien und Schottland feiern jeden August in Red Lodge, Montana, am nordöstlichen Zugang zum Yellowstone National Park das Andenken an das kulturelle Erbe ihrer Herkunftsländer mit dem Festival of Nations und bereiten Gerichte aus den Ländern zu, aus denen sie stammen.

Ein Mann auf einer Farm in Colorado mit einem Heuballen

COWBOYS UND SCHAFZÜCHTER

Obwohl das Schürfen nach Edelmetallen in den sechziger Jahren des letzten Jahrhunderts das große Geschäft in den Mountain States war, tat sich auch auf dem Gebiet der Ernährung Neues. Nachdem sich 1849 in einem Blizzard eine Herde Ochsen verlaufen hatte und erst im nächsten Frühjahr wohlgenährt und gesund wieder auftauchte, wurde man sich klar, daß die Gegend hervorragendes Weideland bot. Die Viehbarone zögerten nicht lange und nutzten ihre Chance, weiteres Vermögen anzuhäufen, indem sie ihre Rinderherden von Texas aus durch Wyoming und Montana zu den Fleischmärkten im Norden und Osten trieben. Anfang der siebziger Jahre des letzten Jahrhunderts war die Viehzucht zu einem der wichtigsten Wirtschaftszweige geworden, und die Cowboys beherrschten die Szene mit Lagerfeuern und Provianntwagen und begründeten eine eigene Kochtradition. Im darauffolgenden Jahrzehnt änderte sich die Situation: Die Viehbarone mußten sich gegen unliebsame Neuankömmlinge zur Wehr setzen, die ihnen die Weiderechte streitig machten, die Schafzüchter. Schafe waren erstmals von den Spaniern in den Südwesten der USA eingeführt worden. In der Mitte des 19. Jahrhunderts machten sich wagemutige Schafzüchter aus dem Südwesten mit ihren Her-den nach Kalifornien auf, wo sie den Minenarbeitern Fleisch lieferten. Als die Herden immer mehr anwuchsen, wurde das Weideland knapp, und die Schafzüchter wandten sich den

INGA SPENCE/TOM STACK & ASSOCIATES

Mountain States zu, wo es fruchtbares Weideland gab. Die robusten Schafe fühlten sich – wie ihre Besitzer – in dem zerklüfteten Bergland wohl, und es genügte, einen einzigen Schafhirten anzustellen, um eine ganze Herde Schafe zu hüten.

Häufig stammten die Schäfer aus dem französischen oder spanischen Baskenland und brachten ihre abwechslungsreiche Küchentradition mit. Die aus Spanien stammenden Basken kamen in größerer Zahl als die französischstämmigen und holten ihre Familien nach, sobald sie in der aufblühenden Schafzucht Fuß gefaßt hatten. Viele wandten sich später dem Hotel- und Gaststättengewerbe zu und pflegten die reichhaltige baskische Familienküche. Herzhafte Lammgerichte stehen hier im Vordergrund, eine große Auswahl an Fischen, Schaltieren und Flans. Auch Tomaten werden in der baskischen Küche häufig verwendet.

In Idaho und Nevada feiern die Basken ihre Feste im jährlichen oder zweijährlichen Rhythmus. Die berühmtesten sind das Jailadi in Boise, Idaho, das National Basque Festival in Elko, Nevada, das immer um den 4. Juli herum stattfindet, und das Winnemucca Festival, das man in Nevada Mitte Juni feiert.

Heute weiden Rinder und Schafe in Eintracht nebeneinander und sorgen mit ihrer Fleischqualität gemeinsam für den guten Ruf der Region. Daneben gibt es reichlich Wild und Forellen. Die regionale Küche zeigt deutlich den Einfluß spanischer, mexikanischer und südwestlicher Kochgewohnheiten – Chilischoten, blauer Mais, Korianderblätter, *salsas* und *tortillas* haben auch hier Einzug gehalten.

Einige Firmen, die nationalen Ruf genießen, kann der Besucher der Mountain States besichtigen: Da ist zum Beispiel die Brauerei von Coor's beer in Golden, die ihr Bier mit reinem Rocky-Mountain-Quellwasser braut; und Celestial Seasonings in Boulder, eine riesige Kräuterteefirma, die als Naturkostladen anfing, der handgepflückte Kräuter aus den Bergen verkaufte.

Daneben gibt es in Moscow, Idaho, eine florierende Industrie, die Hülsenfrüchte vermarktet, desgleichen in Dove Creek, Colorado, der »Pintobohnen-Hauptstadt«. Idaho ist für seine Kartoffeln berühmt. Der Kartoffelanbau begann 1836, als der Missionar Henry Spaulding den Nez-Percé-Indianern beibrachte, daß man nicht nur von der Jagd, sondern auch von Kartoffeln leben kann. Die Erzeugnisse der Nez-Percé-Indianer fanden bei den Goldschürfern und Abenteurern, die in die Mountain States kamen, guten Absatz, so daß sich Idahos Kartoffelruhm wie ein Lauffeuer in ganz Amerika verbreitete.

Auch die Obstzucht ist ein wichtiger landwirtschaftlicher Erwerbszweig in den Mountain States: Western Slope in Colorado ist für seine Pfirsiche und Äpfel bekannt, Rocky Ford für seine Melonen. In Nevada wachsen im Moapa Valley hervorragende Tomaten und in Fallon die berühmten Heart-of-Gold-Melonen. Die Himbeeren von Bear Lake, Utah, sind weithin beliebt, und die Eiscreme-Liebhaber fahren meilenweit für einen Himbeer-Milch-Shake.

DIE KÜCHE DER COWBOYS

❄

Der *chuckwagon*, der Proviantwagen der Cowboys, der heute immer noch gern als nostalgisches Requisit bei *barbecues* und Rodeos eingesetzt wird, wurde 1866 von Charles Goodnight, einem texanischen Viehhüter, erfunden. Der *chuckwagon* ähnelt einem Planwagen und ist, genauer betrachtet, eine Küche auf Rädern. Der rückwärtige Teil des Wagens besteht aus einer aufklappbaren Kiste, die Schubladen und Vorratsbehälter enthält und sich in einen Tisch verwandeln läßt. Zur Ausrüstung eines *chuckwagon* gehörten *Dutch ovens*, dreibeinige gußeiserne Kessel, und eiserne Pfannen. An Vorräten hatte man immer einen Sauerteigansatz dabei, mit dem man Brötchen und Pfannkuchen backen konnte, Zucker, Melasse, gepökeltes Schweinefleisch und Bohnen. Der *cookie*, also der Koch, war meist ein älterer Cowboy, der nichtsdestoweniger von Sonnenaufgang bis -untergang zu schuften hatte, um seine Kollegen mit Essen und Trinken zu versorgen.

Die Cowboys waren an einfache, herzhafte Kost gewöhnt – frisches oder gepökeltes Rindfleisch, Erbsen und Mais aus der Dose, in der Pfanne gebackene Brötchen und dann und wann ein Fruchttörtchen mit Trockenobst. Zu ihren Lieblingsgerichten gehörten *spotted pup*, ein Brotpudding mit Rosinen, und das *son-of-a-bitch stew*, der »Hurensohn«-Eintopf, ein Schmorgericht, in das Mark, Kutteln, Herz, Zunge, Hirn, Leber und Bries vom Rind Eingang fanden.

Zu jeder Mahlzeit gehörte starker Kaffee.

In den Mountain States wird Essen und Trinken oft ins Freie verlegt; Wanderungen, Picknicks, *barbecues*, Camping und Skifahren sind willkommene Anlässe für eine Mahlzeit draußen. Anläßlich von Football-Spielen zelebriert man gern ein sogenanntes Tail-gate-Picknick auf dem Kofferraum eines Autos oder der Ladefläche eines Lieferwagens. Immer häufiger kommen auch Gourmet-Picknicks in Mode, zu denen man sich an einem hübschen Ort vor der majestätischen Kulisse der Rocky Mountains niederläßt. In Aspen, Colorado, findet jeden Sommer eine Veranstaltung namens Aspen/Snowmass Food and Wine Classic statt, zu der sich Gastronomen und Weinkenner einfinden, um ihre Kochkünste zu demonstrieren und ihre Produkte auszustellen.

DIE WEINE VON COLORADO UND IDAHO

Im Vergleich zu anderen Regionen der USA stellen die Mountain States nur wenig Wein her, aber in Colorado, besonders an den westlichen Ausläufern der Rocky Mountains, im Pfirsich-Land von Palisade, wachsen auch Weinreben. Das trockene und kühle Klima ermöglicht den Anbau von Chardonnay, Riesling und Lemberger, einer seltenen österreichischen Rotweinrebe. (Besonders gut ist der Lemberger von Colorado Cellars, der unter dem Namen Grand Gamé verkauft wird.) Auch gute Obst- und Beerenweine werden in der Gegend hergestellt.

Der größte Teil von Idaho ist für den Weinanbau zu kalt, aber in der Sunny-Slope-Region im Snake-River-Tal im Südwesten Idahos gibt es fruchtbares Terrain, auf dem europäische Rebsorten wie Chenin Blanc, Chardonnay und Riesling gut gedeihen. Hier liegt, auf einem Hügel unweit der Grenze von Oregon, das größte und beste Weingut von Idaho, Sainte Chapelle. Der ungewöhnliche achteckige Grundriß der Kellerei ist nach dem Vorbild der gleichnamigen mittelalterlichen Kapelle in Paris gestaltet.

Der Erfolg von Sainte Chapelle auf vielen großen nationalen Weinwettbewerben hat dazu geführt, daß sich noch andere Winzer in der Gegend niedergelassen haben. Auch nach Osten hin hat sich der Weinanbau bis nach Twin Falls im Snake-River-Tal und nach Norden bis Moscow im Clearwater-Tal, oberhalb von Lewiston und bis Sandpoint hin ausgedehnt. Auch Boise hat eine eigene Kellerei, die Petros Winery, die sich auf die Herstellung von Schaumweinen nach der Champagner-Methode verlegt hat.

Gegenüberliegende Seite: Farbenfrohe Heißluftballons steigen zu einem Rennen über den Ausläufern der Rocky Mountains in der Nähe von Snowmass in Colorado auf.

COLORADO

WEISSWEINE:

Chardonnay
Johannisberg Riesling

ROTWEIN:

Grand Gamé

WEINKELLEREIEN:

Carlson Vineyards (1)
Colorado Cellars (1)
Plum Creek Cellars (2)

IDAHO

WEISSWEINE:

Brut (Schaumwein)
Chardonnay
Chenin Blanc
Gewürztraminer
Johannisberg Riesling

ROTWEIN:

Cabernet Sauvignon

WEINKELLEREIEN:

Pintler Cellar (3)
Petros Winery (3)
Rose Creek Vineyards (3)
Sainte Chapelle (3)

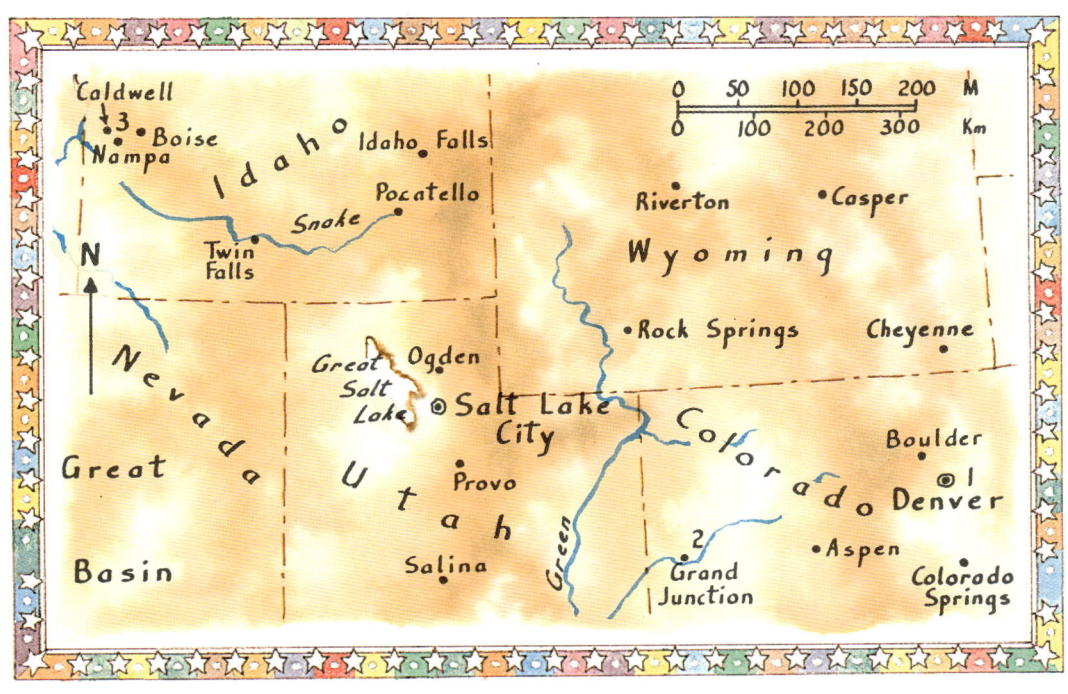

REZEPTE AUS DEN MOUNTAIN STATES

Marty Meitus

The Brown Palace
Gazpacho Soup

Gazpacho nach Art des »Brown Palace«

Das »Brown Palace Hotel« in Denver wurde 1891 erbaut, in einer Zeit, in der man mit Immobilien und Schürfrechten ein Vermögen verdiente und in der man keine Kosten scheute, um ein Leben in Luxus führen.

Der spanische *gazpacho*, eine erfrischende, gut gekühlte Suppe, ist in der Region sehr beliebt. Dieses Rezept stammt von Emil Bigler, dem Küchenchef des Hotels.

2 Gurken, geschält und in kleine Würfel
    geschnitten
500 g Tomaten, geschält und in kleine Würfel
    geschnitten
1 mittelgroße Zwiebel, in kleine Würfel
    geschnitten
1 grüne Paprikaschote, in kleine Würfel
    geschnitten
1 Knoblauchzehe, fein gehackt
3/4 l Tomatensaft
3/4 l Gemüsesaft
1/8 l Rotweinessig
Salz und frisch gemahlener Pfeffer
frisches Basilikum und frische Thymianzweige
    zum Garnieren

Alle Zutaten in einen Mixer oder in eine Küchenmaschine geben und in kurzen Intervallen vermischen. Dabei darauf achten, daß die Gemüse nicht püriert werden. Etwa 6 Stunden im Kühlschrank gut durchkühlen lassen. In Suppentassen füllen und mit Basilikum und Thymian garniert auftragen.

Für 6 Personen

Split Pea Soup with
Chorizo Sausage

Erbsensuppe mit Chorizo

Die Stadt Moscow, Idaho, ist das Zentrum einer blühenden Hülsenfrüchte-Industrie.

Diese Suppe enthält *chorizos*, Würste, eine beliebte Zutat in vielen Gerichten der spanischen Basken.

2 chorizos (spanische Würste), ersatzweise
    würzige geräucherte Würste
1 Zwiebel, in Würfel geschnitten
2 EL Butter
1 l Rinderbrühe
1 1/2 l Wasser
1 TL getrockneter Thymian
1 geräucherte Schweinshaxe von etwa 650 g
500 g geschälte Erbsen
1/4 l Sahne
frisch gemahlener Pfeffer

Pizza mit gebratenem Entenfleisch und geräuchertem Gouda, Erbsensuppe mit Chorizo, Knuspriges Weizenvollkorn-Haferflocken-Brot, Gazpacho nach Art des »Brown Palace«

In einer Pfanne die Würste braun braten und in 1 cm dicke Scheiben schneiden. Beiseite stellen.

Die Butter in einer Pfanne erhitzen und die Zwiebel darin glasig werden lassen. Angebratene Zwiebel, Brühe, Wasser, Thymian, Schweinshaxe und Erbsen in einen 6 l fassenden Topf geben und 2 bis 2 1/2 Stunden zu einer dicken Suppe köcheln lassen, dabei gelegentlich umrühren.

Die Schweinshaxe aus dem Topf nehmen, abkühlen lassen und das Fleisch vom Knochen lösen. Das Fleisch in Würfel schneiden und wieder in die Suppe geben. Bei sehr niedriger Temperatur Sahne und in Scheiben geschnittene Würste zugeben.

In etwa 5 bis 10 Minuten unter gelegentlichem Rühren heiß werden lassen. Mit Pfeffer abschmecken und auftragen.

Für 6 bis 8 Personen

Barbecued Duck Pizza with
Smoked Gouda Cheese

Pizza mit gebratenem Entenfleisch und geräuchertem Gouda

Die Entenjagd gehört in den Mountain States zu den beliebtesten Sportarten. Wildenten sind kleiner als ihre zahmen Vettern und haben ein mageres und aromatisches Fleisch. Für diese Gourmet-Pizza wird Entenfleisch mit einer anderen regionalen Spezialität, einer pikanten *barbecue*-Sauce, kombiniert. Falls die Ente sehr fleischig ist, kann man das restliche Fleisch für eine andere Zubereitungsart verwenden.

1 Ente, etwa 2 kg schwer
1/2 rote Zwiebel, in sehr dünne Scheiben
    geschnitten
250 g geräucherter Gouda, gerieben

Barbecue-Sauce:
4 EL (60 ml) Apfelessig
3 EL brauner Zucker
1 EL Honig
2 EL Worcestershire-Sauce
1 TL Senfpulver
1/8 l Ketchup oder Tomatensauce
1/8 l Chili-Sauce
1/8 l Apfelsaft
6 EL (90 ml) Wasser

Pizza-Teig:
2 g Trockenhefe
1/4 l lauwarmes Wasser
250 g Brotmehl oder Mehl mit hohem Gluten-
    anteil
200 g Mehl
2 EL Olivenöl
1 1/2 TL Zucker
1 TL Salz
Maismehl zum Bestreuen der Pizza-Form

Den Backofen auf 190° C vorheizen. Die Ente auf einen Rost über eine Bratpfanne legen und die Haut von allen Seiten mit einer Gabel einstechen. Den Vogel in den Ofen schieben. Je 500 g Gewicht rechnet man mit einer Bratdauer von 20 Minuten. Die Ente aus dem Ofen nehmen und abkühlen lassen. Die Haut abziehen, das Fleisch von den Knochen lösen und in ganz feine Streifen schneiden.

Für die Sauce alle Zutaten in einen Topf geben und bei mittlerer Hitze leicht eindicken lassen.

Für den Pizza-Teig die Hefe mit lauwarmem Wasser verrühren. Alle Zutaten einschließlich der aufgelösten Hefe mit dem Knethaken eines Handrührgeräts oder in der Küchenmaschine etwa 5 bis 6 Minuten bearbeiten, bis sich der Teig vom Schüsselrand löst und zu einer Kugel formt. Mindestens 1 Stunde im Kühlschrank ruhen lassen. Den Backofen auf 220° C vorheizen.

Eine Pizza-Form von etwa 30 cm Durchmesser mit Maismehl bestäuben und den Teig gleichmäßig mit den Händen auseinanderdrücken und -ziehen, bis der Boden der Form bedeckt ist. Eine dünne Schicht *barbecue*-Sauce darüber verteilen und mit Entenfleisch und Zwiebelscheiben belegen. Mit einer Käseschicht bedecken und die Pizza im vorgeheizten Ofen etwa 20 Minuten backen, bis der Boden gar und der Käse geschmolzen ist.

Für 6 Personen

Crusty Whole Wheat and Oatmeal Bread

Knuspriges Weizenvollkorn-Haferflocken-Brot

Herzhaftes Brot, Suppen und Eintöpfe waren typisch für die Ernährungsweise der ersten mormonischen Siedler. Die Tradition des Brotbackens wird noch heute in vielen Mormonen-Haushalten gepflegt. In diesem klassischen Rezept wird neben Weizenvollkornmehl und Haferflocken Melasse verwendet, die man in früheren Zeiten gern zum Süßen verwendete.

100 g Haferflocken
3/8 l kochendes Wasser
280 g Melasse
3 EL weiche Butter
2 TL Salz
150 g Rosinen
1/8 l kochendes Wasser
7 g Trockenhefe
1/2 l warmes Wasser
250 g Weizenvollkornmehl
750 g Mehl

Die Haferflocken in 3/8 l kochendem Wasser so lange einweichen, bis das Wasser ganz aufgenommen ist. Mit Melasse, Butter und Salz vermischen. Die Rosinen etwa 10 Minuten in 1/8 l kochendem Wasser einweichen. Das Wasser abgießen und die Rosinen beiseite stellen.

In einer Schüssel die Hefe in 1/2 l warmem Wasser auflösen und zur Haferflocken-Melasse-Mischung geben.

Zuerst das Weizenvollkornmehl, anschlie-

ßend nach und nach das normale Mehl unterrühren. Der Teig sollte sich nun vom Schüsselrand lösen und nicht mehr klebrig sein. Die Rosinen einarbeiten.

Den Teig auf einer bemehlten Arbeitsfläche etwa 8 bis 10 Minuten durchkneten, bis er glänzt. Zu einer Kugel formen und zugedeckt in einer eingefetteten Schüssel etwa 1 Stunde gehen lassen, bis der Teig das doppelte Volumen erreicht hat. Nochmals durchkneten. (In hochgelegenen Orten – wegen des niedrigeren Luftdrucks – den Teig wieder in die Schüssel geben und noch einmal etwa 45 bis 60 Minuten gehen lassen, bis sich sein Umfang verdoppelt hat. Durchkneten und mit der Zubereitung fortfahren.)

Den Teig in zwei Portionen teilen, zu Laiben formen und in eingefettete, etwa 23 x 13 x 8 cm große Brotformen setzen. Locker mit einem Tuch bedecken und nochmals etwa 45 Minuten gehen lassen, bis die Brotlaibe das doppelte Volumen erreicht haben.

Den Backofen auf 200° C vorheizen. Die Formen in den Ofen schieben, die Temperatur auf 180° C herunterschalten und die Laibe etwa 45 Minuten backen. Beim Daraufklopfen sollten die Brote hohl klingen. Die Brote aus den Formen nehmen und auf einem Brett auskühlen lassen.

Ergibt 2 Brotlaibe

Buffalo Entrecôte Strindberg

Bisonsteaks Strindberg

Sam Arnold vom »Fort Restaurant« in Morrison, Colorado, hat sich durch einen schwedischen Adligen zu diesem Gericht inspirieren lassen. Heute bevölkern die Bisons, die im letzten Jahrhundert fast ausgerottet wurden, wieder die Weiden der Mountain States. Sie werden vor allem für die Gastronomie gezüchtet.

2 EL Pflanzenöl
6 Bison- oder Lendensteaks, jeweils etwa 350 g schwer
3 EL englischer Senf
3 EL Dijon-Senf
8 Frühlingszwiebeln, in diagonale Scheiben geschnitten
1 rote Paprikaschote, entkernt und in Würfel geschnitten
1 kleine scharfe grüne Chilischote, zum Beispiel serrano oder jalapeño, in Würfel geschnitten
2 EL Butter

Das Öl in einer Pfanne erhitzen und die Steaks von beiden Seiten bei großer Hitze anbraten. Die beiden Senfsorten miteinander verrühren und auf den Steaks verstreichen. Den Backofen auf 230° C vorheizen. In einer zweiten Pfanne Frühlingszwiebeln, Paprikaschote und Chilis in der heißen Butter 3 Minuten sautieren und auf den Steaks verteilen.

Die Steaks in eine feuerfeste Form legen und

im Ofen in etwa 30 Minuten rosa braten. Die Garzeit hängt von der Dicke der Steaks ab.

Für 6 Personen

Stuffed Flank Steak

Gefüllte Rouladen

Aus der Rinderhüfte, einem großen mageren Fleischstück, lassen sich gut Rouladen schneiden.

6 Hüftsteaks von je etwa 200 g
125 g Champignons, fein gehackt
1/2 Zwiebel, fein gehackt
4 EL (60 g) Butter
1/4 l Wasser
125 g Semmelbrösel
4 EL (60 g) frisch geriebener Parmesan
2 EL trockener Sherry
Salz und frisch gemahlener Pfeffer
12 Champignon-Köpfe zum Garnieren

Die Hüftsteaks mit einem Fleischklopfer gleichmäßig dünn klopfen. In einer Pfanne mit einem Durchmesser von etwa 25 cm in der heißen Butter Champignons und Zwiebel sautieren. Bei niedriger Temperatur Wasser, Semmelbrösel und Parmesan unterrühren. Den Sherry zugießen und 1 Minute köcheln lassen. Mit Salz und Pfeffer abschmecken.

Diese Mischung gleichmäßig auf den Fleischscheiben verstreichen, die Rouladen aufrollen und mit kleinen Spießen fixieren. Mit der restlichen Mischung die Champignon-Köpfe füllen.

Den Backofen auf 180° C vorheizen. Eine feuerfeste Form leicht einfetten. Die Rouladen darin auslegen und unter dem Grill von jeder Seite 5 Minuten garen, dann in den vorgeheizten Ofen schieben und 5 bis 10 Minuten braten.

Die Champignon-Köpfe grillen, bis die Oberfläche braun ist. Jede Roulade in etwa 2 1/2 cm dicke Scheiben schneiden. Mit den Champignon-Köpfen garnieren und servieren.

Für 6 Personen

Lammfleisch-Auflauf, Gefüllte Rouladen, Bisonsteaks Strindberg

ALLAN ROSENBERG

Shepherd's Pie

Lammfleisch-Auflauf

Viele der aus dem Baskenland stammenden
Einwohner von Idaho sind Nachfahren von
Siedlern, die ursprünglich als Schäfer ins Land
kamen. In diesem gehaltvollen Gericht wird
Lammfleisch mit einer anderen Spezialität
Idahos, der Kartoffel, zubereitet.

1/2 Zwiebel, in Würfel geschnitten
2 TL Butter
4 EL (60 ml) Pflanzenöl
1 kg mageres Lammfleisch, in Würfel geschnitten
1/4 l Rinderbrühe
2 EL Mehl
2 EL Rotwein
4 EL (60 ml) Sahne
1 EL Tomatenpüree
Salz und frisch gemahlener Pfeffer
2 – 3 Mohrrüben, in dicke Scheiben geschnitten
  und einige Minuten al dente gekocht
100 g grüne Erbsen, frisch oder tiefgefroren,
  blanchiert
1 kg kaltes Kartoffelpüree
3 Knoblauchzehen, zerdrückt
125 g frisch geriebener Parmesan, zuzüglich
  Parmesan zum Bestreuen

In einer Pfanne mit einem Durchmesser von
etwa 25 cm die Butter erhitzen und die Zwiebel
darin in etwa 5 Minuten weich werden lassen.
Die Zwiebel mit einem Schaumlöffel herausnehmen und beiseite stellen. Öl zugießen, heiß
werden lassen und die Lammfleischwürfel
hineingeben. Das Fleisch gut durchbraten und
mit einem Schaumlöffel aus der Pfanne nehmen.
Beiseite stellen.

Das Mehl mit etwas kalter Rinderbrühe
verrühren. Die restliche Rinderbrühe in die
Pfanne gießen. Das Mehl unter ständigem Rühren zugeben und aufkochen lassen. Die Hitze
reduzieren und die Sauce leicht einkochen
lassen. Rotwein, Sahne und Tomatenpüree
zugeben und glattrühren. Dies ergibt etwa
3/8 Liter Sauce. Mit Salz und Pfeffer abschmecken und die Sauce vom Herd nehmen.

Den Backofen auf 180° C vorheizen. Das
Lammfleisch gleichmäßig auf 6 feuerfeste
Suppenschüsselchen verteilen. Mohrrüben,
Zwiebel und Erbsen ebenfalls gleichmäßig auf
die Schüsseln verteilen.

Das kalte Kartoffelpüree mit Knoblauch und
Parmesan vermischen und jede Portion dick
damit bestreichen. Mit Parmesan bestreuen und
im vorgeheizten Ofen 20 Minuten garen lassen.
Die Temperatur auf 200° C erhöhen und den
Auflauf weitere 15 Minuten backen. Die Oberfläche nach Belieben 2 Minuten unter dem Grill
bräunen lassen.

Für 6 Personen

Venison Scallops, Wild Boar Ham and Gruyère Cheese with Wild Mushroom Duxelles

*Rehschnitzel mit Wildschweinschinken und
Gruyère auf einer Pilzfarce*

Richard Chamberlain, Küchenchef des »Little
Nell Hotel« in Aspen, prägte für seinen Kochstil
den Begriff »American alpine cooking«. Hier
eines der »alpinen« Gerichte, in denen regionale
Zutaten verwendet werden.

Pilzfarce:
125 g Butter
1 Zwiebel, fein gehackt
2 Knoblauchzehen, gehackt
250 g Austernpilze, grob gehackt
250 g Shiitake-Pilze, grob gehackt
250 g Champignons, grob gehackt
1 TL gehackter frischer Thymian
0,2 l Marsala
1/4 l Sahne
Salz und weißer Pfeffer

Rehschnitzel:
1/8 l Olivenöl
6 Rehschnitzel von je etwa 100 g, dünn geklopft
4 EL (60 g) Mehl
Salz und frisch gemahlener schwarzer Pfeffer
6 Scheiben Wildschwein- oder luftgetrockneter
  Schinken von je etwa 30 g
12 frische Salbeiblätter
6 Scheiben Gruyère von je etwa 30 g

Für die Farce in einer Pfanne von etwa 25 cm
Durchmesser die Butter bei mittlerer Temperatur erhitzen und Zwiebel und Knoblauch darin
1 Minute sautieren. Pilze und Thymian zugeben
und die Hitze etwas reduzieren. Unter gelegentlichem Rühren die Pilze so lange braten, bis alle
Flüssigkeit verdampft ist. Den Marsala zugießen
und verkochen lassen. Die Sahne zugeben und
um die Hälfte reduzieren. Mit Salz und Pfeffer
abschmecken und warm stellen.

Für die Rehschnitzel das Olivenöl in einer
Pfanne bei hoher Temperatur rauchend heiß
werden lassen. Die Rehschnitzel mit Salz und
Pfeffer würzen und leicht mit Mehl bestäuben.
In die Pfanne geben und von beiden Seiten
braun braten. Aus der Pfanne nehmen und auf
ein Backblech legen. Mit den restlichen Reh-
schnitzeln ebenso verfahren, eventuell noch
etwas Olivenöl zugeben.

Den Backofen auf 180° C vorheizen. Jedes
Rehschnitzel mit einer Scheibe Schinken belegen, darauf 2 Salbeiblätter geben und mit einer
Scheibe Gruyère bedecken. Für etwa 5 Minuten
in den vorgeheizten Ofen schieben, bis der Käse
geschmolzen ist.

Zum Servieren einen Spiegel Pilzfarce auf
vorgewärmte Teller geben und die Rehschnitzel
darauf anrichten.

Für 6 Personen

Rehschnitzel mit Wildschweinschinken und Gruyère auf einer Pilzfarce

Gebratene Forelle mit Pinienkernen

Trout in Butter and Pine Nut Sauce

Gebratene Forelle mit Pinienkernen

Für die Indianer waren Pinienkerne immer ein wichtiges Nahrungsmittel. Da es in den Flüssen der Mountain States von Forellen nur so wimmelt, ergab sich das folgende Rezept ganz natürlich.

3 Eier
0,2 l Milch
3 TL Sojasauce
6 Forellen von je etwa 250 g, gesäubert
125 g Maismehl
4 EL (60 ml) Pflanzenöl
5 EL (75 g) Butter
100 g Pinienkerne
4 EL (60 ml) Zitronensaft
Zitronenscheiben zum Garnieren

Eier, Milch und Sojasauce miteinander vermischen und die Forellen darin etwa 1 Stunde marinieren.

Die Forellen aus der Marinade nehmen und in Maismehl wenden. In zwei Pfannen jeweils 1 ½ EL Butter und 2 EL Öl geben und heiß

werden lassen. Die Forellen hineingeben und auf einer Seite 3 bis 5 Minuten braun braten, wenden und von der anderen Seite ebenfalls bräunen. Wenn das Fleisch der Forellen flockig wird, sind die Fische gar und können aus der Pfanne genommen werden. Warm stellen.

In einer sauberen Pfanne die restliche Butter erhitzen. Pinienkerne hineingeben und bei niedriger Temperatur braun werden lassen. Zitronensaft unterrühren und kurz vor dem Auftragen über die Forellen gießen. Die Fische mit Zitronenscheiben garnieren und servieren.

Für 6 Personen

Mexican Brunch Burritos

Mexikanische Brunch-Burritos

Die Region ist stark von der mexikanischen Küche beeinflußt. Auch dieses Gericht, das aus blauen Mais-Chips, Rühreiern und Tortillas besteht, kann seinen mexikanischen Einfluß nicht leugnen.

100 g Chips aus blauem oder normalem Mais
6 EL (90 g) Butter oder Margarine

½ Zwiebel, in Würfel geschnitten
12 Eier
⅛ l Milch
250 g frisch geriebener Colby-Jack-Käse (oder milder Gruyère)
2 große Tomaten, in Würfel geschnitten
12 Mehl-Tortillas
salsa (nach Belieben)
saure Sahne (nach Belieben)

Die Mais-Chips mit Wasser bedecken und 5 Minuten einweichen. Abtropfen lassen. Die Zwiebel in 2 EL Butter weich sautieren. Die Eier mit der Milch verquirlen. Abgetropfte Mais-Chips, Zwiebel, Käse und Tomaten unterrühren.

Tortillas in Alufolie wickeln und im auf 150° C vorgeheizten Ofen heiß und geschmeidig werden lassen.

Die restliche Butter in eine Pfanne von etwa 25 cm Durchmesser geben. Die Eimasse hineingießen und unter Rühren stocken lassen.

Auftragen. Jeder am Tisch füllt seine Tortilla mit Rührei und nimmt – nach Belieben – etwas *salsa* und saure Sahne dazu.

Für 6 Personen

ALLAN ROSENBERG

Potpourri aus Anasazibohnen und Kürbis, Mexikanische Brunch-Burritos

Anasazi Bean and Squash Harvest Medley

Potpourri aus Anasazibohnen und Kürbis

Die Anasazibohnen wurden erstmals von den Anasazi-Indianern angebaut. Heute wachsen sie hauptsächlich in Dove Creek, Colorado, und finden in vielen regionalen Gerichten Verwendung.

50 g getrocknete Anasazi- oder Pintobohnen
1 Stück Kürbis von etwa 650 g
160 g ungeschälter Langkornreis
4 EL (60 ml) Balsamico-Essig
4 EL (60 ml) Pflanzenöl
1 TL Zucker
6 Frühlingszwiebeln, gehackt
Salz und frisch gemahlener Pfeffer

Die Bohnen in einen Topf geben, mit ¼ l Wasser bedecken und langsam zum Kochen bringen. Etwa 4 Minuten köcheln lassen, den Herd abschalten und die Bohnen etwa 2 Stunden einweichen lassen. Das Einweichwasser abgießen, die Bohnen mit frischem Wasser bedecken, aufkochen lassen, die Hitze reduzieren und etwa 1 Stunde köcheln lassen. Die Bohnen sollten jetzt gar sein, sie dürfen aber nicht zerfallen. Das Wasser abgießen und die Bohnen abtropfen lassen.

Den Kürbis entweder in 6 bis 7 Minuten im Mikrowellenherd weich werden lassen oder in Stücke schneiden und 15 bis 20 Minuten weich dämpfen. Die Schale entfernen und den Kürbis in Würfel schneiden.

In einem Topf den Reis mit ⅝ l Wasser aufkochen lassen. Die Temperatur herunterschalten und den Reis zugedeckt 45 Minuten köcheln lassen. Den Topf vom Herd nehmen und den Reis zugedeckt noch etwa 10 bis 15 Minuten ziehen lassen.

Die noch heißen Bohnen und den Reis mit Essig, Öl und Zucker vermischen. Frühlings-zwiebeln unterrühren und abschmecken. Nach Belieben eventuell noch mit etwas Essig nachwürzen. Den Kürbis unterheben und den Salat mindestens 4 Stunden ziehen lassen, damit sich die Aromen entwickeln können. Zimmerwarm als Beilage zu Wildvögeln auftragen.

Für 6 Personen

Sourdough Biscuits

Sauerteig-Brötchen

Bonnie Welch aus Calham, Colorado, bereitet diese Brötchen – die besonders bei den Cowboys beliebt waren – in einem *Dutch oven* zu.

Sauerteigansatz:
½ l warmes Wasser
7 g Trockenhefe
250 g Mehl

Brötchen:
250 g Mehl
1 EL Zucker
1 EL Backpulver
1 TL Salz
6 EL (90 g) Butter
½ l Sauerteigansatz

Zwei Tage vor Zubereitung der Brötchen den Sauerteig ansetzen. Dafür das warme Wasser in eine große Schüssel, die nicht aus Metall sein sollte, gießen. Die Trockenhefe darüberstäuben. Nach 5 Minuten nach und nach das Mehl zugeben und zu einem glatten Teig verrühren. Mit einem Tuch bedeckt zwei Tage bei Zimmertemperatur ruhen lassen. Der Sauerteigansatz läßt sich unbegrenzt in einem nicht ganz verschlossenen Glas im Kühlschrank aufbewahren, vorausgesetzt, daß der verbrauchte Sauerteig durch neuen ersetzt wird.

Für die Zubereitung der Brötchen den Sauerteigansatz gut umrühren und die benötigte Menge von ½ l abgießen. Den Sauerteigansatz mit 125 g Mehl, ¼ l Milch und 90 g Zucker ergänzen. Man sollte ihn mindestens einmal pro Woche wieder auffüllen, weil der Sauerteigansatz sonst austrocknen würde.

Für die Brötchen die trockenen Zutaten miteinander vermischen. Die Butter zugeben und zu groben Krumen verkneten. Den Sauerteigansatz zugießen und den Teig gut durcharbeiten. Mit einem Tuch locker bedeckt etwa 1 Stunde gehen lassen. Den Teig 1 cm dick ausrollen und Brötchen von 5 cm Durchmesser ausstechen. Im 200° C heißen Ofen 10 bis 15 Minuten backen, bis die Brötchen leicht gebräunt sind.

Ergibt 24 Brötchen

Sauerteig-Brötchen

DIE MOUNTAIN STATES

Poppy Seed Cake

Mohnkuchen

Dieser angenehm aromatische Kuchen ist ein idealer Nachtisch oder Imbiß auf einer Wanderung durchs Hinterland. Auch zum Brunch an einem Gebirgsfluß schmeckt er gut.

500 g Mehl
500 g Zucker
1 TL Salz
4 TL Backpulver
2 Eier
3/8 l Kondensmilch
1/2 l Pflanzenöl
2 TL Vanille-Essenz
200 g Mohnsamen

Mehl, Zucker, Salz und Backpulver miteinander vermischen und beiseite stellen. Den Backofen auf 180° C vorheizen.

Die Eier verquirlen, nach und nach Milch, Öl und Vanille-Essenz unterrühren. Diese Mischung nach und nach zu den trockenen Zutaten geben und zu einem glatten Teig verrühren. Die Mohnsamen untermischen und den Teig in eine eingefettete Kastenform gießen.

In den Ofen schieben und 50 Minuten bakken. Die Hitze auf 165° C reduzieren und den Kuchen weitere 20 bis 25 Minuten backen. Der Kuchen sollte mindestens 65 Minuten im Ofen sein, bevor man die Tür das erste Mal öffnet. Erst dann prüfen, ob der Kuchen gar ist.

Wenn der Kuchen etwas abgekühlt ist, aus der Form nehmen. In Scheiben schneiden und zum Brunch oder zum Nachmittagskaffee servieren.

Für 6 bis 8 Personen

Peach Flan

Pfirsich-Flan

Die Basken essen zum Dessert gern Pudding, besonders Flans. In diesem Rezept wird der traditionelle Flan mit Pfirsichsaft aromatisiert. Pfirsiche gehören zu den Früchten, die in der Rocky-Mountains-Region besonders gut gedeihen.

2 EL Wasser
125 g Zucker
9 Eigelbe
6 EL (90 g) Zucker
1/4 l Pfirsichsaft
1/2 l Sahne
2 – 3 Pfirsiche, in Scheiben geschnitten, zum Garnieren

Den Backofen auf 180° C vorheizen. In einem kleinen Topf Wasser und 125 g Zucker in 4 bis 5 Minuten bei mittlerer Temperatur zu goldbraunem Karamel werden lassen. Aufpassen, daß der Karamel nicht zu dunkel wird. Den Topf gelegentlich schwenken. Mit einem in Wasser getauchten Backpinsel die Topfinnenwand anfeuchten, damit sich der Zucker nicht daran festsetzt. Den Topf vom Herd nehmen und 6 Puddingförmchen von etwa 0,2 l Inhalt gleichmäßig und schnell mit dem Karamel auskleiden.

In einer Schüssel die Eigelbe mit 6 EL Zucker leicht aufschlagen. Pfirsichsaft und Sahne erhitzen und in einem dünnen Strahl unter ständigem Rühren zur Eimasse gießen. Alles gründlich miteinander verrühren, dann die Mischung gleichmäßig auf die Puddingförmchen verteilen.

Die Puddingförmchen ins heiße Wasserbad stellen, sie sollten etwa halbhoch mit Wasser bedeckt sein, und unbedeckt im Ofen etwa 40 bis 50 Minuten stocken lassen. Zur Garprobe mit einem Metallspießchen hineinstechen; kommt es sauber heraus, kann man die Flans aus dem Ofen nehmen. Für mindestens 4 Stunden in den Kühlschrank stellen.

Zum Servieren die Puddingförmchen etwa 2 bis 3 Sekunden in heißes Wasser tauchen, eventuell den Flan mit einem spitzen Messer von den Förmchen lösen und auf Teller stürzen. Mit Pfirsichscheiben garnieren und auftragen.

Für 6 Personen

Pineapple Carrot Cake

Ananas-Mohrrüben-Kuchen

Brad und Tammy Andersen aus Hyrum, Utah, bekamen für diesen Kuchen 1990 im World Championship Dutch Oven Cook-off in Logan, Utah, den ersten Preis in der Disziplin Desserts.

Kuchen:
250 g Mehl
2 TL Natron
2 TL gemahlener Zimt
1/2 TL Salz
3 Eier
0,2 l Pflanzenöl
0,2 l Buttermilch
500 g Zucker
2 TL Vanille-Essenz
250 g feingewiegte Ananas, frisch oder aus der Dose, abgetropft
250 g geraspelte Mohrrüben
100 g Kokosflocken
125 g gehackte Walnußkerne

Glasur:
125 g Zucker
1/4 TL Natron
4 EL (60 ml) Buttermilch
4 EL (60 g) Butter oder Margarine
1/2 TL Maissirup
1/2 TL Vanille-Essenz

Orangen-Sahnequark-Überzug:
125 g weiche Butter oder Margarine
250 g Sahnequark
1 TL Vanille-Essenz
320 g Puderzucker

1 TL Orangensaft
1 TL geriebene Orangenschale
Mohrrübenspäne, dünne Orangenscheiben und Minzblätter zum Garnieren

Für den Kuchen Mehl, Natron, Zimt und Salz miteinander vermischen und beiseite stellen. In einer großen Schüssel die Eier aufschlagen. Öl, Buttermilch, Zucker und Vanille-Essenz unterrühren und nach und nach in die trockenen Zutaten einarbeiten. Zu einem glatten Teig verarbeiten. Ananas, Mohrrüben, Kokosflocken und Walnüsse zugeben und alles gut miteinander vermischen.

Den Teig in eine Form von 30 bis 35 cm Durchmesser gießen. In einem herkömmlichen Ofen – Dutch ovens sind bei uns praktisch nicht erhältlich – benötigt der Kuchen bei einer Temperatur von 165° C eine Backzeit von etwa 40 Minuten. Bevor man den Kuchen aus der Form nimmt, wird er glasiert.

Für die Glasur gibt man alle Zutaten in einen Topf und läßt sie 1 Minute köcheln. Die Glasur über den noch heißen Kuchen gießen. Den Kuchen etwa 20 Minuten abkühlen lassen und aus der Form nehmen. Ganz auskühlen lassen, bevor der Kuchen seinen Überzug bekommt.

Für den Kuchenüberzug Butter und Sahnequark verrühren. Vanille-Essenz, Puderzucker, Orangensaft und -schale zugeben und zu einer glatten, dicken Masse aufschlagen. Den Kuchen damit überziehen und mit Mohrrübenspänen, dünnen Orangenscheiben und Minzblättern garnieren.

Für 6 bis 8 Personen

Mohnkuchen, Pfirsich-Flan, Ananas-Mohrrüben-Kuchen

ALLAN ROSENBERG

Scale (top):
0 100 200 300 400 500 M
0 200 400 600 800 Km

Brooks Range

Alaska

Yukon

Fairbanks

Alaska Range

Anchorage

Bering Sea

Gulf of Alaska

Juneau

Sitka

Ketchikan

Canada

Edmonton

Rocky

Calgar

Vancouver

Bellingham

Everett

Seattle

Bremerton

Washington

Spokane

Tacoma

Olympia

Palouse

Missoula

Willapa Bay

Yakima

Richland

Lewiston

Bitterroot Range

Columbia

Walla Walla

Portland

Cascade Range

Pacific Ocean

Tillamook

Willamette

Salem

Deschutes

Oregon

Columbia Plateau

Hells Canyon

Springfield

Eugena

Nampa

Ida

Rogue

Medford

Ashland

Snake

Twin Falls

Scale (bottom):
0 50 100 150 200 M
0 100 200 300 Km

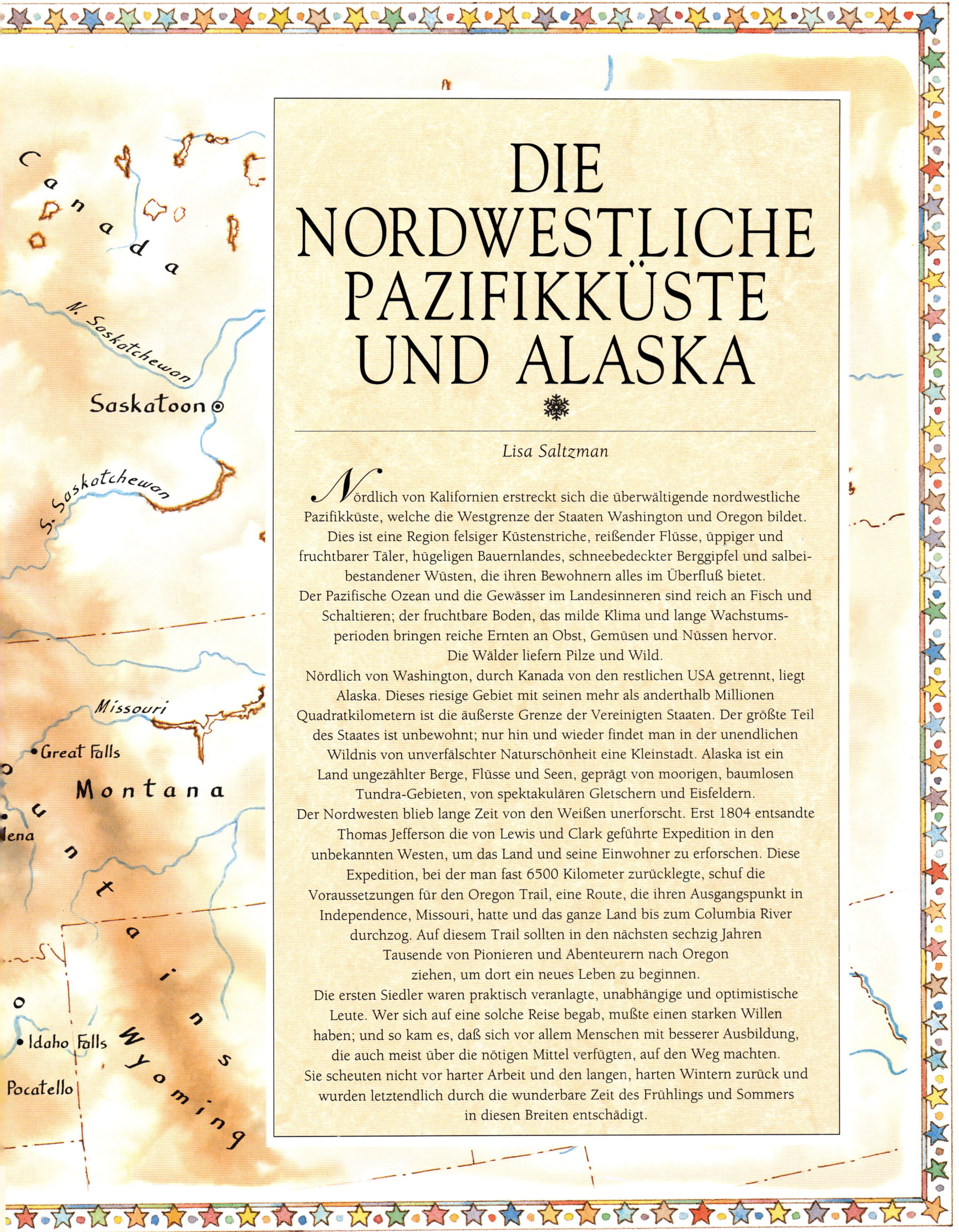

DIE NORDWESTLICHE PAZIFIKKÜSTE UND ALASKA

❄

Lisa Saltzman

*N*ördlich von Kalifornien erstreckt sich die überwältigende nordwestliche Pazifikküste, welche die Westgrenze der Staaten Washington und Oregon bildet. Dies ist eine Region felsiger Küstenstriche, reißender Flüsse, üppiger und fruchtbarer Täler, hügeligen Bauernlandes, schneebedeckter Berggipfel und salbeibestandener Wüsten, die ihren Bewohnern alles im Überfluß bietet. Der Pazifische Ozean und die Gewässer im Landesinneren sind reich an Fisch und Schaltieren; der fruchtbare Boden, das milde Klima und lange Wachstumsperioden bringen reiche Ernten an Obst, Gemüsen und Nüssen hervor. Die Wälder liefern Pilze und Wild.

Nördlich von Washington, durch Kanada von den restlichen USA getrennt, liegt Alaska. Dieses riesige Gebiet mit seinen mehr als anderthalb Millionen Quadratkilometern ist die äußerste Grenze der Vereinigten Staaten. Der größte Teil des Staates ist unbewohnt; nur hin und wieder findet man in der unendlichen Wildnis von unverfälschter Naturschönheit eine Kleinstadt. Alaska ist ein Land ungezählter Berge, Flüsse und Seen, geprägt von moorigen, baumlosen Tundra-Gebieten, von spektakulären Gletschern und Eisfeldern.

Der Nordwesten blieb lange Zeit von den Weißen unerforscht. Erst 1804 entsandte Thomas Jefferson die von Lewis und Clark geführte Expedition in den unbekannten Westen, um das Land und seine Einwohner zu erforschen. Diese Expedition, bei der man fast 6500 Kilometer zurücklegte, schuf die Voraussetzungen für den Oregon Trail, eine Route, die ihren Ausgangspunkt in Independence, Missouri, hatte und das ganze Land bis zum Columbia River durchzog. Auf diesem Trail sollten in den nächsten sechzig Jahren Tausende von Pionieren und Abenteurern nach Oregon ziehen, um dort ein neues Leben zu beginnen.

Die ersten Siedler waren praktisch veranlagte, unabhängige und optimistische Leute. Wer sich auf eine solche Reise begab, mußte einen starken Willen haben; und so kam es, daß sich vor allem Menschen mit besserer Ausbildung, die auch meist über die nötigen Mittel verfügten, auf den Weg machten. Sie scheuten nicht vor harter Arbeit und den langen, harten Wintern zurück und wurden letztendlich durch die wunderbare Zeit des Frühlings und Sommers in diesen Breiten entschädigt.

Morgennebel hüllt die Felder und Obstgärten
des Willamette-Tals, eines der fruchtbarsten
Agrargebiete von Oregon, ein.

Auch heute noch sind die Bewohner des Nordwestens vom gleichen Schlag. Sie hängen an ihrer Familie, ihrer Gemeinde und ihrem Land und lieben die Natur. Ihr Leben spielt sich großenteils im Freien ab, sie laufen, wandern und segeln gern, fahren gern Rad und Ski, lieben das Windsurfen, das Angeln und die Jagd. Sie verweisen gern mit Stolz auf ihre einfache, gemächliche Lebensweise und setzen sich leidenschaftlich für die Erhaltung ihrer bislang unberührten Umwelt und ihrer geliebten Traditionen ein.

Die pazifische Nordwestküste ist noch dabei, eine eigene charakteristische Küche zu entwickeln. Der Reichtum an hochwertigen Nahrungsmitteln und der Hang der hier lebenden Menschen zu Einfachheit führten zu einem Kochstil, den man als unverfälscht, frisch und unkompliziert bezeichnen könnte. Zu alltäglichen Genüssen gehören Fische und Meeresfrüchte oder Huhn vom Grill, kurz gegarte gartenfrische Gemüse, knackige Salate, Nachspeisen mit frischem Obst und frische, fruchtige Weine aus den hiesigen Kellereien. Regionale kulinarische Eigenheiten ergänzen und bereichern noch diese Küche, die durch Überfluß und Abwechslungsreichtum geprägt ist.

Das Kaskadengebirge teilt den Nordwesten in zwei Gebiete, die sich geographisch und klimatisch deutlich voneinander unterscheiden. Die Bergkette erstreckt sich von der kanadischen Grenze südwärts durch Washington und Oregon bis hinein nach Kalifornien. Westlich von ihr liegen üppig bewachsene Täler und fruchtbares Bauernland, tannenbedeckte Berge und ungezähmte Flüsse. In diesem Gebiet sind die Temperaturen gemäßigt, und vom Pazifik strömt feuchte Luft herein, so daß es häufig, wenn auch nicht heftig regnet. Es regnet vor allem im Herbst, aber auch im Winter bis in den Frühling hinein. Dies macht die Landwirtschaft der Region zur produktivsten der Welt. Auch die Holzwirtschaft floriert, hier finden Nutzbäume wie die Douglas-Fichte, die Zeder und die Hemlock-Tanne hervorragende Wachstumsbedingungen.

Das Willamette-Tal, zwischen den Küstenbergen und dem Kaskadengebirge in Oregon gelegen, ist eine fruchtbare Niederung mit sanft gewellten Hügeln, ideal für Ackerbau und Obstzucht. Hier wachsen Äpfel, Birnen, Pflaumen, Pfirsiche, Kirschen, grüne Bohnen, Brokkoli und Zwiebeln, Salat und Kräuter. Die ersten Siedler bezeichneten das Tal als »Paradies auf Erden«. Wenige Orte auf der Welt liefern eine solche Vielzahl an Beerenobst: tiefrote Erdbeeren, große, saftige Heidelbeeren, fleischige Himbeeren. Überall wuchern Brombeer- und Himbeersträucher. In der Beerensaison machen die Nordwestler reichlich Gebrauch von diesen Früchten. Die Zubereitung ist meist einfach: Man mischt einige Beerensorten miteinander, streut Zucker und träufelt Cassis darüber – fertig ist das Dessert. Die *marionberry pie*, ein lockerer Kuchen mit einer einheimischen dunklen Beerenart, der gewöhnlich mit hausgemachtem Vanilleeis serviert wird, gehört bei *barbecues* einfach als Nachspeise dazu.

Haselnüsse oder *filberts*, wie man sie in Oregon nennt, werden zu Beginn des Herbstes geerntet. Besonders reichlich wachsen sie im Willamette-Tal. Hier wurde 1858 der erste Haselnußstrauch des Landes gepflanzt; heute produziert Oregon 99 Prozent der Haselnußernte der USA. Im Herbst setzt man sich im Nordwesten ins Auto, fährt aufs Land und kauft Haselnüsse sackweise ein. Man ißt die Nüsse direkt aus der Schale oder bereitet Nußtorten oder kleine kompakte Haselnußkuchen und knusprige Kekse aus ihnen zu. Eine Reihe kleiner Betriebe hat sich darauf spezialisiert, Produkte wie Haselnußschokolade und Haselnußöl herzustellen.

Südlich vom Willamette-Tal, in der Nähe der kalifornischen Grenze, am Fuße des Kaskadengebirges, liegt das Rogue-River-Tal. Die hier gelegene Stadt Ashland ist für ihr Oregon Shakespeare Festival berühmt, bei dem über den Zeitraum von acht Monaten klassische und zeitgenössische Theaterstücke aufgeführt werden. Die Landschaft ist öder als im Willamette-Tal und von einer roten Hügellandschaft, die sich über flachem Brachland erhebt, beherrscht. Doch der Schein trügt: Das Rogue-River-Tal ist das fruchtbarste Birnenanbaugebiet an der Westküste, einer der wenigen Orte, wo die Königin der Birnen, die Comice, gedeiht.

AN DER KÜSTE ENTLANG

Wenn man nach Westen zum Pazifischen Ozean und dann an seiner nebligen, leuchtturmgesäumten Küste nach Norden fährt, kann man leicht nachvollziehen, warum die ersten Kundschafter diese Gegend furchteinflößend fanden. Dennoch ist sie von herber Schönheit. Wellen brechen sich an den zerklüfteten Klippen, und häufig hüllt Regen das Land ein. Als die ersten Siedler schließlich ihren Weg in das Gebiet zwischen dem Meer und den Küstenbergen fanden, stießen sie auf fruchtbaren Boden und fettes Weideland, das die warmen Ozeannebel das ganze Jahr über immergrün hielten. Vieh gedieh in diesem Klima hervorragend und gab mehr als reichlich Milch, so daß Hunderte von winzigen Käsereien aus dem Boden schossen. Unmittelbar südlich der Grenze von Washington liegt der Tillamook-Bezirk, wo seit Ende des 19. Jahrhunderts ein qualitätvoller Cheddar hergestellt wird.

Seit jeher versorgt der Pazifik seine Anrainer mit Nahrung aus dem Meer. Schon die Indianer konnten dank des Überflusses und der Vielfalt, die ihnen die Natur hier zukommen ließ, ein Leben ohne Entbehrungen führen. Ebenso wie später die Neuankömmlinge aus dem Osten lebten auch sie von Fischen wie Lachs, Heilbutt, Barsch, Seehecht und Schaltieren. Die *Dungeness crab*, der Kalifornische Taschenkrebs, ist auch eine Spezialität dieser Region. Wegen seines saftigen weißen Fleisches halten ihn viele für den delikatesten Taschenkrebs überhaupt. Am besten schmeckt er frisch gekocht, mit zerlassener Butter, direkt aus der Schale.

Gleich im Süden von Washington stößt man auf die Willapa Bay. Die Bucht ist eine der Hauptzuchtgebiete für Austern im Nordwesten. Hier zieht man vor allem große, fleischige Pazifik-Austern, doch die wahren Kenner bevorzugen die winzigen Olympia-Austern. Diese kleine Auster, die schon vom Aussterben bedroht war, gehört zur ursprünglichen Fauna des Nordwestens und gilt unter Feinschmeckern als das Nonplusultra unter diesen Schaltieren.

WALDPILZE

In den riesigen Wäldern der pazifischen Nordwestküste gibt es reichlich Pilze, vor allem in den kühleren, feuchten Herbst-, Winter- und Frühlingstagen.

Die idealen Wachstumsbedingungen in Oregon und Washington machen die beiden Staaten zu führenden Pilzlieferanten in den Vereinigten Staaten und der ganzen Welt. Auch die kommerziell betriebene Pilzzucht ist zu einem wichtigen Erwerbszweig in Oregon geworden. Über 60 Prozent der jährlichen Zuchtpilzernte gehen nach Europa und Japan.

Im Nordwesten wachsen über 25 verschiedene eßbare Pilzarten, darunter der Austernpilz, der blumenkohlförmige *cauliflower*, *honey mushrooms*, Pfifferlinge, Morcheln und Steinpilze. Die Einwohner sind seit jeher leidenschaftliche Pilzsammler, die ihre Fundstellen genau kennen und sie sogar vor ihren engsten Freunden geheimhalten.

Dennoch kann jeder in den Genuß frischer Waldpilze kommen: Die meisten Supermärkte im Nordwesten führen in der Saison etliche wild wachsende Pilzsorten in ihrem Angebot, die in der häuslichen Küche gern und häufig verwendet werden.

Arbeiter beim Öffnen von Austern in der Willapa-Bucht in Washington

Am besten schmeckt die Olympia-Auster, wie jede andere erstklassige Auster auch, roh aus der Schale, höchstens mit einem Spritzer Zitronensaft gewürzt, der ihr zartes Jod-Aroma unterstreicht.

Portland, die größte Stadt in Oregon, liegt am Zusammenfluß von Willamette River und Columbia River. Wegen ihres jährlichen Rosenfestivals wird sie auch gelegentlich *city of roses* genannt. Portland ist eine Stadt mit sauberer Luft, anspruchsvoller Architektur und blühenden Gärten. Wegen ihres milden Klimas, ihrer Kleinstadtatmosphäre und der vielen nahegelegenen Erholungsgebiete rangiert sie als Nummer eins auf der Skala der US-Städte mit besonderer Lebensqualität. Ursprünglich war Portland nur eine Raststation für Händler und Indianer, die auf einer Lichtung am Westufer des Willamette-Flusses lag. Mit dem Ausbau des Wegenetzes nach Portland wurde aus der ursprünglichen Ansiedlung ein Handelsplatz, an dem Farmer und Seeleute ihre Güter austauschten. Noch heute ist Portland ein wichtiges Handelszentrum.

Östlich des Kaskadengebirges

Die Landschaft und das Klima im Osten des Kaskadengebirges unterscheiden sich deutlich von den westlichen Landesteilen. Der Boden ist trocken und staubig, die Vegetation spärlich, die Sommer sind lang und heiß und die Winter beißend kalt. Ein Großteil der Region ist Wüste, karg und öde, doch von eigenartiger Schönheit. Einige der Wüstenstriche sind durch Bewässerungssysteme, die aus dem Columbia River gespeist werden, in fruchtbare, landwirtschaftlich nutzbare Gebiete verwandelt worden.

In der Mitte des Staates Washington liegt das Wenatchee-Tal, das für seine Äpfel – Red Delicious, Golden Delicious, Winesap und Rome – berühmt ist. Der einträgliche Obstanbau begann vor hundert Jahren, als einige Siedler Obstbaumsetzlinge auf dem langen Weg über den Oregon Trail mitbrachten. Sobald sie ihr Haus errichtet hatten, legten viele Siedler als erstes einen Obstgarten an.

Äpfel gehörten zu den Grundnahrungsmitteln der ersten Siedler. Sie machten aus ihnen Apfelmus, trockneten sie, um im Winter Kuchen daraus zu backen, oder brieten sie mit Zucker und Gewürzen. *Apple pie*, manchmal mit süßen Birnen angereichert, gehört noch heute zu den Lieblingsgerichten in der Gegend.

Weiter südlich liegt das fruchtbare Yakima-Tal, das ebenfalls für sein Obst bekannt ist. Hier wachsen Kirschen, Pfirsiche, Aprikosen, Pflaumen und Birnen. Der Boden dieser Gegend ist auch für den Weinanbau geeignet, was zu der expandierenden Erzeugung von erstklassigen Weinen führte.

Fährt man durch das untere Yakima-Tal weiter in das Columbia-Becken hinein, das sich den Columbia River entlangzieht, kommt man in ausgedehnte Kartoffelanbaugebiete. Die Vulkanerde bietet ideale Voraussetzungen für den Anbau der erstklassigen rotschaligen Russet-Kartoffeln.

Folgt man weiter dem Columbia River in Richtung der Grenze von Idaho, stößt man auf Walla Walla, die Heimat der gleichnamigen milden Zwiebel, die keine Schwefelverbindung enthält und deshalb ohne Tränenfluß roh gegessen werden kann. Die wenigen Wochen, in denen die Zwiebel auf dem Markt erhältlich ist, werden von den Nordwestlern jedes Jahr sehnsüchtig erwartet.

Die Walla-Walla-Zwiebel schmeckt hervorragend roh auf einem Sandwich, sautiert zu gegrilltem Lachs oder karamelisiert in einem Zwiebelkuchen.

Nordöstlich von Walla Walla und südlich von Spokane, der zweitgrößten Stadt von Washington, liegt eine Landschaft mit einer außergewöhnlich üppigen Vegetation, die Palouse. Im Gegensatz zum übrigen Ostteil des Staates Washington regnet es in der Palouse regelmäßig, so daß man hier problemlos Weizen und Hülsenfrüchte anbauen kann. Die Palouse steht in bezug auf die Erzeugung von Linsen und Trockenerbsen an der Spitze im Lande und ist eine der wichtigsten Regionen für den Anbau von Weichweizen.

Gegenüberliegende Seite: Die Wahkeena-Fälle in Columbia Gorge, Oregon, umgeben von üppiger Bergvegetation

SEATTLE – SCHÖNSTE STADT DER WELT

Seattle ist die größte Stadt in der nordwestlichen Pazifik-Region. Ihre Bewohner sind stolz auf ihre Stadt, und trotz der hier herrschenden ausgiebigen Niederschläge und der vielen grau verhangenen Tage sind sie der Meinung, daß Seattle die schönste Stadt der Welt sei. Es lohnt sich, mit dem Fahrstuhl zur Spitze des Space-Needle-Gebäudes im Zentrum von Seattle zu fahren – der Ausblick ist überwältigend. Im Süden liegt Mount Rainier, ein majestätischer schneebedeckter Berg in der Ferne, der wie ein Wächter der Stadt wirkt. Im Westen sieht man die Gewässer des Puget-Sunds mit seinen Inselgruppen und die Berge des Olympic National Park. Östlich liegen die Kaskadenberge und der Washington-See, und im Norden befindet sich der Lake Union, auf dem sich Hunderte von Booten ein Stelldichein geben.

Ebenfalls mitten im Zentrum Seattles, mit Blick auf den Puget-Sund, liegt einer der ältesten und größten Freiluftmärkte des Landes, der Pike Place Market. Er wurde 1907 gegründet, um den einheimischen Farmern die Möglichkeit zu geben, ihre Erzeugnisse feilzubieten. Im Laufe der Jahre dehnte er sich immer mehr aus; Metzger, Bäcker, Fisch- und Käsehändler kamen hinzu. Neben seiner Funktion als Lebensmittelmarkt war der Pike Place Market auch ein gesellschaftlicher Treffpunkt. Heute ist er immer noch ein Markt, auf dem Lebensmittel verkauft werden, darüber hinaus gibt es hier mehr als zweihundert andere Kleinunternehmen, auch mehrere hundert Künstler haben sich hier niedergelassen. Die Marktgegend ist eine faszinierende Mischung von alt und neu, hier vermischt sich das Lokalkolorit mit schicken Läden und Eigentumswohnungen. Flaniert man an den Ständen entlang, verfolgen einen die verführerischen Aromen eben gebrühten Kaffees, frisch gebackenen Brots und der Duft von Blumen. Die Erzeugnisse des Landes sind eine wahre Augenweide – Lachse, karmesinrote Krebse, zu Haufen getürmt, Räucherfisch aller Art. Viele Einheimische kommen hierher, um einzukaufen; die Mehrzahl der Kunden sind jedoch Touristen.

Fischerboote liegen vor der Olympic-Halbinsel vor Anker. Die Bäume auf einer nahe gelegenen Insel sind im Abendlicht nur noch als Silhouetten erkennbar

ALASKA

Lange, strenge Winter, ein unwirtliches Land und ein Leben in Abgeschiedenheit haben den Charakter der Einwohner Alaskas geformt, es sind außerordentlich robuste und unabhängige Menschen, die hier wohnen. Die ersten Bewohner Alaskas waren Eskimos, Aleuten und Indianer. Man nimmt an, daß sie, als noch eine Landverbindung zwischen Sibirien und Nordamerika bestand, nach Alaska einwanderten. Diese Ureinwohner machen heute noch 13 Prozent der Gesamtbevölkerung aus. Die Zuwanderer aus jüngerer Zeit, die heute die Mehrzahl der Bevölkerung stellen, kamen aus Japan, Korea, Skandinavien und einigen Staaten der USA. Die meisten von ihnen kamen, um in den Öl- und Gasfeldern oder in der Fischerei-Industrie zu arbeiten. Vor allem in den sechziger und siebziger Jahren kamen sie in hellen Scharen, um beim Bau der Öl-Pipeline zu Wohlstand zu kommen. Daneben kamen einige Siedler, die das einfache Leben und die Nähe zur Natur suchten.

Das Leben in Alaska ist ein Leben der Extreme. Die Winter sind lang und bitter kalt, die Tage kurz. Die Sonne scheint nur ein paar Stunden, und wer kann, nützt diese aus, um seine Langlaufski anzuschnallen, Schlittschuh zu laufen oder mit dem Snowmobil durchs weite Land zu fahren. Wenn die Tage im Sommer endlos lang werden, erwachen die Einwohner Alaskas aus ihrem Winterschlaf und genießen das, was man ungelogen ein Freizeitparadies nennen kann. Den Fischern und Anglern stehen unzählige Flüsse und Seen und die Küste für ihr Vergnügen zur Verfügung, der Jäger findet Felder und Wälder voller Wild, und der Bergfreund kann Ski laufen, wandern und bergsteigen.

HERZHAFTE SPEISEN FÜR DEN GESUNDEN APPETIT

Die Küche Alaskas ist erdverbunden und sehr aromatisch. Während der Wintermonate stehen vor allem deftige Eintöpfe, herzhafte Suppen und Braten auf dem täglichen Speisezettel. Im Sommer hingegen genießt man gegrillten oder gebackenen Fisch, frisches Gemüse aus dem Garten und Nachspeisen aus Wildbeeren. Da es reichlich Wild gibt, jagen viele während des Winters und frieren das Fleisch für den Sommer ein. Gewöhnlich werden in Alaska Elch, Karibu und Hirsch gejagt, deren Fleisch in vielen Rezepten an die Stelle von Rindfleisch tritt, ob in *burgers* oder *stroganoff*. Auch Wildvögel wie Wildente, Wildgans, Moorhuhn oder anderes Kleinwild werden von den Jägern in Alaska gern geschossen.

Die Küche Alaskas ist ohne Fisch und Schaltiere undenkbar. Für die Ureinwohner Alaskas hing das Leben vom Fischfang ab; heute werden Fisch und Schaltiere in riesigen Mengen aus den Küsten- und Binnengewässern gefischt. Der Fang besteht hauptsächlich aus Lachs, Heilbutt, Kabeljau und Drachenkopffisch. Die kommerzielle Fischerei gehört zu den wichtigsten Industriezweigen Alaskas: Jährlich werden zweieinhalb Millionen Tonnen Fisch und Schaltiere aus dem Meer gefischt. 90 Prozent der gesamten Lachsproduktion der USA stammen aus Alaska. *King crabs* sind entgegen der landläufigen Meinung kein für Alaska typisches Gericht. Man zieht hier die *Dungeness crabs* vor, der größte Teil der *king crabs* wird exportiert.

Die Fülle, die Land und Meer bieten, wird durch die Hausgärten ergänzt. Robuste Gemüse wie Kartoffeln, Kohl, Zwiebeln, Mohrrüben, rote Bete, Rettich und Rhabarber gedeihen in den kurzen, kühlen Sommern hervorragend und sind daher in den meisten Gärten zu finden. Die lange Sonnenscheindauer im Sommer steigert den Zuckergehalt der Pflanzen und läßt sie zu beträchtlicher Größe heranreifen. Das Matanuska-Tal, nordöstlich von Anchorage, ist für seine außergewöhnlich großwüchsigen Gemüse bekannt. Im ganzen Staat wachsen wilde Beeren – Preiselbeeren, Himbeeren, Blaubeeren und Prachtbrombeeren – in Hülle und Fülle.

In den frühen Pionierjahren trugen die Schürfer und Trapper eine wichtige Grundsubstanz für die Zubereitung ihrer Nahrung mit sich herum: den Sauerteig. Hefe war nur selten zu haben, aber dafür Mehl und Kartoffeln um so leichter, die, in den richtigen Mengen miteinander vermischt, ihre eigene Hefe bildeten und somit einen Sauerteigansatz, den man leicht transportieren konnte. Aus ihm ließ sich das Lebensnotwendigste herstellen – Brot, Pfannkuchen und Waffeln. Damit der Ansatz aktiv blieb und nicht über Nacht erfror, pflegten die ersten Siedler in Alaska den Topf mit dem Sauerteig mit unter ihre Schlafdecke zu nehmen, was ihnen den Spitznamen *Sourdoughs* einbrachte, eine Bezeichnung, mit der man heute noch

LACHS

Wenn man ein Lebensmittel als Symbol für den Nordwesten und Alaska benennen müßte, so wäre es der Lachs. Beide Regionen zusammen liefern fast den gesamten Bedarf der USA. Es gibt fünf Arten des Pazifik-Lachses, von denen der *king* oder *chinook*, ein Lachs mit leuchtendrotem Fleisch, der bis zu 15 Kilogramm schwer werden kann, am begehrtesten ist. Der *sockeye* oder *red* hat tiefrotes Fleisch, das Fleisch des *coho* oder *silver* ist heller, das des *humpback* oder *pink* ist zart und mild, während das des *chum* oder *keta* von gröberer Beschaffenheit ist, dafür aber den geringsten Fettgehalt hat.

Über Jahrtausende hinweg lebten die Ureinwohner an der Küste größenteils vom Lachs. Der erste Lachs des Jahres wurde mit großem Zeremoniell gegessen, denn man glaubte, daß man dadurch mit einem guten Fischfang gesegnet würde. Die im Landesinneren auf den Hochebenen lebenden Menschen waren vom Lachs derart abhängig, daß für sie eine spärliche Lachswanderung die Katastrophe bedeuten konnte.

Von den unterschiedlichen Zubereitungsmethoden der Ureinwohner haben das Räuchern und Grillen Eingang in die zeitgenössische Küche der Region gefunden. Dabei zieht man die indianische Methode des Heißräucherns der in Norwegen gebräuchlichen des Kalträucherns vor. Viele Bewohner des Nordwestens sind allerdings überzeugt, daß die einzig richtige Zubereitungsmethode für den Lachs das Grillen ist. Nur über der glühenden Holzkohle entfalte er sein ganzes Aroma, das nur noch durch ein wenig Zitronensaft und Butter abgerundet werden sollte.

DON KLUMPP/THE IMAGE BANK

Die Küstenstadt Ketchikan in Alaska, die in unmittelbarer Nähe der Nordgrenze von Kanada liegt

die alteingesessenen Bewohner Alaskas neckt. Sauerteig ist immer noch eine wichtige Zutat in der Küche Alaskas, und in vielen Kühlschränken steht ein damit gefülltes Glas; der altehrwürdige Sauerteigtopf hat mittlerweile ausgedient.

Anchorage, die größte Stadt Alaskas, wurde erst 1915 gegründet. Sie liegt an den weit ins Landesinnere reichenden Küsten des Cook Inlet. Ihre moderne Skyline wird im Osten von den Chugach-Bergen eingerahmt. Sie ist oft die »Luftkreuzung der Welt« genannt worden und zieht gleichermaßen Touristen und Geschäftsleute aus Europa und Asien an. Die Besucher sind oft erstaunt über die Eleganz dieser Stadt an der Nordgrenze der Zivilisation, eigentlich vermuteten sie hier noch die rauhe und ungeschliffene Atmosphäre früherer Zeiten.

Vorhergehende Seiten: Der schneebedeckte Little Diomede in Alaska, aus der Luft fotografiert

IRA BLOCK/THE IMAGE BANK

WEINE AUS DEM NORDWESTEN

Zwar wurden in Oregon und Washington schon vor rund einem Jahrhundert Weine gekeltert, doch erst in den letzten dreißig Jahren hat sich der Nordwesten zu einem Gebiet entwickelt, das hochklassige Weine produziert. Bis dahin bevorzugte man den Anbau von amerikanischen Rebsorten wie Concord für die Herstellung von Traubensaft und Marmelade oder als Tafelobst. In den sechziger Jahren dieses Jahrhunderts gehörte es zum guten Ton, sich für Weine aus klassischen europäischen Rebsorten zu interessieren, und in der Folge entstanden in beiden Staaten Kellereien, die sich auf die Herstellung hochklassiger Weine verlegten und heute einige der besten Weine der USA keltern.

Das Willamette-Tal mit seinem kühleren Klima wird manchmal als die Burgunder-Region des Landes bezeichnet, was es vor allem dem aromatischen, ausgewogenen Charakter seines Pinot Noir verdankt, dem bekanntesten Wein der Region. Auch Oregon hat sich einen Ruf als Hersteller frischer, fruchtiger und aromatischer Weine – vor allem Chardonnay, Riesling, Pinot Gris und eleganter Schaumweine – geschaffen. Heute gibt es mehr als neunzig Kellereien in Oregon, von denen etliche im Besitz von Weinmachern aus Frankreich, Kalifornien und Australien sind. Die gegenwärtige Anbaufläche beträgt 2 000 Hektar.

Das Weinanbaugebiet von Washington ist mehr als doppelt so groß wie das von Oregon. Seine 4 500 Hektar liegen vor allem im mittleren und östlichen Washington, in den Tälern von Yakima, Columbia und Walla Walla. Die Weingärten von Washington liegen im Gegensatz zu denen Oregons auf der Ostseite des Kaskadengebirges und sind so vor dem feuchten, kühlen Wetter des Westens geschützt. Zwar regnet es hier selten, dafür stellen die Flüsse Columbia, Yakima und Snake genügend Wasser für die Bewässerung zur Verfügung.

In den siebziger Jahren machte Washington mit seinen unverwechselbaren frischen Rieslingen auf sich aufmerksam. Heute umfaßt das Angebot erstklassige Schaumweine und acht andere Rebsorten – Chenin Blanc, Gewürztraminer, Chardonnay, Sauvignon Blanc und Semillon bei den Weißweinen und Merlot, Pinot Noir und Cabernet Sauvignon bei den Rotweinen. Château Ste Michelle und die Kellerei Columbia Crest stellen mehr als die Hälfte der Weine von Washington her. Die meisten der anderen achtzig Kellereien von Washington sind kleine oder mittlere Unternehmen.

OREGON

WEISSWEINE:

Brut (Schaumwein)

Chardonnay

Gewürztraminer

Pinot Gris

Weißer oder Johannisberg Riesling

ROTWEIN:

Pinot Noir

WEINKELLEREIEN:

Adelsheim Vineyard (1)

Argyle (2)

Domaine Drouhin (2)

Elk Cove Vineyards (3)

The Eyrie Vineyards (4)

Knudsen-Erath Winery (2)

Ponzi Vineyards (1)

Rex Hill Vineyards (1)

Saint Innocent Winery (5)

Sokol Blosser Winery (2)

Tualatin Vineyards (3)

WASHINGTON

WEISSWEINE:

Brut (Schaumwein)

Chardonnay

Chenin Blanc

Gewürztraminer

Sauvignon Blanc

Semillon

Weißer oder Johannisberg Riesling

Riesling Spätlese

ROTWEINE:

Cabernet Sauvignon

Merlot

Pinot Noir

WEINKELLEREIEN:

Arbor Crest Winery (6)

Barnard Griffin Winery (7)

Château Ste Michelle (8)

Columbia Winery (8)

Columbia Crest (9)

Covey Run (10)

Gordon Brothers Cellars (11)

Hedges Cellars (12)

The Hogue Cellars (13)

Leonetti Cellars (14)

Quilceda Creek Vintners (8)

Waterbrook Winery (14)

Woodward Canyon Winery (14)

REZEPTE VON DER NORDWESTLICHEN PAZIFIKKÜSTE UND ALASKA

Lisa Saltzman

Cabbage Soup

Kohlsuppe

Wegen der langen und kalten Winter in Alaska war das Angebot an frischen Gemüsen früher oft sehr begrenzt. In dieser herzhaften Suppe werden lediglich Gemüse aus dem eigenen Garten verwendet.

400 g Speck, in dünne Streifen geschnitten
1 Mohrrübe, in Scheiben geschnitten
2 Zwiebeln, gehackt
2 Stangen Sellerie, in Scheiben geschnitten
4 Knoblauchzehen, fein gehackt
1 mittelgroßer Kohlkopf von etwa 750 g,
*   in Streifen geschnitten*
5 Thymianzweige
10 zerdrückte Pfefferkörner
2 l hausgemachte Hühnerbrühe
Salz und frisch gemahlener Pfeffer

Den Speck in einem großen Topf in 5 bis 7 Minuten auslassen, bis er leicht gebräunt ist. Mit einem Schaumlöffel aus dem Topf nehmen und beiseite stellen. Alles Fett bis auf 1 EL abgießen. Mohrrübe, Zwiebel, Sellerie und Knoblauch in den Topf geben und bei mittlerer Temperatur zugedeckt 10 Minuten sautieren. Den Kohl, Thymian und Pfefferkörner zugeben.

Zugedeckt 10 weitere Minuten schmoren lassen. Die Brühe zugießen und bei niedriger Temperatur 30 Minuten köcheln lassen. Den Speck wieder in die Suppe geben und mit Salz und Pfeffer abschmecken. Heiß auftragen.

Für 6 Personen

Cheddar and Walnut Shortbreads

Cheddar-Walnuß-Plätzchen

Cheddar von der Oregon-Küste wird seit über einem Jahrhundert auf vielerlei Weise verwendet. Diese traditionellen Plätzchen, auch *Cheddar pennies* genannt, sind ein idealer Appetithappen oder kleiner Imbiß.

125 g weiche Butter
125 g Mehl
1/4 TL Salz
1 Prise Pfeffer
250 g frisch geriebener Cheddar
125 g Walnußkerne

Den Backofen auf 180° C vorheizen und die Walnüsse darin etwa 6 bis 7 Minuten rösten. Die Nüsse hacken und beiseite stellen. Die Butter mit einem Handrührgerät oder im Mixer

Sommerlicher Linsensalat, Kohlsuppe, Zwiebel-kuchen mit Blauschimmelkäse, Cheddar-Walnuß-Plätzchen

bei hoher Drehzahl 4 bis 5 Minuten schaumig aufschlagen. Mehl, Salz, Pfeffer, Käse und Walnüsse zugeben und bei niedriger Drehzahl zu einem Teig verarbeiten. Die Teigkugel zu zwei Rollen von 5 cm Durchmesser und 20 cm Länge formen. Jede Teigrolle in Klarsichtfolie wickeln und mindestens 30 Minuten im Kühlschrank ruhen lassen.

Den Teig aus dem Kühlschrank nehmen und die Rollen in 5 mm dicke Scheiben schneiden. Die Teigplätzchen auf einem mit Backpapier ausgelegten oder eingefetteten Backblech im Abstand von 5 cm auslegen. Im vorgeheizten Ofen 10 bis 15 Minuten backen, bis die Plätzchen goldgelb sind. Warm oder zimmerwarm mit *crudités*, Oliven oder Cornichons auftragen.

Ergibt 5 bis 6 Dutzend Plätzchen

Summer Lentil Salad

Sommerlicher Linsensalat

Linsen verwendet man hauptsächlich in herzhaften winterlichen Suppen. Im Sommer kann man gut diesen erfrischenden Salat daraus zubereiten.

300 g Linsen, abgespült
1 Mohrrübe, in Würfel geschnitten
1/2 Zwiebel, in Würfel geschnitten
2 Knoblauchzehen, zerdrückt
1 1/2 TL Salz
1 l Wasser
1 Gurke, geschält und in Würfel geschnitten
2 Stangen Sellerie, in Würfel geschnitten
1/2 gelbe Paprikaschote, entkernt und in Würfel geschnitten
1/2 rote Paprikaschote, entkernt und in Würfel geschnitten
1/2 rote Zwiebel, in Würfel geschnitten
1 gute Handvoll gehackte Petersilie, Basilikum und Minze

Dressing:
6 EL (90 ml) Zitronensaft
1 EL Dijon-Senf
1 EL Rotweinessig
2 Knoblauchzehen, fein gehackt
0,15 l Olivenöl
Salz und frisch gemahlener Pfeffer
Salatblätter zum Garnieren

Linsen, Mohrrübe, Zwiebel, Knoblauch, Salz und Wasser in einen großen Topf geben. Zum Kochen bringen, die Hitze reduzieren und die Linsen in etwa 25 Minuten gar werden lassen. Das Wasser abgießen, die Linsen abtropfen und abkühlen lassen. Gurke, Sellerie, Paprikaschoten, rote Zwiebel und Kräuter mit den Linsen vermischen.

Für das Dressing Zitronensaft, Senf, Essig und Knoblauch in einer kleinen Schüssel vermischen und mit einer Gabel nach und nach das Olivenöl unterrühren.

Die Linsen mit dem Dressing anmachen und

mit Salz und Pfeffer abschmecken. Den lauwarmen Linsensalat auf einem Bett von Salatblättern anrichten.

Für 6 Personen

Oregon Blue Cheese and Walla Walla Onion Tart

Zwiebelkuchen mit Blauschimmelkäse

Die ersten Siedler im Nordwesten paßten Rezepte aus ihren Heimatländern häufig an die lokal erhältlichen Erzeugnisse an, wie zum Beispiel in diesem rustikalen Gericht, das ursprünglich aus Frankreich stammt.

Teig:
125 g Mehl
1 Prise Salz
125 g kalte Butter
4 – 6 EL (60 – 90 ml) Eiswasser

Belag:
2 EL Butter
1 EL Olivenöl
4 große milde Zwiebeln, in dünne Scheiben geschnitten
Salz und frisch gemahlener Pfeffer
150 g Blauschimmelkäse, zum Beispiel Roquefort, Stilton oder Gorgonzola
1 Ei
2 Eigelbe
4 EL (60 ml) Milch
0,2 l Crème double

Den Backofen auf 220° C vorheizen. Für den Teig Mehl, Salz und Butter in eine Schüssel geben. Mit den Händen schnell die Butter zu erbsengroßen Krumen verkneten. Das Eiswasser zugeben und den Teig gründlich durcharbeiten. Zu einer Kugel formen. Den Teig auf einer leicht bemehlten Arbeitsfläche ausrollen und eine Springform von etwa 28 cm Durchmesser damit auslegen. Den Boden gleichmäßig mit einer Gabel einstechen. In den Kühlschrank stellen und den Teig fest werden lassen.

Die mit Teig ausgekleidete Form mit Alufolie auslegen und mit Hülsenfrüchten wie getrockneten Bohnen beschweren. In den Ofen schieben und etwa 8 bis 10 Minuten backen. Hülsenfrüchte und Folie entfernen und weitere 5 bis 10 Minuten goldgelb backen. Aus dem Ofen nehmen. Die Temperatur auf 190° C herunterschalten.

In einem schweren Topf oder in einer Pfanne Butter und Olivenöl heiß werden lassen. Die Zwiebeln hineingeben, mit Salz und Pfeffer würzen, mit eingebutterter Alufolie oder mit Wachspapier belegen und mit einem Deckel verschließen. Bei mittlerer Temperatur unter gelegentlichem Rühren 30 bis 45 Minuten schmoren lassen, bis die Zwiebeln weich und goldgelb sind. Sie dürfen aber nicht braun werden. Die Zwiebeln mit einem Schaumlöffel aus der Pfanne oder dem Topf nehmen.

Den Käse durch ein mittelfeines Sieb strei-

chen. Ei und Eigelbe zusammen mit der Milch und der Sahne verquirlen. Den Käse zugeben und mit Salz und Pfeffer abschmecken.

Die Zwiebeln gleichmäßig auf dem Boden der Form verteilen, die Eimasse darübergießen und im vorgeheizten Ofen 25 bis 35 Minuten backen, bis die Eimasse fest und goldbraun ist. Dünn aufschneiden und warm oder lauwarm servieren.

Für 6 bis 8 Personen

Northwest Grilled Salmon

Gegrillter Lachs nach Art des Nordwestens

Die Einwohner der nordwestlichen Küstenregion garten den Lachs im ganzen direkt über offenem Feuer. Noch heute ist Lachs, nur über Holzkohlenfeuer gegrillt, ein klassisches Regionalgericht, einfach zuzubereiten und dennoch köstlich.

1 Lachs von etwa 2 – 2 1/2 kg, Gräten entfernt und in 2 Filets zerteilt
Salz und Pfeffer
3 EL Olivenöl
Saft von 1 Zitrone
1 Zitrone, in dünne Scheiben geschnitten
1 milde Zwiebel, in dünne Scheiben geschnitten
2 TL Zitronenthymian
2 Zitronen, in Scheiben geschnitten, zum Garnieren (nach Belieben)

Für die Zubereitung des Lachses jedes Filet auf ein Stück Alufolie ausbreiten. Großzügig mit Salz und Pfeffer würzen, mit Olivenöl bestreichen und mit Zitronensaft beträufeln. Die Lachsfilets mit Zitronen- und Zwiebelscheiben belegen und mit dem Zitronenthymian bestreuen.

Den Holzkohlengrill vorbereiten. Wenn die Kohlen durchgeglüht sind, die Lachsfilets mit der Folie auf den Grillrost legen und 10 bis 15 Minuten grillen.

Der Lachs ist gar, wenn er sich leicht mit einer Gabel zerteilen läßt. Nach Belieben mit Zitronenscheiben garnieren und sofort auftragen.

Für 6 Personen

Gegrillter Lachs nach Art des Nordwestens, Kalifornischer Taschenkrebs

ALLAN ROSENBERG

Dungeness Crab

Kalifornischer Taschenkrebs

Der Kalifornische Taschenkrebs ist leicht zuzubereiten. Um seinen delikaten, kräftigen Geschmack zu betonen, sollte man ihn ohne weitere Beilagen genießen.

6 lebende Kalifornische Taschenkrebse von je
    etwa 750 g
400 g Butter, zerlassen
Saft von 6 Zitronen

In einem großen Topf Salzwasser zum Kochen bringen. Die Taschenkrebse, Rückseite nach unten, hineingeben. Aufkochen lassen und 20 Minuten köcheln lassen. Die Krebse aus dem Wasser nehmen und zum Abkühlen in Eiswasser tauchen.

Von den Krebsen die Schwänze lösen und aufbrechen. Den Panzer ebenfalls aufbrechen. Die Innereien entfernen und die Krebse gründlich abspülen.

Jeden Krebs halbieren, die Beine lösen. Man trägt pro Person einen Taschenkrebs auf und reicht dazu je eine kleine Schüssel mit zerlassener Butter und Zitronensaft.

Für 6 Personen

Shellfish Pasta

Nudeln mit Meeresfrüchten

Für dieses Gericht, das einen idealen ersten Gang oder ein leichtes Hauptgericht ergibt, kann man jede Art von Schaltieren verwenden.

400 g Miesmuscheln, gebürstet und die Bärte
    entfernt
2 Schalotten, fein gehackt
1/8 l trockener Weißwein
500 g Venusmuscheln
1/2 l Crème double
1 TL Salz
2 Knoblauchzehen, fein gehackt
2 EL Butter
2 Frühlingszwiebeln
125 g Austernpilze, Stengel entfernt
1 schlanke Zucchini, in dünne Scheiben
    geschnitten
Salz und frisch gemahlener Pfeffer
2 EL gehackte Petersilie
750 g frische Linguine,
    Fettuccine oder Spaghetti
250 g Garnelen
200 g Jakobsmuscheln
4 EL (60 g) fein geriebener Parmesan

Miesmuscheln, Schalotten und Weißwein in einen mittelgroßen Topf geben und zugedeckt bei Mittelhitze 3 bis 4 Minuten kochen lassen, bis sich die Schalen öffnen. Die Muscheln herausnehmen und abtropfen lassen, 1/8 l Kochsud zurückbehalten. Die Muscheln abkühlen lassen. 10 Muscheln zurückbehalten, alle anderen aus den Schalen lösen und beiseite stellen. Die Venusmuscheln mit 1/8 l Wasser in einen Topf geben und zugedeckt bei mittlerer Temperatur 3 bis 4 Minuten kochen lassen, bis sich die Schalen öffnen. Abkühlen lassen und bis auf 10 Stück alle übrigen Venusmuscheln aus den Schalen lösen. Beiseite stellen.

Crème double und Muschelkochsud mit etwas Salz in einen Topf geben, verrühren und bei Mittelhitze in 30 Minuten um ein Drittel einkochen lassen. Den Knoblauch zugeben, vom Herd nehmen und warm stellen. Die Butter bei mittlerer Temperatur in einem großen Topf zerlassen. Die Frühlingszwiebeln und Austernpilze hineingeben und in 5 bis 6 Minuten weich werden lassen. Die Zucchini zugeben und in 1 bis 2 Minuten gerade heiß werden lassen. Mit Salz und Pfeffer abschmecken, die Petersilie unterrühren und beiseite stellen.

In einem großen Topf Salzwasser zum Kochen bringen, die Nudeln hineingeben und al dente kochen. In der Zwischenzeit die Crème double nochmals aufkochen lassen und zu den Gemüsen geben. Miesmuscheln, Venusmuscheln, Garnelen und Jakobsmuscheln unterrühren und in nur etwa 1 Minute heiß werden lassen.

Die Nudeln gut abtropfen lassen und sofort zur Sauce geben. Alles gründlich miteinander vermengen. Mit Parmesan und gehackter Petersilie bestreuen und heiß auftragen.

Für 6 Personen

Nudeln mit Meeresfrüchten

ALLAN ROSENBERG

Wild Duck Breasts with Chanterelles

Wildentenbrust mit Pfifferlingen

Wildenten sind kleiner und magerer als Hausenten.

1/4 l Enten- oder Hühnerbrühe
30 g getrocknete Pfifferlinge,
    falls erforderlich abgespült
Brustfleisch von 6 Wildenten, halbiert, mit Haut
4 EL (60 g) Butter
3 Schalotten, fein gehackt
500 g frische Pfifferlinge, geputzt
Salz und frisch gemahlener Pfeffer
0,2 l Madeira

Den Backofen auf 200° C vorheizen. Die Entenbrühe in einem mittleren Topf erhitzen. Die getrockneten Pfifferlinge hineingeben und 15 bis 20 Minuten köcheln lassen. Die Pilze aus der Brühe nehmen und für eine andere Gelegenheit aufbewahren. Die Brühe durch einen Kaffeefilter gießen und beiseite stellen. Die Entenbrüste mit der Haut nach unten in eine kalte Pfanne legen. Den Herd auf mittlere Temperatur schalten und die Entenhaut in etwa 5 bis 8 Minuten braun werden lassen. Die Pfanne in den vorgeheizten Ofen schieben und die Entenbrüste unbedeckt in 15 bis 20 Minuten rosa braten.

In der Zwischenzeit die Butter in einer großen Pfanne bei mittlerer Temperatur zerlassen. Die Schalotten hineingeben und unter gelegentlichem Rühren in etwa 3 bis 5 Minuten weich werden lassen. Die Pfifferlinge zugeben und bei etwas höherer Temperatur etwa 5 Minuten schmoren lassen. Mit Salz und Pfeffer abschmecken.

Die gebratenen Entenbrüste aus der Pfanne nehmen, in Alufolie wickeln und warm stellen, während man die Sauce zubereitet. Den Bratensatz mit Madeira löschen, die Entenbrühe zugießen und 4 bis 5 Minuten sirupartig einkochen lassen. Abschmecken. Jeweils zwei Entenbrusthälften auf einem Teller anrichten, mit der Sauce beträufeln und mit den Pfifferlingen garnieren. Sofort servieren.

Für 6 Personen

Venison Stew

Wildragout

Es gibt nur wenige Gegenden auf der Welt, deren Jagdgebiete mit denen Alaskas vergleichbar wären. Die Reviere sind leicht zu erreichen, und es gibt reichlich Wild. Anstelle von Wildbret kann man für dieses deftige Ragout auch Karibu-, Elch- oder Rindfleisch verwenden.

1 1/2 kg Wildbret zum Schmoren, in 5 cm große
    Würfel geschnitten
1 Zwiebel, in Scheiben geschnitten
2 Knoblauchzehen, geschält
1/2 l kräftiger Rotwein
200 g Speck, in feine Streifen geschnitten
4 EL (60 g) Butter
3 EL Mehl
3 Thymianzweige
1/2 l Rinderbrühe
2 Mohrrüben, in Scheiben geschnitten
Salz und frisch gemahlener Pfeffer
2 EL Butter
250 g Shiitake-Pilze, geputzt und in 1 cm große
    Stücke geschnitten
gehackte Petersilie zum Garnieren

Rotwein, Zwiebel und Knoblauch in eine Schüssel geben und das Wildbret über Nacht darin marinieren. Die Speckstreifen in kochen-

Wildentenbrust mit Pfifferlingen, Wildragout

dem Wasser etwa 10 Minuten blanchieren. Herausnehmen und auf Küchenpapier abtropfen lassen. In einem großen Topf 60 g Butter zerlassen und den Speck darin schnell braun, aber nicht knusprig braten. Aus dem Topf nehmen und auf Küchenpapier abtropfen lassen.

Das Fleisch aus der Marinade nehmen, gut abtropfen lassen und trockentupfen. Die Marinade beiseite stellen. Das Fleisch mit Mehl bestäuben und bei mittlerer Temperatur in dem Speckbratfett von allen Seiten braun anbraten. Thymian, Marinade und Rinderbrühe zugeben und aufkochen lassen.

Die Hitze reduzieren und bei niedriger Temperatur 2 bis 3 Stunden köcheln lassen, bis das Fleisch zart, aber nicht trocken und faserig ist. 30 Minuten vor Ende der Garzeit die Mohrrüben zugeben.

2 EL Butter in einer mittleren Pfanne erhitzen. Die Pilze 3 bis 4 Minuten sautieren, bis alle Flüssigkeit verdampft ist, und zusammen mit

dem Speck zum Fleisch geben. Mit Salz und Pfeffer abschmecken. Das Ragout mit gehackter Petersilie bestreuen und sofort auftragen. Als Beilage eignen sich gut kleine gekochte Kartoffeln.

Für 6 Personen

Summer Baked Potatoes

Sommerliche gebackene Kartoffeln

Unter den ersten Gemüsen, die die frühen Einwanderer anbauten, waren Kartoffeln. Sie machen heute noch den größten Teil der Ernten im Nordwesten aus.

1 EL Olivenöl
2 Zwiebeln, in dünne Scheiben geschnitten
750 g sehr kleine neue Kartoffeln
4 Knoblauchzehen
1 Zweig frischer Thymian

1 EL gehackter frischer Salbei
1 EL gehackter frischer Origano
Salz und frisch gemahlener Pfeffer
1 EL Butter
1 Handvoll gehackte frische Kräuter, wie Salbei,
   Thymian, Petersilie, Schnittlauch

Den Backofen auf 200° C vorheizen. Das Olivenöl in eine feuerfeste flache Form gießen, die die Kartoffeln in einer Lage aufnehmen kann. Zwiebeln, Kartoffeln, Knoblauch, Thymian, Salbei und Origano hineingeben und mit Salz und Pfeffer würzen. Fest mit Alufolie verschließen und die Kartoffeln im Ofen 35 bis 45 Minuten backen, bis sie gar sind. Zur Probe mit einem spitzen Messer oder einem Metallspießchen hineinstechen.

Die Butter zerlassen und mit den Kräutern vermischen. Über die Kartoffeln gießen und sofort auftragen.

Für 6 Personen

Sommerliche gebackene Kartoffeln,
Sautierte Waldpilze

Wild Mushroom Sauté

Sautierte Waldpilze

Der würzige Geschmack von Waldpilzen paßt
gut zu Wild, Geflügel und Schweinefleisch.

3 EL Butter
2 EL Pflanzenöl
3 Schalotten, fein gehackt
2 Knoblauchzehen, fein gehackt
500 g Pfifferlinge, Steinpilze oder beides
*   gemischt, geputzt und in 5 mm dicke Scheiben*
*   geschnitten*
Salz und frisch gemahlener Pfeffer
3 EL gehackte Petersilie

In einer großen Pfanne Butter und Olivenöl bei
mittlerer Temperatur heiß werden lassen.
Schalotten und Knoblauch zugeben und unter
Rühren in einigen Minuten weich, aber nicht
braun werden lassen. Die Pilze zugeben und bei
hoher Temperatur 2 bis 3 Minuten sautieren.
Die Pilze sollten gar, aber noch knackig sein.
Mit Salz und Pfeffer würzen, mit der gehackten
Petersilie bestreuen und sofort servieren.

Für 6 Personen

Green Beans and Cherry Tomatoes

Grüne Bohnen mit Cocktail-Tomaten

Die Einfachheit und Frische der nordwestlichen
Küche zeigen sich besonders im Sommer, wenn
es frisches Gemüse in Hülle und Fülle gibt.
Dieses Gericht paßt gut als leichte Beilage zu
gegrilltem Huhn oder zu Fisch. Man sollte
hierfür nur die süßen Cocktail-Tomaten und
frisches Basilikum verwenden.

500 g grüne Bohnen
2 EL Olivenöl
2 Schalotten, fein gehackt
2 Knoblauchzehen, fein gehackt
250 g Cocktail-Tomaten
Salz und frisch gemahlener Pfeffer
1 kleine Handvoll Basilikumblätter, in feine
*   Streifen geschnitten*

In einem großen Topf Salzwasser zum Kochen
bringen und die grünen Bohnen darin etwa
5 Minuten blanchieren. Das Wasser abgießen
und die Bohnen mit kaltem Wasser abschrek-
ken. Mit einem sauberen Tuch trockentupfen
und beiseite stellen.
    In einer großen Pfanne bei mittlerer Tempe-
ratur das Olivenöl erhitzen. Schalotten und
Knoblauch zugeben und unter gelegentlichem
Rühren in 4 bis 5 Minuten weich werden lassen.
Die Hitze erhöhen und die Bohnen in die Pfanne
geben. In etwa 1 bis 2 Minuten heiß werden
lassen. Die Cocktail-Tomaten zugeben und
1 Minute sautieren. Mit Salz und Pfeffer abschmecken, das Basilikum unterrühren und
sofort auftragen.

Für 6 Personen

Sourdough Pancakes

Sauerteig-Pfannkuchen

Die traditionelle Methode, mit der man einen
Sauerteig ansetzte, war folgendermaßen: Man
vermischte Kartoffeln, Wasser und Mehl, die
nach einigen Tagen auf natürliche Weise zu
gären begannen. Die hier beschriebene Methode
ist viel einfacher und liefert dennoch den typischen säuerlichen Geschmack. Zum Gehen gibt
man den Sauerteigansatz in ein großes Glas mit
Deckel oder in einen Tontopf und stellt ihn in
den Kühlschrank. Einmal wöchentlich, egal ob
man den Sauerteigansatz zum Backen verwendet
oder nicht, muß man ihn mit 250 Gramm des
nachfolgend beschriebenen Mutterteigs auffüllen. Der Sauerteigansatz ist unbegrenzt haltbar, wenn man ihn wöchentlich mit Mutterteig
auffüllt.

Sauerteigansatz:
0,6 l warmes Wasser
7 g Trockenhefe
370 g Mehl

Mutterteig:
1/4 l Sauerteigansatz
1/2 l warmes Wasser
320 g Mehl
1 EL Zucker

Pfannkuchen:
Sauerteig
2 Eier, verquirlt
2 EL Pflanzenöl
6 EL (90 ml) Milch
1 TL Salz
1 TL Backpulver
2 EL Zucker

Grüne Bohnen mit Cocktail-Tomaten

Drei oder vier Tage vor Zubereitung der Pfannkuchen sollte man den Sauerteig ansetzen. Hierfür das warme Wasser in eine große Schüssel gießen und die Hefe darüberstreuen. Nach etwa 5 Minuten nach und nach das Mehl zugeben und zu einem glatten Teig verrühren. In ein 1 l fassendes Einmachglas oder in eine große Schüssel gießen und locker mit Folie abdecken. An einem warmen Platz 2 bis 3 Tage stehenlassen.

Einen Tag vor Zubereitung der Pfannkuchen den Teig anrühren. Die Zutaten in einer großen Schüssel vermischen und locker zugedeckt an einem warmen Platz mindestens 8 Stunden ruhen lassen. Vor dem Zubereiten der Pfannkuchen 1/4 l Teig abnehmen und zum Sauerteigansatz geben. Den restlichen Teig für die Pfannkuchen verwenden.

Für die Pfannkuchen den Grundteig mit den Eiern, dem Öl und der Milch verrühren. In einer kleinen Schüssel Salz, Backpulver und Zucker vermischen und über den Pfannkuchenteig streuen. Gut verrühren und etwa 4 Eßlöffel Teig in eine leicht eingefettete, heiße gußeiserne Pfanne geben. Wenn der Pfannkuchen Blasen wirft und goldbraun ist, vorsichtig wenden und auf der anderen Seite in etwa 20 bis 30 Sekunden ebenfalls goldbraun werden lassen. Sofort mit frischen Früchten oder Ahornsirup auftragen.

Für 6 Personen

Sauerteig-Pfannkuchen

Fresh Berry Compote

Frische gemischte Beeren

Im Sommer wird in dieser Region fast jede Woche eine andere Beerensorte reif. Auf dem Höhepunkt der Saison bieten die lokalen Geschäfte oder Straßenstände ein Dutzend oder mehr Arten feil. Für dieses einfache Dessert kann man alle Beerensorten verwenden. Unterstrichen wird ihr volles Aroma durch Cassis.

150 g Blaubeeren
150 g Himbeeren
150 g Brombeeren
220 g Süßkirschen, ohne Stengel und entsteint
2 – 3 EL Zucker, je nach Geschmack
1 EL Crème de Cassis
    (schwarzer Johannisbeerlikör)

Beeren und Kirschen in einer großen Metallschüssel vorsichtig vermischen, dabei die Schüssel in beide Hände nehmen und kreisende Bewegungen machen. Auf keinen Fall die Beeren mit einem Löffel umrühren, da sie sonst platzen. Abschmecken. Eventuell noch etwas Zucker zugeben. Cassis darüberträufeln und kalt stellen. Allein, zu Sorbet, Eiscreme oder Früchtekuchen servieren.

Für 6 Personen

Rhubarb Crisp

Rhabarber-Streusel-Kuchen

Rhabarber gedeiht im kühlen Klima von Alaska. Hier wird die Säure des Rhabarbers durch einen süßen Streuselbelag gemildert.

Streuselbelag:
4 EL (60 g) Haferflocken
4 EL (60 g) Mehl
6 EL (90 g) brauner Zucker
1 Prise gemahlener Zimt
6 EL (90 g) weiche Butter
60 g Walnußkerne, im 190° C heißen Ofen
    5 Minuten geröstet und grob gehackt

Füllung:
1 kg Rhabarber, gewaschen, geputzt und
    in 1 cm dicke Scheiben geschnitten
180 g Zucker
2 EL (30 g) Mehl

Für den Belag Haferflocken, Mehl, braunen Zucker und Zimt miteinander vermischen. Die Butter zugeben und mit den Fingern zu groben Krumen verarbeiten. Die Walnüsse zugeben.

Den Rhabarber mit dem Zucker und 2 EL Mehl überziehen. In eine Pie-Form von etwa 23 cm Durchmesser oder in eine rechteckige feuerfeste Form von 23 cm Länge füllen und gleichmäßig mit dem Streuselbelag bedecken. In den heißen Ofen schieben und 45 bis 50 Minuten backen, bis der Streusel leicht gebräunt ist und der Rhabarber köchelt. Warm mit Crème double auftragen.

Für 6 Personen

Northwest Apple and Pear Pie

Apfel-Birnen-Kuchen aus dem Nordwesten

Zwei der im Nordwesten am häufigsten gegessenen Früchte werden hier – wie in alten Pioniertagen – zusammen in einem ländlichen Kuchen verwendet. Sollte das Obst besonders aromatisch sein, kann man Zimt und Muskatnuß weglassen.

Teig:
180 g Mehl
1 EL Zucker
150 g kalte Butter, in 5 mm große Würfel
    geschnitten
1 Prise Salz
4 EL (90 ml) Eiswasser

Belag:
6 knackige, aromatische Äpfel
3 reife, feste, aromatische gelbe Birnen
4 EL (90 g) Zucker
2 EL Mehl
1/4 TL gemahlener Zimt
1 Prise frisch gemahlene Muskatnuß
1 EL Zucker zum Bestreuen

Für den Teig Mehl, Zucker, Butter und Salz in einer Schüssel vermischen. Schnell die Butter mit den Fingern zu erbsengroßen Kügelchen einarbeiten. Das Eiswasser zugießen und den Teig zu einer Kugel kneten. Sofort auf einer leicht bemehlten Arbeitsfläche zu einem runden Fladen von 2 1/2 mm Stärke und einem Durchmesser von etwa 36 bis 38 cm ausrollen. Eine Pie-Form von etwa 23 cm Durchmesser mit dem Teig auskleiden. Überlappenden Teig nicht abschneiden, weil man ihn zum Darüberschlagen braucht. Bis zum Gebrauch kalt stellen.

Den Backofen auf 200° C vorheizen. Für den Belag die Äpfel schälen, entkernen und in 5 mm dicke Scheiben schneiden. Die Birnen ebenfalls schälen, entkernen und in 1 cm dicke Scheiben schneiden. Das in Scheiben geschnittene Obst in eine Schüssel geben und leicht mit Zucker, Mehl, Zimt und Muskatnuß überziehen. Je nach Aroma und Säure der Früchte eventuell noch etwas Zucker zugeben. Die Früchte gleichmäßig in der mit Teig ausgekleideten Pie-Form verteilen, die jetzt ziemlich voll sein wird. Die überstehenden Teigenden locker darüberschlagen – der Teig wird die Früchte nicht vollkommen bedecken – und die Oberfläche mit 1 EL Zucker bestreuen.

In den vorgeheizten Ofen schieben und etwa 60 bis 70 Minuten backen, bis der Teig goldbraun ist und die Früchte weich sind. Zur Garprobe mit einem kleinen Metallspieß hineinstechen. Warm mit Vanille-Eis servieren.

Für 6 Personen

Hazelnut Torte

Haselnußkuchen

Frische Haselnüsse fallen in Oregon im Herbst buchstäblich von den Sträuchern. Ihr unverwechselbares Aroma durchzieht diesen Kuchen, der wunderbar zum Kaffee schmeckt oder als Nachtisch an einem kalten Winterabend.

250 g Haselnüsse
125 g Mehl
1 TL Backpulver
125 g Butter
180 g Zucker
3 Eier
1 TL Vanille-Essenz
1 TL Frangelico oder Brandy
Puderzucker zum Bestäuben
30 g zartbittere Schokolade

Den Backofen auf 180° C vorheizen. Die Haselnüsse im Ofen 5 Minuten rösten. Wenn sie etwas abgekühlt sind, die Haut abziehen. Die Ofentemperatur auf 165° C herunterschalten.

Eine Kuchenform von etwa 23 cm Durchmesser einfetten, mit Mehl bestäuben und mit Backpapier auslegen. Im Mixer oder in der Küchenmaschine die Haselnüsse fein mahlen und mit dem Mehl und dem Backpulver vermischen. Beiseite stellen. Die Butter mit einem Handrührgerät in einer Schüssel in etwa 3 bis 4 Minuten hellgelb und schaumig aufschlagen. Den Zucker zugeben und weitere 2 bis 3 Minuten rühren.

Eier, Vanille-Essenz und Brandy miteinander verquirlen und die Hälfte davon zur Butter-Zucker-Mischung geben. Mit dem Handrührgerät auf höchster Stufe 30 Sekunden verrühren, dann die zweite Hälfte zugeben und so lange rühren, bis alles gut miteinander verbunden ist. Die Haselnüsse mit dem Mehl zugeben und mit dem Handrührgerät bei niedriger Drehzahl einarbeiten. Den Teig in die Form gießen und die Oberfläche glätten.

Im vorgeheizten Ofen etwa 40 bis 45 Minuten backen, bis der Kuchen goldbraun ist und sich in der Mitte fest anfühlt. Den Haselnußkuchen in der Form auskühlen lassen, erst dann aus der Form nehmen. Die Schokolade im Wasserbad schmelzen. Etwa 5 bis 10 Minuten beiseite stellen, bis die Schokolade leicht abgekühlt und etwas dick geworden ist. Den Kuchen mit Puderzucker bestäuben. Eine Gabel in die Schokolade tauchen und den Kuchen damit dekorieren. Den Haselnußkuchen zimmerwarm mit leicht aufgeschlagener Sahne servieren.

Für 6 bis 8 Personen

Apfel-Birnen-Kuchen aus dem Nordwesten,
Haselnußkuchen, Rhabarber-Streusel-Kuchen,
Frische gemischte Beeren

HAWAII UND KALIFORNIEN

James Badham

*J*edes Kochrezept hat einen Bezug zur kulturellen Geschichte seiner Umgebung. In Hawaii und Kalifornien wird dies besonders deutlich. Beide Staaten, eng mit dem Pazifik verbunden, haben eine Einwohnerschaft, die sich aus Einwanderern aus allen Winkeln dieser Erde zusammensetzt – und dies spiegelt sich in den mannigfaltigen Kochstilen wider, die sowohl nebeneinander bestehen als sich auch wechselseitig beeinflußt haben und noch beeinflussen.

•Medford

City•

Klamath

Pit

Nevada

Great

Sacramento

Sacramento Valley

Humboldt

t Bragg•

Ukiah•

Reno• •Sparks
•Virginia City
•Carson City

Basin

Santa Rosa•
Bodega Head
Sacramento ◉
•Napa

Sierra

California

Oakland

San Francisco ◉
•Stockton

•Hayward

◉San Jose

Santa Cruz• •Gilroy

San Joaquin Valley

Nevada

Fresno

Death Valley

Lake
Mead

Monterey•
Carmel

Diablo Range

Las Vegas
◉

San Luis
Obispo•
Pismo Beach•
•Bakersfield

Mojave Desert

Ocean

Santa Barbara•

Santa Paula•
Pasadena•

San
Bernardino•

•Riverside

Los Angeles

Colorado

Long Beach• •Anaheim

Salton Sea

San Diego•

◉Mexicali

Tijuana•

HAWAII

Man vermutet, daß die ersten Siedler Hawaiis zwischen 100 und 450 n. Chr. von Polynesien aus auf die Pazifikinsel kamen. Sie brachten Süßkartoffeln, Yams, Bananen, Kokosnüsse, Brotfrüchte, Schweine, Hunde, Hühner und ein besonders wichtiges Gemüse, Taro, mit, aus dem sie eine Art Pastete namens *poi* zubereiteten. Bis 1769, als der Seefahrer James Cook die Inselgruppe durch Zufall entdeckte und sie Sandwich-Inseln taufte, ernährten sich die Hawaiianer in der Hauptsache von *poi*, Fisch und Früchten.

Cooks Entdeckung bereitete den Weg für weiße Einwanderer, von denen die ersten Ende des 18. Jahrhunderts auf die Insel kamen – Seeleute, Walfänger, Pelzhändler und Kaufleute –, ab 1820 gefolgt von Missionaren. Als nächste strömten die Chinesen ins Land, um auf den Zuckerplantagen zu arbeiten, die die durch den kalifornischen Goldrausch ausgelöste Nachfrage nach Zucker kaum mehr befriedigen konnten. Doch die Chinesen kehrten den Plantagen bald den Rücken, um ihr Glück als selbständige Reis-, Taro-, Zucker- und Gemüseanbauer oder als Restaurant- oder Ladenbesitzer zu versuchen. In den letztgenannten Sparten zeigten sie so viel Geschick, daß sie praktisch das Monopol dafür auf Hawaii übernahmen. Sie führten neue Obst- und Gemüsearten ein und Hunderte von Gerichten, die heute zu den Standards auf Hawaii gehören, wie pfannengerührte Zubereitungen, Frühlingsrollen, Schweinefleisch oder Fisch süß-sauer, aber auch *mauna pua*, gedämpfte Reismehlrollen, die mit allem möglichen, angefangen von süßen roten Bohnen bis hin zu Kokosnuß-Curry-Huhn, gefüllt sein können.

Den chinesischen Arbeitern in den Zuckerrohrplantagen folgten andere Einwanderer, von denen sich viele, wie zum Beispiel die Japaner, nach Ablauf ihrer Verträge anderen Beschäftigungen zuwandten. Die Küche der Japaner zeichnete sich durch besondere Frische und Betonung des Dekorativen aus, zugleich kamen mit ihr neue Arten von Nudeln, die Verwendung von Seetang und Teriyaki-Grillsauce nach Hawaii, aber auch neue Zubereitungsarten für die hier heimischen Fische und nicht zuletzt die Kunst des Grillens auf dem Hibachi, einem transportablen kleinen Grill. Portugiesische Einwanderer von den Azoren und aus Madeira brachten ihr *pao doce*, ein süßes Brot, *malassadas*, eine Art Krapfen, würzige Würste und eingelegte Zwiebeln mit. Die Puertoricaner machten Hawaii mit karibischer Kost und festlichen Reisgerichten, die mit Annato-Öl gefärbt wurden, bekannt. Die Koreaner brachten scharf gewürzte Gerichte ins Land und streng schmeckende vergorene Beilagen wie *kim chee*, die koreanische Version des Sauerkrauts, die sich bald allgemeiner Beliebtheit erfreuten. Die Küche der Filipinos war eine Mixtur aus spanischen und asiatischen Einflüssen; durch sie wurden Mungobohnen, Bittermelonen und Fischsauce in Hawaii heimisch. Nach dem Zweiten Weltkrieg wanderten Samoaner ein, die keine Mühe hatten, sich an die alten traditionellen Gerichte von Hawaii zu gewöhnen, die sie aus ihrem eigenen Repertoire ergänzten; und in jüngster Zeit ist es durch die Zuwanderer aus Südostasien zu einer weiteren Bereicherung der Vielfalt in der hawaiianischen Küche gekommen.

Überall auf den Inseln von Hawaii findet man Gerichte der verschiedenen ethnischen Gruppen in Reinkultur, doch ein Besucher von Hawaii wird mit einiger Sicherheit beim Abschied das Gefühl haben, eine einzigartige Verschmelzung kulinarischer Genüsse erlebt zu haben. So sind einige Gerichte typisch für Hawaii geworden, wie zum Beispiel *saimin*, wie die hawaiianische Bezeichnung für japanische Nudeln lautet. In einem typischen *saimin*-Restaurant auf Kauai zahlt man für eine Nudelmahlzeit aus der Schüssel ein paar Dollar, das exotische Inselflair gibt's gratis dazu. Hier gibt es keine Neonreklame wie in Honolulu, nur ein kleines Schild an einer Bude aus Verschalungsbrettern in einer schmucklosen dunklen Gasse. Eine abgegriffene Schwingtür führt in einen überfüllten Raum, in dem Einheimische an langen Tischen sitzen und Hühner- und Rindfleisch-Spieße essen oder aus großen Schüsseln *saimin* schlürfen – Nudeln in Brühe, mit Gemüsen, Eiern und *wontons* angereichert – oder eine Passionsfrucht-Pie genießen und alles mit einem Coke hinunterspülen. Billig, gut und volkstümlich das Ganze, so wie die Hawaiianer es lieben.

Der Mittelpunkt der Agrarerzeugung des fünfzigsten amerikanischen Bundesstaates liegt auf der Insel Hawaii, wo sich die beiden schneebedeckten Zwillingsvulkane Mauna Loa und Mauna Kea bis in 4100 Meter Höhe erheben und die Insel in eine feuchte und eine trockene Seite unterteilen.

Ein Taucher aus Kona mit einem Stück Seetang über der Schulter und einer geöffneten Abalone in den Händen

Die Hanauma Bay auf der Insel Oahu, Hawaii

Der Regen fällt auf Hilo, und so wachsen hier vierzig Prozent des Zuckerrohrs der Region (Kauai und Maui sind die anderen Hauptproduzenten). In Kona, auf der trockeneren Seite, gedeihen Früchte und Gemüse, die viel Sonnenlicht brauchen. Der Kona-Kaffee, einer der besten der Welt, wächst im sonnigen Windschatten des Mauna Loa, einer Gegend mit taufrischen Morgen, heiterem Tageslauf und kühlender Bewölkung am Nachmittag. Auf dem Big Island wird praktisch die gesamte hawaiianische Ernte an Macadamia-Nüssen eingebracht, rund die Hälfte an Gemüsen und Melonen und ein Großteil der Papayas und Weintrauben.

Auf der Insel gibt es 360 Ranches, darunter die historische Parker-Ranch, eine der größten privaten Ranches der USA. Auf diesen riesigen Ländereien findet man ebenso rauhbeinige Cowboys wie in den Great Plains, doch mit einem eindeutig insularen Charakter. Die hawaiianischen Cowboys hüten ihre Herden an den Hängen erloschener Vulkane, kauen getrocknete Fische und Tintenfische als kleinen Imbiß zwischendurch, veranstalten spektakuläre Rodeos und schneiden beim darauffolgenden *barbecue* im Inselstil ordentlich auf. Auf dem Speisezettel solcher »Western Luaus« stehen bunt durcheinander so beliebte Sachen wie gegrilltes Rind- und Lammfleisch, Gerichte wie *lomi lomi*-Lachs, gesalzener Lachs, der zerstampft oder in Streifen geschnitten und mit Zwiebeln, Tomaten und Eis gemischt wird; *kalua*-Schwein, das im Luau-Stil in einer geschlossenen Erdgrube, die mit heißen Steinen und *ti*-Blättern gefüllt ist, langsam gegart wird; *saté*, gegrillte kleine Fleischspießchen mit Erdnußsauce; *poi*, portugiesisches Maisbrot; *laulau*, Fisch, Hühner- oder Schweinefleisch, das mit *ti*-Blättern umhüllt und gedämpft wird; Kartoffelsalat und viel, viel Bier. Zum Dessert gibt es Papaya, Mango, Kokosnußpudding oder Bananen- oder Kokosnußsahne-Pie.

Überall an den Küsten ißt man ohne besondere Förmlichkeiten. Die Speisekarten bieten

DAS LUAU

Alle Hawaiianer sind sich darüber einig, daß man ein *luau* veranstalten müsse, um viel Spaß mit vielen Leuten zu haben. *Luaus* wurden schon von den alten Hawaiianern gefeiert, zu besonderen Gelegenheiten wie dem Geburtstag eines Königs oder einer guten Ernte oder um ihren Naturgottheiten zu huldigen.

Nachdem in neuerer Zeit der religiöse Hintergrund solcher Veranstaltungen weggefallen ist, bezeichnen die Hawaiianer mit *luau* heute ein eher ungezwungenes gesellschaftliches Ereignis. Wörtlich bezeichnet *luau* das Blatt der Taropflanze und im übertragenen Sinn jedes Gericht, bei dem dieses Blatt verwendet wird, und darüber hinaus auch die Festivität, bei der solche Gerichte aufgetragen werden.

Egal ob alt oder zeitgenössisch, ob heilig oder profan: Im Mittelpunkt des *luau* steht die unterirdische Kochstelle, *imu* genannt, und das *kalua*, das Schwein, das darin zubereitet wird. Zuerst gräbt man eine Grube, in der man ein Feuer entfacht, auf dem man Steine beträchtlicher Größe erhitzt. Wenn das Feuer heruntergebrannt ist, werden einige der heißen Steine in das Schwein gelegt, das danach in *ti*-Blätter eingeschlagen und mit weiteren heißen Steinen, Taro- und Bananenblättern, Süßkartoffeln und anderen Zutaten und Gerichten umlegt und bedeckt wird. Danach schüttet man die *imu*-Grube mit Erde zu und läßt ihren Inhalt für mehrere Stunden garen. Wenn sie wieder geöffnet wird, beginnt das *luau*.

Das in der Grube gegarte Schwein ist saftig, zart und fällt fast von selbst auseinander. Man nimmt ein Stück des gut gesalzenen Schweinefleisches zusammen mit einigen Fingerspitzen voll *poi*, der zerstampften und vergorenen Wurzel der Taropflanze, und macht so Bekanntschaft mit den Geschmacksnuancen echt hawaiianischer Küche. Dazu gibt es rauchig schmeckende, zarte Süßkartoffeln, die noch dampfen, und eine Reihe anderer Gerichte. *Laulau* sind hübsche, kleine, das Auge ansprechende Päckchen aus *ti*-Blättern, die mit Schweine- oder Hühnerfleisch, das mit Taroblättern gemischt ist, gefüllt sind. Die *ti*-Blätter geben ihr Aroma an das saftige, sanft gegarte Fleisch ab. Es gibt auch ein Gericht namens *luau*, das den spinatähnlichen Geschmack der Taroblätter mit dem von Hühnerfleisch oder Fisch und von Kokosmilch vereint und durch eine Reihe anderer Beilagen angereichert wird.

Pipi kaula, die hawaiianische Version von luftgetrocknetem Rindfleisch, das von europäischen Seeleuten nach Hawaii mitgebracht wurde, ist bei *luaus* ebenfalls beliebt, desgleichen *lomi lomi*-Lachs, zerstampfter und gesalzener Lachs, der mit Zwiebeln, Tomaten und Eis vermischt wird. Zu einem *luau* können auch Kalamar, Sepia oder Fisch in Kokosmilch gehören oder auch Garnelen. Nicht fehlen darf *haupia*, ein klebriger Pudding aus Kokosmilch und Pfeilwurz.

Die Tradition des *luau* wird in Hawaii unverändert hochgehalten und erfreut sich unverminderter Beliebtheit. Diese Zusammenkünfte in freundlicher Atmosphäre verkörpern den Geist des *aloha*, und die Hawaiianer sind stolz darauf und feiern ihn voller Ausgelassenheit. Wer jemals ein echtes ländliches *luau* miterleben durfte, weitab von den Touristen-Hotels und -Stränden, wird es niemals vergessen. Das Bild freundlicher Hawaiianer, barfüßig herumlaufender Kinder und zur Gitarre Hula tanzender Mädchen prägt sich einem für immer ein. Es ist wie ein Traum aus einer anderen Zeit.

Taroblattpflücker bei der Arbeit auf einem Feld im Waipio-Tal

ALVIS UPITIS/THE IMAGE BANK

von portugiesischen Eiern mit Wurst über Thunfisch-Sushi, Ingwerhuhn (der beste Ingwer der Welt kommt aus Hawaii), Hamburgern, Tacos, pfannengerührten Gerichten bis hin zu gegrilltem oder in der Pfanne gebratenem Fisch alles mögliche an. Schilder, die besagen, daß es hier »Tellergerichte« gibt, findet man auf Schritt und Tritt, und die Tagesspezialitäten, seien es süß-saure Schweinerippchen, Pfeffersteaks oder Fischspießchen, werden mit dem üblichen *two-scoop rice* – zwei Schöpflöffeln Reis – serviert. In Hilo gibt es einige große Freiluftmärkte, wie den Suisan-Fish-Markt, auf dem jeder, der das *pidgin*-Englisch des Auktionators versteht, mitbieten kann. Am sonnigen Strand von Kona kann sich der Tourist die berühmte Pazifik-Rim-Küche in eleganten Restaurants schmecken lassen. Der Tourismus ist bei weitem der größte Einkommenszweig auf den Hawaii-Inseln und hat dazu geführt, daß die Regionalküche eine Renaissance erlebt und heute von einer beträchtlichen Zahl junger Köche aus Hawaii und von anderswoher gepflegt wird.

Fährt man auf der Insel Maui in Richtung des alten Walfängerhafens und heutigen Touristenzentrums Lahaina, erstrecken sich ringsherum, soweit das Auge schauen kann, Zuckerrohr- und Ananasfelder. Lahaina ist zum Bersten voll mit Steak- und Kotelett-Häusern, Pasta- und Pizza-Restaurants und mit Ständen, die *shave ice*, eine lebhaft gefärbte, mit Fruchtsirup aromatisierte Form des *snowcone*, einer in den USA sehr beliebten Speiseeisform, anbieten. Egal ob man auf der Insel in einer winzigen Imbißbude oder im Speisesaal des besten Hotels am Platze zum Essen geht – auf der Speisekarte findet man mit Sicherheit immer eine Auswahl der köstlichen heimischen Fische. *Mahi mahi*, »Delphinfisch« (nicht der Meeressäuger, sondern eine Goldmakrelenart), *ono*, Königsmakrele, *ahi*, Gelbflossenthunfisch, und *marlin*, Speerfisch, gehören zu den beliebtesten Arten, die alle vorzugsweise gegrillt serviert werden.

Dank der fruchtbaren Vulkanerde, des ewigen Sonnenscheins und der berechenbaren Regenfälle und nicht zuletzt wegen des reichlich mit Meeresgetier gesegneten Ozeans können die Hawaiianer nach Herzenslust unter den »Rohmaterialien« für ihre Küche auswählen. All diese Vielfalt, in die Hände von Meisterköchen unterschiedlicher ethnischer Herkunft gegeben, verwandelt sich in die Aromen der ganzen Welt, die hier Platz in diesem winzigen Paradies findet.

Bok choy, zum Kauf angeboten vor einem chinesischen Laden in Honolulu

KALIFORNIEN

Als Missionare, in dicke Wollsachen gekleidet, gerade damit anfingen, die Hawaiianer zu Kleidung, Kalvinismus und Konversion zum christlichen Glauben zu überreden, konnten spanische Franziskanermönche, die ähnliches im spanischen Kalifornien betrieben, bereits erste Erfolge melden. Sie versuchten schon seit 1769, die Ureinwohner von Kalifornien zum katholischen Christentum zu bekehren. In jenem Jahr wurde die Mission in Alta, in der Nähe des heutigen San Diego, fertiggestellt, die erste von 21 Missionen, die sich von Mexiko bis nach Sonoma an einer Route entlangzogen, die man El Camino Real nannte. Diese Route stellte die letzte Etappe einer viel längeren Wegverbindung dar, die spanische und portugiesische Eroberer auf der Suche nach El Dorado in Mittel- und Südamerika schufen.

Zur Zeit der Ankunft der Missionare in Alta hatte schon seit rund zweihundert Jahren ein kulinarischer Austausch zwischen den Spaniern und den indianischen Ureinwohnern stattgefunden, ein Austausch, der die Anfänge der kalifornischen Küche darstellte. Europäische Einflüsse vermischten sich mit denen der Neuen Welt, so daß die Missionare und ihre eingeborenen Hilfskräfte buchstäblich die Saat pflanzten, aus der Kalifornien als eines der produktivsten landwirtschaftlichen Gebiete der Erde hervorgehen sollte.

Nur wenige der Ureinwohner von Kalifornien waren ausschließlich Jäger und Sammler, die meisten betrieben auch Agrarwirtschaft. Ihr Grundnahrungsmittel war die Eichel, die sie zu feinem Mehl verarbeiteten, aus dem sie wiederum die giftigen Säuren extrahierten und aus dem sie Brei, Kuchen, Brot und Grütze herstellten. Die Missionare brachten den Indianern, oft mit Gewalt, bei, wie man Saat ausbringt, und diese wiederum machten die Spanier mit der bemerkenswerten Vielfalt der heimischen Nahrungsmittel bekannt. Die Urbevölkerung sammelte die Samen wilder Gräser, Stachelbeeren, Brombeeren, wilde Trauben, Walnüsse, Pinienkerne, Wildzwiebeln, Knoblauch, Wasserkresse, jungen Löwenzahn und andere Wildsalate, Kaktusfeigen, Origano und *yerba buena*, ein süß schmeckendes Kraut; aus Weidensaft kelterte man Wein. Aus *tulares*, einer weitverbreiteten Sumpfpflanze, und aus dem Saft der Zucker-

An einem heißen Nachmittag trinkt eine Gruppe
von Gästen kühles Bier vor einem mexikanischen
Restaurant in San Francisco.

CAROL SIMOWITZ/SAUSALITO

Blühende Rosen umranken ein Marienbild in der
Mission in Carmel.

LEO MEIER

kiefer wurde Zucker gewonnen. Man fischte, jagte Haarwild, Kaninchen, Eichhörnchen, Wild-
tauben und Moorhühner; Elch- und anderes Wildfleisch wurde getrocknet und zu *jerky*
verarbeitet. Die an der Küste lebenden Stämme sammelten Muscheln und fingen Tintenfische; Schildkröten wurden mit Fallen oder der Harpune gejagt, ebenso Seelöwen und
Fische. Sie trockneten Seetang, formten ihn zu Kuchen und buken ihn und grillten Lachs mit
Wacholderbeeren.

Nach den Anlaufschwierigkeiten der ersten Jahre begannen die Gärten und Ländereien der
Missionen reiche Erträge abzuwerfen. Die Missionare züchteten Weinreben, aber auch
Rinder, Schafe und Schweine, deren Zahl in die Tausende ging. Als das Missionsland nach
der Unabhängigkeit Mexikos säkularisiert wurde, bedachte man die Nachkommen der
spanischen Siedler in Kalifornien großzügig mit Grundbesitz, den sogenannten *ranchos*. In
den darauffolgenden sechzig Jahren bauten die *Dons* auf den *ranchos* ihre Viehzucht im
großen Stil aus, genossen das Leben und feierten große Feste.

In dieser Zeitspanne entwickelte sich die Vorliebe der Kalifornier für Gerichte, in denen
heimische Agrarerzeugnisse mit mexikanischen Chilis und Gewürzen zusammentrafen.
Succotash, ein Gericht aus gekochten Bohnen, Mais und Paprikaschoten; *burritos*, bohnen-
gefüllte Weizenmehl-Tortillas; *tamales*, gedämpfte gefüllte Maisblätter; *menudo*, Kuttelsuppe;
albóndigas, Fleischbällchen; *mole*, eine würzige mexikanische Sauce mit Schokolade; Chili mit
Schweinefleisch; *carne seca*, Rindfleischstreifen, die in einer pikanten Chili-Sauce mariniert
und dann getrocknet werden; *quesadillas*, käsegefüllte und zusammengeklappte Mais-Tortillas;
salsas, würzige, pikante Saucen auf Tomaten-Chili-Grundlage; Chips und Schokolade – all
dies gehört zur gemeinsamen kulinarischen Hinterlassenschaft der Missionen und *ranchos*.

Nichts jedoch veränderte Kalifornien so sehr wie die Goldfunde. In dem Jahrzehnt nach
1849, als man in Sutter's Mill Gold entdeckte, wuchs die Bevölkerung von 100 000 auf 380 000
an. Von überallher auf der Welt kamen Einwanderer, um entweder selbst Gold zu schürfen
oder als Farmer oder Geschäftsleute vom Boom zu profitieren.

Der Goldrausch bescherte San Francisco auch einen gastronomischen Aufschwung. Die
Neureichen labten sich in Etablissements wie »Delmonico's« oder dem »Palace Hotel« an

Austern und Champagner, Hummer Thermidor, Lachsforelle mit Sardellensauce, Rinderfilet, Rehschnitzel, gebratener Ente, Stachelbeertorte, Käse und eingelegtem Ingwer. Das, was die Goldschürfer zum Überleben hatten, war etwas karger: Ochsenschwanzsuppe, Zwieback und Bohnen, Kartoffeln, Sauerkraut, Rindfleisch, das zäh wie Schuhleder war, Grizzly-Bär, Eselhase und sogar Eselfleisch bildeten ihre Kost. Unabdingbar war natürlich das Sauerteigbrot, das sich heute noch großer Beliebtheit erfreut und besonders zu Taschenkrebsen, gedämpften Muscheln oder Garnelen und zum *cioppino*, dem regionalen würzigen Meeresfrüchte-Eintopf, verzehrt wird.

DAS CENTRAL VALLEY

Bis zu Beginn dieses Jahrhunderts war Kalifornien zu einem der Hauptlieferanten von Agrarprodukten in den USA aufgestiegen. Heute steht es – auch oft in der Weltproduktion – in der Erzeugung von mehr als fünfzig Arten von Obst und Gemüsen an der Spitze. Das Hauptanbaugebiet dafür liegt im Central Valley. Dieses breite, über 800 Kilometer lange Tal, das sich in das Sacramento Valley im Norden und das San Joaquin Valley im Süden aufteilt, ist das fruchtbare Herz des Landes.

Im Sacramento Valley wachsen Pfirsiche, Nektarinen, Äpfel, Pflaumen, Aprikosen, Kirschen, Weintrauben und ein Dutzend anderer Obst- und Gemüsearten. Am Wochenende finden regelmäßig Bauernmärkte statt, zu denen unabhängige Erzeuger anreisen, um, wie in den Straßen der Hauptstadt Sacramento, bestes organisch gewachsenes Obst und Gemüse anzubieten. Viele Stadtbewohner fahren auch aufs Land, um sich in Obstgärten, wo auf Schildern *U pick'em* – »Pflück selbst« – steht, die Ernte persönlich vom Baum zu holen.

Zu Frühlingsanfang stehen die Mandel-, Walnuß- und Pistazienhaine im nördlichen Central Valley in voller Blütenpracht. Hier wächst der Großteil der Obsternte des Bundesstaates und jede denkbare Art von Gemüsen. Mitte des 19. Jahrhunderts begannen armenische Siedler mit dem Anbau von kernlosen Trauben der Sorte Thompson; heute kommen etwa 90 Prozent der Tafeltrauben und fast sämtliche Rosinen in den USA aus dieser Gegend, desgleichen ein beträchtlicher Teil der Feigen. Schon in den Missionen legte man Oliven ein oder preßte sie zu Öl, das in der Hauptsache zum Kochen, aber auch zum Schmieren von Maschinen und zur Abwehr von Mücken Verwendung fand. Noch heute sind Oliven ein bedeutendes Produkt des Central Valley.

Im Süden endet das Central Valley am Fuß der Tehachapi- und Inyo-Berge. Südlich davon hat man mit dem Wasser des Colorado River eine ehemalige Wüste in ein überaus fruchtbares Agrarland verwandelt. Hier im Riverside County erkannte man früh den Trend der Zeit und hängte sich an die kalifornische Fitneßwelle an, indem man die gesunde Wüstenluft als zusätzliches Argument in die Werbung für Orangen mit einbrachte und den Slogan *citrus and health* – Zitrusfrüchte und Gesundheit – kreierte. Kalifornien ist heute der Hauptproduzent von Zitrusfrüchten in der Welt, seine Plantagen reichen von San Diego und dem Imperial Valley bis nach Santa Barbara und über das San Joaquin Valley hinaus.

Obwohl in der Region alles wächst, was man für die Traummahlzeit eines Gourmets braucht, sind die Speisekarten eher von einer ermüdenden Eintönigkeit – es gibt Steak und gebackene Kartoffeln mit grünen Bohnen und Mandeln, Brathuhn mit Sauce und *succotash*, Pfannkuchen und Eier und immer wieder Salat. Zum Nachtisch gibt es oft einen Apfel oder Pfirsich, einen Beerenkuchen oder knusprige Walnuß- oder Haferflocken-Rosinen-Kekse.

Noch weiter im Süden im von Natur aus trockenen, aber bewässerten Coachella Valley, das an Arizona und Mexiko grenzt, wachsen Datteln im Überfluß – 90 Prozent der Ernte in den USA. Überall an den Imbißständen und in den Restaurants serviert man gehaltvolle köstliche Dattel-Shakes. Auf den Dattelplantagen umstehen Harems weiblicher Bäume einen einzigen männlichen und warten darauf, daß jede ihrer Blüten in Handarbeit befruchtet wird. Bis zur Fertigstellung der Eisenbahn im Jahre 1861 brachten Kamelkarawanen die Datteln durch die Wüste nach Mexiko, Arizona und New Mexico.

Bohnenernte im Central Valley, dem fruchtbaren Herzland Kaliforniens

FESTIVALS RUND UMS ESSEN

Zu jeder Jahreszeit wird irgendwo in Kalifornien irgend etwas gefeiert, was mit der kulinarischen Vielfalt des Landes zu tun hat. Erdbeeren, Pflaumen, Pfirsiche, Melonen, Orangen und Zitronen, Walnüsse und Trauben, Kirschen, Kartoffeln und auch Bohnen haben ihre eigenen Festtage.

So kann man in Hayward Zucchini verkosten, Apfelküchlein und -pasteten in Sebastopol verzehren und auf zahlreichen Oktoberfesten Bratwurst mit viel Bier hinunterspülen. Die zwei größten Feste dürften jedoch das der Dattel gewidmete National Date Festival und das Gilroy Garlic Festival zu Ehren des Knoblauchs sein.

Jeden Februar fallen Tausende von Besuchern in die Wüstenstadt Indio ein, um der Dattel zu huldigen. Auf der Bühne finden Arabische Nächte statt, im Wüstensand gibt es Kamelrennen, Musikkapellen spielen auf, und man kann jedes denkbare Gericht, das sich mit Datteln zubereiten läßt, probieren.

Zu einer ähnlichen Invasion kommt es jedes Jahr im Juli in Gilroy, der »Knoblauch-Hauptstadt« der USA. Meister der Knoblauch-Küche kochen dann Eimer voll *pesto*-Sauce, füllen Sandwiches mit knoblauchgewürzten Pfeffersteaks, sautieren Tintenfische mit Knoblauch in Butter, bereiten Artischocken mit Knoblauch zu und erfinden bisweilen ein Gericht wie Truthahnfilets in Knoblauch-Chili-Sauce, das unlängst einen ersten Preis in einem Kochwettbewerb errang.

Beim Gilroy-Knoblauch-Festival

DIE PAZIFIKKÜSTE

Ungeachtet des landwirtschaftlichen Reichtums der Region ist es vor allem die Pazifikküste, die den Charakter Kaliforniens prägt. Jeder hier will am Meer leben, und wer es nicht kann, fährt sooft er kann dorthin – für einen Tag, eine Woche oder einen Sommer. Von San Diego im Süden bis nach Crescent City im Norden ermöglichen eine Vielzahl von Piers und Häfen Schiffern, Anglern und Tauchern den ungehinderten Zugang zum Wasser. Zwischen den Piers haben die Küstenangler ihr Revier, wo sie ihre Köder, die Heilbutt, Trommelfisch und Barsche anlocken sollen, in die Brandung auswerfen. An den ausgedehnten Sandstränden von Pismo Beach findet man die besten Venusmuscheln – ein selbst gesammelter Eimer voller *steamers*, die man später mit zerlassener Butter und einigen Scheiben Sauerteigbrot aus San Luis Obispo verzehrt, bleibt ein unvergeßlicher Genuß.

Bei Monterey beginnen die Fanggründe für die *Dungeness crab*. Ein wenig küstenaufwärts, in Bodega Bay, spielt die ganze Stadt im Februar krabbenverrückt, wenn das große *cioppino*-Festival in der Mitte der Krabben-Saison beginnt. Hochseeangler fahren mit Kuttern auf den Pazifik hinaus, um Schwertfisch, Gelbflossen-Thunfisch, *corbina* und Goldmakrele zu fangen. Die Jagd nach Miesmuscheln und Krabben auf den Küstenfelsen ist ein allseits beliebtes Familienvergnügen.

Die einst von den Kaliforniern verschmähte Abalone, die im vorigen Jahrhundert von chinesischen und japanischen Tauchern vom Meeresboden rund um Monterey heraufgeholt und fast ausschließlich nach Asien exportiert wurde, ist heute eine Rarität in den Restaurants und eine von Tauchern geschätzte Köstlichkeit, nach der allerdings nur noch während einer sehr kurzen Fangzeit mit Maske und Schnorchel getaucht werden darf.

Das wichtigste Seebad von Kalifornien ist die unweit der mexikanischen Grenze gelegene Stadt San Diego, deren Einwohner auf ihren streßarmen, gesundheitsbewußten Lebensstil und ihr gutes mexikanisches Essen stolz sind. Der Besucher findet hier noch immer hausgemachte *tamales* und würzige *carnitas tacos*, die von ambulanten Straßenküchen verkauft werden, und *paletas* genannte kleine Fruchtsaft-Bars, in denen man eisgekühlte Bananen-, Kokosnuß- und Wassermelonen-Drinks bekommt.

In San Diego begann der Siegeszug des *Caesar Salad*. Caesar Cardini, Italiener und Eigentümer von »Ceasar's Place« in Tijuana, Mexiko, erfand den Salat an einem Wochenende, als er seinen prominenten Hollywood-Gästen, die gewöhnlich einen Abstecher über die Grenze zu ihm zu machen pflegten, keine anderen Speisen mehr anzubieten hatte. Die Kalifornier sind Salaten im allgemeinen sehr zugetan, und so nimmt es nicht wunder, daß der *Cobb Salad* in einem anderen Prominenten-Treff, dem legendären »Brown Derby« in Hollywood,

CAROL SIMOWITZ/SAUSALITO

erfunden wurde, einem der ersten Restaurants in Kalifornien, das sich besonders um die Frische seiner Zutaten bemühte.

In den trockenen Hügelketten an der Küste nördlich von San Diego gibt es noch heute Avocado- und Orangenhaine sowie riesige Blumenfelder, doch jene Orangengärten, denen das Orange County seinen Namen verdankt, mußten inzwischen größtenteils Industrie- und Wohnbauten weichen. Folgt man der Landstraße weiter, kommt man zu Knott's Berry Farm, einst der Wohnsitz des Richters J. H. Logan, der Brom- und Himbeeren miteinander kreuzte und so die Loganbeere schuf. Heute ist die Farm zu einer Rollschuhlauf-Arena verkommen.

Fährt man weiter nach Norden, werden die Spuren der einstigen *ranchos* immer spärlicher, dafür nehmen der Verkehr und die Hektik, naht man dem modernen Los Angeles, immer mehr zu. Nur noch die Missionen am Straßenrand halten die Erinnerung an die Vergangenheit lebendig. Auch in Los Angeles gibt es noch historische Reservate wie die Olvera Street, die erste Marktstraße der Stadt, wo man immer noch hervorragend mexikanisch essen kann. Am Ende der Olvera Street liegt Chinatown, wo sich höhlenartige Dim-Sum-Paläste, Mongolian Barbecues, wo man zu einem Festpreis so viel essen kann, wie man schafft, und Spelunken für die Verlierer der Gesellschaft ein nachbarliches Stelldichein geben. Einige Häuserblöcke weiter ist man in Little Tokyo, dessen Imbisse vor allem bei jungen Leuten Anklang finden. Bei den Künstlern von L. A. ist das »Gorky's« besonders beliebt, wo man vom Kaffee über einen Teller Borschtsch bis zu einem Krug Bier, das das Restaurant selbst braut, ziemlich alles fürs leibliche Wohl bekommt. Lebensmittel aus aller Herren Länder sucht man am besten im

Eine Flotte von Fischerbooten im Hafen von Fort Bragg nördlich von San Francisco

Gegenüberliegende Seite: Kunden beim Kauf von Obst und getrockneten Krabben an einem Straßenstand in der Chinatown von San Francisco

LEO MEIER

Eine beliebte Freizeitbeschäftigung der Urlauber an der Venice Beach ist das Radfahren.

Grand Central Market. Hier gibt es auch guten Espresso. Einige der kreativsten Köche der Vereinigten Staaten haben sich in Los Angeles etabliert, so daß hier auch an eleganten Restaurants mit exzellenter Küche kein Mangel herrscht.

An sonnigen Tagen sind die Strandpromenaden voller Rollschuhfahrer, Radfahrer und Läufer. Voll sind dann auch die Strandrestaurants zur Mittagszeit, wo sich die Freizeitsportler einfinden, um Bananen-Pfannkuchen mit Mango-Butter, ein Frühstück mit Eiern im Rancher-Stil, Bratkartoffeln, Speck und Toast und Müslis mit Früchten zu essen. An der Venice Beach promeniert die schöne Welt an Straßenhändlern, Gauklern und Imbißverkäufern vorbei. Bei letzteren reicht das Angebot von Brezeln bis zu fetttriefenden Wurst-Sandwiches, thailändischen *satés*, Hot dogs und frisch gepreßten Säften.

Nördlich von Los Angeles liegen die üppigen Felder von Oxnard und Ventura County, wo sich ein Erdbeerstand an den anderen reiht, wo man mexikanisch ißt, wo es morgens und abends Nebel gibt und wo die Zeit ohne Eile verrinnt. Weiter im Inland liegt das Künstlerdorf Ojai, umrahmt von immergrünem Chaparral, Bächen und Zitrusfruchthainen. Überall werden frisches und getrocknetes Obst verkauft und verschiedene Arten von Honig. Hier findet man elegante Restaurants, Lokale mit Diätkost, *Hamburger*-Imbißbuden und Stände, die für Gesundheitsbewußte biologisch-dynamische Erzeugnisse wie Avocados, Jack-Käse, Bohnensprossen-Sandwiches oder Rosinenbrötchen mit Erdnußbutter, Bananen und Honig anbieten.

Santa Barbara, wo die ersten Avocados in Kalifornien wuchsen, liegt an einem ruhigen Stück Küste und ist eine Art Fluchtburg für die Leute aus L.A., die hier Restaurants für jeden Geschmack vorfinden. Überall hängt der Geruch von Gegrilltem in der Luft, vor allem im Sommer. Die Würze für ihr Rosmarin-Huhn ziehen sich die Einwohner von Santa Barbara meist im eigenen Garten. Nördlich und östlich von dieser Missionsstadt liegen die Santa Ynez Mountains, in denen große Ranches und etliche Kellereien, die hervorragende Rotweine erzeugen, liegen.

Noch weiter nordwärts nimmt die Küste an Dramatik zu, steil abfallende Klippen schließen abgeschiedene kleine Strände ein. Auch hier liefert die Agrarwirtschaft im Hinterland mehr als üppige Erträge, Obst- und Gemüsestände sind in dieser Gegend so häufig wie Tankstellen. Um Gilroy herum liegen die Knoblauchfelder, die der Stadt den Namen »Welthauptstadt des Knoblauchs« eingebracht haben. Bei Castroville wachsen auf riesigen Feldern Artischocken, die im 19. Jahrhundert von italienischen Bauern eingeführt wurden. Das fruchtbare Tal von Salinas inspirierte den Schriftsteller John Steinbeck. Ebenso der Fischerort Monterey, der genau wie sein pittoresker Nachbarort Carmel ein beliebtes Wochenendrefugium stadtmüder Metropolen-Bewohner ist.

Im Nordosten liegt fettes Weideland für Rinder und Schafe. Die Milchwirtschaft ist daher der wichtigste Industriezweig in dieser Gegend. Die Kalifornier lieben Milchprodukte – von Eiscreme über Fruchtjoghurts und altmodische Milch-Shakes bis hin zu den hier erhältlichen diversen Käsesorten. Vor allem fettarme Joghurts, die hier zum erstenmal angeboten wurden, haben es den gesundheitsbewußten Kaliforniern angetan.

Kalifornien besitzt nicht nur die größte Käserei der Welt (die Golden Cheese Company in Riverside County), sondern auch viele kleine Betriebe, die sich auf die Herstellung von Monterey Jack, Tillamook Cheddar, *queso fresco*, einem weichen mexikanischen Weißkäse, und einigen Käsesorten mit europäischem Stammbaum, wie Feta, Camembert und Brie, spezialisiert haben. Die Marin French Cheese Company produziert schon seit 1865 Käse – zu ihren für die USA einzigartigen Spezialitäten gehört Schloss, ein salziger Käse aus der Limburger-Familie.

SAN FRANCISCO

Wenn sich der Reisende schließlich auf den Weg zurück begibt und über den Lake Tahoe und das Goldland nach San Francisco zurückkehrt, kommt er in eine Stadt, die seit den Tagen des Goldrausches eine besonders enge Beziehung zu den Küchen der Welt hat. Die Italiener brachten *polenta* mit, die Basken ihre würzigen Lammeintöpfe, die Deutschen ihre Nudelgerichte, die Franzosen einen ganzen Katechismus der Kochkunst, die Chinesen eine leichte Hand im Umgang mit Gemüsen, die Japaner ihre Vorliebe für Fisch und optische Effekte, die Russen ihre herzerfreuende ländliche Kost und so weiter und so weiter... Alle kamen sie nach San Francisco, alle blieben sie hier, auch ihre Nachkommen und deren Nachkommen und so weiter und so weiter... Sie bauten nicht nur eine Stadt, sondern machten aus einer Stadt am Wasser eine Stadt der Brücken, die zu den eindrucksvollen baulichen Schöpfungen der Welt gehört.

Um San Francisco mit den von Sequoia-Bäumen bestandenen Hügeln an der Nordseite der San Francisco Bay zu verbinden, bauten sie die Golden Gate Bridge, die heute jeder sofort als das Wahrzeichen einer der schönsten Städte der Welt erkennt. Richtung Osten erstreckt sich das Mammutwerk der Bay Bridge. Beide Brücken rahmen eine der ästhetischsten Metropolen dieser Erde ein, in der man traumhaft gut essen kann, wo man aus den Restaurants auf die Bucht mit ihren Tausenden von Booten blickt und wo Millionen Touristen ein Meeresfrüchte-Nirwana in Fisherman's Wharf finden. Auf dem Weg über die vom Nebel umwobenen Hügel findet der Besucher kuriose Kneipen und wunderbare Ausblicke; er kann den Musikanten lauschen, die die Fahrgäste der *cable cars* an den Haltestellen unterhalten. Hier schätzt jeder das gute Leben und gutes Essen, der schwarzgekleidete Künstler, der seine hausgemachten

Die Wellen des Pazifiks brechen sich an einem verlassenen Küstenstrich südlich der Golden Gate Bridge von San Francisco.

INGA SPENCE/TOM STACK & ASSOCIATES

Zinfandel-Trauben kurz vor der Ernte im
San Joaquin County

Thai-Nudeln mit einer brennend scharfen Sauce in den Künstlervierteln North Beach oder Haight-Ashbury verzehrt, ebenso wie die Herren vom Geldadel, die ihren Beluga-Kaviar in einem der schicksten Etablissements der Stadt Körnchen für Körnchen genießen.

Jenseits der San-Francisco-Bucht in Berkeley zelebriert Alice Waters immer noch ihre kulinarischen Zauberkunststücke im »Chez Panisse«. Sie eröffnete das Restaurant 1971 in einer kleinen viktorianischen Villa und verwendete nur frischeste Zutaten, wie es die französischen Vertreter der Nouvelle cuisine taten, deren Techniken sie übernahm. Sie führte eine in den USA bisher unbekannte Art leichter Saucen ein, die den Geschmack der Zutaten eher ergänzten und unterstrichen als überdeckten. Man sagt Alice Waters nach, daß sie die eigentliche Erfinderin der kalifornischen Küche sei. Seit jener Zeit ist die Universitätsstadt Berkeley, einst für das politische Engagement seiner Bevölkerung bekannt, auch für ihre kulinarischen Leistungen berühmt geworden. Alice Waters' Wahlspruch *fresh is best* – »nichts geht über Frische« – folgt auch Laura Chenel, die einige Studienjahre in Frankreich verbrachte und deren erstklassige Ziegenkäse heute in den besten Restaurants Nordamerikas serviert werden. Viele der Bäckereien von Berkeley backen Brot auf europäische Art: Man macht alles mit der Hand, nimmt sich viel Zeit dazu und verwendet nur beste Zutaten. Die dazu passenden hausgemachten Marmeladen, Senfsorten, Fleisch- und Wurstwaren findet man in den Delikatessenläden der engen Altstadtstraßen von Berkeley. Die Menschen hier lieben legere Kleidung, gutes Essen zu Hause, im Restaurant oder im Freien, wo man unter sanft raschelnden Eukalyptusbäumen sitzen kann.

WEINE AUS HAWAII UND KALIFORNIEN

Beim Namen Hawaii denkt kaum jemand an Weinkellereien, aber im Jahre 1977 legte man hoch oben an den Hängen des erloschenen Vulkans Haleakala auf der Insel Maui den Tedeschi Vineyard an. Die Spezialitäten der Kellerei sind Tafel- und Schaumweine aus Ananas und Rosé-, Rot- und Schaumweine aus der Carnelian-Rebe, einer roten Traubensorte, die in Kalifornien entwickelt wurde und eine Kreuzung aus Grenache, Cabernet Sauvignon und Carignane darstellt.

Kalifornische Weine sind eine Geschichte für sich. Kalifornien ist der Staat der USA mit der höchsten Weinproduktion – 90 Prozent aller Weine des Landes stammen von hier. Die ersten Reben wurden von Franziskaner-Missionaren angepflanzt, doch von einer kommerziellen Weinherstellung konnte man erst etwa um 1830 sprechen, als die ersten Siedler in Südkalifornien ankamen. In der Mitte des 19. Jahrhunderts dehnte sich das Weinanbaugebiet nach Norden in die Region der San Francisco Bay und der Vorgebirge der Sierra aus. Kalifornien galt als das Gelobte Land für den Weinanbau. Besondere Bedeutung für die Entwicklung der Wein-Industrie hier hatte der Ungar Agoston Haraszthy. Er legte 1856 im Sonoma-Tal Weingärten und eine Kellerei an und kam später von einer Europa-Reise mit 100 000 Setzlingen von 300 verschiedenen Rebsorten zurück, die er an Winzer in ganz Kalifornien verkaufte.

Die ersten Winzer erkannten den Standortvorteil – die große Zahl von Sonnentagen, die niedrige Luftfeuchtigkeit und die natürliche Luftumwälzung in der Wachstumsperiode durch den Pazifik. Besonders begünstigt waren die vielen Küstentäler, die sich überall an der Pazifikküste finden. Die besten Weine Kaliforniens werden in den über 700 Kellereien an der Küste hergestellt, von Temecula im Süden bis Mendocino im Norden. Napa Valley ist die bekannteste Spitzenwein-Region, doch auch Weine aus Santa Barbara, San Luis Obispo, Monterey, Santa Cruz, Alameda, Sonoma, Mendocino und den Lake Counties brauchen den Vergleich mit denen des Napa-Tals nicht zu scheuen, ja sind ihnen zum Teil sogar überlegen. Die hier wachsenden Rebsorten stammen fast alle aus Europa.

Das günstige Klima, der gute Boden und die Kreativität seiner Winzer haben Kalifornien mit an die Spitze der Qualitätsweinerzeuger katapultiert, seine Weine gehören zu den besten der Welt. Die kalifornischen Kellereien setzen alles daran, diese Position durch innovatives Management, kulturelle Veranstaltungen und dergleichen mehr zu erhalten und auszubauen. Viele Kellereien laden deshalb nicht nur zum Besuch ein, sondern veranstalten Musikabende, Kunstausstellungen, Weinseminare, Kochfestivals und -kurse sowie Galadiners, die von berühmten Meisterköchen ausgerichtet werden. (*Die Informationen zu den Weinen verdanken wir Ronn Wiegand, MW, MS.*)

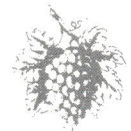

HAWAII

ANANASWEINE:

Maui Brut (Schaumwein)

Maui Blanc

ROSÉ-, ROT- UND SCHAUMWEIN:

Carnelian

WEINKELLEREI:

Tedeschi Vineyard (1)

KALIFORNIEN

NORDKALIFORNIEN

WEISSWEINE:

Brut (Schaumwein)

Chardonnay

Chenin Blanc

Gewürztraminer

Johannisberg Riesling

Sauvignon Blanc

Riesling Spätlese

ROSÉWEIN:

White Zinfandel

ROTWEINE:

Cabernet Sauvignon und Verschnitte

Merlot

ROTWEINE (FORTSETZUNG):

Pinot Noir

Sangiovese

Zinfandel

Petite Sirah

WEINKELLEREIEN:

Arrowood Winery and Vineyards (2)

Beaulieu Vineyard (3)

Beringer Vineyards (4)

Château Saint Jean (2)

Clos du Bois Winery (5)

De Loach Vineyards (6)

Domaine Chandon (7)

E. and J. Gallo Winery (8)

Fetzer Vineyards (9)

Robert Mondavi Winery (10)

Kendall-Jackson Vineyards (11)

Kistler Vineyards (2)

Handley Cellars (12)

Mumm Napa Valley (13)

Sebastiani Vineyards (14)

Shafer Vineyards (15)

Wente Bros (16)

MITTEL- UND SÜDKALIFORNIEN

WEISSWEINE:

Chardonnay

Johannisberg Riesling

Sauvignon Blanc

ROSÉWEIN:

White Zinfandel

ROTWEINE:

Cabernet Sauvignon

Merlot

Pinot Noir

Syrah

Zinfandel

WEINKELLEREIEN:

Au Bon Climat (17)

Bonny Doon Vineyard (18)

Calera Wine Company (19)

Meridian Vineyards (20)

Morgan Winery (21)

Sanford Winery (22)

The Monterey Vineyard (23)

Wild Horse Winery (24)

Zaca Mesa Winery (25)

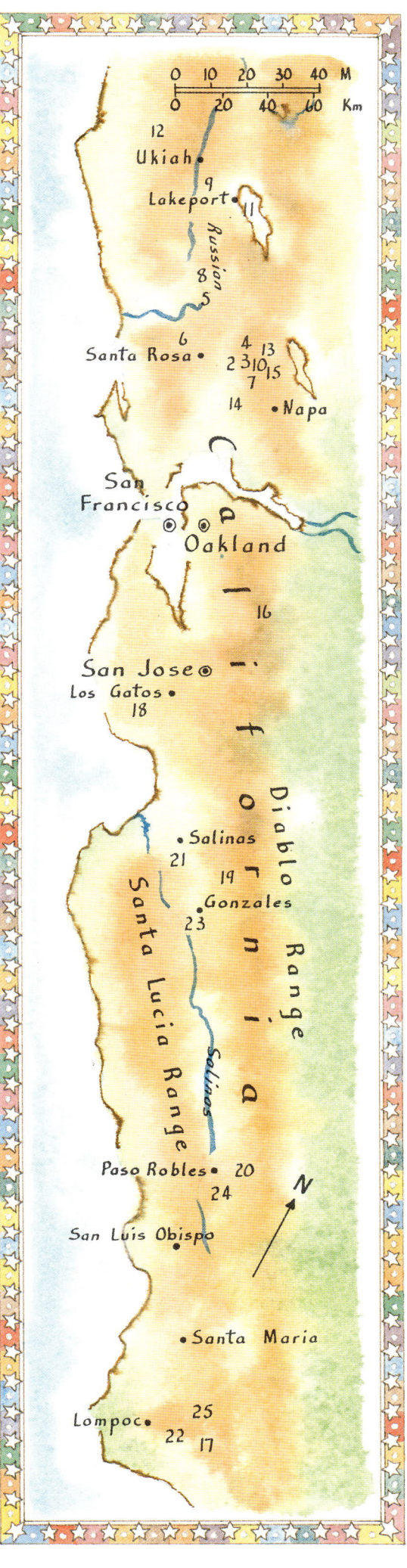

REZEPTE AUS HAWAII UND KALIFORNIEN

Kristine Kidd

Tacos mit Krabbenfleisch und weißen Bohnen,
Eingelegte kleine Artischockenherzen mit Oliven,
Gemischter Salat mit Hühnerbrust und Ziegenkäse,
Pizza mit Knoblauch und Pilzen

Garlic and Wild Mushroom Pizza

Pizza mit Knoblauch und Pilzen

Dieses Rezept ist das Ergebnis einer kulinarischen Revolution, die 1980 stattfand. Damals beschäftigten sich die kalifornischen Küchenchefs erstmals ernsthaft mit dem Thema Pizza, versuchten zu ergründen, wie man die perfekte Pizza-Kruste herstellt, und erfanden Beläge aus ungewöhnlichen Kombinationen von Käse, Fleisch, Salaten und Nüssen.

Pizza-Teig:
0,2 l lauwarmes Wasser
7 g Trockenhefe
1 TL Zucker
etwa 250 g Mehl zum Brotbacken
1 ¹/₂ EL Olivenöl
¹/₂ TL Salz
Maismehl zum Bestreuen der Pizza-Form

Belag:
3 EL Olivenöl
8 Knoblauchzehen, in dünne Scheiben
*   geschnitten*
¹/₂ rote Zwiebel, in dünne Scheiben geschnitten
125 g frische Pilze, wie Shiitake-Pilze,
*   Steinpilze oder Austernpilze, in Scheiben*
*   geschnitten*
1 Prise zerstoßene getrocknete rote Chilischote
Salz und frisch gemahlener Pfeffer
200 g frisch geriebener Fontina
6 EL (90 g) frisch geriebener Parmesan
2 Eiertomaten, entkernt und gehackt
1 EL gehackter frischer oder 1 ¹/₂ TL zerriebener
*   getrockneter Majoran*

Für den Pizza-Teig Wasser in eine kleine Schüssel geben, Hefe und Zucker darüberstreuen, mit dem Wasser verrühren und auflösen. Etwa 10 Minuten gehen lassen, bis die Hefe Blasen wirft.

220 g Mehl, Öl und Salz in der Schüssel der Küchenmaschine vermischen. Bei laufendem Motor die angesetzte Hefe zugießen und in etwa 40 Sekunden zu einem feuchten, geschmeidigen Teig verarbeiten. Falls der Teig klebrig ist, noch etwas Mehl einarbeiten.

Eine mittelgroße Schüssel einfetten. Den Teig zu einer Kugel formen, in die Schüssel geben und darin wenden, um die Teigoberfläche mit einer leichten Fettschicht zu überziehen. Mit einem Tuch bedeckt an einem warmen, zugfreien Platz etwa 1 Stunde gehen lassen, bis der Teig das doppelte Volumen erreicht hat.

Den Backofen auf 230° C vorheizen. In einer großen, schweren Pfanne das Öl bei niedriger Temperatur erhitzen. Knoblauch hineingeben und in etwa 15 Minuten braun braten. Zwiebel, Pilze und Chilischote zugeben und etwa 2 Minuten braten, bis sie beginnen, weich zu werden. Mit Salz und Pfeffer würzen.

Die Pizza-Form oder ein Backblech mit Olivenöl bestreichen und mit Maismehl bestäuben. Den Pizza-Teig auf einer bemehlten Arbeitsfläche bearbeiten und durchkneten, bis er glatt ist. Zu einem Fladen von etwa 30 cm Durchmesser ausrollen und die vorbereitete Form damit auslegen. 10 Minuten ruhen lassen.

Den Pizza-Teig mit beiden Käsesorten bestreuen, die Knoblauch-Pilz-Mischung darüber verteilen und darauf Tomaten und Majoran geben. Etwa 12 Minuten backen, bis der Käse zu schmelzen beginnt und die Teigränder der Pizza braun werden. 5 Minuten ruhen lassen, in Spalten schneiden und auftragen.

Für 6 Personen

Crab and White Bean Tacos

Tacos mit Krabbenfleisch und weißen Bohnen

Tacos ißt man in Kalifornien, seitdem sich die ersten Spanier aus Mexiko dort niederließen.

Tortillas:
500 g Mehl
125 g kaltes pflanzliches Fett
2 TL Salz
¹/₄ l warmes Wasser

Tomaten-Avocado-Salsa:
1 kg Tomaten, entkernt und gehackt
1 Avocado, geschält, entsteint und gehackt
¹/₂ rote Zwiebel, fein gehackt
1 große Handvoll frischer Koriander, gehackt
3 jalapeño-Chilischoten (scharfe, dickfleischige
*   grüne Chilischoten), entkernt und fein*
*   gehackt*
3 EL Olivenöl
2 EL frischer Limonensaft
Salz und frisch gemahlener Pfeffer

Weiße Bohnen:
470 g Cannellini-Bohnen aus der Dose, abgespült
*   und abgetropft*
125 g schwarze Oliven, entsteint und geviertelt
1 Handvoll frischer Koriander, gehackt
¹/₂ rote Zwiebel, fein gehackt
3 jalapeño-Chilischoten (scharfe, dickfleischige
*   grüne Chilischoten), entkernt und fein*
*   gehackt*
3 EL Limonensaft
2 EL Olivenöl
1 TL gemahlener Kreuzkümmel
Salz und frisch gemahlener Pfeffer

Außerdem zum Füllen und Garnieren:
1 Kopf Römischer Salat, in feine Streifen
*   geschnitten*
750 g gekochtes Krabbenfleisch oder Garnelen
Limonen, in Spalten geschnitten

Für die Tortillas das Mehl in eine mittlere Schüssel sieben. Das Pflanzenfett in kleine Stücke schneiden und mit dem Mehl zu groben Krumen verkneten. Das Salz im warmen Wasser in einer großen Schüssel auflösen und langsam in dünnem Strahl zur Mehl-Fett-Mischung gießen. Dabei die Zutaten mit den Fingern verkneten und mit der Wasserzugabe immer so lange warten, bis alles gut miteinander verbunden ist. Zu einer Kugel formen und auf einer leicht bemehlten Arbeitsfläche etwa 3 Minuten kneten, bis der Teig glatt ist.

Den Teig wieder in die Schüssel geben und mit einem Tuch zugedeckt etwa 1 Stunde ruhen lassen. Den Teig nochmals etwa 1 Minute in der Schüssel durchkneten und weitere 10 Minuten ruhen lassen.

Den Teig zu Bällen von etwa 4 cm Durchmesser formen und auf einer leicht bemehlten Arbeitsfläche zu runden Fladen von etwa 18 cm Durchmesser ausrollen. Die ausgerollten Tortillas stapeln.

Eine große, schwere Pfanne bei hoher Temperatur heiß werden lassen. Eine Tortilla hineingeben und etwa 20 Sekunden backen, wenden und auf der anderen Seite etwa 10 Sekunden garen, bis die Oberfläche hellbraun gesprenkelt ist. Mit den übrigen Tortillas ebenso verfahren. Die gebackenen Tortillas aufeinanderstapeln.

Für die salsa die Zutaten in einer großen Schüssel vermischen und mit Salz und Pfeffer abschmecken. Für die Zubereitung der weißen Bohnen ebenfalls die Zutaten in einer zweiten großen Schüssel vermischen und mit Salz und Pfeffer würzen.

Den Backofen auf 180° C vorheizen. Die Tortillas in Alufolie wickeln und im Backofen etwa 10 Minuten erhitzen. Tortillas, salsa, Bohnen, Salat, Krabbenfleisch und Limonenspalten auf Tellern anrichten, so daß sich jeder Gast nach Belieben selbst bedienen kann.

Für 6 Personen (ergibt etwa 18 Tortillas)

Marinated Baby Artichoke Hearts and Olives

Eingelegte kleine Artischockenherzen mit Oliven

In dieser schmackhaften Vorspeise sind gleich zwei kalifornische Delikatessen enthalten. Falls sehr kleine Artischocken nicht erhältlich sind, kann man ersatzweise mittelgroße verwenden und jeweils in sechs Teile schneiden.

12 sehr kleine Artischocken
1 Zitrone, halbiert
150 g schwarze Oliven, vorzugsweise Kalamata-Oliven
1/8 l Olivenöl
3 EL Zitronensaft
3 Knoblauchzehen, fein gehackt
2 EL gehackte Petersilie
2 TL gehackter frischer oder 1/2 TL zerriebener getrockneter Thymian
Salz und frisch gemahlener Pfeffer

Eine Schüssel mit Wasser füllen und den Saft einer halben Zitrone zugeben. Von den Artischocken die Stiele entfernen und die Schnittfläche mit Zitrone einreiben. Vom Boden beginnend die dunkelgrünen Blätter abbrechen. Weiter so verfahren, bis nur noch ein Kranz von Blättern mit hellgrünen Spitzen bleibt. Die Spitzen und die dunkelgrünen Teile von den Artischockenherzen entfernen und die Artischocken vierteln. Das Heu entfernen. Die Artischocken mit der Zitrone einreiben und ins Zitronenwasser geben. Die Artischocken aus dem Wasser nehmen und abtropfen lassen.

In einem großen Topf Salzwasser aufkochen lassen, die Artischocken hineingeben und in etwa 6 bis 10 Minuten fast gar werden lassen. Die Artischocken in ein Sieb gießen und mit fließendem kaltem Wasser abschrecken. Gut abtropfen lassen.

Die Artischocken in eine mittelgroße Schüssel geben, die restlichen Zutaten zufügen und alles gut miteinander vermengen. Mit Salz und Pfeffer würzen und mindestens 2 Stunden bei Zimmertemperatur oder über Nacht im Kühlschrank ziehen lassen. Gut gekühlt oder zimmerwarm auftragen.

Für 6 Personen

Modern Cobb Salad

Gemischter Salat mit Hühnerbrust und Ziegenkäse

Das Original-Rezept stammt aus dem »Brown Derby«, einem beliebten Restaurant in Hollywood, das für sein Prominenten-Publikum berühmt ist. Auf einem Salatbett werden in Würfel geschnittene Tomaten, Avocados, Truthahnfleisch, Speck, hartgekochte Eier und Roquefort angerichtet.

Diese Variante verwendet verschiedene grüne Blattsalate, gegrillte Hühnerbrüste und Ziegenkäse, wie Montrachet.

4 TL Dijon-Senf
4 EL (60 ml) Balsamico- oder Rotweinessig
4 Schalotten, fein gehackt
1/4 l Olivenöl
6 Hühnerbrüste ohne Knochen und Haut, halbiert
Salz und frisch gemahlener Pfeffer
1 großer Kopf Radicchio, geviertelt
4 Chicorées, in 2 1/2 cm dicke Scheiben geschnitten
2 Tomaten, in kleine Spalten geschnitten
1 Handvoll Rucola (Rauke, Roquette), in 2 1/2 cm breite Streifen geschnitten
20 frische Basilikumblätter
125 g frischer Ziegenweichkäse, wie Montrachet, zerbröckelt

Senf, Essig und Schalotten in einer kleinen Schüssel verrühren. Nach und nach das Olivenöl unterrühren. Die Hühnerbrüste in einer Glasform auslegen und von allen Seiten mit einem Viertel der Marinade überziehen. 2 Stunden marinieren lassen.

Den Grill auf mittlere Temperatur vorheizen. Die Hühnerbrüste mit Salz und Pfeffer würzen und auf dem Grill in etwa 15 Minuten gar werden lassen, dabei gelegentlich wenden.

Vom Radicchio die Blätter lösen und in eine große Schüssel geben. Chicorée, Tomaten, Rucola und Basilikum zugeben und mit zwei Dritteln der restlichen Vinaigrette vermischen. Den Salat auf sechs Teller verteilen. Die Hühnerbrüste diagonal in dünne Scheiben schneiden und auf dem Salat anrichten. Mit der restlichen Vinaigrette beträufeln, mit Käse bestreuen und servieren.

Für 6 Personen

Linguine with Herbed Tomato Sauce

Linguine mit würziger Tomatensauce

Es gibt keinen Mangel an wunderbaren Nudelsaucen unter der Sonne Kaliforniens, aber dieses einfach zuzubereitende Rezept gehört zu den besten.

1 1/4 kg Eiertomaten, geschält, entkernt und gehackt
1 Handvoll gemischte gehackte Kräuter, wie Basilikum, Estragon und/oder Majoran
0,2 l Olivenöl
4 EL (60 ml) Balsamico- oder Rotweinessig
3 Schalotten, gehackt
Salz und frisch gemahlener Pfeffer
500 g Linguine
200 g frisch geriebener Pecorino oder zerbröckelter Ziegenfrischkäse
Kräuterzweige zum Garnieren

Tomaten, gehackte Kräuter, Olivenöl, Essig und Schalotten in einer großen Schüssel miteinander vermischen und mit Salz und Pfeffer würzen.

In einem großen Topf Salzwasser zum Kochen bringen, die Nudeln hineingeben und al dente kochen, dabei gelegentlich umrühren. Die Linguine in ein Sieb gießen und abtropfen lassen. In eine große Schüssel geben, die Sauce darüber verteilen und mit etwas Käse bestreuen. Mit Kräuterzweigen garniert sofort auftragen. Geriebenen Käse separat dazu reichen.

Für 6 Personen

Linguine mit würziger Tomatensauce, Linguine mit Cioppino-Sauce

Linguine with Cioppino Sauce

Linguine mit Cioppino-Sauce

Ursprünglich war *cioppino* ein Eintopf aus Meeresfrüchten, dessen Rezept von italienischen Fischern aus der San Francisco Bay stammt. Hier kommt *cioppino* als Pasta-Sauce auf den Tisch.

$^{1}/_{8}$ l Olivenöl
2 Stangen Lauch, nur die weißen und hellgrünen Teile, in Scheiben geschnitten
2 Zwiebeln, gehackt
8 große Knoblauchzehen, fein gehackt
1 TL getrocknete scharfe rote Chilischote, zerrieben
etwa 850 g italienische Tomaten aus der Dose, abgetropft und gehackt
$^{1}/_{4}$ l trockener Weißwein
3 Streifen Orangenschale, etwa 5 cm lang und 2 $^{1}/_{2}$ cm breit
1 TL Fenchelsamen
Salz und frisch gemahlener Pfeffer
1 Handvoll frisches Basilikum, gehackt
2 kg frische Venus- oder Miesmuscheln, geputzt und gebürstet
750 g mittelgroße Garnelen, geschält und gesäubert
750 g Linguine

In einer schweren Kasserolle 6 EL Olivenöl bei mittlerer Temperatur erhitzen. Lauch und Zwiebeln hineingeben und in etwa 8 Minuten glasig werden lassen. Den Knoblauch zufügen und weitere 4 Minuten braten, bis der Knoblauch weich ist. Zerstoßene Chilischote unterrühren. Nach etwa 20 Sekunden Tomaten, Wein, Orangenschale und Fenchelsamen zugeben und 15 Minuten unter häufigem Rühren köcheln lassen, bis die Sauce leicht eingedickt ist. Mit Salz und Pfeffer abschmecken und die Hälfte des Basilikums unterrühren. Muscheln in die Sauce geben und zugedeckt 5 Minuten köcheln lassen, bis sich die Schalen zu öffnen beginnen. Garnelen zugeben und zugedeckt weitere 4 Minuten kochen lassen, bis die Garnelen gar sind und die Muschelschalen sich geöffnet haben.

In der Zwischenzeit in einem großen Topf Salzwasser zum Kochen bringen und die Linguine darin *al dente* kochen. Die Linguine in ein Sieb gießen und gut abtropfen lassen. Wieder in den Topf geben und mit dem restlichen Olivenöl vermischen. Die Nudeln in eine große Schüssel füllen, die Sauce darüber verteilen – Orangenschale und nicht geöffnete Muscheln vorher aussortieren – und mit dem restlichen Basilikum bestreut auftragen.

Für 6 Personen

Contemporary Quesadillas

Gefüllte Tortillas

Tortillas, gefüllt mit geschmolzenem Käse und Chilischoten, war bei den Ranchern ein beliebter Imbiß. *Quesadillas* schmecken aber auch ausgezeichnet, wenn man sie mit einer Füllung aus Ziegenkäse und Früchten zubereitet.

6 Tortillas mit einem Durchmesser von etwa 18 cm (Zubereitung siehe Tacos mit Krabbenfleisch und weißen Bohnen auf Seite 253)
300 g weicher Ziegenfrischkäse, wie Montrachet, zerbröckelt, oder Camembert, in dünne Scheiben geschnitten
1 $^{1}/_{2}$ Birnen, entkernt und in dünne Scheiben geschnitten
1 $^{1}/_{2}$ TL gehackter frischer oder knapp 1 TL zerriebener getrockneter Thymian
frisch gemahlener Pfeffer
3 EL gehackte Walnüsse
Pflanzenöl zum Braten
Thymianzweige zum Garnieren

Drei Tortillas auf eine Arbeitsfläche legen und den Käse gleichmäßig darauf verteilen. Mit den Birnenscheiben belegen und mit gehacktem

Gefüllte Tortillas

Thymian würzen. Großzügig mit Pfeffer und den gehackten Walnüssen bestreuen und jeweils mit einer Tortilla bedecken.

Den Boden einer schweren Pfanne mit Öl überziehen und bei mittlerer Temperatur erhitzen. Eine *quesadilla* hineingeben und auf jeder Seite 3 Minuten braten; sie sollte goldbraun und der Käse geschmolzen sein. Aus der Pfanne nehmen und mit den restlichen gefüllten Tortillas ebenso verfahren.

Die *quesadillas* in Stücke zerteilen und auf einer angewärmten Platte anrichten. Mit frischen Thymianzweigen garnieren und auftragen.

Für 6 Personen

Grilled Vegetables with Jack Cheese Polenta

Gegrilltes Gemüse mit Käse-Polenta

Heute führen die meisten anspruchsvolleren kalifornischen Restaurants mindestens ein Gemüsegericht auf der Speisekarte, um den Wünschen von Vegetariern und gesundheitsbewußten Gästen zu entsprechen. In diesem Rezept begleitet eine sahnige Polenta, die mit dem berühmten Monterey-Käse angereichert ist, die gegrillten Gemüse.

Gemüse:
3 Artischocken
1 Zitrone, halbiert
200 g frische Shiitake-Pilze, Stiele entfernt
6 Auberginen, längs halbiert
2 große rote Zwiebeln, in 1 cm dicke Scheiben
*   geschnitten*
2 große rote Paprikaschoten, in 2 1/2 cm breite
*   Streifen geschnitten*
2 Fenchelknollen, geputzt und längs in 6 Stücke
*   zerteilt*
1/8 l Olivenöl
1/8 l Balsamico- oder Rotweinessig
2 EL Sojasauce
12 Knoblauchzehen, in Scheiben geschnitten
6 frische Rosmarinzweige oder 2 EL zerriebener
*   getrockneter Rosmarin*
3 EL gehackter frischer oder 2 EL zerriebener
*   getrockneter Majoran*

Polenta:
150 g Polenta (Maismehl)
etwa 1/2 l Wasser
etwa 1/2 l Hühnerbrühe
2 große Schalotten, fein gehackt
1 1/2 TL getrockneter Salbei
1/8 l saure Sahne
250 g frisch geriebener Monterey-Jack-Käse,
*   ersatzweise milder Cheddar*
Salz und frisch gemahlener Pfeffer
Kräuterzweige zum Garnieren

Olivenbrot, Gerösteter Knoblauch mit getrockneten Tomaten und Ziegenkäse, Gegrilltes Gemüse mit Käse-Polenta

Die Stiele von den Artischocken entfernen. In einem großen Topf Salzwasser mit der Zitrone zum Kochen bringen und die Artischocken in etwa 30 Minuten darin gar kochen. Aus dem Wasser nehmen, abtropfen lassen und vierteln. Innere Blätter und das Heu entfernen.

Alle Gemüse in zwei große Schüsseln geben. Öl, Essig, Sojasauce, Knoblauch, Rosmarin und Majoran in einer mittleren Schüssel verrühren und über die Gemüse gießen. Alles gründlich vermengen und die Gemüse zugedeckt 2 Stunden bei Zimmertemperatur marinieren.

Für die Polenta das Maismehl mit 0,3 l kaltem Wasser in einer kleinen Schüssel verrühren. Restliches Wasser, Hühnerbrühe, Schalotten und Salbei in einem schweren Topf aufkochen lassen und nach und nach das Maismehl unterrühren. Zum Kochen bringen, die Hitze reduzieren und die Polenta 10 Minuten köcheln lassen, bis sie dick und cremig ist. Dabei ständig rühren. Den Topf vom Herd nehmen. Saure Sahne und Käse unterrühren und mit Salz und Pfeffer abschmecken. Zugedeckt warm stellen, während man die Gemüse grillt.

Den Grill auf Mittelhitze schalten. Die Gemüse mit Salz und Pfeffer würzen und 10 Minuten grillen, bis sie gar und gebräunt sind, dabei gelegentlich wenden. (Man kann die Gemüse statt dessen auch im Ofen garen. Dafür den Backofen auf 220° C vorheizen. Die Gemüse auf einem Backblech auslegen und in etwa 35 Minuten gar und braun werden lassen.)

Die Polenta bei mittlerer Temperatur heiß werden lassen, eventuell noch mit etwas Hühnerbrühe verdünnen. Mittig auf Tellern aufhäufen und mit den Gemüsen umlegen. Mit Kräuterzweigen garnieren und auftragen.

Für 6 Personen

Roasted Garlic with Sun-dried Tomatoes and Goat Cheese

Gerösteter Knoblauch mit getrockneten Tomaten und Ziegenkäse

In diesem leckeren Imbiß wird Knoblauch aus Gilroy mit aromatischem Ziegenkäse kombiniert.

4 ganze Knoblauchknollen, ungeschält
4 EL (60 ml) Olivenöl
60 g getrocknete Tomaten, in Streifen geschnitten
1/2 – 5/8 l Hühnerbrühe
1 EL gehackter frischer oder 1 TL zerriebener
*   getrockneter Thymian*
frisch gemahlener Pfeffer
125 g weicher Ziegenfrischkäse, wie Montrachet,
*   in Würfel geschnitten*
Baguette

Den Backofen auf 190° C vorheizen. Die Spitzen der Knoblauchknollen 5 mm abschneiden. Die äußeren trockenen Häute entfernen, die Knoblauchzehen aber nicht schälen. Die Knoblauchknollen, Schnittfläche nach oben, in eine mittlere feuerfeste Form setzen. Mit dem Olivenöl beträufeln und mit den Tomaten umlegen. 1/2 l Hühnerbrühe zugießen, mit Thymian bestreuen und großzügig mit Pfeffer würzen. Etwa 1 1/4 Stunden im Ofen backen, bis der Knoblauch weich ist. Dabei die Knoblauchknollen alle 15 Minuten mit der Garflüssigkeit bestreichen. Eventuell etwas Hühnerbrühe nachgießen.
Den Ziegenkäse um den Knoblauch herum anordnen und nochmals für etwa 10 Minuten in den Ofen schieben, bis der Käse zu schmelzen beginnt. Mit Baguette auftragen. Jeder kann sich nach Belieben das Brot mit Knoblauch, Käse und Tomaten belegen.

Für 6 Personen

Olive Bread

Olivenbrot

Wenn die Siedler und Goldschürfer ihr Brot brachen, hielten sie Laibe aus Sauerteig in ihren Händen. Sauerteigbrot ist in Kalifornien – ebenso wie in den anderen Staaten – noch heute sehr beliebt und verkauft sich so gut, daß sich viele kleine Bäckereien darauf spezialisiert haben. Neben diesem festkrustigen, aromatischen Brot backen sie auch andere Brotsorten, die von Kräutern bis zu Schokolade alles mögliche enthalten können.

0,3 l lauwarmes Wasser
7 g Trockenhefe
1 TL Zucker
etwa 380 g Mehl zum Brotbacken
100 g Vollweizenmehl
1 TL Salz
150 g schwarze Oliven, vorzugsweise Kalamata,
*   entsteint und gehackt*

1 EL gehackter frischer oder 1 TL zerriebener
*   getrockneter Rosmarin*
2 EL Olivenöl
Maismehl zum Bestreuen des Backblechs
frisch gemahlener Pfeffer

Das Wasser in eine kleine Schüssel gießen. Hefe und Zucker darüberstreuen und unter Rühren auflösen. 10 Minuten gehen lassen, bis der Vorteig Blasen wirft.
320 g Brotmehl, Vollweizenmehl, Salz, Oliven und Rosmarin in eine Rührschüssel geben. Den Vorteig und das Olivenöl zugießen und miteinander verrühren. Mit dem Knethaken des Handrührgeräts oder der Küchenmaschine 5 Minuten bearbeiten. Den Teig aus der Schüssel nehmen und auf einer bemehlten Arbeitsfläche mit der Hand in etwa 5 Minuten zu einem glatten und elastischen Teig bearbeiten. Falls der Teig zu klebrig sein sollte, noch etwas Brotmehl einarbeiten.
Eine große Schüssel einfetten. Den Teig hineingeben und darin wenden, damit seine Oberfläche mit einem dünnen Fettfilm überzogen ist. Zugedeckt mit einem Tuch an einem warmen, zugfreien Platz etwa 1 Stunde gehen lassen, bis der Teig das doppelte Volumen erreicht hat.
Das Backblech mit Maismehl bestäuben. Den Teig auf einer leicht bemehlten Arbeitsfläche nochmals kräftig durchkneten. Zu einem Rechteck von etwa 30 x 23 cm auswalzen und, von der Längsseite beginnend, aufrollen und einen etwa 30 x 13 cm großen Brotlaib formen.

Den Laib, Falzstelle nach unten, auf das vorbereitete Backblech legen und mit Klarsichtfolie zugedeckt an einem warmen, zugfreien Platz etwa 50 Minuten gehen lassen, bis er das doppelte Volumen erreicht hat.
Den Backofen auf 200° C vorheizen. Mit einem scharfen Messer die Oberfläche des Brotlaibes einige Male kreuzweise einkerben und mit Wasser bestreichen. Großzügig mit Pfeffer bestreuen und im vorgeheizten Ofen etwa 40 Minuten goldbraun backen. Auf die Unterseite des Brotes klopfen: Es klingt dumpf und hohl, wenn es gar ist. Das Brot aus dem Ofen nehmen und auf einem Gitter abkühlen lassen. Warm oder lauwarm auftragen.

Ergibt 1 Brotlaib

Ahi Tuna with Pineapple and Avocado Salsa

Thunfischsteaks mit Ananas-Avocado-Salsa

Lange Zeit konnte man sie sich nur zu Mais-Chips oder mexikanischer Kost vorstellen; doch heute nimmt man die mageren *salsas* gern als Alternative zu den schweren Saucen, die früher Fisch, Fleisch und Geflügel begleiteten. In der folgenden Zubereitung verbinden sich kalifornische und hawaiische Aromen.

6 Thunfischsteaks von jeweils etwa 200 g,
*   1 cm dick geschnitten*
2 EL (30 ml) Olivenöl

Thunfischsteaks mit Ananas-Avocado-Salsa

ALLAN ROSENBERG

Garnelen-Risotto mit Curry

2 EL (30 ml) Sojasauce

2 EL (30 ml) Limonensaft

1/2 große Ananas, den harten Strunk entfernt, das Fruchtfleisch ausgelöst und in Würfel geschnitten

1/2 rote Zwiebel, fein gehackt

1 Avocado, entsteint, geschält und in Würfel geschnitten

1 Handvoll gehackte Korianderblätter

1 jalapeño-Chilischote (scharfe, dickfleischige grüne Chilischote), entkernt und fein gehackt

Salz und frisch gemahlener Pfeffer

Den Thunfisch auf einer Platte auslegen und mit Olivenöl, Sojasauce und Limonensaft bestreichen. Marinieren lassen, während man die *salsa* zubereitet. Ananas, Zwiebel, Avocado, Koriander und Chilischote in einer Schüssel miteinander vermischen.

Den Grill auf Mittelhitze vorheizen. Die Thunfischsteaks mit Salz und Pfeffer würzen und von jeder Seite in etwa 2 1/2 Minuten gar grillen. Auf Tellern anrichten, etwas *salsa* darübergeben und servieren.

Für 6 Personen

Curried Shrimp Risotto

Garnelen-Risotto mit Curry

Im letzten Jahrhundert pflanzten japanische Bauern *blue-rose*-Reis im Delta des Sacramento River an und boten damit den vielen Italienern in der Gegend einen guten Ersatz für Arborio-Reis. Ingwer aus Hawaii und asiatisches Currypulver machen diesen Risotto zu etwas Besonderem.

---

100 g Butter

1 große Zwiebel, gehackt

1 EL Madras-Currypulver

500 g blue-rose *oder* Arborio-Reis (Rundkornreis)

1 Prise zerriebene getrocknete scharfe rote Chilischote

0,2 l süßer, aromatischer Wein, wie Pflaumenwein, Portwein, süßer Sherry *oder* Marsala

etwa 3/4 l Muschelsaft aus dem Glas, gemischt mit ebensoviel Wasser

400 g Shiitake-Pilze *oder* Champignons, ohne Stiele und in Scheiben geschnitten

750 g mittelgroße Garnelen, geschält und gesäubert

6 Frühlingszwiebeln, in Scheiben geschnitten

3 EL Pflanzenöl

1 etwa 5 cm großes Stück frischer Ingwer, geschält und in Julienne-Streifen geschnitten

3/8 l Kokosmilch aus der Dose

1 Handvoll Basilikumblätter, in Streifen geschnitten

Salz und frisch gemahlener Pfeffer

In einem großen, schweren Topf 4 EL (60 g) Butter bei mittlerer Temperatur erhitzen. Die Zwiebel hineingeben und in etwa 8 Minuten glasig werden lassen. Currypulver zugeben und etwa 30 Sekunden anschwitzen lassen, dann Reis und Chilischote zugeben. 2 Minuten rühren, bis der Reis mit einem Fettfilm überzogen ist, dann den Wein zugießen. Unter ständigem Rühren köcheln lassen, bis der Wein vom Reis aufgenommen ist. 1/4 l von der Muschelsaft-Wasser-Mischung zugießen und ebenfalls unter gelegentlichem Rühren so lange köcheln lassen, bis sie vom Reis weitgehend aufgenommen ist.

Nach und nach die Muschelsaft-Wasser-Mischung viertelliterweise zugießen und unter gelegentlichem Rühren köcheln lassen. Dabei mit dem Nachgießen immer so lange warten, bis die Flüssigkeit aufgenommen ist. Insgesamt etwa 20 Minuten köcheln lassen, bis der Reis fast gar und nahezu alle Flüssigkeit aufgenommen ist.

In der Zwischenzeit die restliche Butter bei mittlerer Temperatur in einer großen, schweren Pfanne zerlassen. Die Pilze hineingeben und 3 Minuten braten, bis sie beginnen, weich zu werden. Garnelen und Frühlingszwiebeln zugeben und unter Rühren in etwa 3 Minuten gerade gar werden lassen. Beiseite stellen. Das Öl in einer kleinen, schweren Pfanne erhitzen, den Ingwer hineingeben und in 1 Minute braun und knusprig werden lassen. Auf Küchenpapier abtropfen lassen.

Kokosmilch und Garnelen-Pilz-Mischung unter den Reis rühren, bis der Risotto heiß und sämig ist. Basilikum unterrühren und mit Salz und Pfeffer abschmecken. Auf Tellern anrichten, mit dem Ingwer bestreuen und auftragen.

Für 6 Personen

Grilled Butterflied Leg of Lamb Basque Style

Gegrillte Lammkeule auf baskische Art

Barbecues im Freien sind in Kalifornien wegen des milden Klimas sehr beliebt. Das Urrezept zu dieser gegrillten Lammkeule stammt von baskischen Schafhirten, die im Hochland der Sierra Nevada, wo sie ihre Schafe weiden ließen, Kochwettbewerbe veranstalteten.

1 Lammkeule von etwa 2 1/2 kg, entbeint und auseinandergefaltet
1/8 l Olivenöl
1/8 l frisch ausgepreßter Zitronensaft
1 kleine Handvoll gehackter frischer oder 4 TL zerriebener getrockneter Origano
4 große Knoblauchzehen, fein gehackt
3 Lorbeerblätter, zerkleinert
1 Prise zerriebene getrocknete scharfe rote Chilischote
Salz und frisch gemahlener Pfeffer
Origanozweige zum Garnieren

Die Lammkeule in eine große Glasform legen. Olivenöl, Zitronensaft, gehackten Origano, Knoblauch, Lorbeerblätter und Chilischote in einer kleinen Schüssel verrühren und über das Lammfleisch gießen. Die Lammkeule zugedeckt über Nacht marinieren, dabei gelegentlich wenden.

Den Grill vorheizen. Die Lammkeule trockentupfen und mit Salz und reichlich Pfeffer einreiben. Von jeder Seite 10 Minuten grillen, so daß sie innen rosa ist. Auf einer vorgewärmten Platte 10 Minuten ruhen lassen. Das Fleisch quer zur Faser dünn aufschneiden und mit Origanozweigen garniert auftragen.

Für 6 Personen

Hoisin and Orange Spareribs

Geschmorte Spareribs mit Hoisin-Sauce und Orangensaft

In einer Erdgrube gegartes Schwein ist der Höhepunkt eines jeden hawaiianischen *luau*. Diese im Ofen geschmorten Spareribs schmekken genauso gut, und man kann sie zudem leicht zu Hause zubereiten.

1/8 l Hoisin-Sauce
3 EL Tomatenpüree
3 EL Sojasauce
3 Frühlingszwiebeln, gehackt
1 EL geriebene Orangenschale
1 EL Sesamöl
1 EL gehackter frischer Ingwer
1 Prise zerriebene getrocknete scharfe rote Chilischote
0,2 l Orangensaft
3 Schweinerippenstücke von jeweils etwa 750 g

Alle Zutaten für die Marinade miteinander verrühren. Die Rippenstücke in eine große Form legen. Mit der Marinade begießen und das Fleisch darin wenden. Die Spareribs 2 Stunden bei Zimmertemperatur oder zugedeckt über Nacht im Kühlschrank marinieren.

Den Backofen auf 190° C vorheizen. Zwei Bratpfannen oder Backbleche mit Alufolie auslegen, die Spareribs mit der fleischigen Seite nach oben darauf verteilen und im Ofen 1 1/4 Stunden schmoren lassen, bis das Fleisch zart ist. In Rippen zerteilen und servieren.

Für 6 Personen

Sautéed Vegetables

Gemüsepfanne

Auf diese Weise zubereitet, schmeckt frisches Gemüse besonders gut. Die Zusammenstellung läßt sich dabei beliebig variieren.

3 EL (45 g) Butter
1 rote Paprikaschote, in dünne Streifen geschnitten
12 – 18 sehr kleine Mohrrüben, geputzt
1 mittlerer Kopf Bok Choy (chinesischer Kohl), ersatzweise Mangold oder Chinakohl, in 1 cm breite Streifen geschnitten
250 g Zuckererbsen, geputzt und die Fäden entfernt
3 gelbe krummhalsige Gartenkürbisse oder große Zucchini, in dünne Scheiben geschnitten
1/8 l Hühnerbrühe
1 EL gehackter frischer oder 1 TL zerriebener getrockneter Estragon
Salz und frisch gemahlener Pfeffer

Gegrillte Lammkeule auf baskische Art, Geschmorte Spareribs mit Hoisin-Sauce und Orangensaft

ALLAN ROSENBERG

Gemüsepfanne

Die Butter in einer großen, schweren Pfanne bei hoher Temperatur erhitzen. Rote Paprika-schote und Mohrrühren hineingeben und 8 Minuten sautieren, bis sie weich zu werden beginnen. Bok Choy, Zuckererbsen und Kürbis unterrühren. Hühnerbrühe und Estragon zugeben.

Zugedeckt etwa 5 Minuten garen lassen; das Gemüse sollte noch Biß haben. Dabei gelegentlich umrühren. Mit Salz und Pfeffer abschmecken und auftragen.

Für 6 Personen

Date and Walnut Cake

Dattel-Walnuß-Kuchen

In Kalifornien wächst ein Großteil der in den USA produzierten Orangen und praktisch die ganze Ernte an Datteln und Walnüssen. Diese drei Zutaten vereinen sich in diesem Rezept zu einem delikaten Kuchen für beson-dere Gelegenheiten.

Kuchen:
300 g Mehl, gesiebt
2 TL Backpulver
2 TL gemahlener Zimt
1 TL Natron
1 Prise Salz
250 g weiche Butter
180 g Zucker
2 Eier
150 g helle Melasse, ungeschwefelt
2 EL geriebene Orangenschale
2 TL Vanille-Essenz
0,2 l Buttermilch
250 g entsteinte Datteln, gehackt
125 g gehackte Walnüsse

Füllung:
250 g Sahnequark, zimmerwarm
125 g weiche Butter
2 EL geriebene Orangenschale
1 TL Vanille-Essenz
1 Prise gemahlener Zimt
500 g Puderzucker
12 Walnußhälften zum Garnieren

Den Backofen auf 180° C vorheizen. Zwei Formen mit einem Durchmesser von etwa 23 cm einfetten, die Böden mit Backpapier belegen und die Formen mit Mehl bestäuben. Mehl, Backpulver, Zimt, Natron und Salz in eine mittelgroße Schüssel sieben. Mit einem Hand-rührgerät Butter und Zucker in einer großen Schüssel schaumig schlagen. Nacheinander die Eier unterrühren. Melasse, Orangenschale und Vanille-Essenz zugeben und bei hoher Drehzahl 1 Minute verrühren. Die trockenen Zutaten abwechselnd mit der Buttermilch einarbeiten, dabei mit den trockenen Zutaten beginnen und enden. Datteln und Walnüsse unterrühren.

Den Teig gleichmäßig auf die vorbereiteten Formen verteilen und im vorgeheizten Ofen etwa 30 Minuten backen, bis er sich von den Rändern der Form löst. Etwa 5 Minuten in der Form abkühlen lassen, dann herausnehmen, das Backpapier entfernen und den Kuchen auf einem Gitter ganz auskühlen lassen.

Für die Füllung mit einem elektrischen Hand-rührgerät Sahnequark und Butter schaumig schlagen. Orangenschale, Vanille-Essenz und Zimt zugeben und den Puderzucker unterrühren.

Für die Fertigstellung des Kuchens einen Kuchenboden auf eine Platte legen, die flache Seite nach unten, und mit etwas Füllung bestreichen. Mit dem zweiten Boden, die flache Seite nach oben, belegen und den Kuchen rundum mit der Creme bestreichen. Die Oberfläche mit Walnußhälften dekorieren, den Kuchen aufschneiden und servieren.

Für 12 Personen

Kona Coffee Cheesecake

Kaffee-Käsesahne-Kuchen

Dieses üppige Dessert verdankt seine Entstehung dem erstklassigen Kaffee aus Kona auf der Hauptinsel Hawaii.

Kuchenboden:
280 g Schokoladenwaffeln
6 EL (90 g) zerlassene Butter, abgekühlt

Belag:
3 EL Kahlua (Kaffeelikör)
3 EL gemahlener Espresso-Kaffee
750 g Sahnequark, zimmerwarm
250 g Zucker
2 TL Vanille-Essenz
3 Eier

Glasur:
0,3 l saure Sahne
3 EL Zucker
1 EL Kahlua (Kaffeelikör)
2 TL gemahlener Espresso-Kaffee
80 g zartbittere Schokolade, in kleine Stücke zerteilt
Kaffeepralinen zum Garnieren (nach Belieben)

Den Rost im mittleren Einschub des Ofens plazieren und den Backofen auf 180° C vorheizen. Die Waffeln in der Küchenmaschine oder im Mixer zerkleinern, die Butter zugeben und durch mehrmaliges Ein- und Ausschalten gründlich vermischen. Den Teig auf dem Boden einer Springform von etwa 23 cm Duchmesser verteilen und die Form in Alufolie einwickeln.

Für den Belag Kahlua und Kaffeepulver in einem kleinen Topf vermischen und unter ständigem Rühren bei niedriger Temperatur erhitzen, bis das Pulver sich auflöst. Den Topf vom Herd nehmen. Mit einem Handrührgerät Sahnequark, Zucker und Vanille-Essenz in einer großen Schüssel schaumig schlagen. Die Kahlua-Mischung und nacheinander die Eier unterrühren.

Den Belag auf dem Kuchenboden verteilen und die Oberfläche glattstreichen. Im vorgeheizten Ofen etwa 50 Minuten backen, bis der Kuchen gar ist und an den Rändern Blasen wirft. Aus dem Ofen nehmen und auf einem Gitter etwa 20 Minuten abkühlen lassen, den Herd jedoch nicht abschalten.

Für die Glasur saure Sahne, Zucker, Kahlua und Kaffeepulver in einer Schüssel verrühren. Die Schokolade im Wasserbad schmelzen lassen und sofort unter die saure Sahne rühren.

Den Käsekuchen damit bestreichen und nochmals für 10 Minuten in den Ofen schieben. Herausnehmen und auf ein Gitter stellen. Mit einem Messer den Kuchen von der Form lösen und abkühlen lassen. Zugedeckt über Nacht in den Kühlschrank stellen.

Den Rand der Springform entfernen und den Kuchen nach Belieben mit Kaffeepralinen dekorieren. In Stücke schneiden und auftragen.

Für 12 Personen

Fresh Fruit with Chardonnay Sabayon

Frische Früchte mit Weinschaum

So könnte das perfekte kalifornische Dessert aussehen: frische Früchte, überzogen mit einer Weinschaumsauce aus kalifornischen Reben.

3 Eigelbe
4 EL (60 g) Zucker
1 Prise Salz
1/8 l Chardonnay, ersatzweise ein anderer aromatischer, trockener Weißwein
0,1 l gekühlte Sahne
gemischte Früchte, wie Pfirsiche, Erdbeeren und Kiwis, in mundgerechte Stücke geschnitten

Eigelbe, Zucker und Salz in eine Schüssel geben und im heißen Wasserbad aufschlagen. Langsam den Wein zugießen und etwa 10 Minuten weiter aufschlagen, bis die Sauce schaumig und dick geworden ist und ihr Volumen etwa verdreifacht hat. Den Weinschaum aus dem Wasserbad nehmen und in einer großen Schüssel über Eiswasser so lange schlagen, bis er abgekühlt ist.

Die Sahne in einer Schüssel steif schlagen und den Weinschaum unterheben. Die Früchte in Gläser oder Dessertschüsseln füllen und den Weinschaum gleichmäßig darüber verteilen.

Für 6 Personen

Macadamia and Ginger Chocolate Cake

Schokoladenkuchen mit Macadamia-Nüssen und Ingwer

Ein an und für sich schon reichhaltiger Kuchen, der hier durch die Zugabe zweier wohlschmeckender hawaiianischer Zutaten noch eine besondere Note bekam.

Kuchen:
250 g zartbittere Schokolade, zerkleinert
125 g weiche Butter, in 8 Stücke geschnitten
150 g Zucker
1 EL geriebene Orangenschale
3 Eier

4 EL (60 g) Mehl
etwas gemahlener Ingwer
100 g geröstete Macadamia-Nüsse, gehackt
100 g kandierter Ingwer, fein gehackt

Glasur:
0,1 l Sahne
170 g zartbittere Schokolade, zerkleinert
Macadamia-Nußhälften zum Garnieren des Kuchens
1 Orange, in dünne Scheiben geschnitten, zum Garnieren der Platte

Den Backofen auf 180° C vorheizen. Eine Kuchenform von 20 cm Durchmesser einbuttern, den Boden mit Backpapier belegen und die Form mit Mehl bestäuben. Die Schokolade im Wasserbad schmelzen lassen. Aus dem Wasserbad nehmen und nacheinander die Butterstücke unterrühren. Zucker und Orangenschale zugeben und nach und nach die Eier unterrühren. Mehl und gemahlenen Ingwer, dann Macadamia-Nüsse und kandierten Ingwer unterrühren. Den Teig in die vorbereitete Form gießen und etwa 1 Stunde backen. Den Kuchen in der Form etwa 10 Minuten auf einem Gitter abkühlen lassen. Aus der Form stürzen, das Backpapier entfernen und den Kuchen auf einem Gitter ganz auskühlen lassen.

Für die Glasur die Sahne in einem kleinen, schweren Topf erhitzen. Vom Herd nehmen, die Schokolade darin auflösen und etwas abkühlen lassen.

Den Kuchen mit der Flachseite nach oben auf einem Gitter plazieren. Rundherum gleichmäßig mit der Glasur überziehen und 30 Minuten in den Kühlschrank stellen, bis die Glasur fest geworden ist. Den Kuchen auf einer Platte anrichten, mit Macadamia-Nüssen garnieren und mit halben Orangenscheiben umlegen.

Für 6 Personen

Folgende Seiten: Schokoladenkuchen mit Macadamia-Nüssen und Ingwer, Dattel-Walnuß-Kuchen, Kaffee-Käsesahne-Kuchen, Frische Früchte mit Weinschaum

266

Ein Tisch vor einem Café in der Nähe von Palm Springs in Kalifornien wartet auf Gäste.

DANKSAGUNG

An der Entstehung dieses Buches wirkten eine Reihe von Personen und Firmen mit Rat und Tat mit. Für die Bereitstellung von Fotorequisiten danken wir herzlich: J. Goldsmith Antiques; Beaver Bros Antiques; Biordi Art Imports; Decor Galleries, Sue Fisher King; Fillamento; Green Valley Growers; Great American Collective Antiques; Forrest Jones; Galisteo American West Home Furnishings; Gardener's Eden; The Pottery Barn; Williams-Sonoma und Scene 2, alle in San Francisco. Judith Carrasco, Phyllis di Salvo, Stephanie Greenleigh, Philippe Henry de Tessan, Sharon und Ellen Lott, Peggy und Van Lott, Janice Nicks-Fisher, Lorraine und Judson Puckett, Sue White und Charles E. Williams liehen uns für die Fotos freundlicherweise Gegenstände aus ihrem Privatbesitz.

GLOSSAR

AHORNSIRUP: Sirup, der durch das Einkochen des Saftes von Zuckerahornbäumen gewonnen wird. Er kommt in drei verschiedenen Qualitätsklassen auf den Markt und wird zum Süßen von Pfannkuchen, Waffeln, Kuchen, Pies, Keksen und Eiscreme verwendet, zuweilen auch in Gerichten wie Schinken aus dem Ofen, kandierte Süßkartoffeln und gebackene Äpfel.

ANDOUILLE: Geräucherte Wurst, die die Cajuns von Louisiana herstellen. Bei uns praktisch nicht erhältlich; kann durch geräucherte Fleischwurst, *chorizo* oder *Gyulai kolbász* ersetzt werden.

BLATTSALATE: Die am häufigsten in den USA angebotenen Blattsalate sind *Boston, bibb, butterhead* (Kopfsalat), *iceberg* (Eisbergsalat) und *Romaine* oder *Cos lettuce* (Römischer Salat). Eisbergsalat wird wegen seiner knackigen Konsistenz gern als Garnierung für Gerichte aus dem Südwesten verwendet.

BOHNEN: Sie werden in vielerlei Formen gegessen: unreif als Brech- oder grüne Bohnen oder frisch und geschält wie die Limabohnen. Die meisten Bohnen werden geschält und getrocknet und lassen sich so gut aufbewahren. In den USA werden vor allem folgende Sorten angeboten: *kidney, pinto, navy, pea, tepary, anasazi, haricot* und *black beans*. Die Schwarzaugenbohne, auch *cowpea* genannt, stammt aus Afrika.

BOUQUET GARNI: Kräutersträußchen aus Lorbeerblatt, Thymian und Petersilie, das Brühen, Saucen, Eintöpfen und Suppen Geschmack gibt. Frische Kräuter bindet man mit einem Faden zusammen, trockene werden in einen Mullbeutel gegeben, so daß sie vor dem Anrichten leicht entfernt werden können.

BRÜHE: Es gibt inzwischen Brühe fertig zu kaufen, jedoch ist hausgemachte vorzuziehen.
Fischbrühe: 2 kg Fischgräten und -köpfe in einen schweren Suppentopf geben und 1 Mohrrübe, 1 gehackte Zwiebel, 6 Petersilienstengel, 6 schwarze Pfefferkörner, 1 Lorbeerblatt und 1/4 l trockenen Weißwein zufügen. Mit genügend kaltem Wasser bedecken und bei mittlerer Temperatur aufkochen lassen. Langsam ohne Deckel 45 Minuten köcheln lassen, dabei gelegentlich mit einem Holzlöffel umrühren. Die Brühe durch ein Sieb gießen und über Nacht in den Kühlschrank stellen. Am nächsten Tag das Fett abschöpfen. Ergibt etwa 1 1/2 Liter Fischbrühe.
Hühnerbrühe: 2 kg Hühnerklein, wie Flügel, Hälse, Rücken und Karkassen, in einen schweren Suppentopf geben und mit ausreichend kaltem Wasser bedecken. Bei mittlerer Temperatur zum Kochen bringen, 5 Minuten köcheln lassen und dabei den aufsteigenden Schaum abschöpfen. 1 Mohrrübe, 1 große Zwiebel, 1 Stange Lauch, längs halbiert (nach Belieben), 8 Petersilienstengel, 6 schwarze Pfefferkörner, 1 Lorbeerblatt und 1/2 TL getrockneten Thymian zugeben. Eventuell noch etwas Wasser zugießen, damit die Zutaten gut bedeckt sind, und das Ganze 3 bis 4 Stunden köcheln lassen. Dabei den Schaum immer wieder entfernen. Die Brühe durch ein Sieb gießen und über Nacht in den Kühlschrank stellen. Am nächsten Tag das Fett abschöpfen. Ergibt etwa 1 1/2 Liter Hühnerbrühe.
Rinderbrühe: 2 1/4 kg Rinder- oder Kalbsknochen in eine Bratpfanne geben und in dem auf 200° C vorgeheizten Ofen etwa 1 1/2 Stunden kräftig anbräunen lassen. In einen schweren Suppentopf umfüllen, mit reichlich Wasser bedecken und bei mittlerer Temperatur aufkochen lassen. 5 Minuten köcheln lassen, dabei den Schaum immer wieder abschöpfen. 1 Mohrrübe, 1 große Zwiebel, 1 Stange Lauch, längs halbiert (nach Belieben), 8 Peter-

silienstengel, 6 schwarze Pfefferkörner, 1 Lorbeerblatt und 1/2 TL getrockneten Thymian zugeben. Eventuell noch etwas Wasser zugießen, damit alle Zutaten gut bedeckt sind, und 3 bis 4 Stunden köcheln lassen. Den dabei aufsteigenden Schaum immer wieder entfernen. Die Brühe durch ein Sieb gießen und über Nacht in den Kühlschrank stellen. Am nächsten Tag das Fett abschöpfen. Ergibt etwa 1 1/2 Liter Rinderbrühe.

BUTTERMILCH: Die bei der Herstellung von Sauerrahmbuter verbleibende säuerlich schmeckende Flüssigkeit, die außer dem Butterfett noch alle Milchbestandteile enthält und daher ein wertvolles Nahrungsmittel darstellt.

CATFISH: Zwergwelse sind im Süden und Mittelwesten geschätzte Süßwasserfische mit angenehmem Aroma. In den amerikanischen Fischfarmen wird am häufigsten der Kanalwels (*channel catfish*) gezüchtet.

CAYENNEPFEFFER: Sehr scharfes Gewürz aus getrockneten und gemahlenen Chilischoten. Sollte nur sparsam verwendet werden.

CHICORÉE: Die weißlich-gelben, leicht bitteren Kolben werden roh als Salat oder geschmort als Gemüse gegessen.

CHILIPULVER: Beliebtes Gewürz in der Küche des amerikanischen Südens aus getrockneten und gemahlenen Chilischoten. Viele der in den USA und bei uns handelsüblichen Chilipulver-Zubereitungen enthalten zusätzlich Knoblauch, Koriander, Kumin, Nelken, Origano, Zwiebeln und anderes mehr, sollten also mit Zurückhaltung verwendet werden.

CHILISCHOTEN: Hiervon gibt es mehr als 150 Arten. Sie gehören alle zur Capsicum-Familie und können sich in Geschmack und Schärfe beträchtlich unterscheiden. Bei der Zubereitung von Chilischoten sollten Empfindliche Gummihandschuhe tragen, denn die schärfevermittelnde Substanz, das ätherische Öl Capsaicin, kann Hautirritationen verursachen. Nach Bearbeitung von Chilischoten sollte man die Berührung von Gesicht und Augen strikt vermeiden und die Hände sofort gründlich waschen. Einzelne Arten finden Sie unter dem jeweiligen Stichwort.

CHORIZO: Eine pikante geräucherte und luftgetrocknete Paprikawurst, die in viele spanische und lateinamerikanische Gerichte paßt. Man kann sie bei uns durch Kabanossi, *Gyulai kolbász* oder ähnliche Wurstsorten ersetzen.

CLAMS: Bezeichnung für verschiedene Arten von Venusmuscheln. Die schmackhafte *quahog*-Muschel (*hard-shell clam*) ist an der Atlantikküste und im Golf von Mexiko heimisch. Wenn sie noch klein sind, werden sie *littlenecks* oder *cherrystones* genannt und vor allem roh gegessen. Größere *quahogs* bilden die Grundlage von *chowders*. Die *soft-shell clams, long-necks* oder *steamers* genannt, werden meist bei *clambakes* verzehrt. Man findet sie an der Atlantikküste bis hinunter nach North Carolina. *Manila clams* und *native necks*, auch *little necks* genannt, findet man an der gesamten Pazifikküste.

CRÈME DOUBLE: Dickflüssige fette Sahne mit über 30 Prozent Fettgehalt. Mittlerweile auch im deutschen Sprachraum ohne Schwierigkeiten erhältlich. Die angebrochene Packung kann im Kühlschrank einige Tage aufbewahrt werden.

DIJON-SENF: Scharfer Senf aus Dijon im Burgund, der aus nicht entölten schwarzen oder braunen gemahlenen Senfkörnern hergestellt wird, die man mit *verjus*, dem sauren unvergorenen Saft unreifer Trauben, verrührt.

ESSIG: Das schon aus biblischen Zeiten bekannte saure Würzmittel kann aus allen möglichen alkoholischen Flüssigkeiten wie Cidre oder auch Bier hergestellt werden. Die Franzosen nehmen dazu vornehmlich Wein, roten und weißen.

FILÉ-PULVER: Die gemahlenen, getrockneten Sassafras-Blätter, die in Louisiana *filé powder* genannt werden, dienen in der kreolischen Küche des Südens zum Würzen und Andicken der Speisen, vor allem von *gumbos*. Filé-Pulver darf nicht mitkochen, da es sonst Fäden zieht. Man fügt es daher erst dem fertig gekochten Gericht zu.

HOMINY GRITS: Maisgrieß, der aus vorgequollenen, enthülsten und getrockneten Maiskörnern verschieden fein gemahlen wird. Zum Quellen der Körner verwendeten die Indianer und die ersten Siedler Holzasche, heute nimmt man dafür eine milde Kalklauge. Grob gemahlener *hominy* ist auch unter dem Namen *pearl hominy* bekannt.

HOT RED PEPPER SAUCE: Industriell hergestellte Sauce aus frischen oder getrockneten roten Chilischoten, die in kleinen Flaschen verkauft wird. Zu den bekanntesten Marken gehört die nach einer mexikanischen Landschaft benannte Tabasco-Sauce.

JALAPEÑO-CHILIS: Eine scharfe, kegelförmige, dickfleischige, etwa 4 cm lange grüne Chilischote, die nach der Stadt Jalapa in Veracruz, Mexiko, benannt ist. Sie wird gern für rohe *salsas* und *guacamoles* verwendet. Geräucherte *jalapeños* werden *chipotle*-Chilis genannt und getrocknet oder in der Dose *en adobo*, in einer Marinade, angeboten.

JICAMA: Hellbraune Knollenfrucht aus Mexiko, deren knackiges elfenbeinfarbenes Fleisch an chinesische Wasserkastanien erinnert. Sie wird meist roh mit einigen Tropfen Limettensaft, Salz und Chilipulver gegessen. Auch unter dem Namen Yamsbohne bekannt.

KARAMELISIEREN: Vorgang, bei dem Zucker, auch der in Nahrungsmitteln enthaltene (zum Beispiel in Zwiebeln), erhitzt wird, bis er eine gewünschte Bräune erreicht. Durch das Karamelisieren verändert er sein Aroma.

KORIANDER: Grüne, blättrige Kräuterpflanze, die im Aussehen glatter Petersilie ähnelt, auch chinesische Petersilie und im spanischen Sprachraum *cilantro* genannt. Koriandergrün hat einen typischen, aromatischen Geschmack und ist in der asiatischen und lateinamerikanischen Küche unentbehrlich. Bei uns meist in Asienläden erhältlich. Die pfefferähnlichen getrockneten Samen werden als vielseitiges Gewürz verwendet.

KOSHER SALT: Ein in den USA erhältliches grobes Salz, das zum Würzen und für Marinaden verwendet wird. Es löst sich schneller auf als Speisesalz und enthält nur halb soviel Natrium.

KÜRBIS: In den USA werden an Wintersorten angeboten: *pumpkin, butternut, hubbard, turban* und *acorn*. Zu den Sommersorten gehören: *golden nugget, crookneck, turban, spaghetti squash, pattypan* und *zucchini*. Einige dieser Sorten werden bei uns unter verschiedenen Namen angeboten, am häufigsten findet man gelb- und orangefleischige Sorten, daneben sind Zucchini das ganze Jahr über erhältlich. Kürbisblüten können – eventuell auch gefüllt – durch Ausbackteig gezogen und dann ausgebacken werden.

LINGUINE: Lange, flache, schmale Nudelsorte, die anstelle von Spaghetti verwendet werden kann.

MAISMEHL: Getrocknete, gemahlene gelbe oder weiße Maiskörner, auch unter dem italienischen Namen *polenta*-Mehl bekannt. Die *polenta* ist ein aus Maismehl gekochter Brei, der als Beilage gereicht wird. Nach dem Erkalten wird sie fest, läßt sich in Scheiben schneiden und grillen.

MASA HARINA: Mehl aus enthäuteten weißen Maiskörnern, nicht zu verwechseln mit Maismehl. *Masa harina* ist bei uns nur in wenigen spezialisierten Läden und Versandgeschäften erhältlich.

MELASSE: Dickflüssiger brauner, leicht bitter schmeckender Sirup aus Rohzucker. Helle Melasse wird als Tafelsirup, dunkler zum Kochen verwendet.

MIRLITON: Birnenförmiges Gemüse aus der Kürbisfamilie, auch unter den Namen Chayote, Choko und Christophine bekannt. Sein Geschmack erinnert an Gurke. Mirlitons sollten jung gegessen werden, da sie mit zunehmendem Alter wäßrig werden.

MIZUNA GREENS: Ein Kraut mit dekorativ gefiederten grünen Blättern aus der Kohlfamilie mit ausgesprochen mildem Geschmack.

MUSKATNUSS: Der getrocknete Fruchtkern eines immergrünen Baumes aus der Myrtenfamilie. Sie kommt ganz oder gemahlen in den Handel. Ihr würziges Aroma paßt zu vielen Gerichten, besonders zu Blumenkohl und hellen Saucen.

NELKEN: Die getrockneten aromatischen Blütenknospen eines immergrünen Baumes aus der Myrtenfamilie mit einem ausgeprägten Duft, die ganz oder gemahlen gehandelt werden. Die Nelke ist ein Universalgewürz, sie paßt zu süßen, süßsauren und pikanten Gerichten und dient auch zum Würzen von Wein.

NEW MEXICO CHILIS: Eine etwa 15 bis 20 cm lange, schlanke Chilischote mit einem strengen, dennoch milden bis mittelscharfen Aroma, auch als Anaheim-Chili oder *chile verde* bekannt.

OKRASCHOTEN: Die unreife Samenkapsel einer Pflanze der Hibiscusfamilie, die aus Afrika stammt und auch als *gumbo* oder *lady's fingers* bekannt ist. Beim Kochen sondert sie einen schleimigen, dickflüssigen Saft ab. Sie wird in der Südstaaten-Küche häufig verwendet, vor allem in den *seafood gumbos* von Louisiana.

PAPRIKASCHOTEN: Dickfleischige, milde Fruchtschoten eines Strauches aus der Capsicum-Familie, daher auch *capsicum* genannt; mit der Chilischote verwandt. Die unreifen grünen Schoten färben sich je nach Reifegrad später gelb oder rot und bekommen dadurch einen süßlicheren Geschmack.

PEKANNÜSSE: Eine in Nordamerika beheimatete, mit der Walnuß verwandte Nußart. Wird am häufigsten in *pecan pies* verwendet.

PINIENKERNE: Kleine elfenbeinfarbene Samen aus den Zapfen der Pinie mit einem gehaltvollen, leicht harzigen Aroma. Pinienkerne werden vor allem zum Würzen von Füllungen und Reisgerichten verwendet und sind eine Hauptzutat des italienischen *pesto*.

POBLANO-CHILIS: Große, mild schmeckende Chilischoten, die oft mit Fleisch oder Käse gefüllt werden.

RADICCHIO: Eine rotblättrige, angenehm bitter schmeckende Salatart, die roh oder gegrillt gegessen wird.

RÄUCHERN: Haltbarmachung und Aromatisierung von Lebensmitteln durch Rauch, der durch das Verbrennen von aromatischen Holzspänen entsteht. Beim Heißräuchern wird das Räuchergut gleichzeitig gegart, während das schonendere und länger dauernde Kalträuchern, das zum Beispiel bei Schinken und Lachs angewendet wird, die Nahrungsmittel im Rohzustand beläßt.

RUCOLA: Deutsch: Rauke, französisch: *roquette*, eine würzig schmeckende Salatpflanze aus der Kohlfamilie.

SALSA: Lateinamerikanische Bezeichnung für eine rohe oder gekochte Sauce, die gewöhnlich aus Tomaten, *tomatillos* oder Chilischoten zubereitet wird. Moderne *salsas* verwenden auch Obst und Gemüse.

SHIITAKE-PILZE: Auch Tung-ku oder chinesischer Champignon genannter, meist getrockneter Pilz mit ausgeprägtem Geschmack. Man verwendet nur die etwa 5 bis 7 ½ cm großen Hüte der Pilze. Getrocknete Pilze müssen vor dem Verbrauch etwa 20 Minuten eingeweicht werden.

TOMATILLO: Süßsäuerlich schmeckende, von einem papierartigen Kelch umgebene Frucht eines Nachtschattengewächses der Gattung Physalis, die vor allem für Saucen verwendet wird. Bei uns meist nur in Dosen erhältlich.

TORTILLAS: Dünne, runde, ungesäuerte mexikanische Brotfladen aus Mais- oder Weizenmehl, die nur kurz auf einer heißen Platte gebacken werden. Sie dienen als Hülle für Füllungen aller Art, als Löffel und Teller zugleich. Mittlerweile auch in Kaufhäusern erhältlich.

WORCESTERSHIRE-SAUCE: Aromatische braune Würzsauce aus Sojabohnen, Limonen- und Tamarindensaft, Zwiebeln, Essig und Gewürzen. Paßt gut in Eintöpfe und Saucen.

REG MORRISSON

Dungeness crabs auf dem Pike Place Market in Seattle, Washington

VERZEICHNIS DER REZEPTE

Kursive Ziffern verweisen auf Abbildungen

FLEISCH

Bison
Bisonsteaks Strindberg (*Buffalo Entrecôte Strindberg*) 208, 209

Geflügel
Flambiertes gebratenes Huhn
  (*Roast Chicken Flamed in Bourbon*) 80, 81
Gebratene junge Ente, mit wildem Reis gefüllt
  (*Roast Duckling with Wild Rice Stuffing*) 144, 144
Gebratener Truthahn mit Schinken-Maisbrot-Füllung
  (*Roast Turkey with Cornbread and Smoked Ham Stuffing*) 36, 37
Gebratene Wachteln mit Maismehlpfannküchlein
  (*Panfried Quail and Corn Cakes*) 78/79, 79
Gegrillte würzige Entenbrüste auf einem Reisbett
  (*Grilled Red Chili Molasses Duck with Piñon Rice*) 186, 187
Geräucherte Entenbrust (*Smoked Duck Breasts Castel*) 101, 102
Geschmortes Huhn (*Smothered Chicken*) 124, 124
Grüne Hühner-Enchiladas (*Chicken Enchiladas Verde*) 163, 164
Huhn auf King-Ranch-Art (*King Ranch Chicken*) 158, 158
Huhn »Bienville« (*Chicken Bienville*) 103, 103
Hühner-Pilaw (*Chicken Pilaf*) 142, 143
Taubenbrust mit Süßkartoffelpuffer und Mango-Yamsbohnen-Sauce
  (*Dove with Sweet Potato Pancakes and Mango Jícama Salsa*)
  163, 164

Lamm
Gegrillte Lammkeule auf baskische Art
  (*Grilled Butterflied Leg of Lamb Basque Style*) 260, 260/261
Lammfleisch-Auflauf (*Shepherd's Pie*) 209, 210

Rind
Cowboy-Steaks mit Zwiebelringen und mit Bohnenpüree gefüllten
  Chilischoten (*Cowboy Steaks with Onion Rings and Black Bean
  Rellenos*) 185, 185
Fleischbällchen nach finnischer Art (*Finnish Meatballs*) 126, 126
Gefüllte Rouladen (*Stuffed Flank Steak*) 208, 209
Panierte Rindersteaks mit einer cremigen Sauce und »allem Drum
  und Dran« (*Chicken-Fried Steak with Cream Gravy and the Works*)
  161, 161
Porterhouse-Steaks mit kräftiger Würze
  (*Porterhouse Steaks with Dry Spice Rub*) 159, 159
Rinderkamm aus dem Ofen (*Party Pot Roast*) 142, 143
Rinderrippen nach italienischer Art (*Italian Short Ribs*) 125, 125
Steak in Pilzsauce (*Steak in Mushroom Sauce*) 143, 143
Tamales mit Rinderbrust und Barbecue-Sauce
  (*Barbecued Brisket Tamales*) 180/181, 182

Schwein
Gegrillte Schweinelende mit einer Barbecue-Sauce aus Chilischoten
  und getrockneten Kirschen und Waldpilz-Chilaquiles (*Roast Pork
  Tenderloin with Ancho and Sun-dried Cherry Barbecue Sauce and
  Wild Mushroom Chilaquiles*) 188, 188
Geschmorte Spareribs mit Hoisin-Sauce und Orangensaft
  (*Hoisin and Orange Spareribs*) 260, 260/261
Sauerkraut und Schweinerippchen (*Spareribs and Sauerkraut*) 60, 60
Schinken im Brotteig (*Ham in a Blanket*) 128, 129
Schweinehacksteaks (*Pork Burgers*) 145, 145
Schweinekoteletts mit Käsehäubchen (*Cheese-crowned Pork Chops*)
  125, 125
Schweinemedaillons »Bayou Lafourche«
  (*Medallions of Pork Bayou Lafourche*) 105, 105
Scotts Landschinken mit Kaffeesauce
  (*Scott's Country Ham with Redeye Gravy*) 80, 80

Wild
Gebratene Wildvögel (*Baked Game Hens Vacherie*) 103, 103

Gefüllte Kaninchenkeulen »Cabanocey«
  (*Stuffed Leg of Rabbit Cabanocey*) 105, 105
Rehschnitzel mit Wildschweinschinken und Gruyère auf einer
  Pilzfarce (*Venison Scallops, Wild Boar Ham and Gruyère Cheese with
  Wild Mushroom Duxelles*) 210, 210
Wildentenbrust mit Pfifferlingen
  (*Wild Duck Breasts with Chanterelles*) 232, 233
Wildragout (*Venison Stew*) 232, 233

GEMÜSE

Bohnen mit brauner Butter und Essig
  (*Succotash with Brown Butter and Vinegar*) 60, 61
Cajun-Gemüsepfanne (*Maque Choux*) 106, 107
Chili nach Art von Cincinnati (*Cincinnati Chili*) 126, 126
Chilischoten mit Truthahn-Füllung und Apfel-Chili-Sauce nach Art
  von Velarde (*Turkey Picadillo Rellenos with Velarde Apple Chili
  Sauce*) 186, 187
Gebackene Bohnen auf Bostoner Art (*Boston Baked Beans*) 38, 38
Gebratene grüne Tomaten (*Fried Green Tomatoes*) 83, 83
Gefüllte Auberginen mit Krebsfleisch
  (*Eggplant Stuffed with Gulf Coast Crab*) 162, 163
Gefüllte Kürbisblüten mit Tomaten-Basilikum-Coulis und Wald-
  pilzen (*Squash Blossoms with Tomato Basil Coulis and Wild
  Mushrooms*) 183, 183
Gegrilltes Gemüse mit Käse-Polenta
  (*Grilled Vegetables with Jack Cheese Polenta*) 257, 257
Gemüsepfanne (*Sautéed Vegetables*) 260, 262
Gerösteter Knoblauch mit getrockneten Tomaten und Ziegenkäse
  (*Roasted Garlic with Sun-dried Tomatoes and Goat Cheese*) 257, 258
Geschmorter Kohl mit Schinken
  (*Braised Cabbage with Tasso Ham*) 107, 107
Grüne Bohnen mit Cocktail-Tomaten
  (*Green Beans and Cherry Tomatoes*) 234, 234
Grünes Kohlgemüse (*Collard Greens*) 161, 162
Kandierte Süßkartoffeln (*Candied Sweet Potatoes*) 127, 127
Kartoffelauflauf (*Potato Filling*) 60, 61
Kartoffelbrei (*Mashed Potatoes*) 161, 162
Kartoffel-Gratin (*Potluck Potatoes*) 127, 127
Kürbisgemüse-Kasserolle (*Casserole of Summer Squash*) 107, 107
Limabohnen mit Minze (*Lima Beans with Kentucky Mint*) 83, 83
Pastinakenküchlein (*Parsnip Puffs*) 39, 39
Potpourri aus Anasazi-Bohnen und Kürbis
  (*Anasazi Bean and Squash Harvest Medley*) 212, 212
Sautierte Waldpilze (*Wild Mushroom Sauté*) 234, 234
Schwarzaugenbohnen (*Black-eyed Peas*) 161, 162
Sommerliche gebackene Kartoffeln
  (*Summer Baked Potatoes*) 233, 234
Süßkartoffeln mit Zitronen (*Lemon Sweet Potatoes*) 84, 84
Süßkartoffelpuffer (*Sweet Potato Pancakes*) 163, 164
Überbackene Perlzwiebeln (*Creamed Onion Casserole*) 36, 37

SALATE

Bohnensalat nach Michigan-Art (*Michigan Bean Salad*) 123, 123
Geflügelsalat mit gebackenen Austern
  (*Chicken Salad with Fried Oysters*) 57, 58/59
Gemischter Salat mit Hühnerbrust und Ziegenkäse
  (*Modern Cobb Salad*) 252/253, 254
Kaktussprossen-Salat nach Art von Sonora
  (*Sonoran Cactus Salad*) 180/181, 182
Kartoffelsalat auf deutsche Art (*German Potato Salad*) 145, 146
Krautsalat mit Chilischoten (*Serrano Chili Slaw*) 190/191, 192
Maisbrot-Salat (*Cornbread Salad*) 156/157, 158